CAMÉLIAS DE LUZ

2ª edição
Do 20º ao 25º milheiro
5.000 exemplares
Maio/2017

© 2012 - 2017 by Boa Nova Editora

Capa e projeto gráfico
Juliana Mollinari

Diagramação
Juliana Mollinari

Revisão
Cirinéia Iolanda Maffei
Maria de Lourdes Pio Gasparin

Assistente editorial
Ana Maria Rael Gambarini

Coordenação editorial
Ronaldo A. Sperdutti

Todos os direitos estão reservados. Nenhuma parte desta obra pode ser reproduzida ou transmitida por qualquer forma e/ou quaisquer meios (eletrônico ou mecânico, incluindo fotocópia e gravação) ou arquivada em qualquer sistema ou banco de dados sem permissão escrita da Editora.

O produto da venda desta obra é destinado à manutenção das atividades assistenciais do Grupo de Estudos Espíritas Cairbar Schutel, de Porecatu, PR, e da Sociedade Espírita Boa Nova, de Catanduva, SP.

1ª edição: Março de 2012 - 20.000 exemplares

CAMÉLIAS DE LUZ

CIRINÉIA IOLANDA MAFFEI
pelo Espírito Antônio Frederico

Instituto Beneficente Boa Nova
Entidade coligada à Sociedade Espírita Boa Nova
Av. Porto Ferreira, 1.031 | Parque Iracema
Catanduva/SP | CEP 15809-020
www.boanova.net | boanova@boanova.net
Fone: (17) 3531-4444

Dados Internacionais de Catalogação na Publicação (CIP)
(Câmara Brasileira do Livro, SP, Brasil)

Frederico, Antonio (Espírito).
  Camélias de luz / pelo espírito Antonio Frederico ; [psicografia de] Cirinéia Iolanda Maffei. -- 2. ed. -- Catanduva, SP : Instituto Beneficente Boa Nova, 2017.

  ISBN: 978-85-8353-073-2

  1. Espiritismo 2. Psicografia 3. Romance espírita I. Maffei, Cirinéia Iolanda. II. Título.

17-02922   CDD-133.93

Índices para catálogo sistemático:

1. Romances espíritas : Espiritismo   133.93

SUMÁRIO

Dedicatória 7
Palavras da médium 8

PRIMEIRA PARTE
I - Beatriz 11
II - Na casa de Madame... 23
III - Quem dá mais? 38

SEGUNDA PARTE
I - Maria Eleutéria 50
II - Leopoldo 63
III - Um noivado incomum 88
IV - Paixão e morte 107

TERCEIRA PARTE
I - Guntalê 121
II - Em pleno mar 128
III - Revelações espirituais 136
IV - Brasil! 147

QUARTA PARTE
I - Na fazenda 159
II - Loucuras da paixão 170
III - Desilusões 180
IV - O regresso de Altino 198
V - A presença de Maria Amélia 220
VI - Luís Cláudio 242
VII - Descartando amores 266

QUINTA PARTE
I - No sanatório 299
II - Fugindo! 310
III - À procura de Maria Eleutéria 322
IV - Recomeço 340
V - Camélias de Luz! 376

DEDICATÓRIA

Este livro é dedicado a alguém muito especial, que me tem acompanhado desde antes de meu reencarne, aguardando pacientemente a queda de muitas de minhas ilusões, a retirada de máscaras e a assunção de compromissos reencarnatórios diretamente relacionados à mediunidade. Com ela tenho trilhado os incipientes caminhos do amor preconizado pelo Mestre, desapegando-me pouco a pouco do orgulho, da vaidade, do egoísmo.[1]

---

[1] NOTA DA MÉDIUM: Os personagens deste livro existiram realmente. Tendo em vista resguardar-lhes as identidades e as de suas famílias, o autor espiritual houve por bem alterar alguns nomes de pessoas e localidades, sem, contudo, prejudicar a veracidade da história. Muitos se encontram reencarnados; outros, no mundo espiritual. Mas certamente todos, de uma maneira ou de outra, preservam laços das mais variadas naturezas, batalhando para transformá-los em liames de incondicional Amor, seja por consciente vontade ou impulsionados pelos embates existenciais.

PALAVRAS DA MÉDIUM

Ela veio suavemente... Durante anos, aparecia de vez em quando, talvez pelo fato de interesses diversos dos espirituais ocuparem privilegiada posição em minha existência... Naquele tempo, preocupava-me demasiado comigo mesma, sempre às voltas com questionamentos referentes aos meus sentimentos e aos de outras pessoas. Como se diz popularmente, olhava direto para meu próprio umbigo! Com o passar dos anos, a Doutrina Espírita logrou conquistar relevante espaço em meu coração, nele abrindo uma clareira onde Jesus estabeleceu definitiva morada. Mais alguns tombos fragorosos, com consequentes e benéficas quedas de ilusões e máscaras,

e achava-me apta a assumir as responsabilidades mediúnicas há muito relegadas a plano secundário. Então, ela surgiu, propondo trabalho de personalizado atendimento, visando a estabelecer uma relação de ajuda com os que enfrentavam problemas, auxiliando-os a achar o caminho para solucioná-los ou, pelo menos, a com eles conviver.

Assim tem sido há dez anos... A cada quinze dias, após o Evangelho e o passe, com a exigência de frequentar pelo menos três Evangelhos antes... Motivo? *"Não sou cartomante ou adivinha! Se a pessoa não fizer a sua parte, não se preparar através dos ensinamentos do Mestre, de nada adiantará falar comigo... A melhora durará muito pouco... ou sequer ocorrerá! E ela vai achar que, num passe de mágica, tudo se resolverá, porque eu darei o famoso jeitinho! Nem pensar! Não estou aqui para isso, nem tenho poderes para tanto, pois estaria atropelando o livre-arbítrio de cada criatura... e atrapalhando seu crescimento, sua evolução! Sou como uma terapeuta, com algumas vantagens é claro, decorrentes de estar livre dos constrangimentos do corpo físico... Jamais onisciente, porém! E sujeita à orientação dos irmãos mais adiantados."*

Seu riso bem-humorado espanta para longe tristezas e desânimos!

Manifesta-se como uma senhora de idade... Uma preta velha, uma avozinha... Razões da escolha? *"Todo mundo se sente à vontade para abrir o coração a uma avozinha..."* Por que negra? *"Ah, minha menina, foi na condição de escrava que acertei muitos de meus débitos perante a Justiça Divina... E quase não voltei a errar! Guardo em meu coração lembranças preciosas daquele tempo!"*

Crianças e adolescentes encantam-se com ela, sempre interessados em saber como foi sua existência na pele de uma cativa, deles partindo a sugestão de colocar em um livro sua história. *"Um dia!"*

Demorou... Talvez por me incluir no relato, o que exigiu certa preparação... Sentimentos, emoções, lembranças, tudo aflora... Ao terminar o livro, passei alguns dias tristonha, com sensação de perda, saudades... Uma vontade de estar lá novamente, naquele tempo! No decorrer do trabalho psicográfico, surpreendi-me ao constatar desconhecer muita coisa daquela época em que eu mesma vivi, atribuindo o fato ao natural esquecimento reencarnatório e às condições das mulheres em geral, em sua maioria restrita às atividades do lar, alheia ao mundo além da soleira de suas portas. E não havia a mídia, a globalização, a educação formal e indiferenciada para ambos os sexos...

Três encarnações... Três mulheres... Suas histórias de amor, suas lutas para galgar degraus evolutivos, seus fracassos e conquistas. E a presença dos Espíritos nos mais diversos níveis de aprimoramento, influenciando as escolhas de cada uma e dos que as cercavam. A realidade após o desencarne... Pairando acima de tudo, a solicitude do Pai para com todos os Seus filhos! Jamais estamos sós... O Universo conspira a nosso favor!

Quase no final da obra, uma surpresa... No relato, um quilombo nas imediações do Rio de Janeiro... Teria existido realmente? Assumindo a ignorância, pesquisei, acabando por localizar o Quilombo do Leblon, em plena capital do Império! Conferia com as descrições do autor espiritual e com as imagens por mim apreendidas durante o relato! Foi incrível!

As palavras tornam-se pequeninas para transmitir a gratidão pela intrigante viagem através do tempo, pelo "reencontro" com pessoas com as quais convivi, a quem amei e detestei... Hoje, com a Doutrina Espírita lançando luzes sobre minha existência, entendo tanta coisa... Sem mencionar o fato de a atuação como médium ter-me possibilitado alçar voos além das amarras do corpo físico, permitindo descortinar um mundo de beleza e justiça, mesmo que em meio a transitórias dores e enganos.

Porecatu (PR), 24 de julho de 2010.

PRIMEIRA PARTE

I
BEATRIZ

    Beatriz revolveu-se na cama pobre, de rústicos lençóis e duro colchão, suspirando entre inquieta e desanimada. De olhos cerrados, percebia a mãe movimentando-se na cozinha... Cozinha! Na realidade, as duas mulheres habitavam um único cômodo, com cortinas à guisa de separação, onde se revezavam nas diversas atividades.

    Desde muito menina, habituara-se à figura materna quase sempre debruçada sobre uma costura ou ao lado do enorme fogão de lenha, apurando seus afamados doces, vendidos de porta em porta pela filha. Ah, como se envergonhava de carregar a enorme e pesada cesta de vime forrada com alvos

panos, sentindo-se diminuída diante dos compradores! Rosto corado, olhos baixos, voz quase inaudível...

Inúmeras vezes, a mocinha ouvira as vizinhas comentando:

— Mariazinha, essa sua menina não tem jeito para vendedora! Ainda mais de doces, coisa pequena, que se tem de mostrar ao freguês, elogiar... Parece uma muda, com aquele nariz empinado, como se fosse grande coisa!

A pobre mulher, exausta das tarefas diárias e de tanto falatório inútil, somente redarguia:

— Mas a cesta volta vazia...

— É... volta mesmo... Por conta da gostosura dos seus doces! Verdadeiro dom esse que vosmecê tem nas mãos... Mas podia vender o dobro, o dobro!

— Ela faz o que pode! Sem a minha Beatriz, quem sairia para as vendas? Eu? Mal dou conta dos tachos...

Beatriz indignava-se:

— Bando de fuxiqueiras! Falam, falam, falam... Mas ninguém se atreve a dar uma mãozinha! Ninguém, ninguém! Quando compram, é tudo fiado, para pagar a perder de vista! Se é que pagam!

A simples recordação das constantes críticas das vizinhas fazia com que bufasse de raiva! Embrulhada no lençol, interiormente remoía:

— Um dia, vou-me daqui! Ah, se vou! Estou cansada dessa gente pobre, de precisar viver nesta casinha! E de ouvir minha mãe louvando o fato de termos um teto nosso, sem necessidade de alugar dos outros ou de conviver com muitos em um cortiço! Grande coisa! Não se pode fazer nada sem que a vizinhança toda saiba! E a inveja? Pensa que não sei o que dizem de mim? Bando de feiosas!

Naquele momento, Joana, a vizinha da frente, enfiava a cabeça pela porta dos fundos, perguntando com gritante voz:

— Mariazinha, mulher, a goiabada cascão demora muito? Hum... O cheiro chegou lá fora! Meu Jorge não se aguenta de vontade de comer seu doce com queijo! Disse que era para a Beatriz levar lá na cocheira, mas resolvi pegar eu mesma, pois aquela preguiçosa ainda deve estar na cama, enquanto a mãe se mata no fogão!

Beatriz cobriu a boca com o lençol, arreliando baixinho:

– "Meu Jorge"! Nem implorando eu levaria a goiabada para o "seu Jorge", bruxa! Aquele desavergonhado vive cercando-me com propostas, como se eu me vendesse a troco de míseros trocados de um ferreiro suado e sujo! Tomara que engasgue com o doce e morra!

O sol já ia alto quando finalmente abandonou o leito, deparando com a mãe diante do fogão de lenha, revezando-se em mexer os tachos, as faces vermelhas, marcas de queimaduras nas mãos, alvíssimo pano ao ombro, os fartos e anelados cabelos negros retidos por um lenço de florida chita. A mocinha abanou a cabeça, não sabendo se sentia pena da pobre ou raiva, tamanha sua revolta.

Apesar de maltratada pelas dificuldades, Maria da Conceição, ou simplesmente Mariazinha, guardava ainda muita beleza no rosto de traços finos e delicados, conservando o esbelto corpo da adolescência. Beatriz costumava questionar as razões que haviam levado sua mãe a enterrar-se viva naquele lugar esquecido pelo mundo, recusando os vários candidatos a marido surgidos no decorrer dos anos, alguns até com boa situação financeira e sérias intenções.

– Mãe, por que não casa? A senhora está-se acabando nesse fogão, o dinheiro mal dá para as contas, por pouco não passamos fome...

Ela abstinha-se de responder, não raro os olhos marejavam...

Vendo Beatriz encostada à parede, Mariazinha exclamou alegremente:

– Filha, amanhã teremos o que vender! Olhe só que beleza! No ponto! Graças a Deus! Precisamos pagar o armazém!

– Mãe, será que a senhora não pode contratar o negrinho Tuim para sair com os doces? Detesto carregar aquela cesta pesada no sol, minha pele vai ficar toda sardenta... E tenho vergonha de oferecer! As pessoas me olham como se eu fosse nada... Ele pode muito bem fazer isso, até precisa de um dinheirinho...

– Filha, o problema é que nós também precisamos! No mais, lembra a vez em que você não estava bem? Passei o serviço pro danado e ele comeu a metade dos doces! E veio com aquela história mal contada de que os moleques o haviam atacado... Tudo mentira! O malandrinho deitou debaixo da figueira na estrada e comeu tudinho! Seu Manuel, aquele da carroça, viu e saiu contando pra todo mundo a façanha! Sem falar na dor de barriga que deu no esganado, não deixou a moita no dia seguinte... Não dá pra confiar!

– Ai, mãe, estou cheia desta vida! Nunca posso ter um vestido novo, só uso coisa reformada dos outros, das freguesas de lavação de roupa da senhora, e tudo já vem descorado, puído... Gente miserável! Por que não abrem os armários e mandam um vestido bonito, com laçarotes e flores? Impossível que suas ricas filhas gostem de todas as suas muitas vestes! Mas não! Além disso, vivo entocada como uma prisioneira! A senhora me prende! Nunca fui a uma festa... Passear na pracinha como as outras? Nem pensar!

– Filha! Pelo menos, nada nos falta! Para duas mulheres sozinhas, até que nos saímos bem... Temos nossa casinha, pequena, mas nossa... Quando as coisas melhorarem, com a graça de Deus, faremos um quartinho só para você e uma sala, pois um dia aparecerá um pretendente sério e trabalhador, e quero tudo certinho, com namoro dentro de casa...

– Pelo amor de Deus, mãe, essa ladainha de novo, não!

Mariazinha olhou a filha... Angústia e temor confrangeram-lhe o coração. Tão bela, quase uma afronta tanta formosura naquele lugar pobre! Melhor ficaria em uma mansão! Com roupas de seda e joias... No entanto, para moças como Beatriz, a beleza constituía penosa prova para o orgulho e a vaidade, verdadeiro chamariz da perdição. Tinha tanto medo! Desde pequenina, róseo querubim de claros olhos e longos cabelos loiros, a menina encantava, despertando a atenção quando com ela saía para vender seus doces. Crescendo, ainda com sete ou oito anos, impossível não perceber os olhares masculinos... Meu Deus! Minha Nossa Senhora! Costumava implorar proteção para a filha, receando um futuro parecido com o seu...

Aos treze anos, o pai tratara de negociá-la em um dos prostíbulos de Ouro Preto... Precisava manter o vício da bebida, não se importando com a menina muito bela, de enormes olhos negros e encaracolada cabeleira. Impossível olvidar aquele dia! Quase um ano depois, ao sair da casa de Madame, no sétimo mês de gravidez, coração dilacerado pela perfídia do namorado Altino, que desaparecera no mundo, Mariazinha levava na bolsa o dinheiro do coronel, pai de seu amado, e na alma, a desilusão. Nunca mais acreditaria nas juras de um homem!

Com aquela quantia, deixara a cidade, coração dilacerado, pois o rapaz estava prestes a desposar a bela e riquíssima Maria Amélia, tratando de adquirir pequenina casa em uma das povoações que vicejavam nas proximidades da estrada real, dedicando-se a criar a criança com seu trabalho honesto. Rezara para que fosse um menino, pois seria bem mais fácil, mas Deus lhe colocara nos braços uma menina linda, verdadeira boneca! Chorara baixinho, lamentando as dificuldades que a pequenina teria de enfrentar, sem pai, com uma mãe pobre... e, principalmente, com aquela beleza toda!

Desde cedo Beatriz demonstrara acentuada predileção pelas coisas boas e caras, desdenhando o trabalho simples e honrado, cumprindo suas obrigações por insistência materna e nada mais. Maria da Conceição percebia que a filha deixava-se seduzir facilmente pelos apelos mundanos! Temerosa, procurava afastá-la das ruas, liberando-a somente para os afazeres imprescindíveis à sobrevivência de ambas. Seu coração de mãe, contudo, antevia tempestades a curto prazo!

Aos quinze anos, a beleza de Beatriz impressionava!

Herdara do pai os olhos, uma mescla de verde e azul, enormes e refulgentes! Seus cabelos, sedosos e brilhantes, espalhavam-se em opulentas e longas madeixas douradas, da cor do trigo maduro. Mariazinha intimamente questionava o fato de a filha ser tão loira, sendo ela morena e de escuros olhos, com antecedentes de cor negra inclusive. E Altino, afinal, não era tão claro assim... Desconhecia as misturas raciais ocorridas desde a primeira vez em que antepassadas suas pisaram o solo brasileiro, envolvendo colonizadores europeus. Vendo-as juntas, ninguém diria fossem mãe e filha, alguns chegando a aventar a hipótese de adoção.

Não podia ignorar o preconceito de Beatriz, ressentindo-se quando a menina fingia desconhecê-la diante de amiguinhas, tratando-a como uma serviçal. No entanto, educara a criança à luz de princípios de igualdade, o que a levava a acreditar haver falhado em seu papel de mãe, ignorando que os Espíritos encarnados no planeta Terra nem sempre correspondem aos ensinamentos ministrados por seus genitores, cabendo a eles, filhos, a responsabilidade pelas formas de pensar e agir decorrentes da imaturidade de seus sentimentos. Ela fizera a sua parte como mãe! Beatriz, ainda extremamente materialista, mergulhada em ilusões, enxergava a existência com olhos infantis... Sonhava com um príncipe encantado, aguardando um acontecimento que a subtrairia àquela monótona vidinha, permanecendo inativa, sem nada fazer por ela mesma ou pelos outros, como se anestesiada, à espera de um milagre...

Vendo-a parada displicentemente ao lado da cortina de florido e ralo pano que lhe separava o leito do restante da casa, Mariazinha suspirou. A luz incidia diretamente sobre seu corpo, delineando os contornos perfeitos... Os cabelos, ainda despenteados, enroscavam-se em caprichosos anéis, roçando-lhe a esguia cintura... A mulher sentiu o coração opresso, apressando-se em falar:

– Filha! Não fique assim... Aqui entra qualquer um a toda hora, pois sabem que faço doces para vender... Vista uma roupa e venha ajudar a deitar esta marmelada nas caixinhas para secar! Vamos, menina! Se passar do ponto, perdemos a tachada toda!

Mal pronunciara a derradeira palavra, uma voz sonora e educada fazia-se ouvir:

– Ô de casa! Estou entrando! Aqui não tem cachorro, tem?

E seu dono embarafustava quintal adentro, acabando na cozinha, sem que a curiosa Beatriz atendesse ao pedido da mãe. O olhar de admiração do estranho atingiu-a em cheio, provocando um agradável calor em seu corpo, uma sensação de poder. Era bonita! Abaixou os olhos, para depois erguê-los lentamente, quase em provocação, encontrando os do moço, embasbacados. Ele era jovem e atraente... Decididamente, estava a seus pés!

— Beatriz, já para o quarto, menina!

O mascate observou o desagrado da mulher, tratando de reparar a situação:

— Senhora, perdoe-me por favor! Sou Bernardo, um seu criado... Fui entrando, entrando... Sua vizinha, a senhora dona Joana, disse que poderia... Desejo comprar uns doces. O cheiro está de dar água na boca! Chega ao fim da rua!

Mariazinha acalmou-se. Um freguês! De posse das guloseimas, iria embora, graças a Deus! A mala dizia de seu destino itinerante, cada dia em um lugar...

— Que doces o moço deseja? Goiabada, cocada, doce de leite com abóbora... ou com amendoim? Pode escolher!

Conduziu-o até rústica prateleira forrada com panos muito brancos, onde se alinhavam as delícias saídas de suas mãos de doceira famosa. Com satisfação, viu o rapaz separar diversos, sacando depois o pagamento, cujo troco recusou, indagando:

— Senhora, gostaria de ver as mercadorias? Disponho de artigos lindíssimos e de bom preço! A menina provavelmente adoraria!

— Não! Nem pensar! As coisas estão muito difíceis... Não posso gastar nada, nadinha mesmo, com luxos...

A mocinha aparecia já vestida, os olhos imensos e claros gulosamente voltados para a mala sobre o banco.

— Mas ver não custa, minha senhora... Ver não custa!

E o moço abria a caixa, revelando aos deslumbrados olhos de Beatriz sedutores tesouros: tecidos, xales, brincos, pulseiras e colares de falsos ouro e pedras, potinhos de carmim, perfumes...

— Moço, já lhe disse, não posso comprar nada!

Do fundo da mala, o mascate Bernardo retirou um vestido rosa, em delicada seda, abrindo-o diante de Beatriz. A mocinha prendeu a respiração, pois jamais vira algo tão bonito! A imensa roda da saia, o corpete de renda, as florezinhas que adornavam os drapeados e refolhos do profundo decote... Como se entendesse o encantamento da jovem, Bernardo estendeu-lhe a peça, murmurando:

— Experimente!

— Não! Por Deus, minha filha, não podemos! Beatriz!

Surda às negativas da mãe, a mocinha praticamente arrancou o vestido das mãos do mascate, entrando atrás da cortina, de onde minutos após retornava, os olhos brilhantes, as mãos delicadas soerguendo o tecido da saia.

— Meu Deus! Vestiu perfeita e lindamente, senhorinha! Espere, espere! Tenho algo que ficará muito bem com esse vestido!

O vendedor remexeu entre as peças, retirando um par de sapatinhos no mesmo tom róseo:

— Calce-os! Acho que vão servir!

Mariazinha continha as lágrimas. Queria espantar dali o homem, tocá-lo mesmo, todavia a alegria de Beatriz impedia tal gesto. Qual criança, ela rodopiava, esperando sua aprovação:

— Está muito linda, minha querida, minha filhinha! Um sonho!

— Posso ficar, minha mãe, posso, posso?

— Filha, não temos nem para pagar direito a venda! E esse vestido deve ser muito caro, além de nossas posses! E onde poderá usar um vestido desses? É luxuoso demais!

O rosto de Beatriz empalideceu, seus lábios tremeram; como se protegesse um tesouro, ela recuou alguns passos, apertando os braços contra o corpete. Sua voz assumiu metálicas conotações e, desequilibrada, desatou a gritar:

— Não! A única coisa que ouço nesta casa é não! Quando poderei ter algo que me agrade? Quero este vestido, não importa quanto custe!

— Filha!

— A senhora não pode obrigar-me a viver aqui, nesta tristeza, sem nada, a não ser trabalho e mais trabalho... E roupas velhas! Desejo ser feliz, passear, divertir-me, ser admirada, elogiada! A senhora me odeia! Queria estar morta, morta, morta!

— Beatriz!

— É assim mesmo! Quer que eu seja como você! Acabada, mal vestida, suada! Vai ver meu pai a abandonou por isso! Não, eu me recuso! Minha mãe, se a senhora me tirar este vestido, juro que desapareço no mundo! Nunca mais há de me ver!

Bernardo observava a cena... Ali estava uma criaturinha inconformada com o lugar onde vivia, ambiciosa, que não se deteria por nada para alcançar seus sonhos! E linda! Diplomaticamente, aproximou-se da mãe em prantos, dizendo com conciliatória expressão:

— Senhora, calma! Apesar de parecer uma peça caríssima, assim não é... Tem alguns defeitinhos insignificantes, mas tem... E o tamanho, como pode ver, exige corpo delgado, cintura fina, que a maioria das mulheres está longe de possuir... Dos sapatinhos, então, nem se fala, pois são de número pequeno... Por tais motivos, tudo está encalhado há muito em minha caixa, tomando espaço... Façamos um trato! Coisa de pai para filho! A menina fica com o vestido e os sapatos, eu calculo um bom desconto e a senhora me paga com doces, a longo prazo. Passo por aqui de mês em mês, talvez um pouco mais, e recebo em doces! Pronto! A mocinha fica feliz, a senhora também... e eu mais ainda! Adoro doces caseiros, sou uma verdadeira formiga!

Mariazinha acabou aceitando... No entanto, bem no fundo, pairava uma incômoda sensação de que aquele belo moço escondia alguma carta debaixo da manga... Contudo, que lhe restaria fazer? Beatriz já se fora para detrás da cortina, retirando do trêmulo corpo o vestido, estendendo-o cuidadosamente sobre a cama, ajoelhando-se, deslumbrada com aquilo que considerava verdadeira sorte. Ou milagre? Esquecera-se por completo do maneiroso Bernardo, que discreto partira, após cumprimentos à doceira.

Decorreu uma semana. Todo dia a jovem arrumava a veste sobre o leito, encantada com sua beleza. Uma questão afligia sua cabecinha:

— Onde usarei esta maravilha? Aqui, nesta povoação esquecida, não há um só lugar decente... Talvez na missa... Hum!...

Muito decotado... As beatas vão falar... E o padre é bem capaz de me expulsar da capela!

A resposta caiu do céu!

Naquela manhã, nem as brisas conseguiam refrescar o dia de inclemente sol. A cesta pesava, sua alça fazia dolorosas bolhas nas delicadas mãos de Beatriz, ela suspirava desanimada, pois ainda estava praticamente cheia. Vendera pouco, consequentemente precisaria andar muito para ficar livre daquele peso... Irritada, notou a vermelhidão que o sol causava na clara pele de seus antebraços, procurando proteger melhor o rosto com o chapéu de palha:

– Vou ficar pintada como uma banana madura! Meu Deus, isso não é vida! Quando tiver vinte anos, estarei com cara de cem! Pior que minha mãe, pois ela pelo menos tem pele morena e o sol não castiga tanto! Que vontade de jogar os malditos doces no córrego e voltar para casa! Mas daí, não teremos o que comer! Sem falar no discurso que vai durar uma eternidade...

Colocando o pesado fardo no chão, sapateou como criança birrenta, enquanto gritava:

– Tenho de dar um jeito nesta vida! Ai, meu Deus!

– Também acho, minha bela!

O mascate estava bem ali, encostado a uma árvore, rindo:

– Senhor! Não me diga que veio receber o vestido rosa! Ainda não faz um mês!

– Nada disso, minha princesa! E nada de senhor! Que tal me chamar de Bernardo simplesmente? Não sou tão mais velho... Ah! E, se bem conheço a senhora sua mãe, a senhorinha ainda não usou o belíssimo vestido... Ah! Não disse? Tinha certeza! Assim, pensei que poderia levá-la a um lugar bem elegante, a uma festa!

– Minha mãe não deixaria...

– Ela não precisa saber... A menina sai todos os dias bem cedinho para vender, não é? Muito bem! Amanhã, arranje um jeito de colocar o vestido em uma sacola e eu a pegarei no caminho... Ah, talvez seja conveniente deixar a casa mais cedo... Teremos mais tempo para o passeio! Invente a desculpa do sol quente... Alugarei um coche! Isso mesmo! Iremos até a pensão onde costumo ficar, na vila vizinha, e poderá arrumar-se. Então, mais algum tempo de viagem, e a conduzirei a um casarão adorável, com pessoas bonitas e alegres. Nenhuma, contudo, será mais bela do que a senhorinha naquele vestido rosa!

– Mas, e os doces de amanhã? Nem penso em retornar com a cesta cheia! Minha mãe me mata!

– Compro todos! Pronto... está resolvido! Para comprovar minhas boas intenções, compro os de hoje também! Faça as contas, darei o dinheiro... Vá para casa, descanse! Ah! Tenho uns sacos vazios em minha mala, coloque os doces neles... Assim...

Beatriz silenciou todas as dúvidas e receios, seguindo as instruções de Bernardo. Naquela mesma tarde, alisou cuidadosamente o vestido com o pesado ferro de brasas, aproveitando providencial saída de Mariazinha para entregar encomenda a freguesa de local um tanto distante, acomodando-o em uma sacola de pano, acompanhado dos sapatinhos e de alguns artigos de higiene pessoal, escondendo tudo atrás de enorme folhagem nos fundos do quintal. Passou nata no rosto e nos braços, lavou e secou os longos cabelos... depois, resolveu descansar.

Na manhã seguinte, mal o dia raiara, levantou-se animada, fingindo não ver o espanto materno, tomando a pesada cesta e saindo, não sem antes acrescentar mais alguns pacotes... Afinal, Bernardo pagaria! No caminho, apanhou disfarçadamente a sacola, rezando para que a mãe ou alguma vizinha indiscreta nada visse. O mascate aguardava-a na pracinha deserta àquelas horas, com um coche que ela nunca havia visto por ali.

Pouco tempo depois, estavam em vizinha povoação, adentrando uma pensão de familiar aspecto, o que a tranquilizou sobremaneira. Deliciada, Beatriz constatou que o quarto dispunha de antiga banheira com pés de ferro, cheinha de água morna! E toalhas macias... E um sabonete muito perfumado, embrulhado em papel com escrita estrangeira... Quanto luxo, meu Deus!

Vendo-lhe o encantamento, o moço advertiu:

– Não demore. Temos um bom pedaço pela frente!

Quando assomou à porta, um tanto encabulada, o moço mal podia acreditar naquela visão! Estava maravilhosa!

Se Beatriz ainda receava qualquer atitude menos gentil por parte de Bernardo, sossegou, pois o jovem manteve a postura de perfeito cavalheiro. Após algum tempo de viagem, chegaram a movimentada cidade. Às suas indagações, o moço respondeu:

– Ouro Preto, minha cara, antiga Vila Rica... Mudou de nome por volta de 1823, mas muita gente ainda não perdeu costume de chamá-la pelo nome anterior... Não importa! Os dois lembram riqueza! Aqui as pessoas aproveitam a vida e são felizes! Nada de cestas pesadas, de doces para vender... E dinheiro, dinheiro fácil... Veja as mulheres! Belas, não é? As roupas... Última moda na Europa... Sabia que seu vestido veio de lá? Na bagagem de uma francesinha!... Um dia lhe conto a história...

II
NA CASA DE MADAME...

    O isolado casarão erguia-se em local praticamente fora da cidade... Bernardo entregou o elegante chapéu nas mãos de solícita e uniformizada escrava, adentrando familiarmente o recinto. Surpresa, a jovem deparou-se com cerca de uma vintena de moças primorosamente trajadas, os cabelos penteados como jamais vira, às voltas com verdadeira corte de cavalheiros. Uma mulher destacava-se pelo elegante e dominador porte, e ela notou que era mais velha, porém muito bonita. Avistando-os, abandonou o festivo grupo, depondo sobre uma das mesas a taça de finíssimo cristal:

    – Bernardo, meu caro Bernardo! Vejo que está em boa companhia... Que linda moça!

Beatriz corou de satisfação. Aquela mulher a elogiava! E pensar que se sentira inferior, receando a julgassem uma caipira!
– Qual seu nome, minha menina?
– Beatriz, senhora!
– Lindo nome! Bernardo comentou, minha cara, que enfrenta rude vida de vendedora de doces... Por sinal, deliciosos! Mas uma beleza como a sua deve ser cultivada, preservada! Trabalho duro, minha linda, enfeia a mulher mais bonita! Por gentileza, Bernardo, faça as honras da casa, levando-a para conhecer as moças e os cavalheiros! Que nada falte a nossa encantadora convidada! Antes, conduza nossa menina até a mesa... Deve estar com fome! Aposto que não tiveram tempo para o almoço...
Beatriz mal acreditava naquele tratamento tão gentil...
– Senhora...
– Madame, simplesmente Madame. Assim todos me conhecem! Divirtam-se!
A tarde transcorreu célere. Beatriz achava-se no céu naquele lugar mobiliado com luxo, servida por criados enluvados, elogiada por homens finos, perfumados e bem vestidos. Jamais a haviam tratado tão bem! Por conta de seu entusiasmo e natural ingenuidade, não se fixou nas saídas das moças em companhia dos homens, rumo ao andar superior... As conversas um tanto picantes e as mãos audaciosas de um ou outro surpreenderam-na, mas Bernardo tratava de afastar os mais afoitos, enquanto murmurava ao seu deliciado ouvido:
– Os homens não resistem à sua beleza, Beatriz. Prepare-se para fazer sucesso em Ouro Preto! Breve será considerada a moça mais bonita!
Ao se retirarem, o crepúsculo descia lentamente sobre a cidade, tingindo o céu com longas faixas em vermelho e ouro. Madame beijou-a nas faces, e seus lábios eram tão frios quanto seus olhos... Sentiu desagradável sensação, uma vontade de se afastar daquela mulher lindamente vestida e adornada... Ignorou o mau pressentimento. Bobagens de sua cabeça!
– Espero que tenha gostado de nós! Sábado teremos um sarau... Está convidada!

No trajeto de volta, Beatriz preocupava-se. Chegariam tarde! Que desculpa daria à mãe? Como sempre, Bernardo salvou a situação:

– Diga que se esforçou demasiado para vender os doces, a ponto de passar mal... E teve de parar debaixo de uma árvore! Acabou adormecendo...

– Meu Deus, ela não vai acreditar!

– Acredita, acredita sim, se a senhorinha fizer uma cara de doente. Ah! Não se esqueça da cesta vazia... aqui tem o dinheiro dos doces... E trate de arrumar uma desculpa para sábado...

– Sábado é o dia em que mais ando por toda a cidade! Geralmente volto ao escurecer...

– Compro tudo novamente! E não precisa trazer o vestido! Pegaria mal aparecer com a mesma roupa... Além do rosa, qual sua cor predileta? Azul? Ótimo! Terá um vestido azul como nunca viu antes!

Auxiliada pelos vizinhos, Mariazinha percorrera toda a vizinhança em busca da filha. Julgava-a morta, atacada por algum malfeitor... Ou teria fugido? A pobrezinha reclamava tanto da vida que levavam! Calava os medos, contudo, para não acirrar o falatório das mulheres mais nervosas, que já comentavam:

– Não sei não, Mariazinha... Beatriz é muito bonita... Será que não fugiu com algum namorado?

– Minha filha não faria isso!

– Sei não...

Os ânimos estavam esquentando quando Beatriz apareceu, simulando vacilantes passos e doentio aspecto. Mariazinha sentiu imenso alívio, culpando-se de haver pensado mal da filha, por conta dos comentários maldosos daquelas pessoas. Pobrezinha! Matara-se no trabalho, vendera tudo, o dinheiro estava ali, era a prova!

Nos três dias que faltavam para o sábado, a mulher passou a fazer os doces à noite, vendendo-os durante o dia, em uma maratona que a fatigava ao extremo, mas considerada necessária à recuperação da saúde de Beatriz, que se acomodou, satisfeita e nada arrependida das mentiras. No sábado pela manhã, a mocinha abandonou o leito de falsa doença, surpreendentemente disposta, anunciando:

– Hoje eu é que vendo, mãezinha! A senhora já fez muito! Estou bem e posso assumir as vendas! Não discuta! Já disse que me recuperei daquele mal-estar estranho! Deve ter sido o sol... Não, não precisa ir comigo, meu Deus?!... Para quê?! Mas fique calma... No caminho, passo pela casa de Tuim e levo o danadinho comigo, para ajudar com a cesta... Dou uns trocos e alguns doces, coisa que não vai fazer falta... Encha a cesta, bem cheia mesmo, pois pretendo voltar com um bom dinheiro nos bolsos!

Repetiu-se o itinerário da semana anterior. Beatriz nem podia acreditar! Se o vestido rosa era deslumbrante, o outro, o azul, excedia suas expectativas! O espelho mostrava uma imagem lindíssima, ainda mais quando Bernardo lhe adornou o acetinado colo com magnífica peça de pedras azuis, acompanhada de brincos e bracelete combinando!

– São de verdade?
– Sim, é claro. Pedras das minas...

Não eram! Simples imitação...

Somente estranhou o ousado decote, que mal lhe velava os seios, mas o moço asseverou tratar-se da última moda na Europa, acrescentando:

– Causará inveja, bela Beatriz! Pouquíssimas mulheres conseguiriam ostentar um colo como o seu!

Calou. Ele devia saber... Afinal, que mal teria?

O que Madame chamara de sarau breve se converteria em verdadeira orgia. Grupos subiam as escadas e se enfurnavam nos luxuosos quartos... Casais procuravam o refúgio dos jardins pouco iluminados... Beatriz, no entanto, fora conduzida por Bernardo a reservada sala, deparando com seleto grupo de moças e senhores. Ali o tratamento era muito menos licencioso, o vinho jamais abandonava as refulgentes taças de cristal, a conversação seguia rumos veladamente sedutores... Tudo fora preparado para não a assustar!

De imediato, a mocinha encantou-se com um moço alto, de largos ombros e bem conformado corpo, portando impecável traje em tons claros. Leopoldo! Bastou um olhar e seu ingênuo coraçãozinho derreteu-se! Ele, ao que parecia, também se interessara pela linda convidada, com ela entretendo longa conversa, cuidando para que nada lhe faltasse, fitando-a com longos e perturbadores olhares.

Beatriz estranhou o comportamento de Bernardo, completamente retraído, permitindo que Leopoldo a cortejasse. Até então, acreditara que o mascate estivesse apaixonado por ela... Assim não fosse, quais motivos o levariam a tratá-la tão bem, presenteando-a com roupas e joias, levando-a até a casa de Madame, uma senhora tão fina e rica?

Pobre Beatriz! Pouco conhecia da vida... A mãe nada lhe contara a respeito de casas de prostituição, talvez por lhe ser extremamente penoso lembrar o passado... Desconhecia os mistérios do sexo, assunto jamais veiculado entre as duas mulheres, na humilde casinha de bairro pobre.

Mariazinha escondera da filha as informações mais simples a respeito do relacionamento entre um homem e uma mulher, julgando assim protegê-la. Pobre Mariazinha! Também ela nada sabia ao adentrar a casa de Madame, anos atrás, conduzida pelas mãos do pai... Altino fora o primeiro e único, com ele trilhara os caminhos do amor e do prazer... e da dor do abandono! Na realidade, bem pouco tinha a ensinar a Beatriz, restando-lhe a opção de reter a filha em casa, como uma prisioneira, à espera do surgimento de um bom pretendente a marido.

Beatriz jamais tocara em bebida alcoólica e se deliciou com o adocicado licor, julgando-o inofensivo; Leopoldo, ao lhe notar o agrado, cuidava de manter a pequenina taça sempre cheia.

O moço retornava de viagem à corte, na companhia de novos amigos, e decidira pernoitar em Ouro Preto, seguindo no dia seguinte para a fazenda, onde uma saudosa esposa certamente o aguardava. Fizera questão de apresentar aos companheiros de farra o mais famoso prostíbulo da região, louvando-lhe o atendimento e a formosura das mulheres. Mal adentrara a casa, Madame fora ao seu encontro:

– Leopoldo! Caríssimo! Que prazer! Estava justamente pensando no amigo! Sumiu... Esqueceu-nos... Ah! Trouxe ilustres convidados... Que honra! Fiquem à vontade, senhores...

Fez discreto sinal a Leopoldo, encaminhando-o para isolado canto:

– Caro amigo, não poderia chegar em melhor hora! Estava mesmo pensando em quem poderia escolher para a iniciação de uma jovenzinha muito especial, verdadeira pintura! Linda, linda! Segundo Bernardo, nosso mais eficiente colaborador, vem de família pobre, de uma dessas vilazinhas de beira de estrada. A mãe é doceira... O danado foi obrigado a comprar cestas e mais cestas de guloseimas para tornar possível à menina vir até nossa casa... Adivinhe quem acabou pagando? Não importa, valerá a pena! Um senhor investimento essa moça, Beatriz! Corre nas suas veias o fogo da paixão, posso ler em seus olhos! Ah! E que olhos, meu caro! Verdes, imensos, luminosos! Retratando ambição, vaidade... E prontinha para ser despertada... Mas tudo precisa ser feito com cuidado, não podemos assustar a pombinha... Depois, quando tomar gosto pela coisa...

– Madame! Se a menina for bonita...

– Belíssima, belíssima mesmo! Terá de seduzi-la, é claro... Não a force, pois não gosto de choros e lamentações! Com paixão, a coisa flui muito melhor! E garantimos que não haverá interesse em abandonar a casa...

– E onde está essa maravilha?

– A caminho! A caminho! Vou conduzi-los a nossa sala especial, logicamente após os senhores seus amigos escolherem as companhias femininas... Menos você... O belo Leopoldo estará só, à espera da princesa encantada! Enquanto isso, poderão divertir-se... Quando Beatriz chegar, caberá ao senhor a conquista! Tratando-se de menina nova, calculo que terá uns catorze ou quinze anos no máximo, convém muito romantismo, doces palavras, juras de amor eterno...

– Alguma vez a decepcionei, Madame?

– Nenhuma! É bem verdade que tivemos alguns probleminhas... Muitas se apaixonam, desiludi-las nem sempre é fácil...

Mesmo assim, caro Leopoldo, como já disse, a melhor maneira de assegurar a presença dessas franguinhas na casa, sem maiores contratempos, consiste em engambelá-las com uma paixão das boas. E nisso, meu caro, você é o melhor! Um mestre!

Enchendo mais uma vez a taça de Beatriz com o róseo licor, Leopoldo sorria confiantemente. Os olhos da menina confirmavam que ela se enamorara. Fácil, fácil! Bastava ter paciência e a iniciaria na arte dos jogos de amor!

Os amigos acompanhavam as jogadas de sedução e se divertiam. Leopoldo não tinha jeito mesmo! Invejavam-no, pois a formosura da mocinha excitava-lhes a imaginação.

Em pouco tempo, Beatriz mal se aguentava recostada no elegante sofazinho de dois lugares. A conversa das pessoas vinha até ela de longe... Sentia o braço de Leopoldo enlaçando-a, o perfume agradável emanando de seu corpo, de suas vestes. Depois, os lábios dele nos seus... O primeiro beijo! Queria reagir, mas um calor a invadia, o mundo girava, girava... Quando o moço a tomou nos braços, enveredando por discreta porta, subindo os lances da escadaria iluminada por aromáticas velas, aconchegou-se-lhe ao peito forte. Tudo girava! Sentia os dedos dele retirando o vestido azul... Quis impedir, todavia faltavam forças para tanto... Depois, vencida por ondas de prazer, correspondeu aos beijos, às carícias... Como por encanto, o efeito da bebida passara quase que inteiramente, e ainda assim não fugiu, desejando ali estar, ao lado daquele homem encantador, cujo toque despertava sensações jamais imaginadas!

Leopoldo presumira inconsciência, negativas, receios, inexperiência... Em Beatriz, contudo, embora não pudesse deixar de lhe confirmar a virginal condição, encontrou loucura, entrega, posse! Mal conseguindo raciocinar, também envolto em inesperada vertigem de paixão, recordou as palavras da experiente Madame... Beatriz, a doce e intocada Beatriz, fora talhada para as funções de uma casa de prazeres! Enlouqueceria os homens de Ouro Preto!

Amanhecia... A mocinha voltou-se no amplo leito de macio colchão, suspirando satisfeita. Ainda não se dera conta de estar distante da casa materna... Estendeu o braço, tocando em algo quente... Dividia a cama com alguém! De um pulo, acordou por completo, assustada! A seu lado, Leopoldo dormia profundamente, o belo rosto relaxado, o forte e bem proporcionado corpo largado entre os lençóis de finíssimo linho bordado.

Perturbou-se ao rememorar vagos lances da noite. Deus, que fizera? Como ali chegara? Por instantes, pairou a vaga lembrança de perfumado caminho, em doce penumbra... Agradável, muito agradável... Tratou de deslizar para fora do leito, procurando as roupas com o olhar. Jaziam sobre o polido chão de tábuas, espalhadas... Apanhou o vestido azul, atrapalhando-se toda ao tentar vesti-lo... A voz de Leopoldo, rouca de sono, atingiu-a em cheio:

– Beatriz, venha cá, meu amor!

Meu amor! Meu amor? Retornou, aninhando-se entre seus braços. Uma onda de plenitude envolveu-a e ela se sentiu leve, aquecida... Não mais a sensação de vergonha e medo do despertar... Amava aquele quase estranho como se há muito o conhecesse... Relembrou momentos da longa noite de paixão, nos quais, talvez por conta do licor, via-se envolta em brumas de distante passado, em que juntos estavam... Então, Leopoldo tinha diferente aspecto, não menos belo, mas muito mais simples, e ela envergava roupas de camponesa... Loucura! Baniu as incômodas lembranças, concentrando-se nos fatos presentes, nada estranhando no acontecido entre os dois, talvez por acreditar assim fosse o amor entre um homem e uma mulher, não obstante os grandes tabus da época. Um pouco mais experiente, certamente questionaria alguns pontos relacionados ao local, à rapidez com que o moço a levara para a cama, à descontração dele, como se a estivesse instruindo. Preferiu, contudo, crer-se amada, embarcando ligeira na canoa das ilusões, voltada somente para aquilo que lhe enaltecia o ego, anestesiando a razão.

Adormeceu... As horas transcorriam no silêncio do casarão... Despertou com suave batida na porta, seguida pela entrada de uma escrava portando amplo e engomado avental branco, guarnecido de babados, que se limitou a deixar sobre uma mesinha a bandeja com o desjejum. Onde estaria Leopoldo? Nem sinal dele! Confiante, Beatriz tratou de comer, deslumbrada com as iguarias, com o luxo incomum, desconhecido... Estava faminta!

– Finalmente me livrei daquela casa de subúrbio! E da pesada cesta de doces! Só de pensar no cheiro da goiabada, sinto enjoo... Meu futuro esposo certamente me dará do bom e do melhor... Nunca mais quero ver doce caseiro! Casaremos o mais breve possível! Minha mãe, a senhora me perdoe, mas não revelarei sua existência! Leopoldo poderá não me querer se souber que sou pobre... e filha de uma morena, embora passando fácil por branca. Mas ela é bem capaz de dizer que tem sangue negro na família! Mania de honestidade! Eu sou alva, de olhos claros, ninguém acreditaria que é minha mãe... Melhor calar! Ai, meu Deus, Bernardo! Ele a conheceu quando foi comprar doces... Diabos! Não importa, pedirei que fique calado! Nada vai atrapalhar meu casamento! Se preciso, comprarei seu silêncio... Ai, meu Deus!

Arrumou-se o melhor que pôde, aguardando o retorno de Leopoldo sentada na beirada da cama, soerguendo-se de quando em quando para tocar em um ou outro adorno do luxuoso aposento. A entrada de Madame constrangeu-a, pois se sentia uma intrusa ali, uma intrusa que partilhara o leito de hóspede com um homem! O rosto ardia! Apressou-se em dar explicações:

– Senhora, Madame, peço desculpas! Não quis desrespeitar sua casa, aconteceu! Que vergonha!

A risada bem-humorada de Madame surpreendeu-a:

– Beatriz, minha menina, que está a falar? Ah! Leopoldo, o danado, nada lhe explicou! Por isso saiu de fininho, juntamente com os amigos... Ainda bem que deixou o dinheiro sobre a mesa! Trata-se de um moço deveras generoso! Receberá sua parte, pois ninguém trabalha de graça para mim. Não muito, é lógico, pois tenho grandes despesas para manter esta casa e lhes dar do bom e do melhor!

Beatriz empalidecera terrivelmente. Dinheiro? Trabalho?

– Onde está o meu Leopoldo, senhora?

– Ora, minha linda, certamente a caminho da fazenda, onde a esposa, a bela e voluntariosa Maria Eleutéria, deve estar a esperá-lo, ciumenta e apaixonada como ela só!

Casado! A verdade apertou seu coração com garras de aço. Casado! Entregara-se a um homem casado? Estava desonrada para sempre! Cansara de escutar, ainda que às escondidas, histórias semelhantes! Uma moça, depois que dava um passo em falso, podia considerar-se irremediavelmente condenada! Qual homem se atreveria a aceitar por esposa uma menina desonrada? Comprometido, Leopoldo deitava por terra suas esperanças de um bom casamento, restando-lhe tão somente a condição de amante. Amante... Quem sabe... Algumas amantes viviam em luxo maior que as esposas... Madame, contudo, prosseguia friamente, e as coisas eram muito piores:

– Beatriz, minha filha, dirijo a maior casa de tolerância da região. E me orgulho disso! Minhas moças são saudáveis, limpas, bem tratadas, vestidas com o que há de melhor... e belas! Mas não admito namorados e muito menos filhos advindos de relacionamentos dentro ou fora daqui! Entendeu, menina? Deve-me respeito e obediência e, se souber me levar, dar-nos-emos muito bem... Agora, tenho o que fazer! Colete vai orientá-la, pois sou muito, muito exigente mesmo! Ela está na sala, tomando sua refeição da manhã com as demais... Ah! A bandeja no quarto foi gentileza do belo Leopoldo, que deixou uma generosa gorjeta com a cozinheira para tanto... Ora, ora, a menina certamente causou bela impressão em nosso conquistador! Mas não se acostume, no dia a dia deverá tomar suas refeições com as outras, no horário estabelecido, senão Malvina, a cozinheira, fica a servir vocês o dia todo... E ela necessita, além de nossas refeições, preparar a ceia dos clientes, sem falar no chá da tarde para os que adoram adotar costumes estrangeiros... Quanto a Leopoldo, certamente gostou de você! Muito bom, porque ele sabe pagar bem e seu desempenho na cama é dos melhores! Um sedutor nato!

E se foi, envolta em uma onda de perfume...

Beatriz sentia a cabeça rodar... Apoiou-se à cabeceira do leito, respirando fundo... A chegada de Colete impediu-a de desmaiar, pois a moça tratou de molhar-lhe as faces com água fria, reanimando-a:

— Calma, menina, calma! Madame certamente foi gentil como um elefante!

Colete, que de francesa nada tinha, acabou por desfazer qualquer esperança a respeito daquele lugar e de Leopoldo. Vendo-a chorar desoladamente, tentava consolá-la:

— Poderia ser pior... Aposto que gostou de Leopoldo... Ele é especialista em convencer mocinhas a desistir da virgindade... Algumas das que aqui estão, eu inclusive, vêm de livre vontade, por não restarem muitas escolhas. No meu caso, passava fome com um pai bêbado, apanhava por qualquer motivo, deram-me um noivo que em nada se diferenciava dele, seu melhor amigo por sinal... Fugi de casa e vim para cá, determinada, direto para a casa de Madame... Outras, como você, são enganadas, seduzidas pelos "leopoldos da vida" a pedido de Madame. Também não concordo, mas quem sou eu para reagir? Como diz nossa querida Madame, "uma prostitutazinha sem eira nem beira"! Quer um conselho? Trate de guardar um dinheirinho... Com esse corpo e esse rosto, não lhe faltarão clientes e boas gorjetas! Talvez até uma exclusividade... Assim que puder, fuja para bem longe, onde poderá encontrar um bom marido! Ah! E esqueça Leopoldo! Ele não vale nadinha! Considere-o um bom cliente, nada mais! Leopoldo é daqueles que vendem a mãe por bom dinheiro e não entregam a mercadoria!

Encontrando o consternado olhar de Beatriz, Colete exclamou indignada:

— Não acredito! Não acredito! Menina boba, está apaixonada por ele? Deus!

Realmente! Beatriz sentia-se perdidamente apaixonada. A recente ausência do moço bastava para deixá-la cheia de saudades. Sentia falta de seu carinho, uma voz, bem no fundo de seu coraçãozinho, dizendo-lhe que haviam compartilhado mais do que uma simples noite entre cliente e profissional... Tudo aquilo não poderia ser fingimento! Conquanto inexperiente, Beatriz intuía que algo maior a unia àquele homem... Ele voltaria e então... saberia o que fazer para prendê-lo!

Um enigmático sorriso apagou as marcas de desespero que entristeciam o delicado e belo rosto, e ela murmurou:

– Estou muito cansada, Colete! Vou dormir um pouquinho antes do almoço...

Sem entender muito bem a nova companheira, Colete deixou o quarto, meneando a cabeça. Esperava choros sem fim, vontade de dali fugir, acusações, raiva... Após o choque inicial, a aparente calma de Beatriz assombrava!

Os lençóis guardavam o perfume de Leopoldo e ela desejou que o moço ali estivesse. Adorara cada momento com ele! Nada estava perdido! Casado sim, mas não apaixonado pela esposa, senão ali certamente não viria... Saberia conquistá-lo, envolvê-lo... Enquanto isso, seguiria o conselho de Colete, tratando de fazer seu pé-de-meia. Quem sabe Leopoldo a escolheria como só sua? Esperançosa, abraçou apertadamente o travesseiro...

Discreta batida na porta anunciava a entrada da mesma escrava, que vinha retirar a bandeja, ao tempo em que lhe depunha nas mãos uma xícara de chá, com expressa recomendação de Madame para tomá-lo todo, e um envelope na cor rosa, com delicadíssimo lacre dourado representando um coração. Sem dúvida, Madame tinha muito bom gosto! Procuraria aprender o máximo para não continuar a ser a caipira vendedora de doces! Curiosa, após a saída da serviçal, rompeu o selo, deparando com uma quantia em dinheiro que a deixou sem fôlego. Era a paga pela noite de amor com Leopoldo! Precisaria vender doces por mais de um mês, dia após dia, para receber aquilo! E, ainda assim, o dinheiro seria destinado às contas da casa! Ali, no entanto, era seu, todinho seu... Maravilha! Pensando melhor, jamais se interessara em ter um marido, certamente alguém tão pobre como sua mãe, para quem seria forçada a lavar, passar, cozinhar... e a cuidar de filhos com nariz sujo, perdendo a beleza!

Coração aos pulos, contou novamente, calculando quanto poderia receber em uma semana, um mês... E ainda havia Leopoldo! Colete lhe explicara que alguns exigiam exclusividade... Nesses casos, Madame costumava pedir alto, e a escolhida recebia muito bem por sua parte no negócio... Recordava as palavras da falsa francesinha:

– Madame é danada! Quando alguém se apaixona, ela arranca o couro do coitado, cobrando um horror! Quem se atreveria a negar, temendo que sua eleita vá parar nos braços de outro? Correm boatos a respeito de um caso assim... Um tal de Altino, moço rico e bonito, estudante, filho de um coronel importante da região, ficou maluco por uma menina da casa e a Madame entrou firme no dinheiro dele, melhor dizendo, no dinheiro do pai, que o sustentava na época, enquanto ele estudava. O velho não sabia do xodó do filho, imagine! A Malvina, que é cozinheira desde aquele tempo, conta direitinho a história... Diz que os dois andavam pelos cantos como namorados...

– Nossa!... Parece conto de fadas...

– É, mas não deu certo no final... A tal moça engravidou e o rapaz quis casar... Quando o pai ficou sabendo de suas intenções, virou um bicho! Sem que o bobo soubesse, inventou uma história de que o moço não queria mais nada com ela, deu-lhe um dinheiro e colocou a pobrezinha pra correr, com um filho na barriga ainda por cima! Ela foi embora achando que o namorado havia traído o amor dos dois... O pobre nem sabia de nadinha da trama do pai...

A moça parara por instantes, saboreando um doce, prosseguindo:

– Madame não lhe falou que não aceita gravidez aqui? Pois é! Desde aquele dia, esta se tornou a regra! Dizem que o coronel, o pai do moço estudante, ficou muito bravo! Pudera! A Madame, naquele tempo, não era esse poço de frieza que é hoje... Morria de paixão pelo coronel... Foi quem a ajudou a colocar a casa de moças! E aí, ela acoita o namorico do filho dele? Resultado: perdeu o amante, o dinheiro e além disso levou uns pescoções, por conta de ter escondido a tal paixão! A Malvina diz que ele nunca mais pisou aqui, para desespero da Madame, que só faltou rastejar aos pés do danado. Ela tem um retrato dele entocado na gaveta do quarto... Certa vez eu vi... Um pedaço de homem! Morreu em uma tocaia de terras, coisa comum por aqui...

Tomando outro confeito da caixa sobre a mesinha, mastigou-o com ar de enlevo, continuando em seguida:

– Ah! Tome cuidado, ela não perdoa! Quando uma menina engravida, trata de providenciar uma boa fazedora de anjos! E não adianta esconder não! Fica muito pior! A Gracinha embuchou de um chamego seu, um mocinho bonito que sempre vinha passar as férias na casa de parentes, e quis porque quis ter a criança. O malandro desapareceu ao saber do enrosco! A Madame descobriu e foi clara: quer ficar com o nenê, fique, mas saia daqui agora mesmo! Ir para onde? Ficou... Resultado: morreu na hora em que a parteira foi tirar a criança! Estava grande demais... Coisa de louco, menina!

Beatriz sentiu um arrepio na espinha. Balançou a cabeça, expulsando a lembrança da conversa com Colete. Olhou o chá que esfriava... Será que àquilo se destinava? Ouvira as comadres da vila dizendo que uma só vez poderia ser suficiente para embarrigar uma moça! Deus a livrasse! Bebeu sofregamente o morno líquido, detestando o gosto amargo. Instantes após, sentiu-se sonolenta, pesada, com os olhos quase fechando... Ainda teve forças para esconder o precioso envelope debaixo do travesseiro, antes de adormecer profundamente.

Acreditava que Leopoldo logo volveria ao prostíbulo. Decepcionou-se! Madame decidira deixá-la no quarto por alguns dias, temendo reações adversas por parte da mocinha, mas desconhecia Beatriz! A soma de dinheiro despertara o gosto pelo ganho fácil e ela ansiava por mais. Se fosse com Leopoldo, melhor! Mas não se privaria de dinheiro pelo homem que julgava amar! Além do mais, ele não precisaria saber! Se a confrontasse, sempre restaria a desculpa de Madame tê-la forçado... E a possibilidade de o moço assumi-la como amante oficial, levando-a para uma casa, com luxos e paixão... Que poderia ser melhor?

III
QUEM DÁ MAIS?

No segundo dia de reclusão, Beatriz solicitou trabalho... Madame surpreendeu-se! Precisava tomar algumas providências... Tinha seus planos a respeito de uma aquisição tão bela! Acertaram que começaria na noite seguinte.

O dia transcorria rápido demais! Calada, mal aceitou as brincadeiras das outras, esquivando-se até da tagarelice de Colete. A ideia, de início considerada excelente, já não lhe parecia tão boa. A imagem de Leopoldo não a abandonava... Resolveu permanecer longos minutos na banheira com água morna e perfumada... Talvez acalmasse o coração precípite! Ao sair, deparou com um vestido estendido sobre o leito. E

que vestido! Todo branco, com ampla saia em tule salpicado de alvas florezinhas... O decote e as mangas longas e ajustadas haviam sido bordados e rebordados com brilhantes pedrinhas transparentes... Jamais imaginara algo tão belo! Colete adentrara o quarto intempestivamente, com seu jeito alegre e agitado, exclamando:

– Que beleza, Beatriz! Madame é maluca mesmo! Sabe de onde veio o vestido? Do ateliê de dona Eulália! Você ainda não conhece, mas é a modista dos ricos! Hoje à tarde, a Madame foi até lá, voltando com uma conversa de que ofereceu por ele o dobro do valor combinado com sua dona original. Era da menina Isabel, a filha do fazendeiro Joaquim das Neves! Vem aqui de vez em quando... Cliente meu! Se soubesse quem vestirá o traje com o qual a filha debutaria na sociedade, cairia durinho de raiva! Ou talvez não... Pensando bem, acho que daria boas risadas! Um dia, quando sairmos de charrete para as compras, eu lhe mostro quem é a tal da Isabel... Bonitinha, mas nem chega a seus pés! Uma mosca morta de nariz empinado! Vamos, vista, eu ajudo... Cuidado... Estes bordados são delicadíssimos, se a linha arrebentar, estamos perdidas... Vai voar pedrinha pra todo lado. Hoje, formosa Beatriz, você adentra os salões de Madame com toda a pompa! Que Deus nos ajude!

– Quer dizer que a modista vendeu pra Madame o vestido de festa da filha do fazendeiro?!

– Nem lhe conto! E vai fazer outro igualzinho para a moçoila enfatuada! Começou hoje mesmo... Afinal, quem ousaria revelar ter visto um vestido idêntico na casa de Madame? E homem presta atenção nisso? Nem pensar! Nossa patroa, que adora uma vingança contra esse povo arrogante e hipócrita, mata-se de rir. Para ela, nada mais hilariante! Pobre Isabel... Pobrezinha! Perdeu seu vestido de festa para uma das meninas de Madame! Ai, ai...

– E como dona Eulália se presta a isso, Colete? E se alguém ficar sabendo?

– Vou contar-lhe um segredinho: ela já foi desta casa antes de Madame reconhecer seus dons na costura, emprestando o dinheiro para que montasse a loja e avançasse os primeiros passos! Sim, senhorita! Ninguém sabe... Refiro-me às mulheres da sociedade, é lógico... E quem vai revelar a verdade? Seus maridinhos?

O amplo salão da casa de Madame estava repleto. Era terça-feira, dia em que o movimento costumava ser mais calmo, mas a notícia da nova moça espalhara-se, valendo a pena conferir. Sobre Leopoldo, a esperta mulher guardara sigilo, ordenando a todos da casa que a imitassem. Beatriz jamais conhecera homem! Encarregara-se de tudo, semeando detalhes sobre sua magnífica aquisição em pontos estratégicos, armando muito bem a estreia da jovem. Nada lhe revelara, pois ainda temia que a mocinha fugisse, retornando a sua modesta origem caso se assustasse com seus planos. Ordenara a Colete vigiasse cuidadosamente os passos da novata, retendo-a até a hora aprazada com sua conversa fácil.

Obediente, às vinte em ponto, a alcoviteira conduziu Beatriz até a larga escadaria que ligava o extenso corredor dos quartos ao salão de festas, dizendo-lhe:

– Desça! Logo estarei lá! Vou arrumar-me mais um pouquinho... para não fazer feio a seu lado! Desça, Beatriz! Aproveite a calmaria, parece que ainda não chegou ninguém...Vá, ande!

De onde estava, a moça vislumbrava parte do reluzente piso de quadrados brancos e negros e os grandes jarros de flores brancas ladeando a escadaria. Apurou os ouvidos, surpresa com o silêncio. Melhor, pois se sentia amedrontada, com vontade de volver ao quarto e desistir de tudo aquilo... Com uma boa desculpa... Ainda poderia voltar para o lado da mãe! Bem dentro de seu coração, uma voz interior recomendava que pensasse melhor! Por instantes, a mocinha sentiu como se já houvesse passado por tudo aquilo, em um tempo distante, e o resultado não fora bom, pois as estranhas lembranças angustiavam-na... Balançando a cabeça, murmurou:

– Bobagem! Desde quando vida boa é pecado? Pecado é desperdiçar a beleza na beira de um fogão! Vamos, coragem! Aproveite que não há quase ninguém neste dia da semana!

Um último olhar para o enorme espelho de cristal em uma das paredes afastou as dúvidas. Estava linda, maravilhosa! Parecia uma princesa em seu vestido branco de baile! Tocou as vestes suavemente e fechou os olhos, esperando despertar daquele sonho na camisola de saco alvejado, no leito duro da casinha de vila, o cheiro de doce caseiro tudo impregnando, bem diferente do perfume francês com que Colete a borrifara. Lentamente os abriu, deparando com sua estonteante visão à luz das arandelas... Num impulso, empreendeu a descida sobre a passadeira vermelha, de macio e luxuoso tecido.

O silêncio subitamente foi substituído por música e vozes... Elegantes cavalheiros e moças da casa, à frente Madame, todos a aplaudiam, como se ela fosse uma princesa de verdade... Sentia-se assim! Uma princesa! Uma onda de adrenalina apossou-se dela e Beatriz ergueu bem alto a cabecinha, chegando triunfal e sedutoramente ao térreo, onde um senhor de grisalhos cabelos a recebeu, tomando-lhe a mãozinha enluvada em galante gesto.

Sentia-se em êxtase! Esperava dificuldades, fregueses desagradáveis... Colete prevenira-a sobre alguns... Mas todos a tratavam tão bem! Procurou Leopoldo com os claros olhos, não o encontrando. A aguilhoada em seu coração advertiu-a: ele era especial... No entanto, ali não estava! Preferira a esposa a ela! Uma raiva inexplicável envolveu-a e era tão forte que seu rosto pegava fogo e os sentidos ameaçavam abandoná-la. Controlou-se, aceitando uma taça de vinho branco, sorvendo o líquido com sofreguidão. A lembrança de Leopoldo não atrapalharia sua noite de glória! Azar o dele!

Madame conduziu-a de grupo em grupo e Beatriz deleitou-se com os olhares de admiração e desejo dos homens... Ah! E a indisfarçável inveja das mulheres! Somente Colete a tratava sem animosidade, não se revoltando contra sua beleza. Beatriz olhou-a, registrando a figura da moça, seus cabelos ruivos, as minúsculas sardas no narizinho arrebitado, o corpo esguio, o colo miúdo... Deveria beirar os vinte e cinco anos... Já não possuía a jovem e fresca beleza das demais e perguntou-se até quando Madame aceitaria a amiga como uma de suas moças...

Que seria feito das que envelhecessem? Bela pergunta! Bobagem! Com seus quinze anos, a velhice parecia um distante fantasma! Para que se preocupar com aquilo?

– Senhores, senhores! Um momento de atenção por gentileza!

A voz rouca, gentil e autoritária de Madame surpreendeu-a:

– Senhores, chegou a hora tão esperada! Beatriz, minha querida, por favor, aproxime-se!

E puxava para si a moça, enlaçando-lhe os delicados ombros:

– Senhores, nossa casa orgulha-se em lhes apresentar Beatriz. Linda, linda... Quem não desejaria a honra de ser seu acompanhante? Entendendo perfeitamente o que se passa na cabeça de todos os senhores, realizaremos a escolha através de um leilão... Um costume empolgante, senhores! O lance mais vantajoso permitirá ao cavalheiro que o realizou passar a noite com Beatriz!

Conquanto ciente do trabalho que realizaria naquela casa, sentiu o chão faltar. Até o momento, vestira a máscara de jovem debutante, ainda aguardando o príncipe encantado. E o príncipe tinha nome: Leopoldo! Agora, outro a compraria! Outras mãos a tocariam, invadindo sua privacidade!

Mal sabia ela que, anos atrás, sua mãe, a bela Mariazinha, então com treze anos, passara pelo mesmo, tendo, contudo, a sorte de acabar nos braços de Altino, o escolhido de seu coração!

Beatriz não teve a sorte de sua mãe! Leopoldo não a resgatou aos participantes do ultrajante leilão! Cinco minutos, dez, vinte... Até quando se estenderia aquilo? A mocinha sentia as mãos suadas e gélidas, um medo atroz, uma vontade de sair correndo...

Madame enlaçava-a pelos ombros com firmeza, enquanto acolhia os lances, registrando tudo em sua cabeça. Beatriz recordou as orações ensinadas pela mãe, que ela quase nunca se lembrava de fazer, e disparou a orar mentalmente, suplicando a Deus que a livrasse da vexatória situação. Mas se decepcionou, acreditando que ninguém a ouvia lá do Alto, pois inesperada proposta colocou término ao leilão:

— Madame, por essa linda menina ofereço-lhe a chácara de que a senhora tanto gosta e que tem cobiçado há muito!

— Coronel Joaquim das Neves!

— Sim, Madame! Sei que a senhora tem deitado compridos olhos para aquele pedaço de terra, até já me falou a respeito... Mas não gosto de vender propriedade minha sem precisão... Por outro lado, a mocinha vale a pena... Ora, terra não me falta! Assim, por essa belezura toda, nada mais justo! Duvido que alguém lhe dê algo melhor!

Madame exultava! A chácara de seus sonhos! Com um riacho nos fundos, pomares bem cuidados, vegetação nativa, encantadores bosques... E uma casa muito confortável, que qualquer pessoa de bom gosto saberia transformar em uma mansão. Fizera um estupendo negócio! O coronel Joaquim frequentava regularmente o lugar, mas jamais se enrabichara por nenhuma das moças... Agora, observando-o mais atentamente, notava seu rosto gordo e suarento, a calça do terno de linho um tanto enxovalhada, a camisa de duvidosa brancura com marcas de suor debaixo dos braços, o paletó displicentemente jogado sobre o encosto da cadeira... Bem diferente de Leopoldo! Sequer olhou para Beatriz, pois não estava disposta a ouvir lamentações ou a enfrentar cara feia... Cliente era cliente! E dali, a menos que estivesse muito enganada, poderia sair um vantajoso acordo de exclusividade! Ótimo!

— Coronel, considere a moça sua! Reservei para a ocasião o melhor quarto, bom vinho e uma ceia especial, pois o senhor certamente terá fome... Beatriz, acompanhe o cavalheiro!

Segurando as lágrimas, a moça obedeceu. Assim que a porta do quarto se fechou, o homem olhou-a longamente, como se absorvesse cada detalhe da linda figura; depois, sentou-se no largo leito, fitando-a fundo nos olhos:

— Quantos anos tem, menina?

— Quinze...

— Quase a idade de minha filha Isabel... Moça, vou ser bem claro! Gostar de você eu gostei... e muito, a moça deve ter percebido! Mas não aprecio nada forçado... Está entendendo?

Pela sua cara, percebo pouca satisfação com minha aparência... Não sou nenhum príncipe encantado! Mas tenho dinheiro, bom dinheiro!

E o fazendeiro remexia nos bolsos... Beatriz jamais vira tanto dinheiro! Continuava:

– Madame teve sua paga! E você, minha bela, se for boazinha, não se arrependerá! Mas, se não quiser nada comigo ou com outro qualquer, sua palavra é a que tem maior peso! Levo-a para fora desta casa e a menina segue seu destino... Deve ter família...

A mocinha sentiu que o chão desaparecia sob seus pés. Ele a deixaria ir, até a auxiliaria a voltar para a casa materna! Naquele instante, perdeu preciosa oportunidade de perceber que o Alto lhe enviava a ajuda fervorosamente implorada na sala! Tão diferente poderia ter sido sua encarnação se agarrasse aquela chance, dali saindo... Em franco conflito, debatia-se. A pobreza e a existência de trabalho repugnavam-na. Por outro lado, conhecera as alegrias do amor nos braços de Leopoldo... E aquele velho... suado, tresandando a aguardente, provavelmente nem banho havia tomado... O dinheiro, no entanto, atraía-a como poderoso ímã... E ele deixara tudo sobre a cômoda... Notando-lhe o interessado olhar, Joaquim fez questão de esclarecer:

– Será todo seu se nos acertarmos! E, de onde vem este, tem muito, muito mais...

Naquela noite, Beatriz aprendeu a simular prazer, carinho... Sentia o estômago revolver de nojo, mas satisfez as vontades do velho Joaquim das Neves... Afinal de contas, não era um mau sujeito... Ao sair, depois de olhar com certa pena para a fisionomia conturbada de Beatriz, disse-lhe:

– A menina é muito bonita mesmo, uma coisa de louco! Mas eu ainda prefiro Colete, ela me entende e tem ternura por mim, acho que até gosta um pouco deste velho tolo sem amor... Vou deixar o resto de sua noite paga com Madame, para que não precise receber outros hoje. Bem conheço aquela danada! Aceita um conselho? Ainda é hora de partir! Vá para casa! Posso levá-la se quiser...

Beatriz ficou.

Ao sair, o velho fazendeiro apontou para o vestido amontoado sobre o chão, dizendo:

– Belo vestido! Lembra muito o que encomendei para minha filha Isabel... Na verdade, ela é de criação, neta de um compadre meu que faleceu na miséria, depois de desbaratar sua fortuna com jogo e mulheres. A comadre morreu em seguida, inconformada com a miséria, e a menina não tinha mais ninguém, pois a mãe tinha caído no mundo, atrás de um caixeiro viajante, desses que vendem bugigangas e ilusões... Já tinha errado uma vez, com um pé rapado que ninguém conhecia, pois errou mais uma, abandonando a filhinha e sumindo não se sabe pra onde... Desgraça da desajuizada, sorte minha e da patroa! É um tesouro a Belinha, alegria de nossa velhice.

Naquela noite, a moça permaneceu insone, as lágrimas descendo, o coração apertado, sentindo-se abandonada, solitária. Adentrara um caminho do qual dificilmente sairia! Se pudesse ver... Espiritualmente falando, cada criatura, embora não o perceba, jamais está só em sua trajetória sobre o planeta. Espíritos amigos e familiares interessam-se por sua sorte, procurando passar benéficas intuições... Sem falar no anjo da guarda, aquele Espírito especialmente destinado a cada um do nascimento até a morte, com a tarefa de aconselhar seu tutelado... Beatriz mais uma vez, como acontecera em encarnações anteriores, optara pelo sexo como meio de resolver seus anseios materiais, insistindo em manter um padrão de comportamento, reforçando-o. Coisa muito comum entre os encarnados, que olvidam os compromissos delineados antes do reencarne, repetindo desacertos. Assim como a pessoa que escolhe mal um trajeto em uma viagem e necessita reprogramá-lo para chegar a seu destino, a moça também teria de reavaliar suas escolhas e seguir adiante. Na visão da espiritualidade, simples exercício do livre-arbítrio, com possibilidade de originar maiores desgastes e sofrimentos, mas nada que pudesse deter a evolução de um ser. Demoraria somente um pouco mais...

A rotina na casa de Madame nada tinha de especial. Ali todas trabalhavam muito, atendendo a selecionada e ainda assim numerosa clientela. E Madame não se esforçava em poupar suas pupilas, refutando qualquer desculpa, exigindo qualidade e sorrisos. Assim, durante o dia procuravam descansar e preparar-se para a função noturna, cuidando da beleza.

Beatriz não sabia se acolhia os inúmeros clientes com alegria ou tristeza; ganhava uma boa porcentagem, mas obrigava-se a enfrentar o que viesse pela frente... Algumas vezes tentou reclamar, ouvindo irônica e decisiva resposta:

– Minha filha, estamos aqui para servir e ganhar dinheiro! Trate de fazer seu serviço bem feito e deixe de histórias. Quanto mais gente na casa, melhor!

Alguns dias depois, Leopoldo ressurgia. Esperando privilegiado tratamento, Beatriz decepcionou-se, pois o moço dela guardou distância, preferindo outra mais velha de casa. A mocinha ficou furiosa! Como ele ousava fingir que nada ocorrera entre ambos? Colete, agora transformada em única e fiel confidente, aconselhou-a com sabedoria:

– Melhor, Beatriz, melhor! Já lhe disse que esse homem tem a capacidade de infelicitar qualquer uma. Veja bem! Está casado com uma moça lindíssima, rica, educada... Apareceu aqui em Ouro Preto vindo não se sabe de onde e acabou arrumando vantajoso casamento. Em bordel, minha cara, ouve-se de um tudo... Até dizem que estava de caso com a finada sogra, antes de casar com Maria Eleutéria!... Ela morreu... de um estranho tombo em uma pedreira... E ele casou com a filha... Sossegou? Não! Vem aqui, pinta e borda na corte, que eu sei... Deveria ter juízo, pois não é mais tão novo, uma das meninas viu seus documentos... Bem mais de trinta! Aparenta uns vinte e poucos, não é? Fica devendo nadinha a esses mocinhos estudantes! E o danado é bonito como ele só! Uma conversa que é mel, aquecendo o sangue das tolas, das loucas... O melhor para você, minha amiga, é ficar longe dele, bem longe! Quem sabe não arruma um bom partido por aqui mesmo e sai dessa vida? Um dia envelhece e ninguém mais a quer... É o triste destino de todas nós que vendemos a ilusão da beleza e do prazer! E daí? Vai sair esmolando ou se meter em uma das casas de meretrício da região, onde se morre aos poucos? Se aqui a vida é dura, imagine nesses lugares!

Colete estava com a razão!

Madame enfurecera-se, decepcionada com a indiferença de Joaquim das Neves, imputando seu desinteresse a um mau desempenho de Beatriz na cama. Ainda bem que o velho fora generoso, pois a moça nada vira da negociação combinada durante o leilão. Madame passara quase uma semana maldizendo a suposta incompetência da novata e a perda da oportunidade de entrar no pote de ouro do velho! Tudo bem, Beatriz raciocinava, o velho se fora, mas a chácara interessava à mulher e ela a conseguira... E valia bom dinheiro! Se fosse honesta, deveria avaliá-la, dando-lhe a comissão! Afinal, seu corpo fora vendido e haviam combinado uma porcentagem! A esperta estava roubando-a descaradamente!

Naquela noite, decidiu seguir as orientações da amiga, guardando distância do ingrato Leopoldo. Fingiu muito bem indiferença, porém sentia o peito apertado, debatendo-se nas agonias do ciúme.

O esposo de Maria Eleutéria esperava maior atenção, desespero por sua ausência, lágrimas... Queria que a moça rastejasse a seus pés! A atitude dela irritou-o, sentindo-se rejeitado. Orgulho e vaidade espicaçavam-no... Precisava dar um jeito naquilo... desaforo!

A beleza da mocinha enfeitiçava-o. Beatriz vestia o mesmo traje branco da noite de estreia e estava ainda mais linda! O tratamento na casa de Madame, a alimentação, os cosméticos, as artes da sedução, tudo realçava seu natural encanto...

Leopoldo percebia-se preso de forma inusitada, devorado por ciúmes, jamais se sentira assim antes! As mulheres vinham e iam com naturalidade, ele as olvidava, não importando quão belas fossem! Beatriz, porém, era diferente!

Era necessário tomar cuidado, bastava o tenebroso episódio com Maria Amélia! Frequentar a casa de Madame eventualmente era uma coisa, envolver-se com uma de suas meninas, outra... No primeiro caso, escapadela de homem plenamente desculpável... No segundo, motivo para infindáveis brigas e até uma separação, se a voluntariosa esposa assim entendesse! E Maria Eleutéria continuava dona da fortuna que ele gastava com prodigalidade... E se ela cortasse o dinheiro?! Melhor sossegar... Conquanto seu coração ansiasse pelos abraços e beijos de Beatriz, optou por outra!

Após a saída do casal para o andar superior, Beatriz recusou-se a trabalhar, alegando séria indisposição. Madame olhou-a com desconfiança, mas acedeu, pois a novata era a que mais lhe dava lucro, tamanha a fila de pretendentes! A mocinha esgueirou-se pelas escadas, postando-se à porta de Sofia, a escolhida, escutando-lhes os risos, os sussurros...

Sentia-se enlouquecer de ciúmes! Não adiantava, todavia, ficar ali no corredor, na passagem dos muitos quartos, servindo de alvo para a curiosidade dos frequentadores da casa e suas companheiras. Volveu a seus aposentos, em soluços se lançando ao leito, xingando baixinho, sempre atenta aos ruídos porventura advindos do malfadado quarto de Sofia. Uma hora ele dali sairia! Ao amanhecer, escutou a chave rolar na fechadura e a voz sonolenta e melosa da jovem despedindo-se:

– Até mais, meu amor! Volte logo! Um beijo...

Beatriz precipitou-se, abrindo a porta ao mesmo tempo em que a do outro aposento se fechava. No corredor, deu de cara com o traidor. Leopoldo encarou-a friamente, mas pouco a pouco seus olhos foram suavizando, a face perdeu a rigidez... O belo rosto de Beatriz estava pálido, seus cabelos haviam-se desprendido do elaborado penteado, deslizando pelas espáduas em encantador desalinho; nos olhos febricitantes, a menina expressava a dor da rejeição e do orgulho ferido! Sem nada dizer, ela enlaçou-o apertadamente, procurando-lhe a boca em desesperado e longo beijo.

Ele havia bebido e muito! Uma intuição veio forte! Leopoldo simplesmente adormecera no quarto ao lado! Sofia fora uma desculpa para dela se afastar!

Depois, a dúvida, o medo de estar enganando-se para não sofrer... Só havia um jeito de confirmar os sentimentos do moço... Tomou-o pelas mãos, conduzindo-o para dentro de seus aposentos, fazendo-o sentar na beirada da cama, enquanto lentamente retirava cada peça de roupa, observando-lhe as reações. Ele a queria, estava em seus olhos, em seu corpo! Não se enganara... Leopoldo era seu!

 À mesa do desjejum, no entanto, alheia à conversa das moças, debatia-se em dúvidas, pois não conseguia entender o que se passava no coração daquele homem! Estivera a semana toda na cidade, em companhia dos amigos da corte, mantendo distância da casa de Madame, fugindo de seus carinhos. Ele mesmo lhe contara... Por quê? Naquela manhã, finalmente deixara Ouro Preto em direção à fazenda. Voltaria? Nada lhe adiantara... Ao acordar, deparara com o leito vazio e, sobre a mesinha, o preço da madrugada de amor, triste sinal da aviltante realidade de sua vida na casa de Madame.

SEGUNDA PARTE

I
MARIA ELEUTÉRIA

– Sinhá, sinhá!
Os gritos da menina enchiam a úmida e quente tarde de verão, rompendo o silêncio em que se quedava a fazenda... Languidamente a moça soergueu o corpo da rede de longas franjas entrançadas, franzindo a testa muito alva, irritada murmurando:
– Maldita escrava! Para que toda essa gritaria? Meu Deus! Não se pode fazer a sesta em paz, sem que um estafermo nos acorde a qualquer momento com seus berros! Onde estará Vicêncio, que não dá conta desse despropósito? Vicêncio! Vicêncio!
Um homem irrompeu dos lados da senzala, batendo vigorosamente com chicote de artístico cabo nas longas e lustrosas

botas do mais fino couro. Disfarçava o desagrado passando os dedos pelos cabelos fartos e negros, ligeiramente encaracolados. De pele morena, passaria muito bem por branco, e tudo nele denotava exagerada preocupação com a aparência, como se procurasse camuflar a obscura origem, pois era filho de uma cativa e de algum branco que com ela se deitara, sem comprometimento com a criança advinda do ato simplesmente carnal. A par disso, indiscutível a beleza do rosto, mistura de duas raças, das quais herdara de um lado a cor jambo e do outro, o fino talhe do nariz e da boca, conquanto esta guardasse a sensualidade dos lábios ligeiramente mais grossos.

Alto e musculoso, não teria muito mais que a idade de sua senhora, porém seus olhos refletiam precoce maturidade. Pudera! Não havia sido fácil superar a condição de simples escravo, alçando-se ao cargo de capataz da rica fazenda mineira, homem de confiança do poderoso Altino, a ponto de, por conta de sua competência e dedicação, ser alforriado, recebendo soldo como qualquer branco. Orgulhava-se do que conseguira, desconsiderando seus irmãos de cor! Vestia fina camisa de linho, que Maria Eleutéria reconheceu como uma das outrora pertencentes ao esposo Leopoldo, que certamente prezava o jovem capataz, a ponto de repassar-lhe suas roupas quando delas se enfastiava... Sem temor algum, porém respeitosamente, o moço exclamou:

– Senhora dona Eleutéria! Às suas ordens!

– Até que enfim! Que gritaria é essa, homem?

E a moça apontava com os afilados dedos, de nacaradas e bem cuidadas unhas, a ensolarada estrada, percorrida em desabalada carreira por uma adolescente de longas e magras pernas, trajada com as rústicas roupas dos escravos da casa, sua voz cada vez mais próxima e estridente.

– Nem imagino o que possa estar ocorrendo! Mas verificarei agorinha mesmo, sinhazinha!

Ato contínuo, atravessou ligeiro os poucos metros que o separavam das cocheiras, apartando luzidia montaria, que cavalgou em pelo, raivosamente ferindo com as esporas as ilhargas do assustado animal, forçando-o a disparar em direção à menina. Vencida a distância, não parou para com ela conversar, limitando-se a arrebanhá-la do solo, colocando-a sobre o cavalo em movimento, habilmente o conduzindo para perto de Maria Eleutéria, que se quedara visivelmente impressionada com suas precisas evoluções.

– Aqui está a insolente!

Sem qualquer cuidado, lançou a pobre ao chão, despreocupado de onde cairia. Felizmente enorme maciço de margaridas amaciou a queda, impedindo desastre maior do que algumas manchas roxas. Ágil, a mocinha ergueu-se, desatando a falar:

– Sinhazinha, o sinhozinho tá chegano! Sinhozinho Leopordo vem pela estrada! Do arto do morro, enxerguei os jumento, o sinhô muntado no cavalo branco dele... E os escravo que foi comprá... Uma purção!

Esquecendo a raiva e o desejo de mandar açoitar a meninota, a bela mulher enveredou porta adentro, clamando pelas mucamas:

– Natividade, Florência! Onde estarão essas preguiçosas? O meu Leopoldo chegou finalmente! Preciso aprontar-me, estou toda desalinhada! Peguem meu vestido rosa, o novo! Não! Melhor o verde, com fitas de cetim! Será? Já sei! O amarelo, aquele de que ele tanto gosta! Com o decote bem profundo e delicadas rendas...

– Esse num é de baile, sinhazinha?

– Cale a boca, Florência! Desde quando escrava entende de moda? Só se for de saia de algodão alvejado! Não pedi sua opinião!

Da porta que conduzia à cozinha, um negrinho espreitava, entre encantado e temeroso, ignorando a razão de tamanho alvoroço. A jovem senhora agarrou-o pelas orelhas, ordenando:

– Vá até o jardim, menino, e colha algumas rosas... Apenas entreabertas, ouviu? São mais perfumadas... Vamos, avie-se, a menos que esteja a fim de umas belas palmadas!

Voltando-se novamente para as mucamas, prosseguiu:

– Para os cabelos, talvez o arranjo de flores que trouxe da Europa... Será? Hum... Ah! As pérolas de vovó! São magníficas!

Andem, andem! Querem que ele me surpreenda assim? Como uma de vocês?

Sempre agitada, a moça irrompia no dormitório amplo e mobiliado com luxo, desfazendo nervosamente os laços do apertado corpete, atirando longe os sapatos, prescindindo da ajuda das pressurosas mulheres.

– Meu Deus! Como são preguiçosas! Que lerdeza! Se o senhor me encontrar assim, mando açoitá-las! E vão ficar amarradas ao tronco... para que as formigas se banqueteiem com suas carnes pretas! Mando passar mel sobre as feridas...

O pavor estampou-se nos olhos das duas escravas. Conheciam muito bem o gênio da senhora! Certamente cumpriria o prometido! Trataram de retirar dos armários e baús tudo o que fora solicitado... Natividade despencara corredor abaixo, volvendo com uma jarra de água morna, que deitou em preciosa bacia de porcelana, perfumando-a com as pétalas das rosas que o negrinho Tisiu colhera.

Desnuda, somente com ligeiras roupas íntimas, Maria Eleutéria deixou-se banhar com macios panos úmidos, enquanto pensava no esposo... Quanta saudade sentira! Os dias pareciam não passar... E as noites então! A cama deserta... Cerrando os grandes olhos verdes, ela reviu a sedutora imagem do marido. Estavam casados há mais de um ano e a paixão a consumia por inteiro! Ansiava por seus beijos, pelo toque de suas mãos, podia sentir ainda o peso do corpo forte sobre o dela... Recordava enlevada as longas noites de desenfreado amor, em que olvidara todos os pudores recomendados a uma jovem esposa, cuidadosamente repassados pela mãe mal atingira a adolescência:

– Maria Eleutéria, uma mulher honesta jamais se permite determinados tipos de comportamento... Uma mulher honesta, Maria Eleutéria, submete-se a seu marido e senhor, mas cala demonstrações... Seu futuro esposo certamente pensará como eu... Assim, não se queixe da obrigação conjugal, verdadeira penitência! No entanto, se alguma vez estiver tentada a externar agrado, o que duvido muito, silencie! Lembre-se da educação que lhe demos e do bom nome de nossa família!

Pobre mãe! Obviamente não lhe fora destinado um companheiro como o belo Leopoldo! Impossível manter a tal frieza das moças de família em seus braços! Desde o primeiro instante em que as portas do quarto de casal se fecharam, vira-se envolta em um turbilhão do qual esperava jamais sair! A lembrança envolvendo a figura da bela e enigmática mãe, sempre distante, calada, provocou-lhe involuntários arrepios, e tratou de mudar o rumo dos pensamentos, dando graças pela oportuna interferência da mucama:

– Pronto, sinhazinha!

A moça abriu os luminosos olhos, fitando com agrado o reflexo no espelho. Até que as lesmas se haviam esmerado! Parecia uma princesa! Era bela, muito bela! Ainda bem, pois uma mulher comum jamais prenderia um homem como o seu Leopoldo! Uma pontada de violento ciúme fê-la arfar! Ai da mulher que ousasse volver os olhos para seu homem! O verde dos olhos de esmeralda acentuou-se perigosamente e ela lançou longe indefeso potezinho de creme que se quedava sobre o tampo de mármore da cômoda, assustando as mulheres:

– Virge!

– Não é nada com vocês! Nada, entenderam? Estou satisfeita com o modo como me arrumaram!

Uníssono e disfarçado suspiro de alívio acompanhou a exclamação das escravas:

– Graças ao Menino Jesus!

Maria Eleutéria já se distraía com sua imagem no enorme espelho... As pérolas pertencentes à falecida avó, uma das mulheres mais belas de seu tempo, realçavam a perfeição do níveo colo; o pendente constituído da maior delas, rodeada de refulgentes diamantes, aninhava-se ente os seios altos e cheios, quase que totalmente revelados pelo audacioso decote. Os cabelos extremamente negros e brilhantes haviam sido penteados com perfeição, despencando em primorosos cachos pelas espáduas delicadas, magnífica moldura para o rosto perfeito, sem jaça alguma.

Arrancando das mãos da escrava os sapatos revestidos com a mesma seda do vestido, a moça calçou-os açodadamente, correndo depois pelo corredor, para desespero das mucamas, que anteviam perigosa queda. Então já se escutavam os ladridos dos cães e a animada conversação de homens... Leopoldo não viera só! Que maçada! Na sala, respirou fundo, compondo-se, assumindo ares de fidalga, mentalmente considerando o exagero nos trajes, mais adequados a noite de gala do que a modorrento entardecer na fazenda... Devia ter escutado Florência... Meu Deus, não dava para mudar de roupa agora! Imaginara que o esposo retornaria sem inesperados visitantes! Para ele sedutoramente se adornara, antegozando o momento em que a tomaria nos braços, ignorando os olhares maliciosos dos serviçais... Conquanto frustrada, retirou de um dos jarros que adornavam os cantos da requintada sala delicado botão de escarlate rosa, cortando a longa haste com nervosos dedos e dentes. Colocá-lo-ia na botoeira da lapela do terno do moço, como costumava fazer...

Quando o conhecera, em um dos muitos saraus realizados no casarão do pai em Ouro Preto, moça solteira e requisitadíssima pelos melhores e mais ricos partidos da região, encantara-se com o homem extremamente belo, atrevendo-se a encaixar-lhe na lapela uma flor semelhante à que agora tinha entre os dedos, em audacioso gesto. Tão diferente dos rapazes sem sal que a rodeavam! Ao sair, Leopoldo retirara a rosa do elegante traje, acariciando as aveludadas pétalas com os lábios, depositando-a entre as rendas de seu discreto decote de menina-moça, os dedos quentes roçando a pele sensível, em rápido gesto que, contudo, parecera durar uma eternidade. Naquele instante, soubera ser ele o eleito de sua alma! Tudo enfrentaria para tê-lo como companheiro! Com ele casara meses depois, não obstante os mexericos resultantes da pressa, desprezando as regras de etiqueta e os costumes que prescreviam período maior de namoro e noivado. Não conseguia entender a vida sem Leopoldo!

Saiu para a fresca varanda... A figura de Vicêncio destacava-se na azáfama da chegada, colocando ordem nos atarantados servidores, tomando providências relativas aos escravos recém-adquiridos, direcionando bagagens... Sem dúvida, o capataz era muito eficiente... Leopoldo aproximava-se, fitando com apreciativos olhos a figura delgada e bela:

– Senhora!

O sorriso nos lábios e o ardor nos olhos desmentiam a formalidade do tratamento adequado à presença de hóspedes. Senhora! Logo mais, no recesso do quarto, chamá-la-ia de carinhosos nomes, alguns até impróprios para uma esposa, expulsando a mucama encarregada do serviço de quarto, ele mesmo a despindo, beijando cada ponto do corpo enquanto a desnudava, em um ritual muito seu... Com idêntica fleuma, curvou-se graciosamente, controlando o calor que lhe inundava o corpo, educada exclamando:

– Meu senhor! Espero que a viagem lhe tenha sido suave!

– Bem melhor seria se esses novos escravos não fossem tão lerdos! Planejávamos chegar bem mais cedo... Vicêncio fez-nos falta, certamente teria dado um jeito neles! Mas aqui estamos! Cansados e famintos! Temos convidados, senhora minha esposa: Carlos de Santa Maria, Gastão Vidigal, Felipe Loureiro e ali o nosso Fabrício, o mais disputado partido solteiro da corte! E o mais difícil de se enredar nas malhas de qualquer compromisso! Vieram passar algum tempo, embora tenha sido extremamente honesto, dizendo desta terra enfadonha, destituída de encantos, sem o brilho da corte! Quiseram ainda assim vir... Loucos! Nada nos resta, senhora Eleutéria, a não ser organizar festas, saraus, passeios, caçadas, quiçá um baile ao melhor estilo da corte... Tentaremos provar que não somos roceiros! Vamos entrar, senhores! Apreciaremos um bom banho para retirar toda esta poeira, seguido de caprichado lanche!

As escravas já se haviam antecipado no preparo das banheiras nos quartos de hóspedes, onde morna água e macias toalhas aguardavam os viajantes. Na cozinha, tudo estava praticamente pronto. Desde muito menina, Maria Eleutéria fora educada para desempenhar com invejável esmero as funções de dona de casa e anfitriã, aliando aos ensinamentos natural pendor. Costumava pessoalmente treinar as mucamas da casa grande, tendo uma delas, a bela mulata Florência, como uma espécie de governanta, não obstante a juventude; a moça admirava sua senhora, apreendendo os ensinamentos com prazer, tudo coordenando com presteza e habilidade, constituindo-se em seu braço direito. Em breve, bandejas primorosamente guarnecidas com engomadas e alvas toalhinhas de linho bordado e delicadíssimas rendas, repletas das mais finas e variadas iguarias, descansavam sobre a longa mesa da sala de jantar, posta com fina baixela de prata e preciosas porcelanas. A formosa Florência, ouvindo seu senhor desfazer das qualidades da fazenda, esmerara-se na arrumação, no intuito de auxiliar sua dona a provar aos visitantes que nada ali ficava a dever à decantada corte! O cheiro do café recém-passado em coadores de pano tomava conta da casa, e o leite espesso e fervido há pouco descansava ao lado dos artísticos bules. O vinho do Porto aguardava nas garrafas de cristal, ao lado dos cálices, a hora em que os homens se reunissem no espaço estritamente masculino.

Não houve necessidade de convocação para o lanche! Assim que o delicioso aroma de café adentrou os quartos, apressaram-se todos. À mesa, a conversação generalizava-se de forma amena e descomprometida:

– Senhora dona Eleutéria, vejo que desfrutam comodidades e luxos dignos das melhores moradias da corte! Que maravilha! Magníficas iguarias... Estes biscoitinhos, por exemplo, derretem na boca! E o doce de leite! A coalhada!

– Felipe, Felipe! Assim nossa anfitriã pensará que o amigo vive para comer!

– Ora, Gastão, como ignorar estas maravilhas? Comer bem constitui um dos prazeres da vida!

Leopoldo tudo ouvia, sorrindo simplesmente. Agradava-lhe a companhia dos amigos, mas a sedutora figura da esposa, após mais de três meses de ausência, fazia com que desejasse o término da refeição e o recolhimento dos hóspedes para o repouso antes do jantar. Na lapela, o botão de rosa... Entendera muito bem o recado implícito no gesto da moça... Distraído, não atentava na evidente fascinação de Carlos de Santa Maria pela bela Eleutéria e muito menos nos conquistadores olhares de Fabrício em direção a Florência, única escrava jovem atendendo a mesa.

Maliciosamente, o até então calado Fabrício resolveu alfinetar a jovem senhora:

– Dona Eleutéria, não pude deixar de observar... as escravas desta casa são muito bem treinadas! Ouso dizer que os melhores serviçais da corte dificilmente as poderiam igualar... No entanto, com o devido respeito, impossível ignorar a ausência de jovens entre elas... Por acaso a senhora tem algo contra a juventude? Ah! Perdoe-me! Uma delas ressalta como flor de formosura...

E os olhos do sedutor detinham-se em Florência, que não sabia onde se esconder, rubras faces, trêmulas mãos, acelerado coração...

Maria Eleutéria também corava, mas de indignação. Ousado! O jovem estava a espicaçá-la! Certamente ouvira falar de seus ciúmes! Quanto mais avermelhava, mais ele insistia:

– Quando passamos pelas plantações, a caminho da casa grande, deparamos com algumas escravinhas bem jeitosas, todas na flor da idade. Trabalhavam o terreno debaixo de inclemente sol... um desperdício! Logo estarão envelhecidas... Não seria melhor aproveitá-las no serviço da casa?

Os olhos verdes de Maria Eleutéria dardejavam iradas chispas na direção do insolente. Que hóspede inoportuno! Buscou o olhar de Leopoldo, mas o moço, inteligente e providencialmente, atracara-se em animada conversa com Gastão e Carlos a respeito de certos fazendeiros defensores da substituição da mão de obra escrava por outra remunerada, aventando inclusive a possibilidade de importar trabalhadores de outros países. Italianos por exemplo... Vendo que seus furibundos olhares escapavam à atenção do marido, ela mesma tratou de mudar o rumo da conversa, pois não se mostrava nada propensa a prestar esclarecimentos ao abelhudo e muito menos a dar o braço a torcer, acolhendo a humilhante provocação:

— Senhor Fabrício! Com certeza é ótimo observador! Qualidade rara! Se notou detalhes tão ínfimos relacionados à criadagem, impossível ter ignorado as obras de arte que nos adornam a casa! Impossível! Aquele quadro, por exemplo, trouxemos de França... A estatueta sobre o console constitui raridade inglesa, na mais fina porcelana... Leopoldo esmera-se em providenciar o melhor para nosso lar, selecionando ele mesmo o que lhe agrada. E posso assegurar, pelos custos, tratar-se do melhor realmente!

Arrependido pelo constrangimento voluntariamente imposto à anfitriã, o rapaz aproveitou a deixa, dando por encerrado o assunto que versava sobre a juventude e a beleza das escravas; no intuito de se redimir, mostrou-se encantador, com tudo concordando, tecendo elogios e pertinentes comentários sobre diversos assuntos, chegando finalmente aos mexericos da corte e à moda predominante entre as francesas, para indisfarçável alegria da moça.

— Aboliram-se os chapéus de abas largas, senhora, a não ser em casos especiais, nos quais se requer proteção contra o sol. Por toda parte, só vemos minúsculos chapéus, mais um adorno, que se equilibram graciosamente sobre caprichosos penteados... E véus, longos e esvoaçantes véus, amarrados sob o mento, com primoroso laço de um dos lados, ou simplesmente presos às abas, bem atrás, caindo sobre as costas, ao sabor das brisas parisienses... Encantador! Verdadeiramente encantador!

— Senhor Fabrício! Quem diria? Decididamente o senhor constitui grata surpresa! A maioria dos homens mal sabe a cor das vestes de uma mulher! Tamanha sensibilidade quanto aos adereços femininos...

— Senhora dona Eleutéria! Pode crer... não há melhor maneira de apreciar a beleza de uma mulher do que atentando em sua vestes, nas joias com as quais se adorna, nos detalhes de sua toalete... Por detrás de um belo vestido, esconde-se um corpo ainda mais belo... Pérolas adornam colos perfeitos e orelhas que são verdadeiras esculturas... Ah! Artísticos arranjos de cabelos constituem magnífica promessa, pois nos imaginamos desatando-os, mergulhando nosso rosto nas madeixas, inebriados com sua maciez e aroma...

Observando que a moça enrubescia, desacostumada de tais arroubos por parte de um quase estranho, exclamou:

– Acabei lembrando-me de algo! Com certeza ouviu falar das gafes cometidas pela esposa do mui sério cônsul inglês, o senhor D... Não? Impossível, todos comentam! São engraçadíssimas!

E o moço embarafustava por longa e detalhada narrativa, prendendo a atenção de Maria Eleutéria, expiando em definitivo a indiscrição de há pouco...

Encerrado o lanche, os homens dirigiram-se ao escritório de Leopoldo, onde se serviram de licores e vinho, em preciosas taças do mais puro cristal. Espirais de fumo invadiram o ambiente restrito. Para alívio do anfitrião, estavam todos exaustos e breve se retiraram para os aposentos de dormir, no intuito de repousar um pouco antes do jantar, naquela noite servido bem mais tarde, por conta do tardio lanche.

Mal se haviam fechado as portas dos quartos de hóspedes, Maria Eleutéria fitou demoradamente o esposo. Como estava bonito! A viagem fizera-lhe bem... Aquele traje... não o conhecia, com certeza adquirido na corte. Assentava-lhe admiravelmente, realçando os ombros largos, o tórax sem nenhuma gota de gordura, as pernas longas e fortes. A moça sentiu o coração apertar, em dolorida pontada de ciúmes. Outras o veriam com semelhantes olhos! Ele se deixava admirar, sorrindo sedutoramente, pois bem conhecia aquele olhar da companheira... Acabariam entre os lençóis de linho bordado, na enorme cama de casal! Por que não? As mucamas haviam abandonado a sala... Tomou a esposa nos braços, rodopiando com ela, beijando-a vezes sem conta...

– Leopoldo, está maluco, meu amor? Eles nos podem ver! Coloque-me no chão! Que dirão seus amigos se nos virem assim? Afinal, sou a senhora desta casa, como me respeitarão?

– Maria Eleutéria! Hipócrita! Está adorando, negue se for capaz...

– Leopoldo, sou esposa, entende? Que pensarão de nós?
– Sei! E daí, minha linda? Por acaso esposas não são mulheres, não têm desejos? Só aquelas consideradas de vida alegre podem querer um homem?
– Leopoldo!
O moço ria, divertindo-se com o rubor que lhe incendiava as faces...
– Não é justo, senhor meu marido, mencionar outras mulheres... Além de não ficar bem, sinto-me magoada... Se souber que o senhor meu esposo anda frequentando a casa dessas desclassificadas, não sei o que faço. Sou capaz de matar! A elas principalmente! Não brinque comigo, pois não imagina do que sou capaz!
– Adoro essa sua braveza... Parece uma oncinha! Bela e perigosa! Ora, vamos! Acalme-se! Não acredita em meu amor? Somente tenho olhos para sua beleza, minha flor! Vou provar...
Ato contínuo, Leopoldo carregou-a para o quarto. A moça ainda tentou reagir:
– Leopoldo, mais tarde, à noite...
– Ora, acha que a saudade suporta esperar tanto, minha rainha? Sei que sente o mesmo! Senão, por que o lindo e provocante traje? E esse perfume? Além do mais, somos casados... Casados!
Florência cerrara as cortinas de renda e o quarto estava imerso em acolhedora penumbra, reforçada pelo crepúsculo que logo desceria sobre a fazenda. Leopoldo depôs a esposa sobre o leito, olhando-a demoradamente. Era tão bela! Orgulhava-se de sua formosura, da riqueza advinda do vantajoso enlace, não se pejando em admitir a procedência do dinheiro gasto com liberalidade. Sabia-a ciumenta, possessiva, capaz de retaliações se traída, contudo jamais seria homem de uma única mulher, não obstante as formas perfeitas da esposa, o ardor na cama, a paixão. Interessava-se por muitas, até pelas não muito belas, como se constantemente houvesse a necessidade de se testar, de avaliar o potencial afetivo, em eterna busca. Apreciava os jogos de sedução, as novidades, difícil dizer não a um olhar convidativo, principalmente se a beleza

estivesse presente... Pobre Maria Eleutéria! Achava-se a única, acreditava em sua fidelidade. Tomaria cuidado para que ela jamais soubesse de suas indiscrições de emérito conquistador. Fácil, fácil! Era tão ingênua, tão confiante... Naquele instante, no entanto, dela era seu amor, com ela desejava estar...

II
LEOPOLDO

Anoitecera. Aninhada nos braços do esposo, Maria Eleutéria acabara adormecendo... De olhos cerrados, o moço deixava vagarem seus pensamentos... Olhou os ponteiros do relógio dourado sobre a cômoda, relaxando. Faltava uma hora para o jantar... Jantar! Tanta fartura naquela casa, desperdício mesmo. Quantas vezes fora dormir sem uma refeição decente, a barriga incomodando, a fome impedindo-o de conciliar o sono. Tempos agora distantes, afastados para sempre. Tolice recordar tudo aquilo! As lembranças revolviam velhas feridas! Aquela gente desconhecia suas origens, os percalços enfrentados a duras penas... Tudo terminara, pelo menos assim presumira ao se

unir a Maria Eleutéria! Então, por que tanta angústia, tanta sensação de perda, tanto medo de volver à penosa existência de outrora?

Quem fora ele, o belo Leopoldo, há anos?

Nada!

Convivera com a família até os quinze anos... Os irmãos eram doze, sem contar os nascidos mortos! Tantos filhos e nenhuma condição de criá-los dignamente! Em desconjuntada carroça, o pai percorria as ruas da cidade, apregoando as mercadorias pobres... Verduras, legumes, ovos, doces feitos pelas mãos caprichosas de sua mãe, goiabada cascão, doce de abóbora, de leite... Que teria sido deles sem a forte e estóica presença materna? Dependesse do pai, passariam fome... A valorosa mulher falecera de ignorada febre. Para sua surpresa e revolta, mal findara o primeiro mês de viuvez, fora substituída por outra, que em nada lembrava sua predecessora, pois egoísta e fútil, louca para se livrar dos enteados, o que rápido conseguira, despachando os menores para a casa de parentes, alegando que a incomodavam. E o pai aceitara! Na qualidade de mais velho, restara-lhe percorrer o trecho em busca de trabalho e alojamento.

Passara fome! Frio! Sede! Até descobrir a dissimulação, os embustes... Caso ostentasse uma falsa posição social, poderia dar-se bem... As pessoas não apreciavam derrotados! Fracassados eram motivo de chacotas e humilhações, somente os vencedores tinham vez no mundo! Dessa maneira convencido, abusara de subterfúgios, empenhando-se em andar sempre bem vestido, mesmo endividado, envolvendo-se com mulheres carentes e ansiosas, ludibriando-as com falsas juras, extorquindo dinheiro e presentes. Com mais de trinta anos, nenhuma perspectiva de mudança e uma aparência de fazer inveja, acabara na rica Ouro Preto, onde logo se destacara na melhor sociedade, figura habitual em reuniões, festas, saraus... Belo, elegante, charmoso, aproveitava-se disso para seduzir, garantindo sua sobrevivência, recusando-se a trabalho digno.

Como adquirira o verniz com que camuflava a infância pobre e destituída de estudos? Inteligência brilhante, entrara em contato com leitura e escrita através de um dos companheiros de peregrinação, pobre professor que abandonara as letras por conta da traição da esposa, perambulando de cidade em cidade, sempre à procura da ingrata. Aprendera rápido... Observando os modos dos elegantes, assimilara mais rápido ainda detalhes de suas rotinas e hábitos. Fácil! Difícil mesmo era conviver com as dificuldades financeiras, principalmente após os breves contatos com a abastança, tendo de retornar ao quartinho pobre, onde os ratos com ele disputavam os bocados de duro pão. Quantas vezes não tivera vontade de no bolso colocar alguma iguaria para o dia seguinte! Odiava a pobreza!

Maria Eleutéria surgira em sua existência por acaso. Assim ele acreditava...

No centro da cidade, a residência de senhoril aspecto prometia interessante sarau. Pelo menos poderia saciar a fome... Não almoçara, muito menos jantara, estando desde cedo com um copo de leite e um pedaço de pão no estômago, mas isso não constituíra motivo de desânimo. Vestira-se cuidadosamente, acreditando que a noite resultaria em algo muito bom. Uma espécie de pressentimento... Conquanto não tivesse amigos chegados ou íntimos, principalmente pela necessidade de ocultar sua real situação, costumava juntar-se a um grupo de rapazes, na sua maioria estudantes, a quem o dinheiro não fazia falta, com eles circulando, tendo acesso à melhor sociedade. Até então, conseguira garantir comida farta e saborosa, excelente música, boa conversa, um ou outro relacionamento afetivo rendoso... Desse modo, seguia empurrando a vida, sempre às voltas com dificuldades financeiras. Naquela noite, todavia, ocorreria uma guinada decisiva em seu destino!

Maria Eleutéria! Era o nome da moça de surpreendente formosura, com seus enormes olhos verdes e sedosos cabelos escuros. Conquanto a apreciasse como mulher, seu coração não pulsara particularmente por ela, o mesmo não sucedendo com a jovem! Apaixonara-se perdidamente pelo estranho, criando expectativas... O porte altivo, os modos elegantes, a voz educada, a conversação inteligente de Leopoldo, tudo sugeria estudos na Europa, dinheiro, posição... O partido de seus sonhos!

Impossível ignorar-lhe o interesse! Educado, convidara-a para a dança... Antes, porém, cuidara de chegar perto da farta mesa, deixando-se servir pelos escravos, pois nada pior do que um estômago a roncar durante romântica valsa!

Bailava com primor, mal sentia o corpo delicado entre seus braços. Escutava-o atentamente, como toda educada moça de família... No entanto, em seus olhos, o prenúncio do fogo avassalador da paixão...

Ao final de uma das contradanças, a surpresa... o botão de rosa vermelha, colocado em sua lapela por trêmulos dedos, evidente declaração do sentimento que nela despertara. Até então, relacionara-se com mulheres casadas, viúvas, solteironas invictas inconformadas com a solidão... Mas aquela jovem linda, aquela jovem certamente desejaria um marido... Impossível! Ficaria bem longe! Se a verdade viesse à tona, teria de sair da cidade! Perderia tudo que havia conquistado a duras penas, embora bem pouco fosse!

À saída, em um impulso incontrolável, retirara a flor, acariciando-a com os lábios, colocando-a entre os seios da moça, os dedos audaciosa e suavemente roçando a pele macia e alva.

No dia seguinte, nem se lembrava dela! Maria Eleutéria, no entanto, movia céus e mares para descobrir o paradeiro de Leopoldo. Mas ninguém conhecia seu endereço! Os amigos, inquiridos insistentemente, reconheciam nada saber a respeito do companheiro de aventuras e festas. Desesperada, vira-se forçada a falar com o capataz:

– Vicêncio! Preciso que me faça um serviço... Em segredo... Será bem recompensado, pode crer!

O capataz fitava a moça com encantamento. Eram quase da mesma idade, juntos haviam desfrutado infantis folguedos na fazenda. Crescendo ambos, os vínculos desfizeram-se por iniciativa dela, orgulhosa de sua posição, das riquezas por detrás de seu nome ilustre. Afinal, a mãe dele não passara de humilde escrava...

— Posso contar com sua discrição?
— Claro, Maria Eleutéria!
Evidente desagrado tomara conta do rosto perfeito, acompanhado de áspera reprimenda:
— Senhorinha Maria Eleutéria! Sou sua senhora, Vicêncio!
Mágoa e tristeza constrangeram o semblante do rapaz. Por fugidio momento, julgara que a estátua de mármore se sensibilizara, acolhendo-o pelo menos como amigo, merecedor de consideração e confiança. Engano seu! Ela o contatava na qualidade de serviçal tão somente. Tolo que fora!
— Não se repetirá, senhora!
— Muito bem! Quero que localize uma pessoa para mim! Não sei seu nome completo, ignoro onde mora, ninguém dele dá notícia... Você está acostumado a andar com o capitão do mato, procurando negros fugidos... Sabe seguir pistas! Ele é branco, alto, com olhos e cabelos escuros, porte elegante, certamente de boa família... Leopoldo... É o seu nome, Leopoldo! E não estará escondido, o que facilita muito a tarefa! Serviço fácil e bem recompensado... E sigiloso, ouviu? Ninguém pode saber, pelo menos por enquanto, a não ser nós dois!
Os olhos de Vicêncio estreitaram-se. Quem despertara tamanho interesse em sua sinhazinha, a ponto de fazê-la descer do pedestal e correr atrás de um desconhecido que obviamente a ignorava, pois não a procurara após o sarau, sequer para as simples formalidades de cortesia? Uma dor lancinante no peito, um ciúme atroz... Talvez não pudesse tê-la, mas esperava que realizasse um casamento determinado pelo coronel Altino, sem amor, simples interesse. Assim poderia acreditar que seu orgulhoso coraçãozinho continuaria sem amar ninguém... E teria esperanças! Quem sabe, um dia...
— Sinhazinha! Sequer vi o moço...
— E daí? Não é você mesmo quem diz que as fuças dos negros são todas iguais? E acha-os, não acha? Vive de conversa com os capitães do mato, bem sei... O meu Leopoldo, ao contrário, é único, inconfundível... Do jeitinho da descrição... Já disse! Localize pistas, siga seu possível trajeto, ande pela cidade à

noite... Ele surgirá em algum lugar... Também sei o nome de algum dos companheiros dele, procure-os, peça informações mais detalhadas... Eu é que não posso fazer isso!

 Vicêncio sentia em todo o seu ser as labaredas excruciantes do ciúme. Maria Eleutéria amava! E não era ele o objeto desse amor. Ainda não desenvolvera o desapego que o faria resignar-se ao inevitável, aceitando que a moça tivesse o direito de escolher quem bem quisesse para partilhar sua existência. Pobre Vicêncio! Para ele, a sinhazinha rica e bela assemelhava-se às estrelas do céu, que a criatura contempla e não pode alcançar... Maria Eleutéria estava muito acima dos mortais, de qualquer um... E esse moço desconhecido, esse moço que a seduzira simplesmente com sua presença, esse moço não poderia esperar mais do que a maioria dos mortais! Odiava o estranho com todas as suas forças!

 Sempre obedecera sem questionar. Assim, conquanto revoltado, uma vez mais acedera. Noite após noite perambulava pelas ruas e becos de Ouro Preto, tentando localizar Leopoldo. Tudo em vão. Parecia que a terra o tragara! Estranho, pois os amigos a quem Maria Eleutéria se havia referido eram vistos em lugares diversos, sempre em festiva e barulhenta turma. Dele nada sabiam, afirmando estranhar seu desaparecimento. Talvez houvesse saído da cidade... Ou estivesse enfermo... Onde morava? Jamais o moço mencionara.

 Leopoldo estava escondido em pobre quartinho, nos arredores da cidade, amoitado, receando que seu segredo viesse à tona. Ah! Se os ricos amigos vissem aquele lugar!

 Na noite seguinte ao sarau, saíra para a costumeira peregrinação boêmia, mas se assustara. A jovem estivera inquirindo um e outro e os primeiros questionamentos surgiam... Péssima notícia! Apreciava sobremaneira a vida inconsequente de festas e conquistas amorosas, que lhe rendia o necessário para se manter. Como explicaria àquela flor de estufa que nada possuía de seu, um vintém sequer? A história se espalharia e seria excluído da roda de amigos... Pobretão! Adeus boa vida!

 Os dias transcorriam lentos e vazios para a apaixonada moça, não decorrendo um só sem que azucrinasse Vicêncio:

— Impossível! Incompetência sua, má vontade! Trate de se aviar, caso deseje continuar na fazenda! Sou muito mulher para pedir a meu pai que o expulse como cão sarnento! E nem preciso dizer a verdade... Basta insinuar que me faltou com o respeito...
— Sinhazinha!
— Que sinhazinha nada! Sinhazinha? Então me obedeça. Mostre serviço! Diga onde ele está, descubra onde mora!

O moço calava. Suas buscas, porém, não se revestiam de muito empenho. Por ele, Leopoldo deveria estar morto e sepultado!

Dois meses depois, Maria Eleutéria adoecia, guardando o leito, entristecida, pálida, abatida... Os escravos comentavam à boca pequena:

— Sinhazinha tá com banzo... Que nem os negro! Negro, quando tem sôdade, fica ansim...

Não se enganavam. Maria Eleutéria ressentia-se da ausência de Leopoldo, como se com ele tivesse convivido há muito, certamente pela existência de profundos liames decorrentes de pretéritas existências. Afinal, contrariando a crença de muitos, a criatura não vem ao mundo como uma folha em branco, mas sim detendo em seu arquivo consciencial as experiências marcantes de suas existências anteriores. Leopoldo fora um grande amor do passado da moça... E a história dos dois não terminara muito bem... Houvera uma dolorosa perda! Por outro lado, na presente encarnação, jamais lhe haviam negado alguma coisa até então; filha única do casal Altino e Maria Amélia, tivera suas vontades satisfeitas plenamente, nunca ouvira uma negativa, desconhecia as dores da rejeição. Aos poucos, frente à inutilidade de seus esforços no sentido de se relacionar com um Leopoldo de desconhecido paradeiro, entregara-se à cólera, ao desespero e, finalmente, à apatia. De saúde perfeita, assustaram-se todos com a repentina e estranha doença. Os melhores médicos nada constataram, limitando-se a sugerir viagens de lazer, passeios, ar puro, chás calmantes... Avesso a tais terapias, Altino esbravejava:

— Não sabem nada! Esses doutores servem apenas para cobrar consultas e receitar chazinhos! As negras da senzala dão essa água suja para as suas crias! Chás... e viagens? Para onde, meu Deus, para onde, Amélia? Deve ser para o estrangeiro, que só disso se fala hoje em dia! Filha minha não! Vou dar um jeitinho, ah se vou! Chame Vicêncio!

E ele mesmo bradava o nome do capataz, andando de um lado para o outro, nervoso, irritado, colérico:

– Vicêncio! Vicêncio!

Irrompendo dormitório adentro, o moço mal podia acreditar no que seus consternados olhos viam. Onde as cores rosadas, o sorriso encantador, o brilho nos enormes olhos verdes? Agarrada ao travesseiro de rendas e fitas, abraçando-o de encontro ao rosto emagrecido, Maria Eleutéria permanecia alheia aos gritos do pai, ao choro das escravas, à distante e orgulhosa postura materna. Com exasperado gesto, Altino sinalizou para que o capataz a tomasse nos braços. Tão leve! Vicêncio sentia seu coração apertar no peito largo e musculoso. Algo estava muito errado...

– Vamos para o casebre de Pai Tomé!

– Altino! Não!

O enfurecido e prepotente homem fuzilava a esposa com o olhar:

– Cale a boca, Maria Amélia, pois provavelmente é a maior culpada dessa situação! Como mãe, deveria saber o que se passa na cabecinha de sua filha! Feche a matraca!

– Altino, pense bem... Que dirá o padre Josué quando souber de tamanho despropósito?

– Estava demorando! O padre? Nada! Pois terá medo de que eu o deixe sem dinheiro para as obras da igreja! Fingirá que de nada sabe, pode crer, mulher! Só você é boba e não enxerga o belo sacripanta que é o nosso rezador de missas!

Maria Amélia persignara-se, esconjurando a atitude do marido. Todos na fazenda conheciam o horror que lhe inspiravam as crenças religiosas dos negros, a ponto de ter infernizado o consorte, alguns meses após o casamento e na qualidade de senhora, para que expulsasse da propriedade o negro Tomé, não obstante o bem que ele fazia aos escravos com seus remédios de plantas e seus pacificadores conselhos. Altino tentara dissuadi-la, mas ela se mantivera inflexível:

– Não o quero na senzala! Venda-o! Senhor meu marido, nunca lhe peço nada! Agora, no entanto, no intuito de proteger nosso sossego, exijo que o mande para bem longe, para o quinto dos infernos, que é de onde ele vem com seus feitiços!

Acedera em parte, exausto de tanto falatório e de tamanha choradeira. Não pensava como a esposa! Considerava o escravo inofensivo e muito melhor do que os médicos no tratamento das doenças, principalmente dos negros. Ele mesmo, quando mais novo, cansara de se valer de seus remédios... Naquele tempo, Tomé, embora já em madura idade, era um escravo forte e musculoso, que labutava na lavoura de sol a sol, sem nunca reclamar, sua voz sonora e bem modulada marcando o ritmo da incansável enxada com canções de sua terra longínqua. Conhecia o segredo das plantas... e de muito mais, a julgar pelo transe em que mergulhava às vezes... Tirara-o da senzala sim, mas se recusara a vendê-lo.

Altino sorria melancolicamente, as lembranças reacendendo emoções de muitos anos atrás... Tempo bom aquele! Solteiro, jovem, bonito, cheio de ilusões! E sem a amarga e crítica figura de Maria Amélia a seu lado! Casara por imposição paterna, juntando fortunas, e se vira às voltas com uma esposa linda e indiferente, exigente e de mal com a vida. Talvez por isso tivessem uma única filha... Desde o começo detestara a companhia da jovem, que nada lhe acrescentava em termos de ternura e companheirismo, sempre com um ar de nojo quando a tocava, silenciosa e submissa.

O coronel Altino olhou para a filha e seus olhos se enterneceram. Tão linda, uma princesa! Aquela não fora feita do mesmo material da mãe certamente! O fogo da paixão animava seus mais simples desejos desde pequenina! Graças a Deus! Uma só pedra de gelo era suficiente em sua existência! Debaixo da máscara de autoritarismo e prepotência, somente Deus poderia aquilatar a necessidade de amor que o aflige... Com a aquiescência ou não de Maria Amélia, faria o velho Tomé consultar a filha! E acreditava que ele a curaria do insidioso mal!

— Vicêncio, que está esperando? Coloque-a na charrete e vamos para o penhasco! Sabe onde é! Vamos, ou teremos um funeral nesta casa em pouquíssimo tempo!

— O coronel sabe das dificuldades do caminho, não é? Charrete não chega perto da casa... nem cavalo!

— Sei, sei... Iremos até onde der, depois caminharemos! Depressa, homem!

O jovem desesperava-se. Realmente a palidez da moça sugeria que alguma coisa muito séria estava acontecendo! Morrer? Jamais! E a culpa era sua, pois não conseguira localizar o paradeiro do maldito que a enfeitiçara! Pai Tomé retiraria de seu corpo o encantamento! Quem sabe poderia fazer com que ela o enxergasse como homem... Não! O velho sempre desconversava quando dirigia o assunto para a bela sinhazinha e seu interesse afetivo por ela... Percebia algo por detrás da discreta reticência do negro, lendo receio em seus olhos.

Quase beirando a ribanceira, o casebre solidamente construído com toras das matas próximas permitia descortinar maravilhosa paisagem: as águas do rio; nativas árvores de floridas copas, colorindo extensas áreas, espalhando nas brisas suaves perfumes; pássaros cruzando os ares, seus cantos se misturando nas luminosas manhãs...

Ansioso, Vicêncio voltou-se para o coronel. Para sua surpresa, seus olhos estavam mergulhados em lágrimas! O orgulhoso Altino chorava... Estranho! Pela primeira vez notava que Maria Eleutéria dele herdara a estupenda cor do olhar.

— Coronel, o senhor quer que eu suba o morro também? Não me custa nadinha... Olhe ali o trilho... Vem muita gente aqui em busca dos benzimentos do velho, dos remédios...

— Não, pode deixar! Eu mesmo carrego minha filha. Fique aqui! Se precisar, chamo!

Há quanto tempo não falava com o negro! Permitira que ocupasse aquele quinhão de terras apesar dos resmungos da esposa, mas nunca subira a acidentada trilha iniciada no sopé do morro, inacessível a carros ou animais de montaria. A pé, ele e Vicêncio haviam vencido parte do percurso que os separava do velho... Altino recordava-se perfeitamente da última vez em que conversara com o escravo, antes de seu casamento com Maria Amélia. O assunto tivera tudo a ver com Mariazinha, a novata da casa de Madame. Não se aproximara de Tomé novamente, talvez por não ter tido suficiente coragem para lhe seguir os conselhos. Envergonhava-se de suas atitudes pusilânimes, submetendo-se às ordens do autoritário pai. As coisas poderiam ter sido bem diferentes...

Então Tomé labutava nos campos, e ele era o invejado sinhozinho Altino, filho único do coronel Eleutério. Jovem, apaixonado, cheio de sonhos... Naquela tarde, aguardara o regresso dos negros com ansiedade, postado ao lado da escadaria de entrada, olhos fitos na estrada estendendo-se a perder de vista, como se unida ao horizonte avermelhado pelo sol poente. Lindo pôr de sol! Sentia-lhe a beleza, mas a dor o obrigava a desviar os olhos do dourado cenário, pois talvez estivesse prestes a renunciar a tudo o que fosse bom e formoso, uma dor profunda, pungente, parecendo queimar-lhe o peito...

Ao longe, finalmente apontavam! Exaustos, caminhando lentamente, enxadas aos ombros, balaios... Passariam por detrás da casa senhoril, rumo à senzala. Antes que lá chegassem, cuidou de apartar do grupo o negro Tomé, ordenando ao feitor que o mandasse para a cabana de caça, localizada nos arredores do rio. Àquela hora estaria deserta, permitindo a conversa com o negro sem ouvidos indiscretos por perto!

As lembranças do passado voltavam com força total. Como se iludira ao julgar que estivessem mortas! Morto pensara estar seu coração! No entanto, podia senti-lo pulsar mais forte ao influxo das recordações...

Tomé não se assustara com o jovem senhor. Dele cuidara em algumas ocasiões, sobretudo quando ainda menino, ao se exceder nas artes e guloseimas. Não poucas vezes fora trazido à casa grande para ministrar suas infusões de ervas ou enfaixar um braço, uma perna, a cabeça... Agora, o moço em sua frente vinha falar das dores de amor...

Mariazinha! Muitas eram as moças vendidas a Madame em tenra idade, adolescentes ainda, para o exercício da prostituição. Pais desnaturados entregavam suas filhas a troco de algum dinheiro, condenando-as a existência muitas vezes contrária a seus anseios, verdadeiro inferno em que se debatiam até a morte. Fora assim com a morena Mariazinha! Vendida pelo pai, bêbado contumaz, que só pensava em dinheiro para o vício, transpusera as portas do bordel somente com as esfarrapadas roupas do corpo. Treze anos. Alta e delgada, aparentava quinze pelo menos. Uma formosura! Delicada de maneiras, gentil... Onde teria aprendido tudo aquilo? Certamente não com os genitores, ambos rudes e nada sensíveis. Conquanto não lhe agradasse a ideia de servir em casa de Madame, resignara-se, compreendendo que fora negociada como um objeto, acreditando dever respeito à enfeitada senhora. Aliás, que mais lhe restaria fazer?

Quis o destino que, em sua primeira noite de função, adentrasse a casa o jovem e belo Altino. Os olhos negros da menina perderam-se deslumbrados no moço bem vestido, perfumado. Jamais havia visto alguém assim! Um príncipe das histórias de fadas... Perdidamente apaixonada, a perda da virgindade não lhe fora penosa! Para Altino, a menina constituíra grata surpresa, tratando de acertar imediata exclusividade. Tudo corria às mil maravilhas, ambos apaixonadíssimos... Após dois meses, a notícia inesperada: um filho estava a caminho. Sentindo que a amava sinceramente, cogitou a possibilidade de se casarem, dizendo à feliz moça do intuito de falar com o pai, convencendo-o a aceitá-la. Afinal, ela acabara no prostíbulo por insensatez paterna... Onde já se vira vender uma filha daquela maneira, meu Deus? E somente dele fora naquele tempo todo... E se amavam... E teriam um filho...

Pobre Altino! O coronel Eleutério enfurecera-se com a prosa do filho único, deitando por terra todos os seus argumentos. Ensandecera? Planejava para ele vantajoso enlace com Maria Amélia, a unigênita filha do compadre Isidoro, o maior dono de terras daquelas paragens! Esquecesse aquela loucura! Uma fazedora de anjos resolveria o assunto da prenhez e tudo estaria em ordem... Se quisesse, poderia continuar com a moça do bordel, até lhe montar uma casinha em local discreto, tudo muito sigiloso, a fim de não correr o risco de desfeitear o compadre e aborrecer a noiva.

Maria Amélia era belíssima. Alta, loura, olhos de claríssimo azul, magníficos cabelos, lindo corpo e fidalgo porte. Também constrangida ao matrimônio com um estranho, não se agradara de Altino, conquanto o considerasse um bonito rapaz. Seu coração, a bem da verdade, estava comprometido com um primo distante, pobre e nada propenso a lutar pelo amor da jovem e menos ainda a se esforçar por melhores condições financeiras. Por outro lado, a moça era muito orgulhosa e não lhe agradava a pobreza do primo... Assim, acedera aos planos paternos, pensando nas vantagens da união. Filha única, tudo viria para suas mãos quando o pai falecesse, e o pretendente, também riquíssimo, poderia aumentar o patrimônio consideravelmente. Todos elogiavam Altino no que se referia ao empenho no trabalho e à facilidade para negócios e administração. Além do mais, seria invejada, pois muitas sonhavam com o belo moço! Seu coração nada sentia por ele, mas o que importava? De que serviria lutar pelo primo, se ele nada lhe poderia oferecer, a não ser amor?

Altino relutava. Deveria enfrentar o pai ou conformar-se? Conquanto voluntarioso e prepotente, à semelhança do genitor, diante dele se reduzia à condição de uma criança, incapaz de fazer valer sua vontade. Procurara Tomé na esperança de que alguma maravilhosa revelação resolvesse o impasse. O negro limitara-se a escutar a narrativa nervosa de seu sinhozinho... Os bondosos olhos cerraram por instantes e, ao abri-los, seus modos e voz adquiriram dignidade e sabedoria:

– Filho, a decisão caberá a você... Entre o amor sincero e o dinheiro, o que escolhe? Seu pai pode apontar o caminho, exigir obediência, mas somente você poderá acolher ou refutar a coerção! Negando-se ao enlace, estará cortando os laços familiares, pois Eleutério não admitirá, de forma alguma, desobediência filial! Desposando Maria Amélia, não deverá esperar muito em termos afetivos, uma vez que a relação se resumirá a simples e educada tolerância. Com ela, contudo, desfrutará prestígio social, garantindo riqueza, consideração por parte da sociedade...

– Eu não sei o que é certo!

– Sabe sim, meu filho, mas tem medo das inevitáveis consequências. Na realidade, a maioria dos casamentos celebrados na Terra ainda obedece aos ditames da conveniência. Assim, são estabelecidas uniões infelizes, em que os envolvidos mal se toleram. Com o tempo, caso impositivos naturais não os dissolvam, transformam-se em verdadeiros infernos, em que ambos os cônjuges se agridem e magoam. E, de permeio, os filhos... Lares em que a criatura não encontra sossego e prazer, verdadeiras prisões onde a cobrança substitui o afeto sincero. Assim será sua vida com Maria Amélia, pois nada têm em comum a não ser o interesse financeiro, a ambição, a ânsia de poder... Sua relutância em dizer não tem tudo a ver com a similaridade de ideias e desejos... Você diz amar a moça simples, Mariazinha, mas reluta...

– Eu a amo, pode acreditar!

– Assim sendo, assuma esse sentimento! Prepare-se para ser deserdado; não será tão sério, pois tem com que viver, é forte, sadio, inteligente! Construa um lar onde o respeito e o amor prevaleçam. Nada faltará, embora o supérfluo muitas vezes lhes seja vedado. De que mais precisam?

Saíra da cabana de caça aliviado, resolvido a rejeitar o casamento com Maria Amélia. Embora Tomé, após o transe, nada lhe perguntasse, fizera questão de relatar rapidamente o ocorrido, afirmando-lhe que enfrentaria o pai, desposando Mariazinha. Quando a criança nascesse, as coisas seriam bem diferentes... Um neto certamente apaziguaria o coronel Eleutério!

Deixara Mariazinha acreditar que resolvera a questão e se uniriam antes de o pequenino vir ao mundo. Protelava o terrível momento da verdade, omitindo da moça que ainda não ousara enfrentar o pai. O coronel exercia sobre ele incontestável autoridade, alicerçada em verdadeiro temor físico, reminiscência das surras de infância, dos gritos e imprecações, dos episódios de violência presenciados contra uns e outros. Tinha medo do pai, receava suas críticas, seus julgamentos... Como falar, expor seus anseios?

Desposara Maria Amélia!

Durante o angustioso período anterior ao enlace, descuidara-se de Mariazinha, acreditando-a bem no prostíbulo, sem coragem de lhe contar sobre o noivado com Maria Amélia e o casamento prestes a se realizar, simplesmente deixando os dias passarem. Acabara por se acomodar à ideia inicial do pai, planejando instalar a moça em confortável casa, mantendo uma outra família. Ela aceitaria!

Após a viagem de lua de mel, já mais tranquilo, tratara de procurá-la, até porque a saudade o afligia, principalmente depois da frustrante convivência sexual e afetiva com a esposa. Sentia falta dos carinhos da moça, da paixão, do incontestável afeto entre ambos...

Não contara, porém, com a interferência paterna! Eleutério encarregara-se de despachar a moça para longe de Ouro Preto, enviando-lhe pequena quantia de dinheiro através das mãos de truculento capanga, pressionando-a em seu e no nome do filho, para que nunca mais retornasse àquelas paragens. Mariazinha partira com a certeza de que Altino não mais lhe queria e muito menos ao filho em seu ventre! Mas não fora muito longe, aportando em uma das inúmeras povoações das cercanias, onde empregou a quantia em modesta casinha, garantindo assim um teto para ela e a criança. No fundo de seu coração, restara imensa mágoa, a ponto de renunciar a qualquer intento de tentar um reencontro com o ex-namorado.

O rapaz tomara conhecimento da trama pelas moças da casa de meretrício, penalizadas com a situação da pobre, e por Madame, indignada com a surra que o coronel lhe aplicara e a perda de certos privilégios. Quanto a Maria Amélia, se sabia de algo, jamais tocara no assunto... Às vezes, por conta da exagerada implicância demonstrada em relação ao negro Tomé, achava que sim, que alguma das mucamas falara demais, contando os segredos do jovem sinhô, pois era voz corrente sua paixão pela bela Mariazinha, a ponto de desdenhar a companhia das negras mais faceiras, descuidado de qualquer uma que não fosse a mocinha. Alguém poderia ter-se inteirado da consulta que fizera e dos conselhos dados pelo negro... Ela, no entanto, mantinha a habitual indiferença e, nos muitos anos de matrimônio, nunca notara o menor interesse ou manifestação de ciúmes, como se ele nada mais fosse além de um objeto da casa grande. Simplesmente desempenhava seus deveres, jamais um carinho, uma palavra mais íntima, um brilho no olhar... Que diferença de Mariazinha, toda alma e paixão, a ternura expressa nos mínimos gestos do dia a dia! Que escolha fizera, meu Deus!

A filha, Maria Eleutéria, representava a única parte boa do casamento! Por ela faria qualquer coisa!

Pai Tomé aguardava-o à porta. Envelhecera! Alva carapinha, o corpo alto e musculoso um tanto vergado ao peso dos janeiros... Ainda assim, sua figura envolta em roupas de grosseiro pano, impecavelmente limpas, transmitia incrível sensação de força!

– Sinhozinho Altino! Meu menino! Seja bem-vindo!

– Pai Tomé! Trata-se de minha filha... Ah, meu Deus! Pressinto sua morte se não tomarmos medidas urgentes... Os médicos não conseguem descobrir a doença!

O velho adiantou-se, solicitando que depusesse a mocinha deitada em um banco, ao lado da porta da cabana. Com exasperante calma, adentrou a casa simples e asseada, voltando com um banquinho e alguns ramos de planta, assentando-se diante da jovem, fechando os olhos em oração. Depois, começou a passar os ramos de forte odor a alguns centímetros de todo o corpo de Maria Eleutéria, agitando-os e murmurando palavras na língua africana, ininteligíveis para o preocupado pai. Álgidos suores começaram a porejar do corpo dolorido da doentinha, ela gemia baixinho, até que terminou por adormecer tranquilamente, como se estivesse em seu leito de linhos e rendas, na casa grande. Ansioso, Altino antecipou-se, indagando:

– Ela está bem, Pai Tomé? Os médicos, e olhe que chamei muitos, não conseguiram achar a origem do mal... Dia após dia ela definha, qual flor que se estiola por falta d'água... De que se trata afinal? É doença ruim?

– Não, nada disso que o irmão está pensando... Nada a ver com loucura! A menina sofre de mal de amor e saudade...

Ante o estupefato pai, pela boca do ancião, a entidade espiritual prosseguia:

– Mal de amor, sim senhor! Está apaixonada!

– Impossível! Eu saberia!

– Sua filha é demasiado orgulhosa para se abrir e confessar, até mesmo ao pai, a incompetência em lidar com a situação. Um jovem que a encanta, que desaparece no nada, que por ela não se interessa, que não consegue localizar e manipular a seu bel-prazer...

– E quem seria essa misteriosa criatura?

– Uma pessoa não pertencente ao círculo de suas relações, coronel.

– Mas... não pode ser! Conheço todos os jovens das redondezas, pelo menos os bons partidos... Pelo amor de Deus, não me diga... um homem casado?

– Não, coronel. Todavia o senhor provavelmente o desconsideraria, por se tratar de alguém destituído de posses. De seu somente possui a boa aparência, a inteligência, o conhecimento autodidata... Pobre, porém, paupérrimo...

– Meu Deus! Maria Eleutéria deve estar louca!

– Não, senhor Altino, ela nem sabe disso... Pela aparência, julga tratar-se de alguém com posses... Está apaixonada e não consegue encarar a rejeição, pois sempre foi atendida em tudo! Jamais o senhor e sua esposa lhe negaram nada! Além do mais, é excessivamente orgulhosa e a constatação de sua incapacidade de possuir o objeto de seu desejo faz com que desista de tudo. Se não posso ter o que quero, nada mais me interessa... Esse é seu raciocínio. Em uma coisa o senhor tem absoluta razão: continuando assim, fatalmente perecerá, pois renunciou à vida!

— Então, eu não disse? Meu coração adivinhava essa tragédia! E que faço?

— Ela não abandonará a obsessiva ideia envolvendo o moço, pois desconhece a palavra não... O senhor e sua esposa, em seus orgulho e egoísmo desmedidos, educaram-na assim, reforçando-lhe os naturais pendores. Vínculos de existências pretéritas, por outro lado, unem os dois jovens, clamando por acertos.

— Mas eu tinha planos para um bom casamento... Não entendo nada disso de existências pretéritas... Para mim, o que conta é o agora... Tanta desgraça por um qualquer, um estranho... Morrendo por isso? Maria Eleutéria pode ter o bom partido que desejar!

— Bom para o senhor, coronel Altino! Ah, as criaturas! Faz muitos anos, atendi, através do medianeiro, um jovem enamorado, exatamente o senhor, e falamos sobre amor sincero e conveniências... Optando pelo casamento com Maria Amélia, por acaso a união lhe parece satisfatória, proporcionando felicidade?

— O mundo assim o julga... Para todos, somos o casal perfeito... Invejam-nos! No entanto, entre as quatro paredes, a realidade é bem outra. Mal conversamos, não nos tocamos desde antes do nascimento de Maria Eleutéria, compartilhamos o mesmo quarto para manter a mentira do casamento ideal, mas intransponível muralha divide nosso leito!

— Então, senhor Altino, deseja isso para sua filha, que diz amar tanto? Sem falar que ela não se vergará como o senhor o fez! Lutará por seus sentimentos, ainda que o faça de maneira nem sempre adequada!

— Esse moço, como se chama ele afinal?

— Leopoldo! Trata-se de alguém que enfrentou muitas dificuldades nesta existência, infelizmente optando pela estrada larga, pelo caminho mais fácil... O senhor poderá auxiliá-lo a se tornar digno de sua filha... No momento, ela daqui sairá mais tranquila, mas isso pouco durará, pois não houve nenhuma mudança em sua maneira de ser. Ela continua orgulhosa e controladora, sem entender a existência de forma diversa, quando as criaturas se movimentam, interagem, amam, exercitando o desapego e o amor incondicional. Para Maria Eleutéria, neste instante evolutivo, amar significa necessariamente possuir! Leopoldo está destinado a fazer parte de sua atual existência e juntos trilharão um caminho repleto de experiências importantíssimas para ambos, não importa como o livre-arbítrio se manifeste, pois tudo necessariamente reverterá em proveito da criatura. Volte para casa, nada revele de nossa conversa a sua esposa... Deixe-a acreditar que o intercâmbio com o mundo espiritual restringe-se a sortilégios e feitiçarias... Um dia ela acordará para a realidade, no momento em que estiver preparada! Mande Vicêncio localizar o moço Leopoldo!

Altino foi ao encontro do capataz, carregando nos braços a filha adormecida. Com a natural discrição que lhe caracterizava o modo de ser, o rapaz calou indagações, limitando-se a observar com satisfação o tom rosado das faces e lábios da jovenzinha, enquanto a transferia para seus fortes braços. Descendo a acidentada trilha, o fazendeiro ordenou:

— Vicêncio, assim que chegarmos, quero que vá até a cidade e descubra o paradeiro de uma pessoa para mim... O nome é Leopoldo.

— Coronel, a sinhazinha já me falou isso mesmo! O tal moço parece ter sido tragado pela terra, ninguém sabe dele!

— Pois procure de novo! E me conte essa história direitinho, coisa que deveria ter feito há muito, desde que ela lhe pediu!

— Mas, coronel...

— Nada de desculpas, Vicêncio! Pretendo sim saber de tudo, e quero o moço frente a frente comigo! Não marque nada aqui na fazenda, ouviu? Mande avisar-me por um dos negrinhos de recados...

— Coronel, o senhor pode achar que se trata de má vontade, mas fiz o possível para desencavar o desgraçado e nada! Por que agora seria diferente?

— Diabos, homem! Pare de repetir isso! Ache o tal Leopoldo! É questão de vida ou morte! Se tem alguma consideração por sua sinhazinha, se quer que ela viva, trate de fazer o que mando!

Vicêncio desceu o restante do caminho com o coração em frangalhos. Precisaria conduzir o rival até o coronel Altino! Embora asseverasse empenho no cumprimento da tarefa ordenada por Maria Eleutéria, deixara de realizar o melhor, ignorando possíveis pistas, não se esforçando a contento, visto que feroz ciúme o corroía. Mas agora, com a possibilidade de sua amada morrer, agora acharia o maldito!

— Vicêncio, nem uma palavra sobre isso ou o que se passou com sua sinhá-moça, ouviu? Recomendação de Pai Tomé... e minha!

— Sim, sinhô!

Assim, Maria Amélia amargou triste curiosidade, pois nenhum dos dois homens relatou o que ocorrera na cabana do negro Tomé. Apesar de incrível, a orgulhosa criatura preferiria a filha doente a vê-la com rosadas cores por conta daquilo que denominava feitiçaria!

No mesmo dia, Altino enviou Vicêncio a Ouro Preto, com a finalidade de achar Leopoldo a qualquer custo! O capataz traçara um plano... A um único lugar não fora... À casa de Madame! Qual moço janota se atreveria a ignorar a mais famosa casa de prostituição dos arredores, célebre pelas lindas mulheres e marcante personalidade de sua dona, a ainda bela e insinuante Madame? Ao trote do cavalo, pensava:

— Madame! Qual será o nome dela afinal? Desde criança, ouço falar de Madame... Dizem que é francesa... Pode até ser, mas duvido! Vai ver veio de alguma terrinha por aqui mesmo, dando-se ares de estrangeira! É do tempo de sinhô Eleutério, embora bem mais moça... O velho arrastava uma carroça por ela! É o que os antigos contam! Deve ter uns poucos anos a mais que o sinhô Altino... Mulherão! Meio passada, mas uma baita mulher!

Acompanhara Altino, muitas vezes, durante as visitas à casa de Madame, presenciando a forma carinhosa de se tratarem, que nada tinha a ver com sexo ou envolvimento amoroso, como se um segredo do passado os unisse, a encaminhá-los para os cantos, aos cochichos, o coronel Altino subitamente entristecido, a mulher com ares de pena... Nada disso, contudo, impedia que seu patrão escolhesse as mulheres mais lindas e com elas se entretivesse noite afora. Generoso, Altino não raro lhe estendia as benesses, ordenando-lhe discrição somente. Nem precisava! Não era doido! Se sinhá Maria Amélia, a toda poderosa, soubesse... Arrancaria o fígado dele na chibata, no tronco, e ao marido nada faria... Uma mulher orgulhosa como só ela! Não lhe importavam as saídas do coronel, mas não aceitaria nunca comentários que a diminuíssem! Riu, acrescentando em voz alta:

– Aquela cobra vai ver não permite nem pensamento de que ela está sendo passada para trás! Êita!

Na sua simplicidade de mestiço nascido na fazenda e sem muitos estudos, Vicêncio analisara com perfeição o perfil de sua senhora!

– Madame! Madame deve saber do tal pedaço de encrenca...

Ao adentrar Ouro Preto, anoitecia. Os lampiões estendiam suas luzes sobre o calçamento das ruas, clareando os casarões senhoriais, e o moço tratou de dirigir-se para os lados do bordel. Antes, no entanto, ansiava por um trago de boa aguardente e generoso pedaço de carne assada! Na casa de Madame não encontraria nada daquilo, pois ali a frequência selecionada exigia vinhos e destilados de procedência estrangeira. Preferia a boa pinga de alambique! Quanto às comidas, era tanto nome atravessado, a ponto de a pessoa nunca saber o que viria no prato de fina porcelana... E um tiquinho! Entraria no bar do Manuel para matar a fome... e a sede! Depois... bom, depois faria a sindicância, com a barriga cheia e a cabeça aquecida pelo trago! Madame que perdoasse, mas não dispunha de dinheiro para sua casa, só quando o coronel Altino pagava. Homem bom aquele!

O bar estava lotado. As pessoas ocupavam as mesas de rústica madeira, um tanto encardidas, suas vozes no ar... Falava-se, contavam-se anedotas, cantava-se... Prostitutas, que nada tinham a ver com as da casa de Madame, circulavam, à espera de algum freguês, provocando uns e outros. Vicêncio procurou onde sentar, acabando em um banco alto junto ao enodoado balcão, também repleto. O proprietário, certamente acostumado a toda aquela balbúrdia, calmamente atendia, auxiliado por franzino rapazinho e jovem mulata de vistosa e sedutora estampa, que diziam ser sua companheira. Tratou de assegurar a bebida primeiramente, passando a aguardar a carne, o estômago roncando. Na falta do que fazer, observava as pessoas. Ali certamente não havia ninguém de enobrecida origem, predominando a classe mais humilde. As roupas grosseiras, algumas até sujas e puídas, a forma de expressão, os alimentos e bebidas solicitados, tudo sugeria simplicidade e pobreza.

    Conhecia o local por impositivo das visitas de Altino à casa de Madame, acostumara-se a ali beber e comer, embora desdenhasse das companhias femininas, preferindo as moças bem vestidas e perfumadas do conceituado bordel às da taberna. Uma pontada de ciúme e orgulho ferido aguilhoou o peito forte de Vicêncio: ali Leopoldo certamente não viria jamais! Madame o conheceria, aquela sim, pois o moço não se acostaria com aquelas pobres mulheres da bodega! Ele, Vicêncio, no entanto, não fosse a prodigalidade do coronel, nunca se teria deitado com uma das moças de Madame! Vida ingrata!

    Madame recebeu Vicêncio com surpresa, pois ele jamais ali adentrara sem estar acompanhando seu rico patrão. Sabia que Altino o alforriara há muito tempo, assim que se tornara seu capataz e ocasional feitor de negros, dispensando-lhe tratamento diferenciado, contudo tais privilégios não significavam que o mestiço dispusesse de dinheiro suficiente para bancar os exorbitantes preços de sua casa! Ademais, muitos dos frequentadores detestariam ter um negro, embora de aparência branca e forro, entre eles! Uma coisa era estar com Altino, outra, sozinho! A mulher preparou-se para solicitar ao rapaz sua retirada, mas ele, talvez percebendo seus receios, adiantou-se:

    – Senhora, vim a mando do coronel Altino...

— Ah!

— Sim, Madame, o coronel precisa localizar uma pessoa, provavelmente cliente desta casa...

— Seu patrão me coloca em maus lençóis, visto que muitos desejam sigilo para suas andanças... No entanto, como posso negar algo a um amigo querido? Diga! De quem se trata afinal?

— Um moço! De nome Leopoldo... Alto, elegante, belas maneiras, bons modos, rico certamente, de boa família... Tem cabelos e olhos escuros... É só o que sei, senhora.

— E eu posso garantir, com absoluta certeza, que tal pessoa não frequenta a casa! Eu dele não me esqueceria... Talvez alguém de passagem pela cidade...

— Não, os amigos garantem que ele reside em Ouro Preto... Somente não conhecem o endereço!

— Muito estranho... Procure em outras casas, quem sabe...

Vicêncio jamais esperara por aquilo. Nutrira séria convicção de que ali encontraria o moço! Madame, contudo, não mentiria ao coronel Altino... Resolveu pernoitar na residência do patrão, reiniciando as buscas no dia seguinte. Péssimo! Como retornar com as mãos abanando? Diante da taberna do português, resolveu entrar para mais um trago, o último da noite. Muitos se haviam retirado, restando somente alguns clientes nas mesas, os costumeiros boêmios. Em uma delas, um homem jovem, alto, elegante, trajado com esmero, escuros olhos e cabelos... Impossível!

— Quem é aquele ali no canto, aquele com a gravata de laço...?

O rapazinho desviou os enfarados olhos dos copos que alinhavava sobre o balcão de suspeitosa higiene:

— Leopoldo, o nome dele é Leopoldo...

— Como você sabe, moleque?

— Ele mora por aqui, naquele cortiço no final da rua debaixo...

— Você deve estar louco! Olhe as roupas dele, os modos!

— Pois é, moço... Mas é isso mesmo... Eu sei o que tô falando... Come aqui de vez em quando, por conta do chamego da Isaura por ele. O dono não gosta, tem ciúme, mas a danada inventa uma história triste, fala de caridade e enrola o português. E o Leopoldo janta, almoça... A boba da Isaura acha que ele se importa com ela! O sujeito tá é enchendo a barriga e a tonta confunde isso com amor! Outro dia, o danado não tinha um vintém no bolso pra pagá o prato de comida... e seu Manuel tava com o diabo no corpo! Não deu outra! Botou ele pra lavá prato, dizendo não sustentá malandro! Se não é a Isaura, tava até hoje na pia... Êita cara ruim de serviço! Ela lavô tudinho no lugar dele, um montão de louça, enquanto o português dormia, por causa dos copo de cachaça que a esperta lhe serviu, só pra ele pegá no sono e não enxergá a lavação que ela enfrentô por conta dos abraço e beijo que o safado lhe pespegô na cozinha...

Vicêncio estava estupefato! Aquele era o homem por quem sua sinhazinha, a orgulhosa Maria Eleutéria, morria em seu leito de fitas e rendas? Meu Deus! O coronel Altino ia cair duro com a notícia! Melhor partir imediatamente para a fazenda, aproveitando o magnífico luar... Contaria ele mesmo as novidades! Pela boca de um menino de recados, não poderia revelar tudo aquilo! Escrever? E se alguém lesse, a sinhá por exemplo? O coronel bem recomendara segredo!

Altino ainda dormia quando o cavalo de Vicêncio, espumante e exaurido, atravessou a porteira. Para não alarmar ninguém, quedou-se junto ao casarão, espreitando a saída de Altino, ávido por lhe transmitir as surpreendentes notícias. Estava livre de Leopoldo! Que pai permitiria um casamento daqueles? Qual não foi sua surpresa, porém, quando o coronel empalideceu, abaixou a cabeça, calou qualquer comentário, pensou durante alguns minutos, dizendo final e abruptamente:

– Marcou a entrevista?

– Não, sinhô, não! Achei um despropósito... O moço é um malandro, coronel!

– Não tem de achar nada, Vicêncio! Volte lá e marque o encontro conforme lhe recomendei! E bico calado! Melhor, seguiremos juntos para Ouro Preto! Meia hora, espere-me por meia hora e estaremos na estrada! Necessito resolver isso hoje, sem falta. Maria Eleutéria voltou a piorar! Esperarei na casa da cidade enquanto você vai até o tal cortiço e volta com o moço. De qualquer maneira, ouviu? Amarre o sujeito se preciso! Só não o machuque! Precisamos dele vivo e em boa forma!

III
UM NOIVADO INCOMUM

    A caminho de Ouro Preto, Altino não pronunciara uma só palavra sobre o assunto, limitando-se a um ou outro comentário, todos desvinculados do objetivo da jornada. Chegando, com significativo aceno de cabeça tratara de enviar o capataz à procura de Leopoldo, embarafustando depois casa adentro, dispensando a solicitude dos escravos, indo parar na biblioteca, onde se lançou à costumeira poltrona, entregue a conflitantes pensamentos.

    Sonhara tamanhas grandezas para aquela filha única e muito amada! Um casamento vantajoso, posição, uma vida de luxos e mimos! Em uma época em que filhos homens representavam

garantia de descendentes, a ausência de um varão na família, pois Maria Amélia se recusara a novamente engravidar, e ele mesmo não sentia nenhum desejo pela mulher, gerava preocupações no tocante ao enorme patrimônio assumido pela moça após sua morte, em um futuro que almejava bem distante, mas que fatalmente chegaria.

E agora esse rapaz, de obscura procedência, à revelia de seus sonhos e pretensões! Poderia negar à filha o direito de levar adiante a desatinada paixão, obrigá-la a desposar escolhido paterno, mas ela provavelmente se apagaria aos poucos... Como a entendia! Ele mesmo estava vivendo como um morto-vivo, sem alegria, dia após dia compartilhando seu destino com uma esposa que nada representava. Mariazinha fora a paixão de sua juventude! Como se arrependia da coragem que não tivera! O tal Leopoldo talvez fosse identicamente importante para sua Maria Eleutéria... Então, nenhum casamento rico a tornaria feliz! Conquanto seu orgulho, sua insatisfação, sua vaidade pessoal, não faria isso com ela! Amava a filha acima de tudo e de todos. Acertaria as coisas com o moço e ai dele se a infelicitasse!

Enquanto Altino estava às voltas com suas incertezas e verdades, Vicêncio localizara o cortiço, indo ao encontro do não menos intrigado Leopoldo, que quis negar-se ao firme e não muito amigável convite, até e principalmente porque o ciúme corroía o coração do capataz, impondo a seu falar desnecessárias aridez e severidade. Todavia acabara acedendo, temeroso das possíveis consequências de sua recusa. Nada encontrava que justificasse a sumária convocação por parte do pai de Maria Eleutéria, inutilmente rebuscando na memória o que poderia ter ocorrido... Estivera sim em casa do coronel, mas se comportara como um cavalheiro... Fizera algo que ofendera o poderoso senhor de terras? E aquele homem sisudo, de rancoroso olhar, a pressioná-lo como a um criminoso?

Altino fitou o moço que despertara em sua filha a impetuosa paixão. Bela figura! Não tão jovem como imaginara... Ninguém diria tratar-se de um pobretão sem eira nem beira! Até ele se enganaria... Melhor!

– Senhor Leopoldo, se não me engano. Sou o coronel Altino! Há meses o senhor esteve nesta casa, em um sarau... Na ocasião conversou com minha filha, Maria Eleutéria...

– Coronel, eu...

– Apreciaria que me ouvisse primeiro, pois o que tenho a dizer poderá parecer loucura... Depois o senhor falará. Minha filha ficou impressionada com sua pessoa. Mais! Ousaria dizer que se apaixonou... Por conta disso, adoeceu... Menina mimada, voluntariosa, jamais lhe negamos algo...

Leopoldo escutava, olhos bem abertos, esforçando-se para igualmente não abrir a boca de pura estupefação. Quem diria? Embora linda, a jovem não o impressionara particularmente. Sequer se recordara dela até aquele momento, tendo desaparecido de circulação somente para evitar a possibilidade de desastrosas revelações a respeito de sua pobreza, da mentira imposta a muitos. Agora, aquela paixão desnudada pelo rico coronel, evidentemente constrangido... No íntimo, exultou! Por que não? Talvez aquela fosse a oportunidade de ouro caída dos céus! Livrar-se-ia da miséria, da vergonha decretada pelo berço paupérrimo e obscuro, deixando para trás um passado de privações...

– Senhor Leopoldo, não sei o que sente por minha filha...

– Coronel, se me permite... Por favor, ouça! Sua filha despertou em mim nobres e até então desconhecidos sentimentos! Amo-a desde o dia em que nela pus os olhos! Isolei-me, pois reconheço minha insignificância...

Altino fitou o moço sentado em sua frente, o corpo bem proporcionado tão à vontade na cadeira... Será? Duvidava daquele amor, pois bem conhecia o poder do dinheiro sobre o caráter de algumas pessoas... mas que poderia fazer? Seu coração de pai amoroso optou por acreditar:

– Ótimo, ótimo! Tratemos de alguns pontos importantes! Não pretendo, de jeito algum, que a sociedade tome ciência da humilde origem de sua pessoa. Sem demérito, isso nos constrangeria! Assim sendo, julgo conveniente que o senhor se passe por mancebo rico, sem parentela, recém-chegado da Europa, mais especificamente da França, que é para onde os privilegiados enviam seus filhos. Deixe para trás tudo o que lembre o passado... objetos, roupas... Diremos que sua bagagem se extraviou no navio. Amanhã cedo procuraremos a melhor alfaiataria e encomendaremos roupas novas, que nos serão enviadas a título das supostamente perdidas. Que mais? Esqueci algo porventura? Ah! Sim! O senhor receberá antecipadamente parte do dote, para as despesas pessoais imediatas. O restante virá depois do casamento e não será pouco, assevero-lhe. Tudo isso constituirá um segredo entre nós!

– De pleno acordo, senhor coronel! Mas... e o tal do Vicêncio? Ele sabe... Poderá deixar escapar algum comentário menos feliz...

– Nem pense! Vicêncio é de absoluta confiança, fiel como um cão. Permanecerá calado! Eu me responsabilizo! Quanto ao senhor, somente exijo uma coisa: faça Maria Eleutéria feliz!

Pobre Altino! Aquela seria uma exigência impossível de cumprir, pois ninguém tem o mágico condão de fazer alguém feliz. A felicidade é conquista pessoal, que não repousa em outras pessoas, mas sim na gradual evolução dos sentimentos, ascendendo do egoísmo da posse à incondicionalidade do amor cósmico, livre de apegos, destituído de privilégios.

Dois dias após, chegavam os três à fazenda. Durante o percurso, Altino e Leopoldo entabulavam animada conversação, enquanto Vicêncio silenciava, atormentado pelo ciúme, comparando-se ao rival, diminuído e inconformado com o suceder dos acontecimentos. A origem humilde do noivo de Maria Eleutéria, conquanto oculta, reforçava sua baixa autoestima. Um pretendente de posses forneceria a desculpa para seu fracasso amoroso! Leopoldo, pobre e de fidalgos modos, aceito pelo arrogante patrão em pé de igualdade, inteligente e nada servil, constituía a irrefutável prova de sua pequenez. Sofria... e muito!

Como por milagre, recuperou-se Maria Eleutéria da misteriosa enfermidade. A presença de Leopoldo afastava os medos, a rejeição, a tristeza. Sabê-lo na qualidade de noivo, tê-lo a seu lado, recebendo demonstrações de carinho, sentindo o toque de suas mãos e de seus lábios... miraculoso remédio! Abandonou o leito, retomou as cores e o riso, resgatou a vaidade e o orgulho. Voltava a ser a Maria Eleutéria de sempre!

Leopoldo desempenhava a contento seu papel de noivo amoroso e apaixonado, reconhecendo que o fazia com facilidade. A personalidade egoísta e orgulhosa da filha de Altino afinizava-se com a sua, sendo-lhe extremamente agradável a companhia da noiva. Além do mais, a beleza e o temperamento sensual de Maria Eleutéria fascinavam-no, a ponto de render-se a seus encantos, ainda que momentaneamente.

Alguém, contudo, ficara extremamente abalada com sua chegada à fazenda! A presença do moço representara fortíssimo impacto para a indiferente Maria Amélia. Embora genitora de casadoira filha, nada ficava a lhe dever em formosura, todavia o entediante matrimônio convertera-a precocemente numa matrona, fazendo-a envolver o belo e desejável corpo em austeras roupas, que dissimulavam o talhe esbelto, cobrindo-o completamente. Diria tratar-se de uma velha, quando mal adentrara os trinta anos, pois casara muito cedo, antes dos quinze, por força da pressa e ambição paternas em garantir os milhões que Altino herdaria. Enclausurara-se em fortaleza de gelo, indiferente e desdenhosa, avessa a tudo e a todos, da qual não a lograra desalojar sequer o nascimento da filhinha. Leopoldo, no entanto, despertou em seu coração o amor! Pobre Maria Amélia, pois o irônico destino o apresentava como noivo de sua filha! Subitamente, ao se olhar no espelho, reconhecia-se jovem e bela! As roupas pareciam-lhe sem graça, delas se ressentindo; os cabelos loiros e brilhantes, enrodilhados em severo coque, ansiavam por se libertar em encantadoras e aneladas madeixas...

Cumpria oficializar o noivado. Altino, pretendendo divulgar os elogiosos informes forjados a respeito do noivo, insistia em uma cerimônia festiva, com muitos convidados, estrondoso baile! A filha endossava-lhe a pretensão, discordando somente do local. Por ela, fariam tudo no casarão de Ouro Preto, mas o pai temia qualquer contratempo relacionado ao passado recente do noivo. Melhor não arriscar! Maria Amélia, com a enciumada alma em desespero, impossibilitada de realizar seus sonhos de amor, propunha um jantar com os familiares mais próximos, sem tamanho alarde, deixando para o casamento a festança.

Maria Eleutéria impôs sua vontade mais uma vez! Para Leopoldo, tudo estava bem, que fizessem como parecesse melhor! Nunca tivera à disposição tanto dinheiro! Jamais se fartara com comidas e bebidas tão deliciosas! Alojado no principal quarto de hóspedes, luxo desconhecido e maravilhoso, sentia-se no céu... Acompanhou o futuro sogro à cidade, onde encomendariam os trajes da festa e, pela primeira vez em sua existência, o moço pôde escolher sem se preocupar com o preço, dando vazão a seus impulsos e gostos.

Maria Eleutéria literalmente flutuava... Solicitou a presença da modista na casa da fazenda, optando por rendas em suave cor rosa, rebordadas com minúsculas pérolas no mesmo tom. Conhecendo os gostos austeros da mãe, sequer se preocupou em acompanhar sua escolha, somente recomendando, em tom de voz nada gentil:

– Por favor, minha mãe, trata-se de meu noivado! Nem pensar em cores escuras, quando muito um cinza! Poderão achar que o noivo lhe desagrada!

Maria Amélia sentia o rosto arder e o peito apertar em silenciosa agonia. A filha, de maneira inconsciente e irônica, feria fundo seu coração de mulher rejeitada, pois, embora Leopoldo desconhecesse seus sentimentos, ainda assim se sentia preterida, humilhada. Uma raiva imensa invadiu sua alma! Odiava aquela filha que lhe roubava o homem amado! A custo se controlou para não esbofetear o insolente rosto, limitando-se a dizer, educada e suavemente:

– Dona Eulália, assim que minha filha terminar, espero a senhora em meus aposentos. Estou com dor de cabeça, preciso deitar-me um pouco...

– Sim, senhora! Não se preocupe! Trouxe amostras de alguns tecidos discretos, nada que chame a atenção, coisa de muito bom gosto e elegância!

Maria Amélia deixou o quarto da filha segurando as lágrimas de revolta e ódio. Por que a moça teria direito a seu sonho de amor e ela não? Baixinho, monologava:

– Quem ela pensa que é? Quem? Acha-me uma velha! Vou mostrar a ela a verdadeira Maria Amélia!

Uma hora depois, a modista adentrava os aposentos da orgulhosa dona da casa. Separara as amostras condizentes com os gostos da esposa de Altino, apresentando-as, sugerindo alguns modelos, todos austeros. Qual não foi sua surpresa quando Maria Amélia empurrou vigorosamente panos e figurinos, refutando-os:

– Não, não quero isso! Onde está o mostruário apresentado a Maria Eleutéria?

– Aqui, senhora, aqui!

As trêmulas mãos da jovem mulher percorreram a infinidade de pedaços de tecidos, sentindo-lhes a textura, analisando as cores, o caimento. De repente, seus olhos caíram sobre a renda!

– Esta!

– Como, senhora?

– Gostei desta renda, dona Eulália! Escolhamos o modelo!

A modista fitava a amostra sem nada entender. Realmente, tratava-se de lindíssima renda, a mais cara e preciosa do mostruário, mas a cor cereja fugia ao comumente usado pela cliente. Sempre discreta, fazendo questão de apresentar-se simples, anônima, Maria Amélia seria a última pessoa, a seu ver, que realizaria tal opção.

– Senhora, tem certeza?

– Sim! Por acaso discorda?

– Não, trata-se de uma renda digna de uma rainha!

– Então! O modelo... vejamos! O que está em uso na corte?

– Para um baile, como é o caso do noivado da senhorinha, e para a renda selecionada, não poderemos confeccionar nada muito fechado, pois...

– E quem disse que desejo um vestido que me cubra, dona Eulália? Esqueça tudo o que me fez até agora e relate as novidades!

– Bem... Transparências nas mangas, saias realçando cinturas finas, corpetes ajustados ao máximo, colos desnudos, até um tanto demais a meu ver...

– Sim, isso me agrada... Poucas mocinhas poderão ostentar uma cinturinha como a minha! E os seios, eles continuam bonitos como quando era solteira... Ainda bem que fiz uma ama de leite amamentar Eleutéria! Jamais me arriscaria a ficar com os peitos caídos por conta de uma criança! Entretanto, dona Eulália, tenho uma dúvida... Não ficará um pouco pesado utilizar a renda na saia?

– Oh! Sim, senhora! Sugiro um tecido mais leve, no mesmo tom é claro, para que o traje tenha movimento. E o corpete de renda... Forrado com o tecido da saia... As mangas, senhora, poderemos fazê-las longas, sem forrá-las, ou simplesmente optar por alguma coisa exígua, como complemento, uma simples sugestão de manga... E aplicações na barra, bem delicadas... Se lhe aprouver, é possível bordar a renda com pedrarias, tudo no mesmo tom... Ficará um deslumbre!

E a mulher detalhava, explicava, enquanto Maria Amélia acedia, olhos brilhantes, coradas faces. Olhando-a, D. Eulália ficou surpresa... Onde estaria aquela mulher com ares de velha senhora, olhar frio e postura indiferente? Parecia uma jovem preparando-se para o primeiro baile! Algo acontecera! Calou, pois somente algo muito sério ocasionaria tamanha mudança de comportamento!... E ela corria o risco de enveredar pelo perigoso terreno das conjeturas... Considerava Maria Eleutéria sua melhor cliente, mas a mãe bem pouco renovava seu guarda--roupa, sempre às voltas com trajes de cores neutras e modelos semelhantes. Estava preparada para mais uma veste inexpressiva e cara... e agora, aquela novidade! Teria de caprichar ao máximo, pois todos os olhos estariam sobre Maria Amélia! Certamente, um não acabar de mexericos...

– Senhora, virei fazer a primeira prova daqui a três dias, pois a data da festa está muito próxima!

– Muito bem, dona Eulália! Somente uma coisa: não quero que minha filha se inteire do que vou vestir em seu noivado!

Será uma surpresa! Assim, quando a senhora vier, mande avisar-me pelo negrinho Tião, ele fica em nossa casa de Ouro Preto, mencionando a hora de sua chegada. Cuidarei para que Maria Eleutéria não esteja presente à minha prova! Depois a senhora a atenderá e, se ela perguntar sobre meu vestido, trate de ser bem evasiva... Não preciso dizer que desejo o melhor para esta festa! Não poupe esforços e dinheiro!

– Tudo será como a senhora determinar!

Mal a modista abandonara o quarto, Maria Amélia atirou-se ao leito, agarrada ao travesseiro, deixando as lágrimas descerem. Da euforia com as vestes encomendadas passou a intensa tristeza, desespero mesmo. Que lhe adiantavam roupas de jovem se o coração fenecia desde o momento em que desposara Altino? Sentia-se com cem anos de idade! Num rompante, foi até imenso espelho de cristal, arrancando precipitadamente o vestido de seda cinza, lançando longe os sapatos, libertando os cabelos louros do apertado coque. Diante da polida superfície, olhou-se demoradamente.

– Meu Deus! Eu sou assim? Tão bela como Maria Eleutéria, talvez mais! Que fiz de minha vida?

Analisou detalhadamente o corpo de fina e pálida pele, os cabelos claros, sedosos e brilhantes, em ondas suaves, quase lhe tocando a esguia cintura. Há quanto tempo não se mirava daquele jeito, limitando-se à higiene meticulosa? Jamais se preocupara com a beleza desde o dia em que se unira a Altino! A lembrança da primeira noite de casados fê-la estremecer, pois odiara cada instante, cada toque, considerando-se invadida em sua privacidade, usada, suja... Naquela noite, daria tudo para voltar atrás e desfazer os laços matrimoniais, todavia era demasiado tarde para a súbita consciência de quão terrível seria compartilhar o leito com um estranho por toda uma vida! Triste sina a das mulheres, assim pensara, estendendo a todas sua angústia!

O primeiro mês assemelhara-se a um pesadelo, com o jovem esposo a procurá-la, como buscando por ela sentir amor... Depois, ao engravidar, a vontade de alijar de seu ventre o ser não desejado, a ponto de especular junto às escravas mais velhas a respeito de ervas abortivas, tendo sustado o criminoso intento ao verificar a alegria de sua família e, especialmente, do ambicioso sogro, sempre interessado em um herdeiro que lhe perpetuasse o nome, cuidando do imenso patrimônio. Resolvera ter a criança... Que lhe restava? Separar-se do marido? A ralé assim se comportava, nunca as mulheres nobres e de bom-tom! Uma mulher de classe aguentava um matrimônio infeliz com a cabeça erguida, aprendera com a mãe e esta, com a avó... E também ensinaria isso à filha! A filha... Ela conseguira fazer tudo de forma diversa! Casar-se-ia por amor, com o homem que ela mesma elegera!

— Maria Eleutéria escolheu o companheiro! Não passará pelo que passei e venho passando... Como sua mãe, deveria estar feliz... No entanto, invejo-a com todas as forças de minh'alma! E esse moço, Leopoldo, desperta em mim sentimentos estranhos e avassaladores! Queria ser a noiva! Devo estar louca, meu Deus!

Desconhecendo os mecanismos reencarnatórios, ignorava a possibilidade de relacionamento ocorrido em anterior existência, em que ela, a filha e o cobiçado noivo haviam protagonizado tumultuado triângulo amoroso, culminando no assassinato daquela conhecida atualmente com o nome de Maria Eleutéria. E ela contratara o assassino da amante do esposo...! Retornavam todos para os imprescindíveis acertos, priorizando o desapego, o despertar de um amor menos carnal, a renúncia em benefício da felicidade alheia.

Os dias escoavam vertiginosamente, em meio à azáfama dos preparativos e aos sentimentos conflitantes da futura sogra de Leopoldo. Lutando desesperadamente para suplantar a dificuldade de encarar o moço como genro, sufocando em seu coração a ardente paixão que brotara à revelia de sua vontade, Maria Amélia penava, a fisionomia empalidecida e descomposta, os olhos constantemente avermelhados pelo pranto às escondidas, enquanto a filha desabrochava em risos, sempre às voltas com o belo noivo, dependurada em seu forte braço, entregue a longos e intermináveis passeios pelos recantos da propriedade.

Alguns dias antes da festa, já no casarão da cidade, Maria Amélia convocou a filha para uma conversa mais séria, recriminando-lhe os modos nada convencionais:

— Estão todos murmurando, dos escravos aos visitantes... Sem falar nos parentes... e nas pessoas de nossas relações!

— Que falem! Não me importo com o falatório dessa gente! Inveja, pura inveja! Umas mulheres, essas nossas parentes, que se casaram à força, sem amar seus maridos! Fale, minha mãe, conte-me qual delas é feliz, qual delas anseia pela companhia do homem com quem reparte o leito!

— Maria Eleutéria!

— É isso mesmo, minha mãe! Amo Leopoldo! Por mim, seria dele desde o primeiro instante em que meu olhar nele pousou. Ele, o meu Leopoldo, ele é que mantém distância, provavelmente preocupado com a reação de meu pai!

— Maria Eleutéria!

A moça abandonou a sala, após ligeira e sarcástica vênia, deixando uma genitora em estado de choque, desesperada com a certeza de que Leopoldo nunca lhe pertenceria. Todavia, no fundo do coração, a esperança recusava-se a morrer, fazendo pouco caso da razão, dizendo-lhe que o moço poderia romper aquele noivado... Sonhava despertar ardente paixão, fazendo com que ele a levasse para bem longe, enfrentando tudo e todos por ela... Pobre Maria Amélia!

Suaves e perfumadas brisas refrescavam a cálida noite de primavera. Os salões resplandeciam sob as luzes dos enormes lustres de cristal polido; por toda a parte, flores e mais flores, em requintados arranjos, nos quais se imprimia o inconfundível e impecável gosto de Maria Amélia. Na grande cozinha, escravas esmeravam-se na apresentação das deliciosas iguarias. Sobre uma mesa, em um dos cantos, os doces e enorme bolo primorosamente confeitado, obra-prima de conceituada doceira... Finalmente, pelo menos para Maria Eleutéria, chegara a tão esperada noite do noivado!

Encerrada no quarto desde a tarde, em complicadíssimos rituais de beleza, Maria Eleutéria explodia de ansiedade, acompanhando os últimos preparativos do lindíssimo traje rosa... Um ponto aqui, outro acolá e o vestido deslizou pela cabeça e ombros da moça, moldando-se ao jovem corpo com perfeição. Os dedos ágeis de dona Eulália acertaram cada detalhe e ela suspirou satisfeita:

– Linda, linda, senhorinha Maria Eleutéria! Uma verdadeira princesa! Deixará todos de queixo caído!

– Realmente, dona Eulália, há anos a senhora costura para mim, tem feito coisas de muita beleza. Mas este vestido... a senhora suplantou tudo! Quero ver o rosto de Leopoldo!

– Onde estão as flores para os cabelos, senhorinha?

– Ali, sobre a cômoda... Foram colhidas há pouco e creio que sobreviverão frescas e lindas até o encerramento do baile...

– Não se preocupe, pois tenho um segredinho, por isso insisti em eu mesma montar o arranjo, bem na horinha da festa. Vamos lá! Ah! São da corzinha exata do vestido... olhe só, senhorinha... Que beleza!

Meia hora depois, Maria Eleutéria estava pronta para a recepção, aguardando ansiosamente pelo pai, que a conduziria até o salão, àquela hora repleto de convidados. Após ligeira pancada na porta, Altino entrou, quedando maravilhado, pois jamais a filha estivera tão bela. Os olhos claros da moça brilhavam de felicidade e ele se sentiu plenamente recompensado pelo que fizera, dela e de todos escondendo a humílima origem do futuro genro, auxiliando-o a estabelecer uma nova identidade de rapaz rico e bem sucedido. Estendeu-lhe o braço e ela dele tomou com altiva postura. Somente então se lembrou da mãe.

– Às voltas com o traje e as joias... Arrumei-me bem antes, pois sei como são as mulheres, ainda que casadas e de certa idade...

– Ora, meu pai, até parece que minha mãe se preocupa com roupas! Aparecerá como sempre...

Altino limitou-se a menear afirmativamente a cabeça, pois pouco lhe importava a esposa. Viviam em mundos separados, alheios um ao outro. Adentrara sim o quarto que dividiam, mas não prestara atenção, estranhando somente a presença de uma auxiliar da modista, pois há muito Maria Amélia se vestia sozinha, mesmo para festas de importância. Noivado da filha única, no entanto... coisas de mulher...

A ampla escadaria possibilitava a visão dos convidados e a moça regozijou. Estavam todos trajados com luxo e apuro, as joias reluziam... Ótimo! Seria uma festa belíssima, comentada por muito tempo! Desceu os degraus lentamente, sentindo o peso dos olhares, consciente de sua encantadora visão, o traje rosa, as flores, as preciosas pérolas... Procurou a mãe entre os convidados, não a localizando. Conhecendo-a bem, sabedora de sua mania de etiqueta, estranhou... Deveria ali estar! Leopoldo esperava-a ao pé da escada, a mão forte e bronzeada, agora enluvada, estendendo-se para recebê-la. Como era bonito! E como o amava!

Rodeada pelos convivas, entontecida pelos elogios, Maria Eleutéria, contudo, buscava com os olhos o pai, intentando perguntar:

– E minha mãe?

Antes que tivesse tempo de lhe falar, um silêncio incomum desviou sua atenção para onde todos os olhares convergiam. Maria Eleutéria empalideceu, tamanha sua surpresa. Em um primeiro instante, pensou:

– Quem será essa mulher?

Depois, a resposta óbvia escapou de seus lábios na forma de estrangulado murmúrio:

– Mãe!

Altino, tão ou mais perplexo que a filha, adiantou-se, acompanhando com os olhos a descida da esposa. Maria Amélia estava lindíssima! Dona Eulália criara verdadeira obra de arte e elegância, e a jovem mulher envergava-a com porte de rainha, a ponto de eclipsar a filha, que passara da estupefação à ira, compreendendo que a mãe, a criatura discreta e anônima, conseguira suplantá-la, a noiva, aquela que deveria brilhar acima de todas! O rosto inicialmente pálido enrubesceu violentamente e quis ir-lhe de encontro, enviando-a de volta a seus aposentos para que se trocasse, mas Leopoldo a deteve, instintivamente compreendendo o desenrolar de um drama que, se não houvesse muita diplomacia, redundaria em fragoroso escândalo. Jeitosamente envolveu os ombros da noiva em protetor abraço, encaminhando-a para a mesa de doces e bebidas, onde ordenou à mucama um licor dos mais fortes, enquanto sussurrava:

– Beba, minha querida... E tenha calma, muita calma! Não faça nada de que possa arrepender-se! Afinal de contas, por que tanta estranheza? Ao que me consta, a senhora dona Maria Amélia está muito bem vestida e, com todo o respeito, belíssima!

– Ela fez isso para me afrontar, Leopoldo! Parece uma meretriz! De vermelho? Uma velha!

– Maria Eleutéria! Quem disse que sua mãe é uma velha? Ela tem-se comportado como tal, escondendo-se debaixo daqueles vestidos austeros... Mas não significa que o seja... Hoje ela está provando sua condição de mulher bela e desejável! Poderia passar muito bem por sua irmã... Não sei o que está acontecendo, mas não se trata de caso para desavenças, principalmente em nossa festa de noivado! Meu amor, olhe para ela! Não há nada de vulgar no traje... pelo contrário! Pode orgulhar-se da bela mãe que Deus lhe deu... Ora, como é que seria tão linda se ela fosse um dragão? Pelas leis naturais, minha querida, jamais! Acalme-se, pois, raciocine com frieza! Olhe! Todos a elogiam, ninguém está pensando mal dela...

Maria Eleutéria respirou fundo. Embora não nutrisse pela mãe especial carinho, o ódio despertado pela estonteante beleza materna a confundia, por se tratar de algo incontrolável, beirando as vias do ataque físico. Desejava enfrentá-la, agarrá-la pelos cabelos, subjugá-la... Rasgar aquele vestido magnífico, que fazia com que o seu parecesse inexpressivo, próprio de uma insossa jovenzinha. Maria Amélia, naqueles trajes, o esplêndido colo praticamente desnudo, o corpo esguio delineado pelo flamejante tecido, seria o alvo das atenções, roubando a cena no noivado que era seu, em que ela deveria brilhar! Que ódio!

Seus olhos coruscantes encontraram o olhar calmo de Leopoldo e a fúria arrefeceu instantaneamente ao perceber que lhe causaria desagrado caso continuasse a investir contra a mãe. Melhor dissimular a raiva e tratar de aparentar felicidade, ignorando a concorrência daquela que, a seu ver e sentir, tratava-se de perigosa rival!

– Tem razão, meu querido. Não sei o que me deu... Bobagem! Coisas de noiva nervosa... Já passou... Vamos, vamos circular entre os convidados!

Leopoldo fitou a noiva e estremeceu, compreendendo que ela unicamente fingia uma tranquilidade inexistente, simples aparência. Em sua mente, uma indagação martelava:

– O que terá ocorrido à senhora Maria Amélia?

Atendendo ao apelo da noiva, percorreram o salão, entabulando conversa, brincando e rindo. A moça assumira a tarefa de falar, pois Leopoldo mantinha-se à parte, pensamento e olhar em Maria Amélia:

– Que bela mulher! Magnífica! Quem diria? Debaixo daquele cinza, essa beleza toda! Um sortudo esse coronel Altino, meu sogro. O que terá provocado tal transformação repentina, meu Deus?

A resposta caiu como um raio em sua cabeça. Ele! Ele, Leopoldo, era o motivo, a razão da metamorfose da crisálida em borboleta! O comportamento da futura sogra, desde o instante em que Altino os apresentara, causara estranheza. Arredia, reticente... No entanto, não havia desagrado... Às vezes, surpreendia-a com o olhar mergulhado em sua pessoa... Flagrada, enrubescia, tratando de afastar-se... Conhecia aqueles sintomas... Como fora tolo a ponto de antes não perceber! Maria Amélia estava apaixonada... e por ele, o noivo de sua filha! Murmurou para si mesmo:

– Ora, ora, nada como despertar paixões, meu caro Leopoldo! Mas cuidado, pois isso poderá acabar com vantajosíssimo casório!

Mal, muito mal algo assim, pensava o inconsequente, o olhar perdido em Maria Amélia. Perigoso, sem dúvida, qualquer relacionamento, ainda que secreto, mas o que era a vida sem o perigo? Além do mais, aquela Maria Amélia não lhe era indiferente, despertando emoções estranhas, como se a conhecesse de alhures... Absurdo! Estava fantasiando por conta da surpresa da descoberta...

Os olhares de ambos se entrelaçaram. Leopoldo sentiu o rosto quente, o sangue correndo mais rápido, sustentando o olhar. Queria comprovar a hipótese da paixão... Maria Amélia não conseguia desviar os olhos dos de Leopoldo, e o moço observou que suas mãos tremiam e uma veia pulsava na alva testa quase que espasmodicamente. Um leve sorriso de encantamento pairou por instantes nos lábios da senhora e ele teve a certeza!

Serviu-se o jantar, durante o qual foi oficializado o noivado. Maria Eleutéria transparecia felicidade; Leopoldo, conquanto gentil e atencioso, alheava-se; Maria Amélia estava profundamente pálida, silenciosa, deixando ao esposo as honras da casa. Altino intuía o desenrolar de alguma coisa que escapava ao seu entendimento, a começar pela forma como a esposa se apresentava. Aquela, do outro lado da longa mesa, aquela era a mulher que conhecera antes do casamento, muito mais bela e sedutora aliás... Que estaria havendo?

Leopoldo e Maria Eleutéria iniciaram o baile com uma valsa. Sentindo o distanciamento do noivo, a moça inquietava-se, ciumenta e possessiva:

– Por acaso o noivado lhe desagrada? Por que tamanho silêncio, quando deveria estar feliz como eu? Outra ocupa seu pensamento, Leopoldo?

– Outra? Como assim, se mal fui apresentado às jovens da festa? Como haveria outra? Sempre que me afasto da fazenda, estamos juntos... ou na companhia de seu pai, meu amor. Estou feliz sim, mas demonstro de forma diferente da sua... Poderia estar insatisfeito se a amo? Por acaso não marcamos a data do enlace para bem próximo, o mais próximo que as regras de etiqueta permitiram? Se assim não fosse, Maria Eleutéria, poderia julgar-me desinteressado, mas fui eu a insistir nisso!

Acalmou-se a moça. Momentos após, Altino tomava a filha nos braços, com ela girando pelo salão, enquanto Leopoldo enlaçava Maria Amélia. O moço então pôde olhá-la de perto...

– Se a senhora me permite, está muito bela esta noite... Sem dúvida, a mulher mais bonita aqui presente...

– Senhor Leopoldo...

– Não exagero, creia-me! O vermelho cai-lhe muito bem...

Leopoldo sentia o tremor do corpo de Maria Amélia, intuindo que nada evitaria o romance, pois ele mesmo ansiava por aquilo, a figura de Maria Eleutéria dissolvendo-se, o desejo centralizado na mulher entre seus braços.

– Gostaria de implorar algo...

Ante o ligeiro aceno afirmativo de Maria Amélia, o rapaz prosseguiu:

– Senhora, nunca mais coloque sobre seu corpo aqueles vestidos amorfos, apagados... A senhora foi feita para as cores vivas, para os trajes ajustados, para os decotes, pois é um pecado ocultar tanta formosura!

Maria Amélia sentia o chão sumir, tendo de envidar violentos esforços para não desmaiar. Seu sonho estaria acontecendo? Leopoldo demonstrava desejá-la! Meu Deus, o que fazer?

– Senhor...

– Não diga nada! Assim que esta festa findar, amanhã possivelmente, marcaremos um encontro em local discreto e poderemos conversar. Só nós dois, sem a presença de testemunhas... Tenho muito a lhe dizer...

– Mas, senhor...

Os últimos acordes da dança coincidiram com a educada e elegante vênia do moço, acrescida de suave beijo depositado na mãozinha enluvada da extasiada Maria Amélia. Nenhum dos dois percebeu o olhar de Altino sobre eles e a funda ruga de desagrado marcando sua testa. Ele também começava a entender por que a esposa volvera à aparência dos quinze anos! Sua indiferente consorte estava interessada no sedutor Leopoldo! Conquanto não a amasse, sentiu o aguilhão do ciúme, provavelmente provocado pelo sentimento de posse, pois sempre a encarara como algo seu, à disposição! Todavia, as lembranças da moça belíssima, de claros olhos e cabelos, resumiam-se na passividade, no olhar distante, no corpo rígido, qual delicada boneca de porcelana, que nada lograva animar com o sopro da paixão. E essa agora! Discretamente Altino observava os dois, constatando a troca de olhares, o enleio... Uma raiva imensa começava a brotar em seu íntimo, sentindo-se ultrajado, humilhado... Receoso de que outros percebessem o flerte, aproximou-se da esposa, retirando-a de perto do genro, prendendo-lhe a destra no braço, sorrindo forçadamente, baixinho dizendo:

– Estou a ver a Maria Amélia de nossos tempos de noivado? Linda, cheia de vida... Como se isso tivesse alguma importância, minha cara esposa! Um poço de gelo...

Um lampejo de indignação perpassou pelo claros e magníficos olhos da jovem senhora, e sua voz educada rompeu finalmente as barreiras da indiferença:

– Senhor meu esposo, ao que me consta, jamais nos enganamos quanto a nosso matrimônio, mera negociação entre famílias, visando a fortalecimento econômico e social. Nunca se cogitou em amor e muito menos em paixão... Assim sendo, por que esse comentário dúbio, com ressaibos de injustificada mágoa?

O rosto de Altino queimava! Ela fora direto ao alvo... Negócio sim! Os pais de ambos tinham combinado o casamento e eles, os maiores interessados, haviam sido simplesmente avisados, sem direito a escolha... e acederam por medo de enfrentar as respectivas famílias! E por interesse! Quando a beijara pela última vez? A não ser os raros beijos na lua de mel... Ao tomar conhecimento da gravidez, tratara de afastar-se definitivamente, convivendo como dois estranhos, cada um em seu canto. Ela assumira seu papel de dona de casa perfeita, impecável anfitriã, mãe zelosa, esposa fiel... Ele, conquanto honrasse suas responsabilidades, não a imitara no quesito fidelidade, buscando em outros leitos o prazer... Naquele momento, uma indagação incomum atingiu-o: será que a esposa sentia falta de sexo? De carinho? Afastou a ideia com presteza... Absurdo! Mulheres casadas davam-se ao respeito! Bastavam-lhes os filhos, o lar... No caso de Maria Amélia, impossíveis tais necessidades, principalmente devido à sua gélida natureza!

– Perdoe-me, minha cara, pois me expressei inadequadamente. Não quis ofendê-la! Simples comentário sem importância, canhestramente colocado. Queria elogiar e o fiz de forma nada gentil...

Maria Amélia anuiu, aceitando as forçadas desculpas do esposo, dando por encerrado o incidente, porém seu pensamento estava no noivo da filha, sem poder deixar de estabelecer comparações: se Altino pecara por deselegância, o moço fora extremamente feliz em suas palavras! Conquanto discreta, acompanhava-o amorosamente com os olhos, procurando ignorar a presença da filha ao lado do homem que a despertava para a vida, como se adolescente fosse uma vez mais!

Desejando ficar a sós com seus pensamentos, ansiava pelo término da recepção, estendida até altas horas, quando os derradeiros convidados abandonaram os salões de dança.

IV
PAIXÃO E MORTE

Finalmente o casarão se aquietara sob o argênteo luar de Ouro Preto...
Altino dormia. Maria Amélia sonhava acordada. Leopoldo tecia planos...
O sono abandonara a jovem senhora. O corpo adormecido a seu lado na ampla cama de casal perturbava-lhe o descanso. Por que o esposo não passara a ocupar um dos inúmeros quartos vazios da enorme casa? Nada havia entre eles! Antes de Leopoldo, compartilhar o mesmo aposento representava resguardar as aparências de casal harmônico e bem sucedido, mas agora, com o moço na casa, impacientava-se, desejando ficar livre da

inoportuna presença de Altino, temerosa de possível mal-entendido... Leopoldo poderia pensar que entre os dois cônjuges houvesse qualquer sentimento, amor quem sabe, ou desejo... Assim, a seus olhos ela não passaria de uma desclassificada, atirando-se para o noivo da filha! Indignava-se à simples ideia de que aquilo pudesse ocorrer! O arrebatamento beirando o irracional, a ansiedade, a paixão constituíam novidade para a jovem senhora. Nele pensava durante todo o dia, com ele sonhava à noite! Finalmente compreendia as mulheres que traíam, enganavam, mentiam, tudo em nome do amor, alheias às consequências! E pensar que ela mesma as condenara em um passado próximo! Teria a paixão o dom de transformá-la assim, de uma hora para outra?

Leopoldo também perdera o sono... Impressionara-se seriamente com a deslumbrante visão em seda e renda escarlates! Que mulher! Não poderia ser a criatura trajada em tons neutros, discretas mãos entrelaçadas, corpete pudicamente estendido até o delgado pescoço e fechado com precioso e antigo broche de camafeu, mantendo rígida postura do ereto corpo nas cadeiras, cabelos irrepreensivelmente aprisionados em austero coque, assegurando que nenhum fio escapasse, vindo adornar o rosto delicado e sério, de uma seriedade que beirava a tristeza... Seus olhos haviam acreditado em uma mentira! A Maria Amélia que descera lentamente os degraus, saboreando cada olhar de admiração, cada murmúrio de elogio ou espanto, possuía a flama da paixão, a sedução da mulher bonita que conhece seu poder! Presenciar e saber-se o motivo de tal metamorfose fazia com que seu corpo ardesse, sua imaginação alçasse voos. Conquanto bela, Maria Eleutéria não se comparava à mãe, faltava-lhe o ardor nos olhos, a ânsia de ser amada até a exaustão, o calor febricitante do corpo, o mistério, a experiência inexperiente... Insone, aguardava o alvorecer, enquanto falava baixinho consigo mesmo:

– Leopoldo, meu caro, você decididamente enlouqueceu! A fama de extrema severidade do coronel Altino é razão suficiente para que se afaste de sua mulher, não importa quanto fascinante seja ela!

O moço, a bem da verdade, em momento algum ponderou sobre as consequências morais de seu ato, receando tão somente represálias físicas e financeiras.

– Meu amigo, fuja dessa mulher como o diabo da cruz! Trata-se de encrenca das grossas... Impossível guardar sigilo de uma coisa assim por muito tempo... Raramente! Mais dia, menos dia, tudo explode e a corda arrebenta sempre do lado mais fraco! Adivinhe quem é o mais fraco, adivinhe! Isso! Você, que não tem onde cair morto! E lá vai para o espaço o rico dote, a herança que lhe virá às mãos com a morte do coronel, pois a noivinha é filha única... Para que arriscar, meu Deus?

A cama de macias penas assemelhava-se a ninho de espinhos, o jovem nela se revolvia, não achando lugar para o corpo. E o monólogo reflexivo continuava:

– Cuidado, muito cuidado com sua bela sogrinha, meu caro, pois amanhã, com toda a certeza, ela estará a seus pés, implorando atenção! Melhor evitar contatos maiores... Juízo, juízo, nada de deixar tudo a perder...

Maria Amélia, após uma noite praticamente insone, saiu para os jardins da vivenda, oferecendo o rosto febril às suaves brisas matinais; com trêmulas mãos, tocava as faces, assustada com o incomum ardor, questionando os motivos, pois raramente adoecia. Aquela febre, no entanto, queimava-a desde a dança com o futuro genro! Precisava recuperar a calma... A perspectiva do encontro com Leopoldo no desjejum, a ansiedade e o temor de revê-lo... E se as pessoas notassem seu enleio, suspeitando da insana paixão que a animava desde o instante em que foram apresentados, quando lhe beijara a destra, em educado gesto de cumprimento, mera formalidade que a seduzira, fazendo-a desejar seus beijos por todo o corpo? Estava louca! Morreria de vergonha e pesar!

Embora infeliz, há anos em um casamento de simples fachada, ainda assim prezava as aparências, respeitando os valores sociais! Guardara fidelidade a Altino, conquanto estivesse a par de seus deslizes, fingindo nada ver, ofendida, humilhada, mas conivente, até porque a maioria das mulheres, praticamente a totalidade, enfrentava idêntico dilema, sendo permitido ao homem perseguir o objeto de seus desejos, satisfazer suas necessidades, enquanto suas companheiras se isolavam no recôndito do lar, cuidando da prole quase sempre numerosa e coordenando as atividades domésticas. Desde a cerimônia em que se unira ao marido, assim lhe parecera certo, imutável, equilibrado... Agora, no entanto, queria mais, muito mais! Desejava ser amada, amava! Jamais repudiaria qualquer aproximação de Leopoldo! A certeza de seus sentimentos misturava-se ao temor das consequências fatalmente advindas da queda das máscaras com as quais se escondera até então. Seria terrível! Ou não? Poderia ser a libertação da verdadeira Maria Amélia, daquela que dormia dentro de si, escondendo tesouros de ternura, afetivamente sufocada...

Pela janela da sala, entrevia a mesa primorosamente posta, o cheiro delicioso dos pãezinhos e broas de milho recém-assados invadindo o jardim, disputando vez com o perfume de orvalhadas rosas. Mal se alimentara na noite anterior e o estômago doía. Estava faminta! A figura alta e elegante de Leopoldo destacou-se na sala vazia. Como estava bonito! O terno de clara cor marfim, a camisa branca, a gravata de laço também branca, as mãos e rosto bronzeados... Quis recuar, mas era tarde. Ele a enxergara e ganhava os jardins, o corpo ágil e flexível movimentando-se com rapidez, como um felino, sensual e naturalmente. Restava-lhe a imobilidade, o rubor nas faces, o tremor nas delicadas mãos, nos lábios... Leopoldo curvou-se, cumprimentando-a, reconhecendo-a nas mesmas roupas de antes, amorfas e recatadas, enquanto pronunciava:

– Senhora dona Maria Amélia! Bom-dia! O coronel Altino deve estar esperando-nos para o café da manhã... Maria Eleutéria dorme, exausta das emoções da festa! Seremos os três, o que me agrada sobremaneira, pois poderemos combinar detalhes do casório. Ah! Anunciação avisou-nos que os hóspedes pediram para tomar o desjejum em seus aposentos, bem mais tarde, quando acordarem... Costumes da cidade grande! Assim, perde-se a chance de conversar, não lhe parece?

Maria Amélia empalideceu. Onde o enleio da noite anterior, o calor nos escuros olhos, a cumplicidade amorosa? O homem em sua frente era novamente o noivo de sua filha! Reforçando-lhe o desapontamento, Leopoldo depositou sua gélida e trêmula mãozinha no forte braço, encaminhando-a para a casa, onde um impaciente Altino aguardava junto à mesa.

A moça deixara-se conduzir, olhos baixos, sofreando a custo as lágrimas, desencontrados pensamentos, uma angústia inimaginável no opresso peito. Mal entraram, o esposo exclamou:

– Finalmente! Onde estava? Passeando pelos jardins a essa hora? Estranho... Em tantos anos de casados, jamais a senhora deixou de comandar qualquer refeição! Somente espero que as escravas tenham realizado tudo a contento! Vamos lá!

E assentou-se, fazendo um gesto para que a mucama o servisse. Maria Amélia corou violentamente, pois, não obstante a barreira afetiva entre os dois, ele costumava respeitar a etiqueta, ainda mais na presença de estranhos... Leopoldo, embora futuro genro, ainda era uma visita! Maquinalmente agradeceu ao moço quando afastou a cadeira para que ela se acomodasse.

– Fui à cozinha, crendo que a senhora lá estaria... Natividade, a estouvada, derrubou uma forma de broas no chão, imagine! Justamente as minhas preferidas! Irritei-me e, por culpa de sua ausência, terminei mandando castigar a negra insolente!

– O que ela fez afinal?

– Ora, nem sei ao certo! Olhou-me de um jeito... e disse que havia outras para substituir as que caíram. Senti uma raiva estranha...

– Senhor meu marido! Para que nos preocuparmos? Não passa de uma escrava... Pense nas vezes em que apronta e não sabemos... Vai por conta dessas!

Maria Amélia sentia o rosto em fogo. Repreendida na frente de Leopoldo! E por bobagens, por um passeio e broas de milho! Seu olhar encontrou o do moço e ela leu pena nos olhos dele. Uma raiva imensa de Altino tomou conta dela, uma vontade de cobri-lo de insultos, dizendo da aversão que por ele sentia, humilhando-o... A custo se conteve! Até quando teria de suportar a insensibilidade do esposo, meu Deus?

A refeição corria em clima de forçada cordialidade quando Maria Eleutéria adentrou a sala, tomando lugar à mesa, solicitamente assistida pelo noivo. De imediato a jovem pressentiu a tensão, indagando:

— Por que estão com essas caras? Alguma coisa saiu errada? Ah, meu Deus! Espero que não tenha a ver com minha festa de noivado! Pretendo-a maravilhosa, perfeita, motivo de inveja por muito tempo!

— Não, minha filhinha! Nada a ver! Simples questiúnculas domésticas...

Com os olhos, Altino apontava Maria Amélia, repassando-lhe mudamente a culpa porventura existente. A mocinha aquiesceu ao sinal, exclamando:

— Ah!

— Coma, filhinha! Ontem quase não tocou na comida... Uma pena, as cozinheiras se excederam!

— Realmente, senhor Altino, a festa estava perfeita, perfeita! Devemos parabenizar a senhora Maria Amélia, a responsável pela organização daquela maravilha!

O comentário elogioso de Leopoldo não logrou dissipar o mal-estar que pesava nos ares.

Altino relanceou os olhos para a esposa, estreitando-os ao notá-la ausente da conversação, mergulhada em Leopoldo. Impossível ignorar o fulgor no olhar, o tremor das mãos, o gritante enlevo! O momento constrangedor foi quebrado por uma das escravas, que se aproximou da senhora, dizendo-lhe algumas palavras em tom baixo. A mulher ergueu-se incontinenti, pedindo licença e seguindo a mucama até uma das saletas, onde a modista a aguardava:

— Senhora, desculpe-me! Preciso voltar ao ateliê, pois muito serviço me espera. O casamento da menina Teodora! Roupas e mais roupas! E o vestido de noiva, uma beleza! Bordado de cima a baixo, um trabalho que a senhora não pode imaginar...

— Sei, sei... Os vestidos que abarrotam meus armários... Leve-os! Faça o que quiser com eles! Doe, venda, reforme, queime! Não os quero ver nunca mais! Mortalhas! Mortalhas de minha juventude, dona Eulália! Chega! Preciso de outros... Muitos... Alegres, coloridos, claros, na última moda... Para amanhã, três pelo menos! E trate de fazer muitos... Agora me conformarei com o que sou obrigada a vestir por falta de algo melhor! Infelizmente, partiremos hoje para a fazenda, por conta da colheita. Nada mais importa para meu esposo... A senhora pode despachar pelo moleque da casa, dizendo que lhe tirarei o couro se o pacote não estiver bem cedinho em minhas mãos! Não quero saber de desculpas, coloque as melhores costureiras na tarefa, cobre quanto for preciso! Conhece o meu corpo, não precisaremos de provas para os primeiros... Os próximos, tudo bem, a senhora os trará até mim para experimentar e acertar possíveis defeitos. Na ocasião, quero ver figurinos, trocar ideias... Trate de caprichar!

Na manhã seguinte, quando os senhores ainda dormiam, o moleque Tião depunha nas mãos de Natividade amarfanhado pacote contendo três belíssimos vestidos. Imediatamente a esperta criatura procurou passá-los, intuindo que a sinhá os solicitaria ao despertar. Como D. Eulália conseguira costurá-los tão rápido? Simples! A astuta modista desviara para a voluntariosa senhora vestes de outra freguesa menos apressada, com medidas semelhantes, considerando que as reproduziria depois, entregando as cópias à sua dona original. Dinheiro era dinheiro... e cobraria muito bem!

Assim, Maria Amélia deslumbrou-se, admirando cada vez mais a proficiência de Eulália. Agora poderia enfrentar Leopoldo sentindo-se mulher, e não apenas sogra!

Sob o olhar embasbacado de Natividade, selecionou o mais belo, em delicadíssimo azul, o profundo decote circundado por preciosa renda no mesmo tom, deixando entrever o alvo colo, a saia rodada ajustada à cintura exígua por larga faixa de seda, cujo laço a modista enfeitara com apanhados de miosótis. Os cabelos loiros, ao contrário dos outros dias, não os prendeu em apertado coque, deixando-os soltos, somente afastados do rosto perfeito com presilhas de pedras azuis. Nas orelhas, balouçantes e pequeninos brincos, em conjunto com os adereços dos cabelos e com o pingente em delicada fita de seda em volta do pescoço delgado e perfeito... Suspirando, a jovem senhora encarou o espelho, enquanto murmurava para si mesma:

— Estes brincos, as presilhas, o pendente... águas-marinhas... Foram presente de noivado de tia Efigênia... Nunca os usei! Pareciam-me belos demais para serem desperdiçados com o homem que concordei em desposar...

— Sinhá, perdoe a farta de jeito... A sinhá num parece mãe de sinhazinha Maria Eleutéria! Nunca pensei que a sinhá fosse tão bonita!

— Faça-me uma coisa, Natividade! Quando o senhor Leopoldo aparecer para a refeição da manhã, diga que o espero no jardim. Entendeu? No jardim! Ah! Se o senhor Altino estiver por perto, não diga nada...

— Sim, sinhá! Pode deixá!

Assim, logo cedo Leopoldo encontrou Natividade a postos, recado na ponta da língua. O moço estranhou, mas dirigiu-se para os jardins; o orvalho, irisado pelos primeiros raios de sol, assemelhava-se a diamantes na relva, nas pétalas das flores; sutis perfumes viajavam nas brisas; tudo era silêncio entre os canteiros e as enormes árvores, somente quebrado pelo álacre canto dos pássaros saudando a manhã. Leopoldo respirou com sofreguidão os ares da fazenda, sentindo-se satisfeito. Afinal, nada lhe faltava! O convite da quase sogra intrigava-o... Que desejaria àquelas horas? A volúvel criatura esquecera-se facilmente da sedutora conversa durante a dança! Sem falar que a aparência de Maria Amélia no dia anterior, novamente em seus trajes sisudos de matrona bem comportada, fora um balde de água fria nos nascentes arroubos de paixão. Certamente não estava preparado para a encantadora visão em azul, a esperá-lo sob um caramanchão de pequeninas rosas brancas!

Maria Amélia adiantou-se, abandonando o banco de dois lugares com elegância, estendendo trêmula mão, que o jovem levou aos lábios, pressionando-os contra a palma, em sedutor toque. Reatara-se o vínculo! Leopoldo ainda quis recuar, temeroso de colocar em risco as vantagens conquistadas junto a Altino, mas o desejo sobrepujou a razão e ele, sem nenhuma palavra, enlaçou a moça, beijando-a apaixonadamente. Pobre Maria Amélia! Esperava conversa, troca de juras... Tentou reagir, deter Leopoldo, sugerir comedimento, mas o coração ansiava por aquilo e ela se agarrou a ele, murmurando palavras de amor, correspondendo aos beijos, fora de si, desejando estar ali para sempre.

Ao longe, toques de sineta... Pai e filha aguardavam-nos para o desjejum!

A custo se desprenderam; o moço colocou a mão de Maria Amélia em seu braço, conduzindo-a à casa grande, olhos nos olhos, ambos tentando retomar a aparência normal, asserenar as batidas dos corações. Na entrada, Maria Eleutéria impaciente esperava... Ao deparar com a mãe, empalideceu, os olhos verdes estreitaram-se, e foi com ríspida e sarcástica voz que exclamou:

– Fantasiada novamente, minha mãe? Não importa! Sempre continuará velha!

Maria Amélia cambaleou, assustada com o ódio no olhar da filha. Dir-se-iam duas inimigas prestes a se engalfinhar! Altino surgiu à porta, compreendendo de imediato que suas suspeitas deveriam ser consideradas com maior severidade... A esposa estava lindíssima! Mais bonita do que há anos, quando a desposara! A maturidade colocara luzes em sua natural formosura, destacando o corpo bem formado, o rosto delicado, a postura gentil e nobre. Maria Eleutéria, a seu lado, mais uma vez se eclipsava, não obstante a juventude. O homem desviou os olhos para o futuro genro, observando o desagrado causado pelas palavras da noiva. Uma suspeita terrível provocou íntima indagação:

– Até onde terão ido?

Logo em seguida, abafou as suspeitas, considerando aquilo impossível. Leopoldo não seria louco! Irritado, comandou:

– Vamos para a mesa! Já se faz tarde!

Nos dias seguintes, o clima emocional na fazenda desequilibrou-se ainda mais. A modista Eulália aparecera com mais vestes. Maria Amélia abandonara definitivamente as roupas de matrona e resplandecia, o amor colocando brilho em sua figura delicada e linda. Leopoldo esquecera as conveniências, mergulhando de cabeça na conquista, fascinado, mal escondendo o interesse pela esposa de Altino. Pai e filha desesperavam-se, cada um a seu modo, pois nada parecia válido para fazer com que os apaixonados volvessem a seus antigos papéis de genro e sogra. No entanto, guardavam para si os próprios temores, o orgulho impedindo uma possível aliança. Vigiavam-nos, não lhes dando chance de se encontrarem a sós... Como se os empecilhos constituíssem tempero para a paixão, aumentavam o desejo, a saudade, a ânsia pelo toque...

Naquele dia em especial, logo após o almoço, plúmbeas nuvens e açoitantes ventos prognosticavam tempestade. Os escravos benziam-se, temendo os raios e o fragor dos trovões. Altino pessoalmente comandava os serviços junto ao feitor e ao capataz, receando danos maiores em seu patrimônio. Maria Eleutéria, apavorada com a perspectiva da tormenta, enchera-se de chás calmantes, acabando por dormir pesadamente em seu leito, esquecida da mãe e do noivo. Estes, pressentindo a inesperada liberdade, dispostos a enfrentar a fúria da natureza, protegeram-se com pesados mantos, escapulindo para antiga cabana, não muito distante dos jardins, comumente usada para pouso de caçadores e do próprio Altino, que costumava servir-se dela, determinando aos escravos mantivessem-na sempre limpa e em condições de uso. A ideia fora de Leopoldo, que a conhecera dias antes, em um de seus raros passeios solitários.

Ali, com o ruído da pesada chuva e o ribombar dos trovões abafando as palavras e as juras, amaram-se. Tempos depois, a tempestade foi amainando... Sorrateiros, os amantes retornaram, tendo a sorte de ninguém encontrar pelo caminho e muito menos na silenciosa casa, esgueirando-se para os respectivos quartos, onde as doces e apaixonantes recordações embalaram o final de tarde, ao som das gotas d'água no telhado.

Passou-se um mês... Maria Amélia transparecia felicidade! Amava e acreditava-se amada! Leopoldo, contudo, acostumado a aventuras, sentia arrefecer os arroubos iniciais, cada vez mais preocupado com a possibilidade de serem descobertos. Para a volúvel criatura, a jovem mulher era apenas mais uma na longa lista de conquistas. Apreciava-lhe a inteligente conversação, a beleza, os modos de moça fina, todavia não a amava. Estava pronto para o rompimento e pouco sofreria, nada além do constrangimento inicial e da falta facilmente compensável.

A tarde quente e abafada envolvia a fazenda. Os escravos labutavam sob o ardente sol, pois não lhes era dado o direito de descansar os suarentos corpos em abençoada sombra; Altino fora a Ouro Preto no dia anterior e Maria Eleutéria dormia na rede. Leopoldo, aproveitando o ensejo, trocara ligeiras palavras com Maria Amélia, combinando mais um encontro no refúgio de seus amores. O moço pretendia encerrar o perigoso relacionamento, evitando desastres futuros; Maria Amélia, no entanto, não via a hora de abraçar o amante e aninhar-se nos seus braços, confiante em seu amor, nas juras que o moço não economizava.

Conquanto fosse colocar um ponto final no romance, Leopoldo decidira fazê-lo mais tarde, na hora da partida, pois assim desfrutaria alguns momentos agradabilíssimos... Tão entretidos estavam que não ouviram o ruído da porta cuidadosamente aberta e muito menos se deram conta da irada presença de Altino no recinto. A pancada atingiu o moço na têmpora, fazendo o sangue brotar, desmaiando-o sem que pudesse reagir. Assustada, todavia ainda orgulhosa e desafiante, Maria Amélia tentava acudir o amante, o alvo e bem feito corpo quase desnudo, os louros cabelos espalhados pelas costas. Vendo a fúria nos olhos do esposo, acreditou que não pararia e, quando ele ergueu novamente o pesado madeiro, cuja finalidade inicial fora servir de tranca para a porta, lançou-se sobre Leopoldo, protegendo-o com seu corpo, recebendo o fatal golpe na cabeça, que se abriu com surdo barulho, espirrando miolos e sangue para os lados.

A visão aterradora do corpo da esposa agonizante bastou para que o alucinado fazendeiro percebesse o que fizera. Imediatamente largou a improvisada e letal arma, em vão tentando acudir a jovem senhora, esquecido da afronta há minutos presenciada. Maria Amélia, no entanto, não mais recobraria a consciência, desencarnando minutos depois.

Fitando com desgosto o futuro genro inconsciente, sentou-se, tentando refletir... Conquanto imensamente rico, não escaparia da justiça, correndo inclusive o risco de fatais represálias por parte dos familiares da morta, que não o perdoariam! Perderia tudo, a credibilidade, o respeito de todos... E a filha? Ah! Se Maria Eleutéria soubesse, morreria de vergonha! Ou de amor não correspondido! Não poderia unir-se ao homem amado... seus sonhos ruiriam! Provavelmente adoeceria novamente... Deus! Precisava resolver a situação! Mais calmo, percebia que a loucura praticada fora desencadeada por seu orgulho. Por que fizera aquilo? Não a amava! Agora, pelo bem da filha, urgia achar uma maneira de ajeitar as coisas...

Controlando a repulsa por Leopoldo, tratou de despertá-lo usando a água de uma bilha depositada sobre a mesa, ao tempo que estancava o sangue com apertada faixa, rasgada de um dos lençóis, com alívio constatando que o moço respirava. Menos mal!

Leopoldo voltou a si e, ao ver o futuro sogro, tentou levantar e fugir. Altino reteve-o, enquanto recomendava calma e pedia uma conversa entre homens. Foi com voz quase sumida que o orgulhoso coronel expôs seus pontos de vista:

– Senhor Leopoldo! Como o senhor pôde descer tanto, desrespeitando-me a casa, a família? Mas o mal está feito, impossível repará-lo! Pelo bem de minha inocente filha, proponho um acordo entre cavalheiros! Para todos os efeitos, Maria Amélia foi vítima de grave queda durante solitário passeio...

Diremos que ocorreu perto daqui, na pedreira abandonada... Ela costuma por lá passear, em busca de plantas raras...

Leopoldo não acreditava no que seus ouvidos ouviam... Altino propunha esquecessem o ocorrido! E o casamento se realizaria! Praticamente implorava... Ótimo! Por que não?

Dois meses depois, uniam-se os dois jovens em cerimônia restrita aos mais íntimos, não obstante o desagrado da noiva, que preferiria grandes festejos ao delicioso almoço para os padrinhos e familiares mais chegados. Altino envelhecera naqueles dias, os cabelos subitamente grisalhos, a voz sempre baixa, as mãos trêmulas como as de um ancião... Todos lamentavam a senilidade precoce do rico senhor de terras, atribuindo-a ao sucedido com a esposa. À boca pequena, comentavam:

— Um casal tão bonito, tão harmonioso... Jamais discutiam... O coronel Altino deve estar sentindo muita falta de dona Maria Amélia, tão prendada, tão prestimosa... Uma pena! Que destino estúpido, morrer assim, de uma queda. Estava linda no noivado da filha, uma rainha, parece que previa a morte, arrumando-se para os últimos dias, como fazia quando solteira. Pobrezinha!

Se Maria Eleutéria alguma vez desconfiou de algo, soube bem guardar para si. Para ela, sem qualquer sombra de remorso, o desencarne da mãe viera em boa hora, livrando-a dos ciúmes, garantindo a posse de Leopoldo. Nos últimos tempos, Maria Amélia assumira o ingrato papel de perigosa rival! Ainda bem que partira para sempre! Pranteou-a somente o estritamente necessário para não causar estranheza, tratando de esquecê-la!

As batidas musicais do precioso relógio dourado sobre a cômoda libertaram Leopoldo das recordações. Contemplou a esposa adormecida, acometido de desagradável sensação. Dormia placidamente, o alvo e delicado corpo mal coberto pelos lençóis de linho e rendas, a respiração ritmada e quase inaudível, os cabelos longos e negros espalhados pelos travesseiros. Por instantes, o moço pressentiu uma presença a mais na penumbra do aposento, arrepiando-se todo, principalmente quando, em vez das feições da esposa, logrou vislumbrar a beleza pálida e loura de Maria Amélia, como se o rosto da defunta estivesse fundindo-se ao da filha. De um pulo acendeu o lampião, respirando aliviado ao constatar a imediata dissolução da aterradora imagem... Bobagem! Impressionara-se com as lembranças, vendo coisas inexistentes...

As reminiscências envolvendo o sogro traziam desconforto, angústia... Altino, após o enlace, partira para a Europa em longa viagem. Leopoldo desejava firmemente que não voltasse mais! Assumira o controle dos negócios, as coisas iam bem, a esposa confiava plenamente, dando-lhe carta branca para a resolução de tudo. Que mais poderia desejar? Às vezes, uma pena imensa da mulher que o amara sem dúvidas, da Maria Amélia doce e enamorada, ingênua e apaixonada, pungia-lhe o íntimo, mas tratava de afastar tais pensamentos, amedrontado com a possível presença daquele fantasma! Loucura! Jamais acreditara em vida após a morte, engrossando as fileiras dos que fruíam todos os gozos, sem conferir importância a consequências e feridos pelo caminho. Morta a criatura, tudo findava, o corpo à mercê dos vermes, desfazendo-se em inexorável nada... Assim era! No mais, somente pieguice de fracos.

Logo serviriam o jantar. Ótimo, pensava o moço, estava com fome! A lembrança de Maria Amélia esvaia-se uma vez mais...

Anoitecera.

TERCEIRA PARTE

I
GUNTALÊ

"Lá nas areias infindas,
Das palmeiras no país,
Nasceram crianças lindas,
Viveram moças gentis..."

    Muito cedo o sol tudo iluminava, aquecendo a mata e a aldeia. Guntalê bem que escutara a algazarra dos pássaros nas ramagens, intuindo-lhes os rápidos e rasantes voos, alguns finalizados nas traves sustentadoras da cobertura da cabana. Ah! Com toda a certeza, breve aquela não seria mais a sua casa... teria uma família com Bantai. O moço estava construindo o lar de ambos, para lá se mudariam em poucos dias. Como

parecia demorar! O tempo arrastava-se... Preguiçosamente, a mocinha abandonou a enxerga e penetrou no esplendor da manhã, alçando os esguios braços na direção do céu de puríssimo azul, onde nenhuma nuvem passeava. Dormiam todos ainda...

Um banho de cachoeira! De um salto enveredou por um atalho de batida terra, que muitos pés haviam pisado vezes sem conta. Em alguns minutos, estava diante de formosa queda d'água. Livrar-se do ligeiro saiote colorido e dos colares de contas que lhe adornavam o peito representou tarefa de segundos e logo ela mergulhava na cristalina bacia, nadando em direção ao véu. Estava gelada! No entanto, apesar de bem cedo ainda, o calor prometia ser intenso e aquela temperatura causava na negra e acetinada pele agradabilíssima sensação.

Guntalê suspirou, fechando os olhos, e a imagem do noivo encheu-a de arrebatamento. Amavam-se desde crianças! Com justa razão, consideravam-no o homem mais bonito da aldeia... e ela, a mais formosa. Breve desfrutariam a liberdade de amar! Riu ao recordar os vigilantes olhares de sua mãe, controlando-os sempre... Finalmente iniciariam uma família, teriam sua casa, filhos...

O canto dos pássaros e o barulho da queda d'água... nada quebrava a harmonia da maravilhosa manhã... Seria tão bom se Bantai ali estivesse! O noivo, porém, prezava a tradição que sentenciava: acertada oficialmente a data do casamento, os noivos somente se veriam na hora da cerimônia. Por ela, dariam uma escapada, mas o seu Bantai era tão honesto, tão cumpridor de seus deveres... Bem que sugerira encontros às escondidas, todavia enfrentara a firme recusa do jovem:

– Guntalê, Guntalê... Se fizermos isso, talvez as pessoas nada digam, evitando constranger-nos, mas sentirão que estamos tentando enganá-las! São as regras de nossa tribo... Imagine o que aconteceria se cada um resolvesse fazer as coisas do seu modo... ou então escondido... Além do mais, teremos uma vida toda pela frente...

Conquanto frustrada, orgulhava-se dele. Assim era seu homem, íntegro... Bantai, o mais formoso daquelas bandas, o mais forte, o melhor caçador!

"Passa um dia a caravana...
...Adeus, ó choça do monte,
...Adeus, palmeiras da fonte!...
...Adeus, amores... adeus!..."

Gritos e estranhos ruídos, semelhantes a trovões, assustaram-na, fazendo com que perdesse o equilíbrio e afundasse, engolindo água, tossindo... Até então sonhava, o corpo boiando, sentindo a frieza das águas e a ardência dos raios solares no rosto, suavemente sorvendo os odores da orvalhada mata, escutando o gorjear dos pássaros e o barulho da cascata... Espantada, olhou para o céu, esperando deparar com pesadas nuvens, mas tudo continuava límpido e anil. Apressadamente bracejou para as margens, coração aos saltos, pressentindo algo muito ruim! Agitada, agarrou-se às plantas da orla, impulsionando o gracioso corpo para fora...

Foi então que Guntalê teve certeza de que nada ia bem na pacífica aldeia! Pés calçados com botas de cano alto aguardavam-na... Quis voltar para a água, afastar-se dali a nado, contudo férreas mãos contiveram-na, enquanto muitas vozes, em desconhecida língua, pronunciavam, em meio a lascivos risos:

– Vejam só o que achamos! Que beleza!

– Essa vale a pena! Olhem só os olhos dela, parecem duas esmeraldas! Uma negra de olhos verdes! Vai ver tem o poder de enfeitiçar... Ah! Vamos nos divertir um pouquinho só...

Um homem de autoritária aparência deitou por terra as pretensões dos demais:

– Nada disso! Já conversamos a respeito! Tratem de se arranjar com as mulheres mais velhas, que nada têm a perder... As novas e virgens devem assim permanecer, pois dão bom preço no mercado, o triplo da mercadoria comum... Essa preciosidade valerá seu peso em ouro!

Felizmente Guntalê nada entendia daquelas palavras, embora percebesse que dela falavam. Não gostava nada dos olhares e toques de alguns, procurando escapulir das mãos daqueles homens. Ouvira falar de estranhas criaturas com clara pele e terríveis intenções, que carregavam aldeias inteiras em seus enormes barcos, para bem longe, de onde ninguém jamais voltava... Em quentes noites enluaradas, protegidos dos animais noturnos pelas fogueiras, as narrativas de tais feitos apavoravam a todos. Diziam também de conterrâneos que ajudavam os "demônios brancos", lucrando com a desgraça dos seus irmãos de cor... Tudo, no entanto, sempre parecera tão distante da pacífica aldeiazinha onde nascera, lugar bendito, preservado dos ataques do mal... mas os homens de pálida pele e nauseante cheiro de morte ali estavam! Como teriam chegado?

O homem alto e forte, com ensebadas vestimentas e forte odor de sujeira, certamente o chefe, agarrou-a, prendendo-lhe as mãos com cordas, empurrando-a em direção à aldeia, onde longa fila de negros, atados dois a dois, quedava-se sob a ameaça de chicotes e armas, debaixo dos risos e chacotas de seus algozes, aguardando a apreensão daqueles que se haviam embrenhado na mata, derradeira tentativa de escapar ao infame cativeiro.

> *"São os filhos do deserto,*
> *Onde a terra esposa a luz,*
> *Onde vive em campo aberto*
> *A tribo dos homens nus...*
> *São os guerreiros ousados*
> *Que com os tigres mosqueados*
> *Combatem na solidão.*
> *Ontem simples, fortes, bravos,*
> *Hoje, míseros escravos,*
> *Sem luz, sem ar, sem razão."*

Guntalê buscou com os olhos o pai, a mãe, os irmãos... Ali não estavam... Alguns corpos jaziam caídos ao chão e ela deduziu-os mortos, a julgar pelo sangue que empapava a terra quente, pela triste imobilidade... Percebeu entre eles o pai e os dois irmãos... mortos! Da mãe, nem sinal... Voltou os arregalados olhos para os lados da cabana onde havia nascido, de onde alguns homens saíam, rindo e compondo as roupas, trazendo de rastos a humilhada e soluçante figura materna. Pelo menos a pobre estava viva! Mas... e Bantai? Onde estaria? Seu coraçãozinho destroçado rezava para que não o houvessem eliminado! Agora, outros homens vinham da mata, arrastando fugitivos... entre eles, seu noivo! Graças a Deus! Tomada por um misto de desespero e alívio, a mocinha quis chamar-lhe a atenção:

– Bantai, Bantai!
– Cale a boca, negrinha!

Violento golpe de arma atingiu-a na fronte e o sangue desceu. Cambaleou sob o impacto da dor e da revolta contra aqueles homens brancos que lhe invadiam a aldeia, matando pai e irmãos, violando sua mãe! O noivo não a escutara, agora estendido debaixo de enorme árvore, olhos fechados... Não estava morto, contudo, somente ferido! Aqueles assassinos haviam-no machucado! Quase cega com o sangue do ferimento, tentou arrastar-se até ele, mas as curtas correntes impediram-na. O homenzarrão aproximou-se, suas faces estavam vermelhas e a voz, colérica e autoritária:

– Infeliz! Olhe só o estrago! Trate de cuidar da ferida o mais rápido possível, pois não quero uma cicatriz nesse rosto perfeito! Animal! Será tão difícil entender que essa peça vale bom ouro? Olhe bem para ela!

O aventureiro volveu os olhos, entre temeroso e enraivecido, pois a mocinha fora a responsável pela áspera repreenda do capitão, murmurando entre dentes:

– Para mim, é só uma negrinha, nada mais!
– Imbecil!

Mesmo com o sangue escorrendo e as lágrimas marcando o rosto, Guntalê encantava. Mal completara quinze anos, contudo prometia ímpar beleza: mediana estatura, esguias pernas, olhos intensamente verdes, delicados traços, cabelos muito negros, em sedosos caracóis, pele perfeita, de um tom mais claro... Para os mercadores, um exemplar incomum, daí a preocupação de protegê-la contra qualquer dano. Renderia boas peças de ouro!

— Ande, homem! Trate de obedecer! Se algo acontecer com ela, desconto de seu soldo!

A ameaça surtiu efeito. Finalmente o chefe falava a língua do subordinado! Perder dinheiro? Nunca!

Guntalê foi carregada para a sombra e acudida por um dos invasores, que lhe enfaixou o ferimento, enquanto consolava o agressor:

— Não vai ficar sinal, não se preocupe! Fique longe dela, já que você não suporta gente de pele escura! Bata nos negros, nos homens! Deixe as negrinhas bonitas em paz! Essa é uma beleza! Poucas brancas teriam a sorte de possuir um corpo assim!

Enquanto isso, Bantai jazia desmaiado. O moço resistira bravamente, procurando afastar o perigo com rústica lança e a força dos musculosos braços. Tudo em vão, pois os atacantes suplantavam-nos em armas e ferocidade. Vendo a batalha perdida, sentindo a ausência da noiva, deduziu que ela provavelmente estaria em seu recanto predileto, a cascata, tratando de esquivar-se das traiçoeiras redes e laços, indo na direção da queda d'água, sem atentar no fato de que, seguido, conduziria os algozes a Guntalê. O moço ingenuamente confiava em sua força e coragem, desconhecendo a astúcia e os estratagemas dos brancos. Permitiram que fosse... Bem perto da cachoeira, traiçoeira bala derrubou-o, perfurando-lhe a perna, e somente não morreu ao ainda procurar resistir por nele reconhecerem valiosa presa, que poderia ser vendida como reprodutor em mercado de escravos.

Guntalê tentou chegar perto da mãe, abraçá-la, consolá-la... Todavia, percebendo-a em melhores condições, acorrentaram-na com as demais adolescentes. Em meio ao horror, a mocinha ainda logrou recorrer aos deuses de sua tribo, implorando mentalmente auxílio para todos!

As horas seguintes destinaram-se ao saque da aldeia e imediações; nada restou, nem um animal, sequer uma fruta! Tonéis de água potável seguiram para o navio, seguramente ancorado a relativa distância da praia, garantindo condições para a longa viagem que breve iniciaria. Aos lotes, foram transportados também os seres humanos.

"Senhor Deus dos desgraçados!
Dizei-me vós, Senhor Deus!
Se é loucura, se é verdade
Tanto horror perante os céus?
Ó mar, por que não apagas
Co'a esponja de tuas vagas
De teu manto este borrão?...
Astros! Noites! Tempestades!
Rolai das imensidades! Varrei os mares, tufão!"

De perto, a embarcação mostrava-se enorme, com sujo convés e encardidas velas. Guntalê foi alçada com as outras jovens e todas elas apartadas dos demais. Recolheram Bantai a imundo compartimento, onde um simulacro de médico tratou de atendê-lo, retirando-lhe a bala a sangue-frio, entre chistes e constantes goles de aguardente, compartilhados com os tripulantes interessados na improvisada cirurgia.

– Cuidado com ele, doutor! O capitão diz que renderá bom dinheiro! Olhe os músculos! Será o pai de muitos negrinhos e talvez o xodó de alguma sinhá!

– Não entendo essas leis, contramestre... Não fizeram uma que liberta as crianças nascidas de pais escravos? Lei do Ventre Livre? E pra que então esse selvagem vai fazer negrinhos? Pra eles serem soltos depois?

– Doutor! Até parece que vosmecê não conhece como as coisas funcionam... A lei existe para os ingleses verem... e para acalmar o fogo de libertar os negros do país dos outros! Continua tudo igual, ainda mais nas fazendas... Quem, por exemplo, vai meter-se com os barões do café ...? Nas cidades grandes, como é o caso de São Sebastião, até pode funcionar, mas no campo...? Os fazendeiros fazem o que querem! E não acreditam que a tal abolição vai chegar não... Tanto que continuam a comprar escravos, mesmo depois da proibição do tráfico, a gente ancora longe das autoridades, molha a mão de uns e outros, e está tudo certo!

II
EM PLENO MAR

"'*Stamos em pleno mar... Abrindo as velas
Ao quente arfar das virações marinhas,
Veleiro brigue corre à flor dos mares,
Como roçam na vaga as andorinhas...*"

Então os marinheiros tratavam de levantar âncora, os ventos enfunando as velas...
O porão era imenso e malcheiroso. Para surpresa de Guntalê, estava quase totalmente ocupado por negros, provavelmente arrepanhados em outras povoações. Naquela penumbra, mal se distinguiam as feições! Uma espécie de tapume separava

uma parte do espaço, onde os homens colocaram as jovens, juntamente com as demais lá presentes. Os outros cativos foram sumariamente lançados, sem dó nem piedade, ao apertado recinto, amontoados uns sobre os outros, as crianças quase sufocadas! A jovem preferiria idêntico destino, pois se sentia injustamente privilegiada, como se os estivesse traindo, apesar de o lugar onde estava muito pouco diferir do restante da prisão. Pobre Guntalê! Sequer imaginava o sofrimento que a todos atingiria! Aquilo era somente o começo...

No ar quase irrespirável, repugnante cheiro de excrementos, suor de corpos sem banho, ferimentos infectados... Logo descobriria que, em bem pouco tempo, estaria acostumada, talvez por também passar a exalar semelhante odor...

No dia seguinte ao embarque, a mocinha, quiçá devido ao intenso abalo emocional, sentiu dores intensas na região do ventre e as regras anteciparam-se, o mesmo acontecendo com outras das jovens prisioneiras, tornando o desconforto quase insuportável, todas ansiando por refrescantes banhos de rio e demais cuidados de higiene. Guntalê sentia-se mal, a cabeça estourando de dor, o coração apertado, chorando a perda dos familiares, temerosa da sorte da mãe, do noivo... Onde estariam?

Dia após dia, a rotina no navio quase nada mudava. Alimentos e água somente em quantidade suficiente para não morrerem... Ainda assim, no amontoado confuso e escuro do porão, os mais espertos apoderavam-se do que poderiam repartir com os demais... Os lamentos enchiam os ares. À tarde, alguma abençoada criatura abria as portas de acesso, permitindo renovar a ventilação, mas logo alguém bradava:

– Feche isso, homem! Quer matar-nos com o fedor desses malditos?

Naqueles dias, a generosa Guntalê conheceu o lado pior da natureza humana! Embora não parecesse, aquele era um navio negreiro comandado por capitão considerado dos mais indulgentes, tanto que ordenara curassem a ferida de Bantai e impedia, de forma contumaz, o ataque sexual às virgens. Não obstante prevalecessem motivos financeiros, os navios a seu encargo apresentavam incidência de mortes bem menor do que os demais, a não ser quando suspeitava estar sendo seguido por embarcações combatentes da infame prática da escravidão negra, ocasião em que ordenava, sem titubear, fossem abertas as portas dos porões, derrubando os infelizes nas turbulentas águas de alto-mar, eliminando a prova viva do crime. Guntalê ainda desconhecia tudo isso!

Navios tumbeiros... Assim se designavam as embarcações que transportavam os escravos. Muitos morreriam na penosa travessia, vitimados por fome, doenças e descaso dos marinheiros, que não raro olvidavam os prisioneiros, forçados inclusive a conviver com seus mortos, até que os relapsos se dignassem a retirar os cadáveres, advertidos pelo insuportável mau cheiro advindo dos porões. Felizmente Guntalê não assistiu ao terrível espetáculo da retirada do corpo da mãe, praticamente decomposto, após dolorosa morte por infecção generalizada, decorrente dos violentos estupros durante a invasão.

Quanto a Bantai, mal se recuperara do ferimento na perna, colocaram-no para prestar serviços a bordo, em especial aqueles que exigiam grande força física. Tratavam-no com relativa civilidade, obedecendo a expressas ordens do capitão, interessado em preservar o precioso patrimônio por ele representado. Queria que alcançasse a terra firme com aquela bela aparência! Realmente, o noivo de Guntalê impressionava pela formosura física e atlético porte, e o astuto mercador de escravos sabia muito bem a quem o ofertaria quando chegassem ao destino final, os arredores praticamente desabitados da cidade de São Sebastião do Rio de Janeiro.

Guntalê desconhecia o paradeiro do noivo, contudo sentia-o vivo. Forte intuição sinalizava breve reencontro, embora seu peito estivesse angustiado, como se algo fosse impedi-los de compartilhar suas trajetórias existenciais.

"Ontem a Serra Leoa,
A guerra, a caça ao leão,
O sono dormido à toa

Sob as tendas da amplidão!
Hoje o porão negro, fundo,
Infecto, apertado, imundo,
Tendo a peste por jaguar...
E o sono sempre cortado
Pelo arranco de um finado.
E o baque de um corpo ao mar."

Quanto tempo viajaram? Meses sem fim, durante os quais assistiu ao dizimar de seus companheiros de raça sem nada poder fazer. Morriam dos males do corpo e da alma: famintos, sedentos, acometidos de enfermidades, saudosos dos amplos espaços da terra natal, da liberdade.

Às jovens virgens fornecia-se uma alimentação menos escassa, com o intuito de preservar-lhes a beleza, sem a qual pouco valeriam, pois que frágeis para os trabalhos de lavoura, aos quais comumente se destinavam os negros. Por um buraco penosamente aberto com as unhas na leve madeira que separava os recintos, a menina transferia parte de sua ração diária aos prisioneiros... Somente assim seu generoso coraçãozinho encontrava consolo para o fato de estar em melhores condições do que eles, ela que não se julgava merecedora de nenhuma regalia!

As conversas entre as mocinhas versavam sempre sobre os mesmos temas, e todas tinham indagações comuns:

– Que terá acontecido com minha mãe, meu pai, meus irmãos? Onde estará meu amor? Terá sobrevivido em meio a esse amontoado de carnes e dores?

– Quando chegaremos, meu Deus? Quando?

– Que será de nós?

Naqueles meses de indescritível sofrimento, Guntalê conheceu alguém muito especial... Tratava-se de uma jovem da mesma cor de seus algozes, com grandes olhos azuis e longos cabelos loiros. Tinha uma aparência meiga, delicada, ostentando na cabeça diáfano véu e flores muito alvas...

Por incrível que pudesse parecer, assim havia ocorrido: certa noite, quando se tornara impossível conciliar o sono devido aos gemidos de um pobre moribundo do outro lado do tapume, Guntalê sentiu aquilo que definiria como uma perfumada brisa, muito parecida com a que perpassava pela mata em manhãs após a chuva, trazendo delicioso e sutil aroma de flores... Depois, uma claridade suave, azulada... A mocinha olhou em volta, esperando que alguma das jovens companheiras de desdita dissesse algo... Dormiam todas! Assustada, Guntalê começou a falar baixinho consigo mesma:

– Estou vendo coisas! E sentindo! Certamente por causa desse pobre coitado! Ah, se eu pudesse ajudá-lo! Deve ser bem triste morrer assim, sem uma palavra de consolo!

– Guntalê!

– Quem me chama? Não consigo ver nada!

– Guntalê, tu podes ver-me com os olhos da alma!

A figura envolta em alva e longa roupagem estava ali!

– Senhora!

– Guntalê, consegues enxergar-me quando quiseres... Por acaso, não vias os gênios das florestas e das águas?

– Sim! Diziam que eu tinha o dom!

– E tens, minha querida...

A menina queria perguntar de onde viera aquela linda criatura, todavia calou, temerosa de estar importunando-a, mas a moça, sempre sorrindo, como se lesse seus pensamentos, esclareceu:

– Não pertenço ao teu mundo, Guntalê, porém juntas realizaremos coisas muito importantes... No momento, é o que posso adiantar... Agora vamos ajudar nosso amigo a deixar o corpo físico, pois nada mais resta fazer por ele, do ponto de vista da matéria.

Como por mágica, atravessou o tapume, sumindo das vistas de Guntalê, que tratou de espiar pelo buraco adrede aberto, arregalando os olhos ao deparar com a moça ajoelhada ao lado do agonizante, a cabeça do pobre em seu colo, uma das mãos amparando-o e a outra imposta sobre sua carapinha, os olhos fechados, uma intensa luz a se projetar da altura de seu peito na direção do infeliz. Pouco a pouco, os gemidos foram diminuindo, diminuindo, até que um sorriso de intensa paz tomou conta do rosto antes contorcido... podia ver que respirava ainda... Depois, imobilizou-se. A claridade que envolvia o prisioneiro foi se dissipando e tudo mergulhou em profundo negrume...

Ao amanhecer, a mocinha pensava se havia sonhado. A retirada do cadáver felizmente fora rápida, confirmando que ocorrera uma morte, todavia nada parecia comprovar a presença da angelical criatura. Cautelosamente sondou o terreno, mas ninguém notara algo diferente na noite anterior. Guntalê decidiu que tudo não passara de um estranho sonho, tratando de tirar da atribulada cabeça o que acontecera!

As doenças dizimavam os negros com crescente intensidade. As gengivas de Guntalê sangravam... sentia-se fraca, apática. Uma das jovens adoeceu... depois outra... e mais outra... Em pouco tempo, restavam somente quatro e todas nada bem. Alertado afinal sobre a perda das virgens, o capitão abalou cativos e marinheiros com seus berros:

– Imbecis! Quanto dinheiro lançado ao mar! Chamem o médico de bordo! Onde está aquele beberrão, que não cuida da mercadoria? Malditos! Ah! Finalmente! Por acaso estaremos com peste a bordo, doutor?

– Capitão! A viagem é longa, as prisioneiras quase não tomam ar... nem sol. As frutas praticamente acabaram... Entre nós e elas, o cozinheiro dá-nos preferência. Não posso fazer milagres!

– Beber vosmecê pode, não é? Por que não tomou as providências necessárias? É sua obrigação, sua, ouviu? Nada de frutas para os marinheiros até chegarmos à próxima ilha em curso! Que me importa se lhe caem os dentes! Elas valem mais do que esses desclassificados! Valem ouro, entendeu? Ouro!

– Ora, capitão, os negros morrem aos montes, como poderia saber que o senhor desejava fossem atendidos como gente? Esta é minha primeira viagem com o capitão... Só me faltava isso! Cuidar dos negros! Achei que deveria cuidar do senhor, da tripulação...

– Primeira e última viagem, garanto-lhe! Tirem as moças do porão e coloquem-nas para tomar ar e sol! E vistam-nas com calções e camisas velhas dos marinheiros, pois não quero que os homens tenham ideias!

Guntalê mal podia acreditar! Sol, mar, brisas! Depois do sufocante e fétido porão, as encardidas tábuas do convés assemelhavam-se ao revestimento de um palácio! Embora detestasse o toque do marinheiro que a obrigou a colocar as roupas, sentiu-se bem melhor com elas, protegida de libidinosos olhares. Respirou aliviada quando ficou livre das insinuantes mãos, mas logo uma estranha fraqueza dela tomou conta, pontinhos pretos formaram-se diante de seus olhos, tudo girava, o assoalho fugia... desabou pesadamente!

– Guntalê!

Aquela voz, aquela voz pertencia a Bantai! Um líquido de forte odor foi-lhe enfiado garganta abaixo e ela engasgou, tossiu... Ainda assim, fez força para engolir, pressentindo que faria bem. Aos poucos foi recuperando a consciência... A fisionomia preocupada e feliz de Bantai, ajoelhado a seu lado, aguardava-a... Estava vivo, graças a Deus! Mais magro, um ar triste e grave nos grandes olhos escuros, mas ainda assim o seu Bantai! Vivo!

O moço tentava, com as poucas palavras que sabia, explicar ao capitão quem era a jovem escrava de olhos verdes. Sua noiva! Guntalê sentiu-se feliz e orgulhosa, pois ele sempre fora considerado muito inteligente! Aprendera a falar como os brancos e certamente resolveria a situação! Poderiam casar... Nada estava perdido... Bantai, o seu Bantai, saberia dar conta do problema.

Qual não foi a decepção quando o capitão desatou a rir, dizendo coisas que fizeram seu noivo calar, dando ensejo à risadaria da marujada! Com um gesto, o homem ordenou prendessem as correntes das cativas a uma das vigas e se foi, sempre rindo e chisteando. Embora não o entendesse, Guntalê pressentiu que dela falavam e a linguagem não seria nada decente, a julgar pela vergonha e indignação expressas nos olhos de Bantai. Naquele instante, a jovem negra compreendeu que nada na Terra poderia impedir que fossem escravos dos brancos, sem direito algum sobre seus corpos!

    Todos os dias as moças eram retiradas e passavam algumas horas ao ar livre. Às vezes, à noite, os marujos esqueciam-se de novamente trancafiá-las no infecto porão... Guntalê adorava quando isso acontecia, pois podia sonhar sob as estrelas, sentindo a perfumada aragem noturna. Comprovando aquilo que o beberrão doutor diagnosticara, as melhoras não demoraram a surgir, para evidente gáudio do ambicioso chefe da expedição. Para as escravas, aquelas horas ao ar livre significavam vida e agarravam-se aos preciosos momentos como a tábua de salvação! Não raro, os marinheiros passavam-lhes comida a mais, principalmente quando se aproximavam de alguma ilha, onde repunham os suprimentos e a água, ou quando logravam pescar.

III
REVELAÇÕES ESPIRITUAIS

    O tempo escoava lentamente para os infelizes aprisionados no terrível porão. A maior parte padecia de doenças, grande número havia morrido, principalmente as crianças e os mais frágeis. No fundo de seu coração, Guntalê acreditava que a mãe estivesse incluída entre os mortos, até que, em um anoitecer...
    Haviam-na acorrentado à amurada do brigue e dela se esquecido... Suas companheiras estavam no porão... Ocupados com jogos de cartas, as alteradas vozes dos marinheiros perdiam-se na vastidão da noite... Fora isso, tudo era silêncio na embarcação embalada pelas ondas. De repente, um vulto delineou-se, caminhando para os lados onde se achava, causando-lhe espanto, pois não havia mulheres livres a bordo. À medida que

se aproximava, seu coraçãozinho batia célere, reconhecendo a mãe naquele triste e desesperado molambo de gente vagando pelo barco, desatinada, perdida, esbugalhados olhos mergulhados no vazio. Chamou-a, mas a pobre criatura passou rente, ignorando-a, mergulhada em um labirinto sem fim de pensamentos, que certamente tinham a ver com a invasão da aldeia, a morte de seus amados, os estupros, o confinamento no porão, as atrozes dores provocadas pelos ferimentos infectados, a fome, a sede, a solidão... e o intenso e alucinante desejo de vingança!

Guntalê ainda não conseguia entender o que estava ocorrendo, mas a lembrança da moça que assistira o moribundo fez-se muito intensa e desatou a implorar baixinho, em prantos:

— Por favor, nem sei seu nome, mas preciso de socorro para minha mãezinha! A senhora ajudou aquele infeliz... auxilie minha mãe, por favor, por favor...

Azulada claridade iluminou o local quase às escuras e a figura loira e esguia foi-se formando diante de seus extasiados olhos, os detalhes cada vez mais precisos, a compaixão expressa nos olhos, nos gestos das delicadas mãos.

— Guntalê, já tentamos! Ela não nos escuta, não nos vê... Está mergulhada nas emoções dos tristes acontecimentos que antecederam seu desencarne. No momento, resta-nos orar por ela e aguardar...

— Mas... ela não está morta! Posso vê-la! Está doente, muito doente... precisa de cuidados... Se a acudirmos, poderá sarar! Logo chegaremos a algum lugar, ficaremos juntas, eu a protegerei...

— Infelizmente, não será possível... Seu corpo físico morreu, jaz no fundo do mar, junto a muitos outros. O que estás vendo não passa de seu Espírito, revestido com o envoltório da recente existência... O Espírito é imortal e pode ser visto por algumas pessoas... Tu podes enxergá-lo!

— Não sei... ela parece viva, entende? Mas está estranha... Em nossa terra, acreditamos que a pessoa, quando morre, vai para um lugar especial, de acordo com aquilo que fez em vida...

— Realmente... Mas a morte, minha querida, nem sempre significa que a pessoa encontrará lenitivo para suas dores, ficando em paz. Tua mãe continua vivenciando os horrores resultantes da invasão à aldeia, como se ainda inserida naqueles traumatizantes acontecimentos. Tudo se repete sempre e sempre, numa tortura angustiosa, terrível... Além do mais, encontra-se irada, o coração bradando por vingança contra seus algozes, tudo perfeitamente normal, levando em conta a ferocidade do ataque, a falta de compaixão... Nada de concreto fez ainda contra seus inimigos por não saber como agir... Esperemos que isso não aconteça, que seu coração possa acolher as pacificadoras luzes do perdão! Haverá, não importa quanto tempo decorra, uma hora em que perceberá a inutilidade do apego ao passado e das retaliações, iniciando libertadora jornada. O tempo, minha filha, será o melhor remédio para ela... O tempo e o amor.

— Mas... o que devo fazer? É minha mãe! Não suporto vê-la sofrer assim... preciso ajudar!...

— Podes orar, pensar coisas boas, recordar com carinho aquilo que ela apreciava, os instantes de ternura desfrutados... Isso chegará até ela como um bálsamo consolador, uma luz! Jamais pensamentos de dor, tristeza, desespero, revolta, que somente a prejudicariam ainda mais... E paciência, muita paciência, acreditando que Deus jamais desampara e dá a cada um de seus filhos somente o melhor. Nós é que ainda não conseguimos compreender os sutis meandros da justiça divina, minha querida. O mal de hoje inevitavelmente se transformará no bem de amanhã... A dor, Guntalê, quase sempre constitui o aguilhão que impulsiona o ser rumo a novas conquistas evolutivas!

A mocinha bem pouco entendia as palavras da moça loira... Tinha tantas dúvidas... Sobrepondo-se a todas, uma fez com que horrorizada indagasse:

— Mas vai ficar assim, vagando? Se ela morreu, deveria ir para o lugar onde será recebida por nossos deuses... Afinal, sempre foi uma boa pessoa...

Compreendendo que, naquele momento, seria muito difícil tecer maiores comentários a respeito da fragilidade dos conceitos de bom ou mau vigentes entre os encarnados, a entidade disse:

— Poderemos encaminhá-la a um dos postos espirituais de socorro. Aliás, já o fizemos anteriormente... Mas ela retornará ao navio, pois seus agressores aqui estão. Acredita-se injustiçada, está com muita raiva, ódio mesmo. De seu limitado ponto de vista, considera-se uma vítima...

— E não é? Minha mãezinha jamais prejudicou alguém! E esses homens maus vieram, acabando com sua felicidade!

— Guntalê, nesta existência pode ser que sua mãe não tenha feito mal a ninguém... E nas outras?

— Que outras? Não estou compreendendo...

— Guntalê, todos já passamos por inúmeras existências, em que nos comportamos da maneira determinada por nossos sentimentos ainda imperfeitos. Se agora não somos flor que se cheire, imagine no passado! Graças ao abençoado esquecimento daquilo que já vivenciamos em outras encarnações, ao nascer novamente conseguimos recomeçar, mas ainda estamos sujeitos aos impositivos da lei de ação e reação. Posso assegurar-lhe que jamais um inocente padecerá sofrimento, a menos que ele mesmo assim o proponha, em missão assumida junto aos benfeitores espirituais, por livre e espontânea vontade. Esses missionários jamais albergam em seus corações os sombrios impulsos de vingança decorrentes de ódio, mágoa, ressentimento... São criaturas que se dispuseram a servir, visando ao bem-estar dos outros, imunes às ofensas porventura acontecidas em suas trajetórias de amor e renúncia. Compreendem o estágio evolutivo de seus irmãos, relevam seus erros, perdoam-nos... Não é o caso de tua mãezinha, basta que observes... Assim, como não fez nada de mal nesta existência, conforme estás afirmando, podemos depreender que seus sofrimentos decorrem de erros do passado... Não está sendo castigada, mas simplesmente resgatando experiências existenciais mal resolvidas. Por mais que nos disponhamos a auxiliar, dela dependem as mudanças, pois envolvem tão somente seus próprios sentimentos.

Deparando com o atarantado olhar de Guntalê, sorriu bondosamente, concluindo:

– Com o tempo entenderás! Para que não fiques triste, recolheremos tua mãe uma vez mais, levando-a para um dos muitos abrigos próximos à crosta terrestre. No entanto, daqui a uns dias, certamente depararás com sua triste e desesperada figura perambulando novamente. Então veremos o que fazer... Mas não estranhes que assim seja! A tarefa de assistência a Espíritos em revolta, sofridos, que se debatem nos labirintos da ignorância das verdades espirituais, revela-se lenta, requerendo amor e paciência. E disciplina, minha irmãzinha, pois sem ela, por conta de inútil piedade, derrapamos na tentação de antecipar ações socorristas. Embora não apreciemos a visão do sofrimento alheio, ainda assim ele se faz necessário para o despertar da criatura, cabendo a nós, servos do Mestre, acatar as perfeitas leis evolutivas, portando-nos com equilíbrio... O remédio costuma ser amargo, mas cura!

Guntalê presenciou quando um negro alto e forte, envergando alvinitente túnica, enlaçou carinhosamente sua pobre mãe, conduzindo-a. Em instantes desapareceram, como se tragados pela escuridão da noite sem estrelas. Nos desvairados olhos da pobre, nenhuma compreensão. Ela sequer pressentia a amorosa entidade, deixando-se levar simplesmente, acreditando estar exercendo seu direito de ir e vir.

A mocinha não atinava com o porquê daquilo tudo... Sua mãe sempre fora tão boa! E agora, tamanho infortúnio! A moça loira explicara, mas os motivos não lhe entravam na ainda imatura cabecinha! Vidas passadas! Seria possível? Talvez ela tivesse razão... Em sua infinita bondade, o Criador de todas as coisas não permitiria o sofrimento de um justo! Se assim fosse, que fizera sua mãezinha?

Tivesse Guntalê o dom de mergulhar no pretérito, entenderia! Aquela que a carregara no ventre, que sempre fora amorosa com os seus, trilhara outrora caminhos que infligiram muita dor. Então, fizera conduzir aos calabouços e às torturas da Inquisição uma enormidade de infelizes, com o equivocado pretexto de zelar pela pureza religiosa. Naquela época, seu Espírito ocupava um corpo masculino, envolto em soturna batina... Em nome do Cristo, perpetrara atrocidades, levando o desespero a milhares de pessoas. Tivera como sequazes imediatos aqueles que lhe haviam sido, na atual encarnação, o marido e os dois filhos... Desencarnados, permaneceram muito tempo nas regiões umbralinas, reencarnando na África finalmente.

No abençoado e despretensioso cenário da selva, iniciara-se a reeducação daqueles recalcitrantes seres, de forma amena até o momento em que a invasão acionara os inevitáveis mecanismos da lei de causa e efeito insculpida na consciência de cada um. Infelizmente, ao contrário de esposo e filhos, agora no mundo espiritual em franca reabilitação, a mãe de Guntalê refugiara-se no inconformismo, atada às terríveis ocorrências, alimentando monoideias de vingança.

Vítima...! Que dizer das famílias por ela desgraçadas quando sacerdote? Das virgens submetidas aos aviltamentos sexuais, dos quais não raro participava com a soldadesca? Da fome e da sede dos prisioneiros nos calabouços da Inquisição? Dos corpos apodrecendo aos poucos pelos ferimentos gangrenados, assediados por ratazanas e baratas? É certo que natural e benéfico esquecimento lançara brumas sobre o passado, mas a culpa ali estava, em seu inconsciente... Infelizmente o egoísmo, a vaidade e o orgulho ainda falavam muito alto dentro dela, determinando ausência de resignação e os terríveis sofrimentos morais dela resultantes.

Ainda bem que o esquecimento providencial do reencarne também varrera da mente de Guntalê os tristes episódios do pretérito! E quem fora ela para renascer naquela família, nos distantes rincões da sofredora África?

Guntalê! Negra de olhos verdes! A mais formosa entre as de sua tribo! Guntalê! Em existência pregressa, branca de olhos claros e translúcidos, tornada freira por tirânica imposição dos pais, pois toda família nobre e importante ostentava um de seus filhos no relevante posto de representante de Deus! Ainda adolescente, contra suas aspirações fora levada ao confinamento. Seu coração ansiava pelo amor de um jovem, por filhos, uma família... O esposo que lhe haviam destinado, Jesus, nada representava, mera estátua em uma cruz.

Aliara-se ao padre inquisidor na qualidade de sua amante e confidente, compartilhando de suas ideias, apoiando suas atitudes... Não ordenara mortes, não lesara ninguém diretamente, mas calara! Incentivara! Em instante algum, perdida de amor e desejo, ousara contestar os erros de seu amado, mesmo quando a consciência pesava à vista de tantas atrocidades cometidas em nome daquele desconhecido Cristo, a quem estava agrilhoada!

Encontravam-se nos secretos subterrâneos do convento onde, para toda a existência, haviam-na enclausurado, mantendo tórrido romance, proibido pela sociedade, todavia tão comum naqueles tempos de hipocrisia e violação do livre-arbítrio das criaturas! Breve engravidaria e a criancinha, por ordem do pai sacerdote, padeceria morte ao nascer... necessário manter a dignidade de seus hábitos religiosos! Ao retornar do desfalecimento provocado pelas atrozes dores em mãos de inapta parteira, desejando ter nos braços o filho, de quem percebera o choro, compreendendo o destino do pobrezinho que jazia ensanguentado e imóvel junto à parede de pedra, enlouquecera, passando anos e anos reclusa, afastada de tudo e todos, sem uma voz que a consolasse. Insidiosa febre libertara seu atribulado Espírito do envoltório físico, mas permanecera mergulhada em improfícuo remorso, até compreender a inutilidade de tal flagelo, concedendo-se o autoperdão, proclamado por Jesus como o maior lenitivo das dores daquele que se debate na difícil tarefa de aprimorar os próprios sentimentos.

Passou anos em uma colônia espiritual no espaço. Conheceu finalmente Jesus e seu incondicional amor pela humanidade, rendendo-se ao encanto do Nazareno e implorando a honra de voltar a servi-lo, agora liberta da imposição paterna, guiada somente pelo sentimento maior.

Estava pronta para o recomeço! O amante encontrava-se igualmente desencarnado, perambulando por regiões de sofrimento e desconsolo, torturado pelas recordações, sob o assédio de vítimas desconhecedoras da lenitiva doçura do perdão. A antiga freira implorara pela imediata oportunidade de volver à Terra junto aos companheiros de débito! Assim, um projeto reencarnatório colocaria em cena os protagonistas de antanho, no qual ela, Guntalê, teria como mãe o padre inquisidor e, como pai e irmãos, fiéis acólitos do sacerdote, companheiros de desmandos que igualmente haviam compreendido a selvagem realidade de suas atuações como religiosos. No abençoado solo africano, a moça de origem nobre, de pele alva e imensos olhos verdes, envergaria a pátina das ensolaradas plagas, guardando, contudo, a cor dos olhos e magnífica cabeleira inusitadamente sedosa e encaracolada, sem falar na estonteante beleza de outrora. O filho, retirado de seu ventre e morto com certeiro golpe contra as paredes de pedra dos porões do convento, volveria como Bantai, o grande amor daquela existência de renúncias e conquistas evolutivas!

Escolhido o cenário, delineados os corpos físicos, estabeleceram-se as diretrizes reencarnatórias, dentro das quais cada um exerceria seu livre-arbítrio!

Pelas leis naturais, Guntalê nada recordaria conscientemente! Contudo, possuiria latentes os arquivos que lhe impulsionariam o pensar e o agir. Assim, embora imatura pela pouca idade e experiência, guardava em si a certeza inabalável da justiça do Criador e a convicção da necessidade de prosseguir sempre, a esperança norteando seu perseverante caminhar! Em meio ao sofrimento no navio negreiro, refulgiria sempre uma suave confiança, uma fé em algo maior que, quase menina, ainda não conseguia definir com precisão, mas sabia estar lá, sublime garantia de um futuro repleto de conquistas espirituais, consubstanciadas no preceito tão bem exemplificado pelo Mestre quando se ajoelhou para lavar os pés dos discípulos: servir.

Inesperada calmaria obrigava os tripulantes do navio a pouco movimento no espelho de águas, ocasionando nervosismo. Embora não lhes entendesse o falar, a mocinha percebia estranhas e inquietantes vibrações nos ares. Após três dias, forte vento finalmente, mas em sentido diverso do traçado destino!

Irromperam queixas!

Ansiosa luneta varria a imensidão das águas, temendo a aproximação de outro barco!

Receio estampava-se nos olhos dos tripulantes!

Ao final do terceiro dia, ei-lo a toda velocidade, velas enfunadas, bandeira desfraldada...

– Ingleses! Ingleses!

Frenéticas ordens do capitão e do imediato cortavam o espaço, corriam todos...

Em breve a abordagem poderia ocorrer! As sanções seriam pesadas... Guntalê nada entendia, mas impossível não sentir medo! Abriram-se com estrépito as portas que levavam aos porões e alguns marinheiros desceram apressadamente... Em instantes, a carga humana seria despejada nas agitadas águas, as pesadas correntes puxando-a inexoravelmente para o fundo, sumindo pelas aberturas especialmente destinadas a fazer desaparecer o criminoso e desumano carregamento. Atada à amurada, juntamente com as outras três meninas, a jovem a tudo assistia... Tamanho o choque, sua voz emudecera, calando no peito o grito de dor e espanto!

O navio avançava, preparando-se para a abordagem... Dali podiam avistar os canhões... Guntalê entendeu estar diante da oportunidade de resgate! Sua alma encheu-se de júbilo... Liberdade!

Inesperadamente fortes ventos enfunaram as velas do navio negreiro, impulsionando-o, lançando o nefando barco à frente, para longe de seus perseguidores! A marujada gritava de alegria e alívio. Lágrimas desceram dos olhos de Guntalê...

O restante da viagem foi terrível, em meio ao desalento e à raiva da tripulação. Tanto trabalho e tudo tragado pelo mar! Nenhum pensamento, porém, para os pobres náufragos... Conquanto triste, a mocinha sentia-se envolta em suave e consoladora vibração. Bantai quase nunca dela se aproximava, obstado pelos marinheiros, mas podia perceber a dor em seus olhos. Nada restara dos companheiros de aldeia... Quase nada... Para sempre se distanciavam os ditosos tempos de juventude, os sonhos devastados pela violenta insensibilidade dos brancos.

Às vezes, uma raiva surda ameaçava tomar conta do peito da mocinha e ela se perguntava sobre a moça de longos cabelos louros... Era branca! Como seus algozes! Poderia nela confiar?

A resposta veio pela compassiva e terna palavra da própria entidade, em enluarada noite, quando mais uma vez a haviam esquecido atada à amurada:

– Guntalê, o problema tem tudo a ver com o Espírito, jamais com a cor da pele. Breve desembarcarás no Brasil, sendo obrigada a conviver com negros e brancos... Se deixares de lado os preconceitos, poderás analisar: haverá bons e maus em ambas as raças! Nascer branco ou negro significa simplesmente estar em uma ou outra experiência existencial... Todos trilharemos tais caminhos... Tu também, embora não recordes, já foste como eu, branca...

Deparando com o olhar incrédulo e desconfiado, estendeu suavemente a destra sobre a cabeça de Guntalê, pronunciando:

– Recorda!

Intensa energia magnética envolveu a mocinha, que se sentiu planando. Depois, cenas projetaram-se vertiginosamente, e ela parecia estar vivenciando-as, mergulhada nas mesmas emoções do passado...

Uma freira de aspecto autoritário dela se aproximava, retirando-lhe o véu de noviça... Seus cabelos, longos e fartos, da cor do ouro velho, desprendiam-se da touca, sedosos e brilhantes. Ela tentava ficar livre das mãos da mulher:

– Não!

Uma tesoura surgia e as madeixas caíam ao chão... Quatro religiosas subjugavam-na...

– Não!

Ela, Guntalê... Loira, de olhos verdes... Tão diferente, mas ela sem dúvida!

A visão desaparecia...

– Estás convencida, minha irmã? Brancos, negros... todos estagiaremos nas mais diversas culturas, com credos, raças, sexos diferentes, pois faz parte da evolução do ser passar por rica diversidade de experiências. Assim, a cor não determina se uma pessoa praticará bons ou maus atos. Tudo vai depender dos sentimentos de cada um... Aquele que conseguiu aprimorar seus sentimentos com certeza agirá de maneira bondosa, qualquer que seja sua raça. Há brancos maus... e negros maus! Negros facilitam o tráfico humano na África! Vendem seus irmãos de cor a troco de vantagens financeiras! Por outro lado, existem brancos lutando corajosamente para que a mancha da escravidão seja varrida do Brasil!

Antes de partir, a moça loira sorriu com ternura, dizendo-lhe:

– Que tal nos conhecermos melhor? Meu nome é Maria Helena...

IV
BRASIL!

Finalmente aproximavam-se de terras. Pela alegria dos tripulantes, compreendeu: haviam chegado! Uma bandeira foi alçada ao mastro...

"Existe um povo que a bandeira empresta
Pra cobrir tanta infâmia e cobardia!...
E deixa-a transformar-se nessa festa
Em manto impuro de bacante fria!...
Meu Deus! Meu Deus!
Mas que bandeira é esta,
Que impudente na gávea tripudia?

Silêncio. Musa... chora e chora tanto
Que o pavilhão se lave no teu pranto!...

Auriverde pendão de minha terra,
Que a brisa do Brasil beija e balança,
Estandarte que a luz do sol encerra
E as promessas divinas da esperança...
Tu que, da liberdade após a guerra,
Foste hasteado dos heróis na lança,
Antes te houvessem roto na batalha,
Que servires a um povo de mortalha."

Embora ainda abalada com os tristes acontecimentos dos últimos meses, Guntalê estava feliz. Olvidou por instantes sua condição de escrava, extasiada com as belezas do novo país, ela que jamais se afastara de sua pátria. Aportaram em local distante dos convencionais portos, pois, segundo as leis vigentes, tratava-se de navio pirata, transportando contrabando ilegal. Desde o ano de 1850, o tráfico de escravos encontrava-se oficialmente proibido... Burlava-se a lei amiúde, todavia, tendo somente o cuidado de realizar o desembarque em desertas praias, onde aconteciam clandestinos leilões. Falava-se muito em próxima abolição da escravatura, mas significativo número de fazendeiros ainda insistia na compra de seres humanos para o trabalho nas lavouras, especialmente as de café.

O capitão notou a presença de outro navio ancorado, botes desembarcavam a triste carga... Balançou a cabeça, irritado ao recordar o fracasso da viagem. Malditos ingleses! Combatiam sem trégua o comércio escravo. No início da viagem, calculara haver a bordo cerca de trezentos cativos, talvez um pouco menos, pois os marinheiros sempre tinham a tendência de exagerar na contagem. Com uma perda de trinta ou quarenta por cento durante o translado, comum nessas viagens, restar-lhe-ia o comércio de uns duzentos... Agora, somente cinco!

Mal o navio lançara âncora, sinistra figura subira de um bote para o convés e, após algumas confabulações com o capitão, a mocinha e suas três companheiras seguiram com ele em direção à praia. Guntalê notou a presença de algumas casas, bancos sob frondosas árvores... Na hospedaria simples, de desleixado aspecto, forte cheiro de aguardente invadia os cômodos. Uma mulher grandalhona, de modos nada gentis, mergulhou-as em uma tina de água doce, que elas há muito não viam, esfregando-as vigorosamente, enquanto praguejava contra os piolhos das cabeleiras das pobrezinhas e a sujeira que tisnava a água.

Apesar da brutalidade, Guntalê abençoou aquele banho! Sempre entre resmungos e impropérios, a mulher trocou a água diversas vezes, até que as quatro estavam reluzentes de limpeza. Na impossibilidade de retirar as lêndeas, cortou os cabelos das três companheiras de Guntalê, envolvendo-lhes a cabeça em coloridos lenços de seda. Estavam sendo preparadas para o leilão! Bonitas, renderiam mais! Ao chegar a vez da mocinha, sopesou as fartas e sedosas madeixas, em meio a surpresas exclamações:

– Que beleza! Essa negrinha tem uma cabeleira que muitas brancas invejariam! O jeito é tirar as lêndeas uma a uma... Seria um crime cortar cabelos assim... Vamos ver como vai ficar depois de penteada!

Após a limpeza, desembaraçou os fios com um pente, auxiliada por perfumado óleo, o que fascinou Guntalê, desacostumada de tais luxos.

– Que maravilha! Vai valer um bom dinheiro! Talvez compense um pouco a perda da carga em alto-mar! Coitado do capitão! Esses ingleses pensam que são donos do mundo...

As três companheiras de infortúnio de Guntalê foram vestidas com rústicas roupas, comuns aos escravos. Para a mocinha, no entanto, a mulheraça parou, analisando-a demoradamente. Depois, num rompante, deixou o quarto, fechando a porta por fora. Escutaram-se vozes, a da mulher mais alta, e a porta foi aberta com estrondo, adentrando o aposento a improvisada camareira e alguém que provavelmente seria seu companheiro. Ao deparar com a amedrontada figura de Guntalê, mal coberta

por uma toalha de algodão, o queixo do homem caiu e ele ficou a fitá-la com olhos muito abertos:
— Virgem Maria!
— Não insulte a mãe de Nosso Senhor Jesus Cristo, homem! Onde já se viu?! Bem sei o que passa por sua cabeça! Ah, deixe para lá! Não lhe disse? Com um vestido de moça branca, fará sucesso! E dinheiro, muito dinheiro, homem! E, se tudo der certo, vai sobrar um bom quinhão para nós, os autores da proeza! Vá até o Zé Maria do armazém e busque o mais bonito... Depois cobraremos do capitão! Com muita fita e renda... Traga também uns brincos que combinem... Espere aí! Ela não tem as orelhas furadas... Deixe os brincos para lá! Pronto! Vá, homem, avie-se, que o capitão logo chega pra buscar as moças! Ele vai cair duro!

Guntalê não imaginava a existência de alguma coisa assim! Passou os dedos sobre o tecido leve e macio, deliciada com sua textura. De tão acetinado, mais parecia a pétala de uma flor! O que a jovenzinha não percebia era que estava deslumbrante naqueles trajes! O olhar do dono da estalagem poderia confirmar, mas ela ainda não despertara para os jogos de sedução...

Passos na escada anunciavam a chegada do capitão e três de seus tripulantes, os mais categorizados a bordo. A reação foi semelhante à do dono da hospedaria. Espanto e encantamento!
— Meu Deus!
— Pois é, senhor capitão! Jamais vimos uma escrava assim... Achei melhor comprar um vestido pra ela, renderá mais no leilão...
— Boa ideia, homem!

A mulher fungou, irritada com o esposo que lhe roubava os louros da façanha, mas calou, receando uma briga doméstica. Além do mais, quanto mais rápido aquela escrava saísse de sua estalagem, melhor, pois não estava gostando nada do jeito do senhor seu marido... Conhecia-o muito bem! Tivesse dinheiro, o safado certamente a compraria e adeus sossego! Foi então que a mulher reparou nos olhares das outras escravas, compreendendo-as mortificadas de inveja... afinal, nelas ninguém prestava atenção!

De costume, o leilão realizava-se perto da praia, em área cercada de árvores, com bancos dispostos para que todos pudessem, de maneira confortável, apreciar as peças e fazer os lances. Alguns vendedores ofereciam guloseimas e bebidas, desde as mais inocentes, à base de frutas, até as destiladas.

O outro navio havia escapado do bloqueio inglês. Ainda assim, muito se havia perdido no mar, por conta de insidiosa disenteria. Estrategicamente o capitão aguardou a apresentação daqueles cativos, satisfeito constatando que os restantes de sua carga excediam em qualidade. Principalmente a menina de olhos verdes... O astuto queria chegar com a moça, provocando intensa reação nos compradores em potencial! Conhecedor da natureza humana, sabia muito bem que a jovem causaria furor! Se a julgassem inicialmente sua, mais ainda! Então a colocaria em leilão! Assim, deixou-a na casa, somente a trazendo ao término do primeiro leilão, quando se aproximou conduzindo-a cavalheirescamente, um sorriso afivelado no rosto. À semelhança de Guntalê, ele também se banhara e trocara as roupas, apresentando-se limpo e até perfumado.

Os olhos de Leopoldo brilharam à vista de Guntalê! Que belo corpo! E que olhos! Um sortudo o capitão, dono daquela prenda! Um amplo sorriso iluminou-lhe o rosto ao sabê-la escrava prestes a ser leiloada... Maravilha! Pertencer-lhe-ia, não importando até onde iriam os lances!

Naquela ensolarada manhã, Guntalê tornou-se propriedade de seu senhor Leopoldo, o esposo da ciumenta Maria Eleutéria.

Juntamente com outros negros adquiridos no leilão, entre eles Bantai, conduziram-na a rústico alojamento, onde deveriam aguardar a volta à fazenda nas Minas Gerais. A menina resplandecia de felicidade, pois o noivo dela não se separaria, sentindo reacender no coração a esperança de se unirem em matrimônio. Tentou aproximar-se, falar-lhe, mas logo percebeu que seria muito difícil, pois tomaram o cuidado de apartá-la dos demais escravos, confinando-a em cubículo, onde, a bem da verdade, recebeu tratamento de rainha, nada faltando de comer e beber, fato estranho e atemorizante. Apreciaria que a tivessem encarcerado com os demais escravos! Aquele tratamento especial com certeza custaria caro!

Leopoldo permaneceria mais uma semana em São Sebastião do Rio de Janeiro. Despachara os escravos sob a responsabilidade do feitor serra acima, depois de ter molhado as mãos de uns e outros para que fizessem vista grossa à clandestina expedição, recomendando caminhassem de madrugada e à noite. Ele os encontraria dias depois, pretendendo usar a comodidade da estrada de ferro para realizar a primeira etapa do trajeto. Ocupado com os divertimentos da corte, olvidara completamente a escrava de olhos verdes!

Finalmente seguiam todos rumo às Minas Gerais. E com convidados da corte! Ao contrário dos demais cativos, Guntalê montava uma das mulas, resguardada das agruras de caminhar arrastando correntes pelas empoeiradas e escaldantes estradas. Estava mais calma, pois seu senhor dela não se aproximara uma única vez, ficando o encarregado da comitiva responsável por seu bem-estar, sem que o volúvel moço com ela se importasse. Desconhecia as expressas ordens dadas por Leopoldo para que fosse muito bem tratada e vigiada... Intentava parar em Ouro Preto e servir-se de um dos luxuosos aposentos de Madame para cobrar seus direitos sobre a escravazinha...

Comparada aos horrores do navio, a caminhada pela estrada ladeada de luxuriante vegetação guardava alegrias de um paraíso. Guntalê, devido aos relativos privilégios desfrutados no navio negreiro, encontrava-se em boa forma, o que infelizmente não acontecia com os demais cativos. Enfraquecidos, praticamente se arrastavam, e a alimentação, demasiado farta em relação ao regime de fome a que haviam sido expostos por longos meses, causava-lhes disenterias e vômitos, e a verminose em elevado grau contribuía para o agravamento da situação... No terceiro dia de jornada, um dos míseros caiu ao chão, não se levantando mais, apesar dos insistentes brados do feitor e incentivos dos companheiros. Haveria lugar sobre uma das mulas, todavia o feitor, irado com a desastrosa compra do patrão, limitou-se a menear a cabeça, ordenando:

— Mau negócio adquirir esse maldito! Deixem-no aí, as onças darão cabo dele! Imprestável!

Dali em diante, o medo de fraquejar e ser abandonado próximo às matas infestadas de animais ferozes criou nos escravos alento para prosseguir. Não o teriam conseguido, contudo, sem a preciosa ajuda de Guntalê, que então envergava rústicas e nada atraentes vestes. Embora inicialmente houvesse adorado o belo vestido, preocupara-se com a atenção masculina atraída por sua sedutora aparência, tratando de trocá-lo por rústica muda de roupa com uma das mulheres que rondavam pela praia.

Após o terrível episódio de abandono do doente, olhando os que mal se firmavam nas pernas, a moça percebeu que outros ficariam para trás caso não tomassem imediata providência...

Todos estavam acostumados a longas marchas pelas selvas e, não fossem a doença e a desnutrição, certamente chegariam a seu destino sem maiores problemas. As lembranças de sua terra natal pungiram-lhe o coração! Quantas vezes não percorrera a floresta, conversando com as plantas, abraçando-se às seculares e gigantescas árvores, sentindo no corpo o vigor da seiva que corria pelos troncos... Quantas vezes não divisara os Espíritos das matas!

Logo anoiteceria... O acampamento era montado... Os escravos deixavam-se ficar largados no chão, sem ânimo para nada... Guntalê cerrou os olhos e orou, do modo como havia aprendido em sua tribo:

— Espíritos da mata! Que será desses pobres? Sem remédios, sem a piedade do homem branco... Meu coração está apertado, gostaria tanto de poder ajudar...

— E por que a menina não ajuda?

A voz estava bem a seu lado... Não se tratava de um escravo ou de um dos brancos... A imponente figura trazia na cabeça magnífico adereço, composto por penas coloridas e contas; no pescoço, colares... Era alto e forte, de pele acobreada...

E falava com ela no dialeto de sua terra! Por instantes, ficou atarantada, até perceber que ele não pertencia ao mundo dos encarnados, igual ao caso da loira Maria Helena.

– Não espere muita coisa desse povo branco, minha filha. Não se importará em perder o dinheiro da compra... De onde o dinheiro veio tem mais, muito mais! Um escravo negro nada significa, assim como nós, os índios, habitantes destas terras, nada representamos para esses orgulhosos... Não adianta ficar triste com isso! Vou-lhe mostrar as plantas certas para o mal que aflige seus irmãos... Precisará amassar bem as folhas e as raízes, juntar água limpa e dar de beber aos goles...

– O homem branco não deixará! Além de tudo, estou acorrentada... Viajo na mula, mas estou presa também...

– Veremos, menina, veremos! Primeiro, as plantas... Aquela lá, perto do riacho, a de folhas largas e esbranquiçadas... Vai fazer uma limpeza e botar pra fora o que precisar... Terão de tomar o remédio agora, para fazer efeito durante a noite. Amanhã estarão fraquinhos, fraquinhos... É assim mesmo, não se assuste, minha filha! Depois, deverão comer aquelas folhinhas ali... Logo o mal-estar passará e a comida só fará bem a eles.

– Espírito das matas, como poderei dar o remédio? Estou acorrentada! Ah! Se não der, com certeza serão deixados na trilha...

– Acalme-se! Não confia em mim?

Meia hora depois, um dos componentes da caravana estava a seu lado, explicando em sua língua natal, ainda que atrapalhada:

– O ajudante de cozinheiro está doente, passou mal de repente... Pegue a faca e trate de cortar as carnes secas para o cozido... Vou deixar a menina livre... Não tenha ideias, pois estamos longe da fazenda e uma noite sozinha na selva é sentença de morte na certa!

Guntalê jamais imaginara aquilo... Olhou o enorme caldeirão e torceu o narizinho, em evidente atitude de nojo.

– O que foi?

– Esse caldeirão precisa ser lavado... Olhe os restos de comida grudados nele!

– Você é quem sabe, enjoada! Lave, se acha que faz bem! Por mim...

Guntalê arrastou o pesado caldeirão para o regato, sob os olhares intrigados do cozinheiro, desacostumado de tanta vontade de trabalhar, ainda mais por parte de tão bonita escrava. A esperta aproveitou para colher as plantas recomendadas pela entidade das matas, macerando-as entre dois jeitosos pedregulhos, ocultando-as no fundo do caldeirão lavado, apressando-se em jogar os ingredientes sobre elas, rezando para que a quantidade de folhas e raízes fosse suficiente. Em pouco tempo tudo fervia, exalando convidativo cheiro.

Comeram todos do delicioso cozido, menos a esperta Guntalê, que precisava estar bem para cuidar dos demais!

Ninguém dormiu naquela noite! As cólicas começaram cerca de uma hora depois... E a diarreia... Depois, imensa fraqueza, um torpor, uma vontade de dormir...

No dia seguinte, Leopoldo estava sem ânimo algum para prosseguir, ordenando descanso geral, já que os demais se sentiam como ele. A mocinha rezava para que ninguém associasse a indisposição geral ao cozido... À tarde, Guntalê fez uma sopa bem ralinha, adicionando-lhe as pequeninas folhas indicadas pelo índio, que a acompanhava durante a tarefa, dizendo:

– Estas, minha menina, fortalecerão a todos! A partir de amanhã, no entanto, darás delas somente aos escravos, para que tenham forças para viajar. Esses brancos já têm energia demais para meu gosto! Chegarão bem de qualquer jeito!

Rindo, ele continuava:

– Menina esperta! Colocou as folhas no cozido! Tudo bem! O importante era fazer a tal limpeza... E segurou também o orgulho do sinhozinho! Já viu alguém com pose tendo de ficar agachado no mato a noite toda, igualzinho aos negros escravos?

Assim, os cativos escaparam à terrível sorte! Após três dias, o auxiliar de cozinha melhorou e os serviços da mocinha foram dispensados.

Em Ouro Preto, antiga Vila Rica, Leopoldo ordenou que parassem, sendo aplaudido entusiasticamente pelos festivos amigos, cansados de tanto calor e poeira nas estradas.

– Ora, ora... Não lhes disse que, por esses lados, não teríamos os luxos da corte? Vivemos da terra, meus caros, da terra! Mas faço questão de conduzi-los à casa de Madame... A melhor das Minas Gerais, a melhor! Verdadeiras joias as meninas dali, meus amigos! E tudo por minha conta... Além do mais, preciso alugar um quarto, senhores...

Naquela noite, Leopoldo encontrou Beatriz, olvidando a bela escrava, totalmente entregue aos encantos da jovem aquisição de Madame. Assim, graças a Beatriz, Guntalê pôde chegar à fazenda sem maiores percalços...

Depois de alguns dias em Ouro Preto, finalmente a fazenda! A jovem escrava observava cada detalhe do local... Os belos jardins, a enorme e clara casa levantada sobre privilegiado outeiro, de cujas janelas superiores podiam avistar-se as terras ao longe, as águas... Ah! E os pássaros? Tudo tão bonito... Depois vislumbrou a moça de vestido amarelo indo ao encontro de Leopoldo... Seu coraçãozinho apertou-se... Algo lhe dizia que aquela moça traria problemas... Por causa dela, todos amargariam muito sofrimento!

A senzala estendia-se escura e triste, com suas paredes de barro, onde sequer medravam trepadeiras silvestres para alegrar a triste monotonia. Rapidamente os novatos foram alojados em amplo barracão dividido ao meio por uma parede, as mulheres de um lado, os homens de outro. A figura do capataz Vicêncio impressionava, impunha medo, e a mocinha tratou de encolher-se atrás das demais cativas, intentando não ser vista. Em vão! O rapaz aproximou-se, avaliando-a dos pés à cabeça, balançando a cabeça em aprovação, batendo com o cabo do chicote nas reluzentes botas.

– Bela peça!
– Tire os olhos, Vicêncio. Escolha do sinhozinho Leopoldo! Vosmecê sabe...
– Tô sabendo, homem, tô sabendo... Mas também sei esperar! Ele enjoa fácil, fácil... Daí...

O feitor saiu rindo... Aquele Vicêncio sabia viver!

Guntalê suspirou aliviada, finalmente livre da presença dos brancos, procurando um lugar para se acomodar. Uma mulher de uns trinta anos chamou-a, indicando-lhe pobre enxerga, dizendo com sonora e bem timbrada voz, em seu bendito dialeto natal:

— Pode ficar aqui, menina. As coisas não têm muito conforto, mas pelo menos não passamos fome! Fazem questão de escravo forte para o serviço da lavoura. Ninguém vai mexer com vassuncê hoje, fique tranquila, todo mundo está envolvido com a volta do sinhozinho. Daqui a pouquinho trazem a comida e depois é só dormir, porque bem cedinho, ainda escuro, o sino desperta o povo... O Vicêncio é duro com os escravos, não dá moleza! E manda surrar sem dó nem piedade! Cuidado com ele!

— Isaura, pare de azucrinar a pobre com esse falatório, mulher! Melhor a moça descobrir por ela mesma!

— Uai, eu só estava querendo ajudar... E vassuncê? Não sabe que tem de auxiliar os novatos? Trate de ir já pra lá! Esse povo parece tudo peixe fora d'água, meu Deus! Ande, mulher! Se der alguma coisa errada, vai cair no nosso lombo... Amanhã, com a ajuda de Nosso Senhor Jesus Cristo, cada um vai pro seu canto e acaba a nossa responsabilidade. Ande! Daqui a pouco o feitor vem passar o cadeado na porta, que é pra não correr o risco de alguém tentar fugir enquanto não se acostumar, e é perigoso sobrar chicote pra todo mundo se as coisas não estiverem do gosto dele!

Dali a instantes chegava o caldeirão cheio de algo muito parecido com um angu, com pedaços de carne fresca no meio. Refeição sem luxo, mas farta. Enquanto engolia, Guntalê preocupava-se com Bantai, procurando obter das mulheres alguma informação, o que não foi nada difícil...

— É o seu homem? Ia casar, estava noiva? Esqueça! Aqui, minha filha, escrava só se junta com negro da escolha do sinhô e da sinhá, aquela peste. Ainda assim, muita vez não é pra sempre... Ou pode ser, quem entende a cabeça dos brancos? Esse seu Bantai... como ele é?

Ouvindo a descrição de Guntalê, meneava a cabeça, desesperançada e curiosa:

– Sei não... Se é tudo isso aí, com certeza vai passar pela cama de muitas escravas... Pra fazer menino, entende?

– Fazer menino... Pra trabalhar na fazenda?

– É... e pra vender! Pra outras fazendas...

Guntalê não conseguia entender aquela crueldade! Tirar uma criancinha da mãe... Seu Bantai jamais aceitaria fazer filho para isso! Uma dor imensa, uma angústia profunda apertava seu coraçãozinho... Ainda assim, adormeceu de imediato, exausta das peripécias da viagem, sentindo-se relativamente protegida na senzala. Sonhou, um sonho tão real que, ao despertar, antes do toque do sino, julgou estar com a moça loira a seu lado. Maria Helena finalizava a conversa da qual não se recordava:

– Guntalê, chegaste ao teu destino. Aqui construirás tua existência de agora em diante, jamais volvendo às plagas africanas... Amarás esta terra e os que nela habitam com um amor que crescerá dia a dia, ultrapassando os estreitos limites consanguíneos... Cumprirás uma missão de amor e renúncia, auxiliando os menos evoluídos a superar suas imperfeições!

NOTA DA MÉDIUM: os versos aqui citados pertencem ao poema O NAVIO NEGREIRO (Tragédia no Mar), de autoria de Antônio Frederico de Castro Alves (1847-1871), datado de 1868. Interessante notar que o tráfico de escravos para o Brasil havia sido oficialmente extinto no ano de 1850... O poema constituiu um protesto de "O Poeta dos Escravos" contra a continuidade do criminoso comércio clandestino de vidas humanas!

QUARTA PARTE
I
NA FAZENDA

Bem cedo começava o trabalho na fazenda. Guntalê acordou antes do amanhecer com o corpo dolorido e forte dor de cabeça, decorrentes da viagem repleta de desconforto. Dormiam todos ainda... Silenciosa aguardou, intuindo que aquelas pessoas precisavam de cada minuto de descanso. Logo, porém, tudo se animava na senzala e ela esperou os acontecimentos do novo dia com a ansiedade de uma criança. Dentro de seu coraçãozinho, guardava a esperança de que poderia ver Bantai, falar-lhe, acreditando na possibilidade de realizar o lindo sonho de amor drasticamente cortado na distante África.

Abriram-se os cadeados que cerravam as portas dos novatos e o feitor bradava:

– Vamos, vamos! Não têm o dia todo! Cambada de vagabundos! Imprestáveis!

Um escravo adentrou o recinto, nele reconhecendo o ajudante de cozinheiro da viagem, o tal que adoecera... Trazia enorme tacho com mandioca cozida, ainda fumegante, e um latão cheinho de grosso melado.

– Comam, comam logo! Vamos sair para a lavoura, e quem não se apressar ficará de bucho vazio!

O estômago de Guntalê roncava e ela tratou de imitar os demais, lançando-se à comida, temendo ficar sem a refeição matinal. Em menos de meia hora, estavam todos no trilho que conduzia à plantação, e a moça desfrutava cada momento daquilo que, comparado ao infecto porão do navio negreiro, parecia um paraíso.

Surpreendeu-se com a quantidade de cativos. Eram tantos! De longe avistou Bantai, com enorme balaio às costas, carregando-o como se fosse pena. Seus olhos brilharam...

Os primeiros raios de sol iluminavam o fértil solo recoberto de mato. No começo, a enxada pareceu-lhe leve, mas logo, desacostumada de tais lides, as mãos ardiam e bolhas marcavam a fina pele. Em sua tribo natal, aqueles labores eram incomuns, plantavam somente para a subsistência, a maior parte dos alimentos vinha da mata generosa, dos rios piscosos, das manadas de animais. Ali as coisas eram muito diferentes, bastava estender o olhar sobre as plantações a perder de vista, um não acabar que se unia ao horizonte! Intimamente a mocinha, desconhecendo a maneira como os brancos lidavam com a economia, questionava os motivos de tão extensas áreas de plantio. Na aldeia de onde viera, privilegiavam o cotidiano, produzia-se para viver, e não para acumular... A natureza oferecia-lhes farto celeiro de frutos e raízes, ervas medicinais e material para a construção das choças... Não havia fome, miséria... Em contrapartida, inexistia o luxo, o supérfluo, o desperdício...

O sol queimava! Naquelas horas de calor tão intenso, estaria à sombra, ou nadando na cascata... Suspirou... Quem entenderia a lógica dos brancos!

De quando em quando, o chicote do feitor zunia, atingindo os mais lentos. Conquanto se esforçasse, Guntalê não conseguia acompanhar o ritmo da maioria, acabando por receber nas costas o látego, sentindo como se um ferro em brasa lhe rasgasse a pele delicada.

– Está louco, homem?

Vicêncio vinha em disparada, apeando do cavalo, segurando o chicote novamente erguido:

– Esta jamais deveria ter vindo para a lavoura! Olhe bem! Já viu uma escrava assim? Trata-se de coisa especial, brinquedinho do sinhozinho Leopoldo!

– É... pagou um rio de dinheiro por ela... Mas ninguém me avisou! Vosmecê não disse nadinha... nadinha! Julguei que teria de vir para a lide com os demais...

O capataz ergueu a moça, acomodando-a na garupa do cavalo, seguindo adiante, enquanto resmungava entredentes:

– Imbecil! Não falei, mas será que preciso explicar tudo? Deveria ter desconfiado... Afinal, não foi ele o escolhido para a viagem ao Rio? Não estava lá na hora da compra? Agora só me resta levar a negrinha até o velho Pai Tomé... O maldito do Josias capricha na força do chicote! Infeliz! Gosta de maltratar... Um corte assim leva dias para sarar e, ainda por cima, deixa marcas... Sinhozinho Leopoldo vai-me matar!

Pai Tomé estava sentado no banco ao lado da cabana. Depois que para ali fora, graças à bondade de Altino, que o alforriara, dando-lhe aquele lugarzinho para viver até quando Deus quisesse, trabalhava de acordo com o ritmo de seu corpo, plantando para comer, recolhendo nas matas as ervas com as quais elaborava os remédios para seu povo e até para os brancos que nele confiavam. Esticando o olhar, percebeu a figura do capataz subindo a acidentada trilha, acompanhado de perto por alguém... Àquela distância, difícil perceber quem poderia ser, mas com certeza tratava-se de uma pessoa muito especial, pois conseguia ver-lhe a brilhante e colorida aura, firme e clara, muito diferente das costumeiras. Sorriu! O coração dizia tratar-se da tal moça... Bem que os sonhos haviam anunciado sua vinda!

Aguardou pacientemente a chegada dos visitantes, escutando a irritada explicação de Vicêncio sem se abalar.

– Pai Tomé, preciso de seus remédios... O infeliz do Josias feriu a nova escravinha do sinhozinho Leopoldo! Tirou sangue...

O liberto fitava Guntalê emudecido. Tão bonita... e tão jovem! Que sofrimentos enfrentaria naquelas terras de brancos para espalhar a mensagem de amor ensinada pelo Cristo? Certamente jamais ouvira falar de Jesus naquela existência, mas teria o Mestre dentro de seu coração, bastando uma pequenina fagulha, uma centelha de conhecimento para que tudo emergisse dos arquivos da alma. Na hora certa...

– Pode sentá a moça aqui... Vô buscá o unguento, meu filho...

Instantes depois, Guntalê sentia o extenso talho adormecido... A dor se fora! Quis agradecer, mas o negro simplesmente lhe beijou a pequenina mão, em reverente gesto de respeito, para espanto de Vicêncio e encabulação da menina. Sempre calmo, colocou um pouco do preparado em pequena cumbuca, dizendo:

– É pra mais tarde... Tem de passá pelo menos trêis veiz no dia... Pra num ficá cicatriz...

Olhando os dois descendo o trilho, a brisa agitando os anelados e sedosos cabelos da escrava, o velho balançava a cabeça, feliz da vida:

– Nosso Sinhô Jesus Cristo mandô sua mensagera pra fazenda dos branco cheio de orgulho e arrogança! Êita! Bonita que nem uma flô!

Vicêncio tratou de ocultar Guntalê das vistas de Leopoldo até do corte nada mais restar, a não ser fino risco, praticamente imperceptível. Maravilhoso remédio de Pai Tomé! Então, a semana findava...

Leopoldo entretivera-se com os convidados e a bela e exigente esposa. A lembrança de Beatriz, no entanto, tirava-lhe o sossego. Não era de seu feitio ligar-se a mulher alguma, muito menos a uma da casa de Madame... Que estaria acontecendo? A danada não lhe saía da cabeça! Assim, olvidou Guntalê; a moça passava seus dias na senzala, entediada com a falta do que fazer, ressentida com os maldosos comentários de algumas das escravas:

— Olhem só a quiridinha do sinhozinho! Quando a sinhazinha subé... vai ficá sem a pele!

Uma delas em especial parecia querer destroçá-la com os olhos: Faustina! Como se não preferisse trabalhar a ficar naquela inércia sem fim! Naquela manhã, vozes do lado de fora da senzala assustaram-na... Espiou por uma das frestas, deparando com a linda e enfeitada Maria Eleutéria, em companhia dos galantes amigos de Leopoldo.

— Fabrício, para que quer entrar aí? Não cheira bem, meu caro... Esses negros têm um bodum insuportável! Todos estão na lavoura...

— Ora, ora... Está enganada, senhora dona Eleutéria! Há uma moça neste barracão... e bem formosa por sinal!

Puxada pela mão do rapaz, Guntalê enfrentou a luz do dia... Maria Eleutéria fitava curiosamente a mocinha, analisando-a, percebendo seus olhos surpreendentemente verdes, o corpo esbelto e bem feito, os cabelos soltos pelas costas, em opulentos cachos... Uma escrava demasiado bela... Embora vestida com rústicas roupas, assustada, trêmula, havia nela algo inquietante, uma incomum dignidade.

— Vicêncio! Vicêncio!

O capataz vinha correndo, intuindo que a orgulhosa sinhazinha finalmente deparara com a nova aquisição de seu esposo...

— Quem é ela?

— Seria melhor perguntar ao sinhozinho... Ele trouxe a negrinha...

Percebendo os maliciosos e divertidos olhares dos moços, engoliu a ira e o orgulho ferido, calando. Irônico, Vicêncio completava, espicaçando-lhe os brios:

— Sinhozinho está no terreiro, vistoriando os grãos...

A jovem senhora a custo mantinha a aparente calma, tratando de diplomaticamente conduzir os passos do grupo para os lados do terreiro. Ah! Leopoldo teria de se explicar! E bem explicado! Ao primeiro olhar, o moço percebeu que as coisas não iam bem... E somente uma coisa faria com que os olhos da esposa faiscassem daquela maneira... outra mulher! O grupo vinha dos lados da senzala... a escravinha! Na correria, esquecera-se dela. Melhor partir para o ataque, antes que as coisas esquentassem!

– Senhora minha esposa! Estava pensando agorinha mesmo que, por conta da saudade, esqueci por completo de um presente muito especial trazido da corte! Além daqueles que já lhe entreguei... Ah! Uma princesa negra destinada a curvar-se diante de uma rainha, da rainha de meu coração. Reclama tanto das escravas, e com razão, dizendo que são ignorantes, abrutalhadas... Esta descende de reis, pelo menos assim afirmou o capitão do navio, que pessoalmente a apanhou na aldeia onde morava. Deve ser um pouquinho melhor do que as demais! Poderá fazer dela sua escrava pessoal, conduzi-la a seu modo... Se assim quiser, naturalmente... Caso contrário, como não serve para a lavoura, sempre poderemos vendê-la por bom dinheiro!

A ira de Eleutéria acalmou-se de imediato. Afinal, por mais bela que fosse, a mocinha não passava de uma escrava! O esposo jamais a trocaria por alguém tão ínfimo, bobagem sua! Sem falar que a comprara para ela... Somente dele poderia partir tal ideia! Uma princesa a seus pés!

– Adorei o presente! Hoje mesmo ordenarei que a levem à casa grande, iniciando o treinamento... Como se chama?

– Ora, minha querida, como poderia saber? Mas... que importa o nome que lhe tenham dado no lugar onde nasceu? Na qualidade de dona e senhora, tem o direito de escolher como quiser...

– Hum... Tem razão... Que nome darei à negrinha?

Fabrício disfarçava o riso. Leopoldo era muito esperto! Conseguira reverter a situação de maneira magistral! Aproveitou a deixa, entrando na conversa:

– Realmente, cara senhora, um presente e tanto! Domar, subjugar uma criatura que sempre teve os demais sob seu mando... Uma princesa! Ainda que negra... A senhora por acaso reparou bem na aparência dela? Não? Pois eu sim... A pele não é tão escura como a dos demais... talvez suas ancestrais tenham tido contato com conquistadores europeus... Os cabelos não se parecem nem um pouco com o pixaim dos negros... E os olhos são verdes! Se permitir uma sugestão, poderia dar-lhe um nome que contraste com sua origem e ao mesmo tempo combine com seu exótico tipo. Que tal Cândida? Como naquela música em voga nos salões da corte: "Ó tu, senhora dos meus desejos, cândida criatura..." Seria assim: "Ó tu, escrava dos meus desejos, cândida..."

– Senhor Fabrício! Decididamente, o senhor leva tudo na brincadeira... E tem cada ideia, meu Deus! Aquela mocinha está bem longe da aparência de uma branca! Mas... certo! Que seja Cândida!

Naquela mesma tarde, conduziram Guntalê até sua nova moradia. Assim, frustravam-se definitivamente as pretensões de Leopoldo, pois a mocinha passaria a viver na barra da saia de Maria Eleutéria, sendo muito arriscado atrever-se a seduzi-la debaixo dos desconfiados olhos de sua voluntariosa esposa. Num primeiro momento, aborreceu-se, mas não muito, pois sua atenção estava toda dirigida para alguém mais importante: Beatriz!

Com efeito, adquirira a jovem cativa no Rio de Janeiro, encantado com sua exótica beleza, porém antes de conhecer a fascinante Beatriz! Agora, totalmente envolvido com as lembranças do encontro na casa de Madame, Guntalê passara a ser apenas mais uma no acervo da fazenda, lamentando haver desembolsado verdadeira exorbitância por ela... Poderia ter comprado uns seis ou sete escravos para a lavoura!

Quanto à mocinha, jamais imaginara ser possível viver em um lugar daqueles! Tantos móveis, cortinas para todo lado, colchões de incrível maciez. Na cozinha, onde o enorme fogão de lenha jamais se apagava, um despropósito de comidas, uma variedade acintosa diante da simplicidade da senzala. Ali, ao contrário do calor da lavoura e dos insetos picando dolorosamente a suada pele, a indolência das tardes ao lado da rede, balançando sua senhora, abanando o enorme leque de estranhas plumagens... para lá, para cá, para lá, para cá... E podia dormir a noite toda, ainda que ao lado do grande dormitório, em exígua cama colocada em um quartinho especialmente destinado à mucama da sinhazinha, um espaço todo seu, sem ninguém para incomodá-la...

Conquanto saudosa da terra natal, entristecida com a perda da família no assustador ataque dos brancos à aldeia, preocupada com o noivo tão próximo, todavia tão distante, Guntalê começava a pensar que a vida de uma cativa na casa grande talvez não fosse ruim como as escravas da senzala haviam pintado. Até aquela manhã...

Acordara muito cedo, arrumando o quartinho em silêncio, indo parar na cozinha, onde Florência já comandava o primoroso desjejum. Dispunha-se a auxiliar, feliz em ser entendida na língua natal. Das Dores interveio:

– Ai, Jesus! Menina, trati di ficá por perto do quarto da sinhazinha... Se a danada acordá e num achá sua mucama a postos, Deus nos acuda! E ela num tem horário certo não! Cada dia é uma hora... Tem dia que dorme inté a hora do armoço... Notros, crareô, tá acordada! I é bão começá a aprendê a língua dos branco, a sinhá num permite língua dos negro nesta casa... Diz que num é fala de cristão! Ocê, que vai ficá mais perto dela, trati di prestá atenção pra falá dereito... A danada da Florência fala quase que nem os branco! Virge Maria! Olhe lá, num disse?

Os gritos de Maria Eleutéria assustaram Guntalê. Disparou na direção dos berros, sem entender como alguém poderia começar um dia tão lindo daquela maneira!

– Cândida! Cândida! Cââândidaaaa!

Ao adentrar o luxuoso dormitório, a mocinha deparou com a jovem senhora descabelada, faces vermelhas, irritadíssima. O lugar a seu lado, no espaçoso leito, estava vazio...

– Onde estava, infeliz? Ande! Trate de arrumar a água para o banho... e minhas roupas de montar!

Por mais que se esforçasse, Guntalê pouco entendia daquele estranho falar. Ficou parada, muda, olhos muito arregalados...

Maria Eleutéria, ao contrário, esbravejava cada vez mais, até que uma esbaforida Natividade apareceu:

– O banho tá pronto, sinhazinha! Do jeitinho que a sinhazinha gosta! A menina ainda não entende direito a língua dos branco...

– Ah! Mas deve entender a língua do chicote, não é?

– Sinhazinha, tenha piedade da pobre... Tenho ficado por perto, até ela aprendê... Mas tive de sai um minutinho...

– Já que está a tomar as dores da inútil, apanham as duas! Mas depois do banho e de me arrumarem a contento. Andem! Andem!

Uma hora depois, Maria Eleutéria estava à mesa, ordenando à assustada Natividade:

– Vá! Toque o sino! Preciso dar ordens a Vicêncio!

O capataz escutou em silêncio:

– Cinco chibatadas em cada uma. Bata você mesmo, pois Josias costuma deixar de cama, aleijar... Não é que eu não goste! Mas preciso do serviço delas... Capriche na mais nova, para ela aprender quem manda aqui! E longe da casa, entendeu? Detesto gritos e choros!

Apesar de Vicêncio segurar a mão, ainda assim os sulcos ardiam como fogo. Guntalê estava muito envergonhada, com pena de Natividade, pois a outra apanhara por tentar defendê-la. Quando retornaram à casa grande, a senhora já havia saído, para alívio de todos. Na cozinha, Maria das Dores, a cozinheira, comentava com as demais:

– A sinhazinha saiu feito doida! Ventano! Eu bem sei o que tá deixano ela ansim... Natividade, trati di pegá o remédio de Pai Tomé ali no armário e passá... Ensine a menina... Aqui na fazenda, é mais necessário que comida! Meu Deus! Por quarqué coisa a sinhazinha manda decê o lenho! Será que a pobre da Natividade num tem dereito di si desafogá pela manhã? Num si pode nem uriná nesta casa!

E prosseguia:

– Ela tá ansim pruque o sinhozinho levantô bem cedinho, arrumô umas coisa e saiu disparado prus lado da cidade... A cavalo... Deixô foi é recado com o Dito no portão... Diz que foi resorvê assunto importante, urgente! Uai! Que assunto urgente é esse, si num veio nenhum mensagero? Êita sinhozinho enrolado! Vai vê é coisa di rabo de saia, que é o que deixa hóme com aquele olhá abestaiado... Bem que vi na hora que o danado tomou o café aqui na mesa da cozinha mesmo, coisa que num é do feitio dele! Gosta é de mesa arrumada, toaia bordada, escravo prá servi... e na sala!

— Das Dô, das Dô... Se a sinhazinha escuitá...
— Nosso Sinhô Jesus Cristo! Natividade, nem me fale uma coisa dessa! Mas que tô certa, tô sim, uai! É verdade verdadera... Aquele hóme é tinhoso! Leva a sinhazinha na conversa... Si a danada, que ainda num sabe da viage, feiz esse escarcéu dos diabo, imagine quando subé que ele foi prá lá! O mundo vai cai, ah se vai, vai sim...

Todos emudeceram, sabendo que a corda arrebentaria justo no lado mais fraco... Os escravos passariam um mau bocado em suas mãos! Trataram de dispersar, cada um buscando um afazer bem distante da casa. Então, Maria Eleutéria voltava, bradando:

— Vicêncio, Vicêncio! Ah! Está aí? Por que não me disse que Leopoldo foi a Ouro Preto? Sou sempre a última a saber das novidades nesta casa?

— Eu não sabia de nada! Estava na senzala, despachando os negros para a lavoura! O Dito não disse que o sinhô saiu cedo? Parece que até deixou recado com ele... Por que a sinhazinha não pergunta pras negras da cozinha se ele tomou café antes de ir?

Dessa maneira o esperto fugia ao perigoso assunto, complicando as mulheres, o que lhes custou algumas boas chibatadas, como a pobre cozinheira bem previra.

Em seus aposentos, Maria Eleutéria andava de um lado para o outro, como fera enjaulada, falando baixinho consigo mesma:

— Amo Leopoldo! Sou bonita, rica, estudada... Qualquer um se sentiria imensamente feliz em ter-me como esposa... Ele, no entanto, parece não dar valor... Vive aprontando... Hoje, por exemplo, foi a Ouro Preto... Que vai fazer lá? Acabou de chegar! Estamos nas vésperas da colheita e nem se importa! Com meu pai as coisas eram muito diferentes... cuidava de tudo, vigiava o serviço... E fico eu aqui, com visitas ainda por cima... amigos dele, não meus! Para não passar vergonha, terei de inventar alguma desculpa... Estou vendo o olhar irônico daquele horrível Fabrício! Sujeito descarado! Ai, meu Deus, que fiz eu para merecer isso?

– Sinhazinha...

– O que foi agora?

– As visita tá esperando pela sinhazinha lá na sala... Num tomaro nem café... Diz que a sinhazinha combinô de sai com eles...

Maria Eleutéria fitou a trêmula Natividade com raiva, arremessando em sua direção precioso vaso, atingindo a escrava na fronte:

– Suma daqui!

Mas desceu, pois jamais permitiria percebessem a tempestade de desconfianças e ciúmes que lhe agitava a alma.

II
LOUCURAS DA PAIXÃO

Enquanto isso, Leopoldo percorria a estrada sonhando com Beatriz, rememorando os momentos felizes... Valia a pena enfrentar a poeira do caminho, o sol escaldante, tudo para rever o belo rostinho, os olhos brilhantes, o loiro e macio cabelo... e desfrutar a paixão daqueles beijos, dos abraços, das palavras de amor!

Como explicaria à esposa a inesperada viagem? Meneou a cabeça, afastando para bem longe a controladora imagem de verdes olhos e negros cabelos. Interessante... Os olhos de Maria Eleutéria eram idênticos aos de Beatriz, grandes, luminosos, de um verde que às vezes oscilava para o azul... Mas

somente ali ficava a semelhança física. Ambas muito belas certamente, mas diferentes na maneira de amar, de se entregar... Beatriz muito meiga, carinhosa, ingênua, quase uma menina... Maria Eleutéria... nem era bom pensar! Temia seu gênio forte! Verdadeiro perigo... Precisava ser cauteloso!

Certamente o moço ainda não conhecia bem Beatriz! Por detrás daquela aparência desprotegida, havia uma criatura disposta a tudo para conquistar seus sonhos de grandeza!

Infelizmente, as coisas não saíram como contava. Para seu desespero, o animal acabou perdendo uma das ferraduras, necessitando da intervenção de um ferreiro, o que o atrasou sobremaneira. Ao adentrar a cidade, anoitecia. O calor amainara, lampiões iluminavam as ruas... Atravessou direto o largo da igreja, dirigindo-se para a casa de Madame, um tanto afastada como convinha ao decoro. Do lado de fora, tudo calmo... Sorriu, pois bem sabia do cuidado da maioria em ocultar as visitas à casa de tolerância... Com a esposa na fazenda, as coisas ficavam mais fáceis para ele, mas convinha não abusar! Tratou de rodear a ampla construção, entregando o cavalo a um escravo, rapazola de uns quinze anos, que imediatamente tratou de dar-lhe água e comida, acomodando-o na espaçosa cocheira, onde outros aguardavam seus donos, não sem antes apanhar feliz a moeda atirada displicentemente aos ares por Leopoldo.

– Leopoldo, meu caro! Que surpresa!

– Madame, senti saudades!

– Ah! Presumo que está referindo-se à bela Beatriz... Parece muito impressionado com ela...

– Não vou mentir... Realmente! Tenho pensado nela mais do que o comum.

– Leopoldo... Conhece meu parecer a respeito do assunto... Resultante da experiência, meu caro! Toda vez que um homem vai além de ocasional relacionamento físico com uma de nossas meninas, podemos esperar confusão! Ainda mais se é casado... Quando a esposa é submissa, cala. Mas Maria Eleutéria é muito ciumenta! Uma fera! Encontros eventuais, tudo bem, mas uma paixão?... Posso falar sem medo de me prejudicar nos negócios, pois candidatos a assumir a moça, tenho-os aos montes! Sim! Ela tem algo... aquilo que faz com que os homens percam a cabeça, meu caro... Nada a ver com beleza, pois outras há tão ou mais belas... Ela atrai, seduz, fascina!

– E eu não sei, minha cara? Jamais me prendi a alguém... Beatriz, contudo, é especial... Penso nela dia e noite! Tenho ciúmes! Uma loucura! Vamos, conte-me... Quem está interessado em exclusividade?

– Ricaços... E alguns menos ricos... O coronel Leôncio, o Antonio Guimarães, o capitão Luís de Freitas, a lista vai longe... Ah! E aquele menino, o filho do coronel Jesuíno, o tal que chegou da Europa recentemente... Alguns moços da escola de farmácia...

Leopoldo sentia a cabeça em brasa... Tantos... E qual mulher não gostaria de um amante rico, que lhe desse de um tudo, sem precisar enfrentar a longa fila de clientes da casa? Vantajoso para ela e mais ainda para Madame, que morderia um bom quinhão. Leôncio e Luís de Freitas eram velhos... mas ricos! O Antonio Guimarães certamente desistiria ao saber o preço da moça, porém o tal rapaz... Um filhinho de papai, engomado e bonito... E os outros, letrados e jovens? E se Beatriz caísse de paixão por um desses frangotes?

– Pois muito bem! Quanto custará a exclusividade, Madame?

A mulher mal podia acreditar! Justo Leopoldo, o conquistador Leopoldo, que jamais se prendera a alguém por mais de uma ou duas noites... Caprichou na quantia!

– Estamos combinados, minha cara. Uma única condição: sigilo absoluto! Para não ter de enfrentar a fúria de minha mulher...

– Claro, naturalmente!

Beatriz estava no quarto, arrumando-se em frente ao espelho, pensando no sumiço de Leopoldo... Investigara e as novidades não eram nada boas: esposa jovem e linda, rica, apaixonada, ciumentíssima. Segundo as moças da casa, o dinheiro pertencia a Altino, o sogro... Leopoldo, a bem da verdade, ninguém sabia de onde viera... De certeza, o fato de usufruir invejável vida ao lado da rica esposinha. Provavelmente tudo não passara de farra de uma noite!

Madame adentrou o aposento após ligeira batida na porta.

– Estou quase pronta, senhora. Desço daqui a instantes! Há muitos à espera?

– Não, minha querida! Temos grandes novidades! Um senhor muito importante acabou de negociar comigo sua exclusividade! Por bom dinheiro! Permanecerá na casa, com tudo do bom e do melhor, devendo ficar longe da clientela... Quanto lucrará? Vai depender de sua esperteza! Do combinado, passar-lhe-ei uma boa comissão... No entanto, minha cara, se souber conduzir bem a paixão do homem, poderá tirar dele o que quiser! Que lhe parece?

Beatriz sentiu o coração gelar. Madame costumava ser muito rigorosa em seus negócios... Exclusividade era exclusividade! Então, Leopoldo estaria fora do páreo para sempre! Ou pelo menos enquanto durasse o interesse do tal ricaço... Nem pensar!

– Senhora, não me julgue ingrata, mas não desejo ficar presa a ninguém. Dou bom lucro, eu sei... Gostaria de continuar assim!

– Está louca, menina? É o sonho de toda moça que sai da miséria e vem para esta casa! Ah! O que aconteceu? Pode contar! Vamos!

– Senhora, não sei como dizer...

– Ah! Está interessada em alguém... Bem que desconfiei! Em um certo moço alto, de cabelos e olhos escuros, trajado com elegância, usando os melhores perfumes franceses... Leopoldo!

Diante do olhar receoso da mocinha, ordenou:

– Se quiser, pode recusar o pretendente! Mas não cometerá a desfeita de ignorá-lo! Ande, menina! Arrume-se depressa e trate de descer! Estarei esperando lá embaixo... E não se espante, ele está um pouco empoeirado pela viagem, pois teve problemas com a ferradura do cavalo...

Sozinha novamente, Beatriz desesperava-se:

– Sujo, ainda por cima... Ai, meu Deus, a Madame vai-me forçar a aceitar esse desconhecido! Pior do que casamento... Da maneira como estou, ainda posso alimentar a esperança de rever Leopoldo... Se me amarrar a esse infeliz, adeus! Preciso achar um jeito de me livrar dele sem que ela fique brava comigo! Ai, meu Deus... Já sei! Tem de dar certo! Ele deve ter-me visto toda arrumada, cheirosa... Pois vai conhecer uma Beatriz bem diferente!

— Colete, Colete!

Segundos depois, sua confidente praticamente aterrissava no quarto:

— Nossa, que gritaria é essa? Alguma coisa está pegando fogo?

— Eu! Eu! E de pura raiva! Estou apavorada também! Madame pretende dar-me em exclusividade a um matuto qualquer! O danado está até sujo! Deve ser um desses ricaços da roça, que nem banho tomam! Ai, que nojo! Não quero! Nem pensar! Colete, ainda tem aquele vestido que a lavadeira estragou?

— Tenho, mas está um molambo... A danada, além de manchar o coitado na hora de lavar, ainda por cima queimou com o ferro de passar a renda de alguns babados do decote... Bem sei! Estava de marcação comigo porque o homem dela, um branco qualquer com quem se deita de vez em quando, às escondidas de Madame, andou arriscando uns olhares de peixe morto para o meu lado! Não sei se vou querer aquilo! De pobre chega eu...

— Vá buscá-lo, ande! Enquanto isso, desmancharei o penteado, exagerarei no carmim...

Minutos depois, transformada em criatura de vulgar aspecto, envergando o amarfanhado traje, Beatriz descia as escadas, satisfeita com seu estratagema, deparando com Madame... e com Leopoldo, o seu amado Leopoldo, completamente atônito diante da ridícula visão! Quis recuar, mas a mulher segurou-a, rindo sem parar:

— Bem dizem que a paixão nos faz de tolos! Leopoldo, minha cara, Leopoldo é o seu pretendente! Que diz agora?

— Sim! Sim! Sim!

— Ah! Precisamos ver se o senhor Leopoldo deseja como amante uma jovem tão mal vestida... Mais parece uma daquelas moças de taberna! Hum... E que cheiro é esse? Ai, meu Deus! Beatriz! Onde arrumou esse perfume horrível?

– Colete, foi Colete! Eu queria algo que afastasse o indesejado pretendente... Então, a meu pedido, ela pegou no quartinho das escravas... É feito com ervas, espanta os maus presságios e...

– Deus nos livre! Espanta qualquer coisa viva que tenha nariz...

Beatriz jamais imaginara tamanha felicidade! Ao lado do amado, tudo parecia perfeito, e ele tinha o dom de adivinhar-lhe os menores desejos, presenteando-a com vestidos, joias, perfumes... Podia entrever a inveja nos olhares das moças de Madame! Uma única coisa incomodava: a existência de Maria Eleutéria, pois almejava ser a única, poder sair de braço dado com Leopoldo pelas ruas da cidade, sem nada temer. Dias depois, por ocasião do regresso de Leopoldo à fazenda, uma certeza fazia-se cada vez mais firme: precisava afastar definitivamente sua rival!

Ao contrário da amante, o pensamento de Leopoldo seguia rumos completamente diversos, pois dependia da esposa para tudo... ou melhor dizendo, dependia de Altino!

Depois do funesto episódio com Maria Amélia, embora houvesse resguardado o tão almejado casamento da filha, o sogro soubera, antes de empreender a longa viagem pela Europa, tomar certas precauções no sentido de preservar o rico patrimônio familiar, deixando velho amigo advogado responsável pela condução dos negócios, mantendo-o informado sobre tudo. Decididamente, não confiava em Leopoldo! Assim, embora inexistissem queixas no tocante à prodigalidade da esposa, Altino detinha o poder de manipular os cordões do dinheiro. E Altino nunca seria conivente com uma traição que faria sua mimada filhinha sofrer!

Não queria perder Beatriz! E muito menos irritar a esposa! Maria Eleutéria costumava ser passional, jamais o deixaria, mas certamente lhe infernizaria a vida... Adeus dinheiro! Além de tudo, impossível prever sua reação! Convinha ter muito cuidado...

Imprescindível arrumar uma desculpa plausível para a precipitada viagem! Quanto mais pensava, menos ideias surgiam.

Nas imediações da sede da fazenda, enveredou por um atalho, topando com a velha cabana de caça, de triste memória. Enorme lua clareava tudo, deixando entrever as telhas arrancadas por um vendaval ocorrido nos últimos tempos. Parecia abandonada... Conduziu o animal com cuidado... Logo adiante, envolta em brumas, estaria a pedreira onde o corpo de Maria Amélia fora jogado...

Conhecendo a esposa, por certo enfrentaria violenta briga noturna, pois ainda não conseguira arranjar uma desculpa satisfatória! Por outro lado, se chegasse pela manhã, teria o dia todo para apaziguar as coisas... e a presença dos amigos tudo facilitaria. Depois, nada como uma boa noite de sono para auxiliar um marido a engendrar aceitáveis mentiras!

Pernoitaria na cabana!

Forçou a montaria a retornar, estranhando os modos do belo e treinado animal, tendo de praticamente obrigá-lo a acercar-se da pequena construção. Alguém havia fechado a porta com pesada corrente... Por quê? Quem entraria ali para roubar, meu Deus? Lutou com as enferrujadas argolas, praguejando irritado, acabando rompendo-as com o auxílio da peça de ferro destinada a limpar o barro dos calçados em dias chuvosos. Dentro, as coisas aparentemente continuavam as mesmas... Entreviu a mesa de largas e polidas tábuas de madeira de lei, onde ele e Maria Amélia saboreavam as iguarias que a moça costumava levar para os clandestinos encontros; a última garrafa vazia de vinho ali estava ainda, iluminada pelos argênteos raios de luar que se derramavam pelas frestas do telhado.

Ninguém estivera na cabana desde o trágico evento... Certamente Altino cerrara a porta com correntes...

Franziu o nariz, descontente com a poeira depositada sobre os móveis e as marcas que a chuva deixara na madeira, no chão... Procurou a cama com o olhar... parecia em boas condições. Estava exausto... Uma noite passaria rápido!

Estranho... o leito guardava o perfume de Maria Amélia, cara essência francesa. Deveria estar imaginando coisas... Os olhos pesavam de sono...

Quanto tempo permanecera adormecido? Tudo era silêncio... Um braço delicado envolveu-lhe o atlético tronco e ele suspirou satisfeito, prendendo a fria mãozinha entre as suas...

– Leopoldo, Leopoldo...

Álgido vento parecia ter invadido a cabana... Aquele sussurro... era a voz de Maria Amélia! Voltou-se no leito, deparando com a moça a seu lado, fitando-o com os imensos olhos azuis, um sorriso nos pálidos lábios. Escuro filete de sangue escorria lentamente do ferimento em sua cabeça... E ela o abraçava!

– Ai, meu Deus!

Amanhecia. Um pensamento terrível passou-lhe pela atordoada cabeça! Estivera a seu lado a noite toda? Dormira com o fantasma da esposa de Altino?

De um pulo, abandonou a cama, disparando pela entreaberta porta, tratando de libertar o inquieto animal, partindo na direção da sede da fazenda, sequer voltando o olhar para a desolada construção.

Na janela, o vulto de Maria Amélia contemplava a fuga de seu amado...

Maria das Dores havia levantado muito cedo, incomodada com a dor provocada pelos lanhos do chicote de Josias. Como se ela e as outras da cozinha tivessem culpa das escapadelas do sinhô! Baixinho, confabulava consigo mesma:

– Hoje as coisa vai esquentá... Faiz quatro dia que o danado se bandeô prus lado de Ouro Preto! Num fosse o medo do tar do Fabrício ficá si rino dela, a sinhazinha já tinha ido atráis do marido! Ela tá aguentano, aguentano, mas di hoje num passa!

– Tá falando sozinha, das Dores?

– Pois é, Florência... Pois é... Tava dizeno que hoje as coisa vai pegá fogo... Nem sinar do sinhozinho... Adivinhe pra quem vai sobrá premero? Prus negro!

Embora concordasse, a mulata calava, pois tinha por sua dona desmedida admiração. Maria das Dores continuou falando, mas a moça prestava atenção aos ruídos do lado de fora, fazendo sinais de silêncio...

– Ih! Vem gente aí, das Dores... Tão cedo, meu Deus? E pelos fundos... Ai, Jesus!

Dando de cara com o pálido e apavorado Leopoldo escorado no batente da porta, respirando com dificuldade, a negra das Dores exclamou:

– Nosso Sinhô Jesus Cristo seja louvado! Graças a Deus que o sinhozinho vortô! A sinhazinha tá em tempo di ficá loca!

Somente então reparou no lastimável estado de seu dono:

– O sinhozinho tá sentino arguma coisa? Tá branco que nem cera... I tremeno... Uai... O que assucedeu?

Leopoldo fitou as duas mulheres... estava a salvo na ampla cozinha. O cheiro de café recém-coado pairava no ar... De repente, descobriu-se faminto!

Percebendo a direção do atordoado olhar do moço, trataram de assentá-lo à mesa, dispondo a xícara, o bolo de fubá há pouco retirado do forno, pão caseiro, queijo, manteiga...

Leopoldo comia com apetite, mas seus olhos quedavam-se no vazio... A imagem de Maria Amélia não lhe saía da retina! Com rouca voz, dirigiu-se às escravas:

– No caminho, passei pela cabana de caça... Estava trancada...

– Ih, sinhozinho! Ninguém vai praqueles lado não! A assombração de sinhá Maria Amélia ronda por lá... Um montão de gente já viu a coitada com a cabeça que é só sangue, a ropa rasgada... Do jeitinho que acharam a pobre na pedrera... Dizem que fica na cabana, que mora ali! Deus me livre!

– Quem trancou a porta?

– O coroné Artino! Foi ele! Antes de parti pro estrangero... Eu bem que lembro... Uma manhã, ele entrô aqui do jeitinho que o sinhozinho tá agora... Branco! E tremeno, como se tivesse febre das braba... Aí ele chamô o Vicêncio e mandô fechá a porta com corrente. Os negro num vão praqueles lado nem debaixo de chicote! O negrinho Tião, que é o cão chupano manga, foi lá uma veiz... Di inxirido! E viu a sinhá com a cabeça machucada... Pergunta se o danado vórta lá? Nem arrastado!

Leopoldo permanecia mudo. Jamais acreditara em fantasmas, achando que, com a morte, tudo acabava...

– Aconteceu alguma coisa? Não me diga que o sinhozinho viu o fantasma de sua sogra? Ai, Jesus!

– Não! Nada aconteceu, Florência, simples curiosidade... Perguntei por perguntar. Maria Eleutéria está dormindo?

– Tá sim... A Florência entupiu a sinhazinha com chá de camomila, de cidrera e num sei o que mais... Só ansim ela drumiu.

Que desculpa inventaria? A visão de Maria Amélia ali, a seu lado, triste, machucada, forneceu-lhe a inspiração. Contaria haver sonhado com um amigo dos tempos de infância, chamando-o na hora da morte... Em Ouro Preto... Partira bem cedinho, evitando fazer barulho... ela dormia como um lindo anjo... Para que acordá-la? Contava voltar logo, mas o problema se agravara. Não podia abandonar o amigo de longa data! Maria Eleutéria somente desejava acreditar, qualquer justificativa plausível a satisfaria. Acertou em cheio, pois a jovem escutou e resolveu crer na narrativa:

– E ele morreu, meu amor?

Aquilo poderia render futuras viagens...

– Não! Está em cima de uma cama... Sem família, sem ninguém... Somente eu posso ajudá-lo, minha cara.

– Conheço esse seu amigo?

– Nem pensar! Trata-se de companheiro dos tempos de estudante... Perdeu toda a fortuna, sobrevivendo modestamente... Depois que nos casamos, afastei-me, pois somente tenho pensado em minha esposinha... No entanto, sinto-me em falta. Talvez necessite visitá-lo de tempos em tempos, até que ele melhore... ou morra. Será um descanso...

– Poderia trazer o pobre para cá, as escravas cuidariam dele...

Leopoldo revestiu-se de compadecidos ares, dizendo em tom preocupado e reticente:

– Com doença dos pulmões é bom guardar distância... Dizem que é um mal contagioso... Talvez seja melhor deixar o coitado onde está, em um cômodo alugado. Localizei velho escravo liberto que pertenceu à família dele nos áureos tempos... contratei-o para cuidar do antigo sinhozinho...

– Leopoldo, meu amor, valerá a pena tanto incômodo e despesa? Afinal, o problema não é seu...

– Trata-se de uma questão de caridade, minha linda.

III
DESILUSÕES

    Os dias transcorriam lentamente... Tudo retornara à rotina... Cada vez mais Guntalê se integrava ao novo ambiente, aprendendo a língua dos brancos, os detalhes das tarefas, participando das conversas entre as escravas da casa, geralmente na cozinha de Maria das Dores.
    Foi assim que se inteirou do namorico do galante Fabrício com a bela Florência.
    – Florência, cuidado com esse mocinho da corte! Essa gente vem aqui com uma conversa mole... dispois vai embora... É! I ocê fica falada, uai! Ou buchuda!
    A moça nada dizia, olhos baixos, trêmula. Recusava-se a acreditar que seu amado Fabrício fosse um daqueles... Falava

tão bonito a respeito da proximidade da libertação de todos os escravos! No Rio de Janeiro, as coisas não se assemelhavam nem de perto ao que ocorria nas fazendas interioranas! Negros e brancos conviviam sem problemas... Podiam até casar! Seria tudo mentira, meu Deus? Impossível!

Das Dores continuava deitando falação, citando casos, dando conselhos... Olhando a formosa mulata, de pele e olhos claros, facilmente confundida com uma branca, a menina compreendeu que ela estava perdidamente apaixonada pelo insinuante amigo de Leopoldo! Pobrezinha! Por mais que Maria das Dores falasse, Florência não teria coragem de renunciar aos seus sonhos de amor!

Soube também da história da queda de Maria Amélia na pedreira...

– Caiu lá embaixo... Coitada!

E as escravas relatavam detalhes da festa de noivado da sinhazinha e da surpresa que fora a entrada de sua mãe, linda, linda!

– A sinhazinha nunca que imaginava que a mãe era tão bonita! Pois é... Quando a sinhá Maria Amélia desceu as escada naquele vistido de renda vermeia, meu Deus do céu! Que lindeza! Ficô todo mundo de queixo caído... Ficô sim... A sinhazinha tinha mandado fazê um vistido muito do bonito pra festa, mas a sinhá botô ela no chinelo! A sinhazinha queria matá a mãe por causa disso! Eu vi, tava lá servino as mesa! Se num fosse o sinhozinho segurá a noiva, ela tinha é vuado no pescoço da mãe! A verdadera rainha da festa! Hum... Eu tenho cá pra mim que a sinhá Amélia deitava uns zoiá na direção do noivo da filha, o danado do sinhozinho Leopordo! E ele também prus lado dela! Precisava vê! Cada zóio cumprido, cumprido...

– Das Dores, das Dores...

– I num é verdade, Florência, num é? Ocê num gosta que eu diga nada pruque protege a sinhazinha... É Deus no céu e a sua sinhazinha na terra... Quero só vê si ela vai ajudá ocê narguma coisa! Uai! Pensa que num tô vendo o andá da carruage nesse seu caso com o moço da capitar? Hum... Tome tento, pra num chorá dispois! E num dianta ficá com esse zoiá de peixe morto pra cima de mim, menina, pruque falo pru seu bem...

Guntalê escutava, os belos olhos verdes arregalados... Onde ficaria a tal pedreira afinal?

Dias depois, Maria Eleutéria resolveu ir a Ouro Preto. Desejava conferir as novidades... Os visitantes lhe fariam companhia nas visitas às lojas, pois Leopoldo pretextara importantes negócios na cidade, exigindo tempo integral, precisando, inclusive, visitar o tal amigo acamado... Fabrício, muito sério, inteirado de toda a história, louvava as boas intenções e o desprendimento do esposo de sua anfitriã, oferecendo-se para auxiliá-la. Afinal, onde tão elegante senhora encontraria companhia mais informada a respeito das sutilezas da moda?

Sozinha na fazenda, Guntalê primeiramente pensou em ir ao encontro de Bantai, aproveitando a rara oportunidade, mas frustrou-se, pois naqueles dias os cativos estavam longe da sede da fazenda. Percorreu a enorme casa suspirando... Com a ausência da voluntariosa sinhá, incrível sensação de liberdade descera sobre todos. Até o ar parecia mais leve... Resolveu passear pelos jardins!

A manhã muito clara de primavera encantou a menina, que volteou pelos coloridos canteiros, observando os pássaros e seus ninhos, as multicoloridas borboletas. Seguindo por florido caminho, enxergou quase imperceptível trilho, rumo ao nativo bosque, deduzindo que há muito ninguém por ali passava. Mais uns dias e estaria invisível... Resolveu aventurar-se! Algum tempo depois, encontrou-se numa clareira aberta pelas mãos dos homens, em cujo centro se erguia aquilo que fora uma encantadora casa, a julgar pela arquitetura de elegantes linhas, pelas floreiras dispostas sob as janelas... Alguém, algum dia, delas cuidara, possibilitando que flores vicejassem sempre. Agora, contudo, estavam secas, repletas de plantas mortas, ervas daninhas... O coraçãozinho de Guntalê apertou-se. Uma angústia, um peso na nuca... Fechou os olhos, deixando o pensamento vagar, a intuição tomar conta...

Entreviu um jovem casal... A mulher, belíssima criatura de grandes olhos azuis e esplêndidos cabelos louros, trajava lindo vestido rosa; larga faixa de cetim rodeava-lhe a delicada cintura, terminando em primoroso laço nas costas, cujas esvoaçantes pontas quase tocavam a barra de renda da rodada saia. Vinha apressada, aguardando o companheiro, ansiosos olhos fitos no atalho... Então, ele aparecia... Leopoldo, ele mesmo! Rindo, tomava-a nos braços, rodando, e adentravam a cabana. Depois, muito depois, surgia um homem alto, de frios olhos e elegante figura, um pouco mais velho que o sinhozinho. Guntalê podia sentir suas vibrações de ira, decorrentes do ferido orgulho. E o medo, a dor da bela moça... Sua cabeça partida, os agonizantes olhos, as mãos ainda tentando agarrar-se a um inconsciente Leopoldo, protegendo-o com seu frágil corpo mesmo nos derradeiros alentos de vida.

Deixou-se cair sobre a grama alta... Aquela deveria ser Maria Amélia, a mãe de sua sinhazinha! Não despencara na pedreira! Alguém lhe batera na cabeça... e a jogara no despenhadeiro para ocultar o crime! Apertou o coração com as trêmulas mãos, buscando sufocar as desenfreadas batidas.

A abandonada cabana confrangia-lhe o peito... Podia sentir o amor daquela mulher por sinhozinho Leopoldo, persistindo após a morte do corpo físico. Pobrezinha! Pranteava a ausência de seu amado dia após dia, noite após noite, aguardando sua chegada...

Lembrou-se da mãe e das palavras de Maria Helena: "Muitas vezes as pessoas não sabem que morreram..."

Seria o caso da pobre Maria Amélia... continuava ali, esperando a chegada de seu grande amor... Devia sofrer tanto!

Ao longe, o sino da fazenda anunciava o almoço. Tão tarde, meu Deus! Voltou célere, temendo problemas... os senhores estavam na cidade, mas Vicêncio poderia estranhar sua ausência...

Um último e rápido olhar na direção do chalé. Um vulto envolto em rosa espreitava pela janela...

Os senhores ausentaram-se por alguns dias. A falante Maria das Dores relatava que tinham bela casa na cidade, com todo o conforto! Ah! Sim! Fora lá que a sinhazinha conhecera Leopoldo...

– Com tanto moço rico e de famia conhecida atrais dela, foi cai de amores justo por esse, que ninguém sabe de onde veio! Ficô inté de cama! Num fosse o benzimento de Pai Tomé, adeus sinhazinha! É... Que remédio! O coroné Artino tevi di concordá com o casamento. Uma correria... Andaram inté falano que ela tava de bucho cheio...

– Das Dores!

– Tô mentino, Florência, tô? Ah! Os próprio parente desconfiaro, uai!

– Mas não era, sua faladeira!

– É, num era, mas podia sê, num é? Aquela agarração toda pelos canto...

Florência balançava a cabeça. Mania de falar dos outros! Ah! E quando a cozinheira percebesse o que estava ocorrendo? A barriga começava a crescer... Logo todos notariam! Ainda bem que sua sinhazinha gostava muito dela, senão estaria perdida... Fabrício pulara para trás como mordido de cobra ao saber da novidade! Nisso Maria das Dores tivera razão! Agora, só podia contar com Maria Eleutéria! Teria seu menino, poderia criá-lo ali mesmo... Tudo daria certo!

Nos dias seguintes, bem que Guntalê tentara voltar ao chalé de caça, mas Vicêncio resolvera marcar firme em cima das mulheres da casa, talvez por ter ouvido boatos a respeito de Florência mais o moço Fabrício... Despeitado, pois a bela mulata dispensara suas atenções vezes inúmeras, o capataz roía-se de ciúmes e indignação, rondando a casa grande como um cão de guarda!

Os senhores estavam para chegar... A momentânea paz abandonaria o casarão! O sossego iria para o espaço. Na cozinha, das Dores pressagiava:

– Sinhazinha vai chegá que nem um tufão! Reclamano, exigino... Nada vai tá do jeito dela! Florência, menina, que cara é essa?

Compadecida, Natividade espreitava a mulata... também andara escutando os tais boatos... Pobre dela se fosse verdade!

A cozinheira não se enganara! Um furacão causaria menos danos! Já no portão, o pobre Dito escutou poucas e boas por haver demorado a abrir a cancela. Na casa, as coisas pioraram deveras... Vicêncio a esperava!

Assim, antes que Florência pudesse conversar com sua sinhazinha a respeito da gravidez, teceu a intriga, na qual a pobre moça passava por desavergonhada, desrespeitadora do lar de seus senhores, uma ameaça aos bons costumes e à decência!

Maria Eleutéria nada disse. Adentrou seus aposentos, mandando chamar a escrava. Seus olhos relampejavam!

– Florência, Vicêncio contou-me umas coisinhas a seu respeito...
– Escutei tudinho da cozinha... Não é como ele fala não...
– Ah! Então você não andou por aí de safadeza com o Fabrício...
– Sinhazinha!
– Vicêncio afirma que você está prenha...

Diante do apavorado olhar da escrava, com ares de gato brincando com indefeso ratinho, a jovem senhora continuou:

– Vamos, fale!
– Não vou colocar a culpa do que aconteceu todinha nas costas do Fabrício... Eu me apaixonei por ele, sinhazinha. Sonhei que era amada... Ele disse que gostava de mim, que ia comprar minha alforria e me levar com ele pro Rio de Janeiro. Sei que a sinhazinha compreende! A sinhazinha lembra quando ficou doente por conta de sinhozinho Leopoldo? Eu fiquei daquele jeitinho... apaixonada, perdida de amor...

Maria Eleutéria estava praticamente engasgada! A atrevida comparava aquela falta de vergonha com o amor que ela nutria por Leopoldo?

– Vicêncio, Vicêncio!
– Sinhazinha?
– Leve essa desaforada para o tronco! Mande Josias chicotear sem piedade!
– Ela não aguenta grandes coisas não... é capaz de morrer...
– Que morra! Ah! E chame os escravos da casa! Quero todos lá! Para não atrapalhar o serviço, marque o castigo para a noite, depois do jantar. E deixe essa insolente amarrada ao tronco desde já... até amanhã! Nesta casa, não admito esse tipo de coisa! Quando um negro se juntar com outro, será por ordem

de seus senhores, para dar crianças fortes que trabalhem na lavoura ou possam ser negociadas a bom preço! E não por conta de um suposto amor... Negro é pior do que animal! Animais acasalam, não amam!

Guntalê mal podia acreditar naquelas terríveis novidades! Pobre Florência... Que seria da criancinha em sua barriga? Restava uma esperança: talvez Fabrício implorasse pela escrava, amolecendo o coração de ferro de Maria Eleutéria. Resolveu arriscar, saindo a procurá-lo, fechando os ouvidos aos conselhos de das Dores:

— Num dianta, menina! O coisa-ruim num vai nem escutá ocê! E se a sinhá subé, vai mandar ocê pru tronco tamém... Ela tá com o diabo no corpo! Virge Maria!

A mocinha encontrou Fabrício descansando sob as frondosas árvores do regato. Ele até que a ouviu, mas parecia relutante em acatar as ponderações da jovem. Ir até seus anfitriões e interceder pela escrava parecia-lhe demasiado, humilhante mesmo. Se Maria Eleutéria, sabendo do relacionamento de ambos, optara pelo castigo, que poderia fazer? Além do mais, seria pouca coisa, pois Florência era a sua favorita... A moça vivia a elogiar sua sinhazinha, vangloriando-se de tal predileção...

— Em tais casos, melhor não nos metermos na decisão dos senhores da casa! Se eu fosse você, faria o mesmo... Amanhã Florência estará de volta aos seus afazeres e tudo ficará bem. De minha parte, calarei sobre essa sua intromissão nos negócios de seus senhores! Certamente a senhora mandaria açoitá-la... Agora, deixe-me descansar, menina! Vá cuidar de seus afazeres, ande!

Florência seguira para o tronco, onde ficaria amarrada o dia todo, sob escaldante sol, aguardando o suplício. Guntalê ainda conseguiu esgueirar-se da casa grande, levando água para a pobre moça, consolando-a com palavras repletas de carinho e solidariedade. Natividade auxiliou-a, embora morrendo de medo de serem pegas, vigiando se o capataz estava por perto.

Na falta de seu braço direito, Maria Eleutéria determinou:

— Cândida substituirá Florência! Das Dores ainda quis interferir:

– Ela num tem prática! A Florência foi treinada desde novinha... Sinhazinha podia perdoá a pobre... Esses moço da cidade chega na roça e engambela as moça simples...
– Pedi sua opinião? Pedi? Então cale a boca e ensine! Se a Cândida fizer alguma bobagem, mando-a para o tronco também! E você vai junto! Hoje não estou disposta a aturar negro nenhum!
– Mas, sinhazinha, a Guntalê...
– Cândida, Cândida! Este é o nome dela! Quando aprenderão que a vida que levavam no meio do mato acabou para sempre? Não são sequer donos de seus nomes! E muito menos de suas inúteis vidas!

O jantar daquela noite arrastou-se dolorosamente para a mocinha. Algo se partira dentro dela ao testemunhar a maneira desalmada como Maria Eleutéria tratara Florência, olvidando o apreço, a admiração e o carinho que a moça sempre lhe demonstrara. Se assim fora com a mulata, que todos diziam ser sua predileta, o que aconteceria com ela e Bantai? A orgulhosa senhora tinha razão em uma coisa... Eles não mais se pertenciam! Até seus nomes eram trocados... Que dizer de seus esfacelados amores, de seus sonhos? Agora era Cândida! Nada mais voltaria a ser como outrora... Ali, em meio aos brancos, era simplesmente Cândida.

No fundo de seu ferido coração, contudo, ainda reluzia tênue esperança: Fabrício poderia manifestar-se, impedindo o cruel castigo; afinal, a moça carregava no ventre um filho dele... Triste desilusão! Parecia que o assunto não lhe dizia respeito! Nos demais, idêntica indiferença, como se a bela e gentil moça que os havia servido nos meses em que ali estavam não representasse mais do que um simples corpo, um autômato sem alma, sem sentimentos.

Após a refeição, dirigiram-se todos para a sala, onde seriam servidos os licores. Maria Eleutéria pôs-se ao piano, dedilhando alegre canção da moda, cercada pelos convidados, improvisando um dueto com Fabrício.

Vicêncio entrou no recinto por instantes... Ignorado, contentou-se em fazer autoritário sinal, convocando Cândida, que ainda tentou esquivar-se, pois não desejava assistir ao terrível suplício, mas o capataz insistiu.

Os escravos achavam-se todos reunidos... Josias aguardava:

– Cadê a sinhazinha Eleutéria, homem?

– Não vem... está com os convidados. Vai ver não quer perder tempo com negro!

– Vamos lá, então! Quantas chibatadas, homem?

– Até ela desmaiar... Deve ser o bastante!

Pobre Florência! Enquanto suas forças duraram, enquanto seu corpo reagia aos golpes, Josias chicoteou! E continuou... continuou... Cândida não podia acreditar em tanta maldade! Quis socorrê-la, implorar pela suspensão do absurdo castigo, mas Maria das Dores segurou-a com firmeza, dizendo-lhe baixinho:

– Num faça isso, menina... Vai pro tronco tamém... I arresórve? Então, pra quê? De que serve morrê sem necessidade, sem proveito? Esse demônio num vai pará di batê, só si a sinhazinha mandá!

Talvez a negra tivesse razão... Melhor pensar nos deuses de sua terra distante, implorando piedade.

Leopoldo deixou a casa grande, acercando-se do tronco, desviando o olhar daquele horror. Discordava daquela severidade toda! Mas não podia tirar a autoridade da esposa... Não convinha...

– Pode parar, Josias... Tirem-na do tronco e curem suas feridas...

– Melhor não... A sinhazinha mandou deixar aqui até de manhã...

E Florência ficou ali, como determinara sua dona, a quem ela tanto admirava. Bela, culta, entendida de todos os assuntos, treinando-a para ser uma perfeita senhora, igual a ela mesma... Ilusão, pura ilusão...

Quando o suplício terminou, Cândida recolheu-se à abençoada solidão de seu quartinho, esperando ansiosamente a chegada da senhora. Somente quando a moça adormecesse poderia descer as escadas em surdina e ir até o tronco... Naquela noite, o tempo não passava... Maria Eleutéria demorou uma eternidade para abandonar os entretenimentos, outra nos preparativos antes do sono. Cândida escutava sua conversa com Leopoldo, seus risos... Como podia rir depois do que ordenara? Ao contrário da esposa, o moço limitava-se a responder...

Finalmente, o almejado silêncio!

Lá fora, enorme e clara lua derramava prata sobre os caminhos... Passando por detrás da casa, a menina atingiu o local do castigo. Alguém estava lá! Pensou em voltar... poderia ser o capataz... ou Josias... Ouvira falar de tamanhas maldades contra escravas jovens e bonitas... A lua libertou-se das sombras de algumas nuvens e ela identificou a figura de Pai Tomé!

– Menina! Que faz aqui? Se o Vicêncio sabe...

– Não vai sabê, não vai sabê, Pai Tomé! Como Florência tá?

– Mal, muito mal, menina! Perdeu a criança... Olhe o sangue...

Realmente, a mulata esvaía-se em incessante hemorragia. O velho tratou de retirar do embornal um frasco com escuro líquido, deitando-o lentamente na boca da escrava, enquanto murmurava palavras em seu dialeto natal. Depois, para espanto de Cândida, cortou as cordas que atavam a pobre ao madeiro!

– Sinhazinha mandô deixá no tronco, Pai Tomé! Nem sinhozinho Leopoldo teve coragem de desobedecê!

– Mandô, mandô! Mas vô levá a moça pra minha casa! E cuidá dela! E quero vê se a sinhazinha Eleutéria, que já tirei das mão da morte, tem coragem de mandá arguém lá. E a menina, já que tá aqui, vai dá uma ajuda!

Cândida mal podia acreditar que estava auxiliando o velho negro a roubar a escrava! Com incrível facilidade, ele tomou nos braços o corpo inerte, carregando-o. Seguiu atrás... Para que precisava dela, meu Deus?

– Pai Tomé, preciso voltá pra casa grande...

– Vai não, minha filhinha! Vosmecê vai comigo! Careço de seu auxílio! Qué que ela morra?

O jeito era obedecer!

Enveredaram pelo atalho que passava na frente da cabana de caça... tudo estava silencioso, deserto. A pedreira onde o corpo de Maria Amélia fora encontrado... depois, o caminho morro acima. O sangue pingava, tecendo rubra trilha...

Cândida julgava Florência morta, parecia uma boneca desconjuntada nos braços de Pai Tomé! Logo chegariam... Talvez fossem abrir uma cova e enterrar a moça...

O velho deitou o inerte corpo em seu leito, tratando de envolvê-lo em pesado cobertor, sempre murmurando palavras de incentivo e carinho. Depois tomou a trêmula Cândida pela mão, fazendo-a assentar na beirada da cama, explicando:

— Vosmecê vai segurá a mão da Florência e pensá que tá passando pra ela sua força, sua energia... Suplique o amparo dos deuses de nossa terra... Mas acredite, entendeu? Acredite que pode ajudá a pobrezinha a sará, menina! E feche os zóio, vô tê de fazê uma limpeza nela, tirá os resto de menino morto... e num quero ninguém desmaiando aqui... Coragem, minha filha, coragem e fé! Preciso de vosmecê, entendeu?

Cândida entendia... Pai Tomé precisava dela, de sua saúde, de sua vontade de auxiliar, de suas envolventes vibrações de compaixão e amor pela coitada da Florência. Cerrou os olhos confiante, entregando-se à prece. Uma luz imensa se fez dentro dela... Sentiu-se leve, flutuando, pairando acima do corpo, dele se desligando... Ah! Estava na distante e amada África... O vento soprava forte e cálido, criando redemoinhos, carregando as secas moitas... duas vinham revoluteando em sua direção, ao sabor dos quentes ares da liberdade. Não mais se encontrava na cabana de Pai Tomé... Seus pés mergulhavam nas ardentes areias... A poucos metros dela, as moitas de capim transformaram-se em dois deuses de sua tribo... Eles giravam, giravam, os braços estendidos para o azul do céu, as saias de capim balouçando... Rodearam-na, segurando-lhe as mãos, e ela sentiu-se invadida por uma força estranha, algo muito bom, mas assustador, tamanho seu ímpeto. E aquilo tudo era canalizado para a desacordada escrava!

A voz de Pai Tomé fê-la retornar...

— Acabô! Agora é só esperá e confiá em Nosso Sinhô Jesus Cristo! Venha, vamos tratá de prepará um bom caldo pra hora em que ela despertá...

Cândida surpreendia-se com a confiança do velho liberto! E com o fato de ele ter mencionado Jesus... Era o deus de sua sinhazinha, o que por certo não o tornava recomendável para guia espiritual de ninguém! Como se lesse seus pensamentos, Pai Tomé pôs-se a explicar, enquanto acendia o fogo, abanando com furor algumas brasas quase extintas, e suas palavras, repentinamente, não continham os habituais erros cometidos pelos negros no uso da língua de seus senhores.

– Filha, não podemos julgar os guias por seus seguidores... Há brancos maus, assim como há negros cheios de maldade em seus corações... Essas pessoas enxergam Jesus de acordo com sua maneira de ser...

– Alguém já disse isso pra mim...

– A moça loira...

– Pai Tomé também conhece a moça loira? Maria Helena?

– Sim! Ela anda por estes lados! E também acompanha você há muito tempo... Ambas trabalharão juntas na importante tarefa de aliviar o sofrimento dos negros, ajudando-os a superar as dificuldades, para que não falhem...

– Não entendo... Só sei que agora vi dois deuses de minha tribo...

– Nosso Senhor Jesus Cristo tem Espíritos que o auxiliam em todas as religiões. Não importa a forma como se apresentam... eles aparecem da maneira como melhor podem ser identificados, e sua abençoada ajuda deve ser acatada sem preconceitos... Com certeza, reconheceu as entidades religiosas de seu povo, aceitando-lhes o auxílio sem medo, abrindo o coração; caso aparecesse alguém vestido de acordo com o costume dos brancos, provavelmente se fecharia, prejudicando o trabalho... Não é assim?

Cândida concordou, compreendendo que teria muito a aprender! De onde viria aquela sabedoria toda, se Pai Tomé nascera de ventre escravo, sempre vivera ali, jamais tivera instrução a não ser o pesado cabo de enxada? E aquele não parecia Pai Tomé falando... Abanou a cabeça... Não era o momento adequado para tais questionamentos, pois necessitava retornar antes que o dia raiasse! E os galos começavam a cantar... Desceu correndo o pequeno trilho, tomando o caminho da sede da fazenda. As primeiras luzes da aurora clareavam os céus e ela apressou os passos ainda mais...

Na pedreira, um vulto envolto em vestes cor-de-rosa olhava fascinado para a funda ribanceira... Cândida desejava parar, falar com Maria Amélia, mas breve o sol surgiria... Logo Vicêncio chegaria à senzala, o pátio encheria de gente e descobririam: Florência sumira! Precisava chegar a seu quarto o quanto antes, senão...

Mal cerrara cuidadosamente a porta, desabando sobre o leito, o coração disparado, a respiração opressa, escutou vozes fora da casa... Pertenciam ao capataz e ao feitor. Os sons chegavam nas asas da fresca brisa matutina...

Atravessou o corredor, esbarrando com Maria das Dores:

– Que aconteceu, Cândida? Trati di vortá pra cama...

– Mas Vicêncio tá vindo aí! E Josias! Escutei lá do quarto...

– Vô pra cozinha prepará o café! Virge Maria! Coisa boa num devi di sê! Trati di ficá no seu quarto... Arguma coisa me diz que ocê tem participação no que tá acontecendo... Ah, se tem! Tem sim...

A mocinha disparou na direção do quartinho, concordando intimamente com os receios da cozinheira. O capataz desconfiaria se a visse ali, naquelas horas... E vestida! Esquecera-se de que estava usando as mesmas roupas da noite anterior... e sujas de sangue, do sangue de Florência!

Trocou-se às pressas, prevendo que logo as coisas esquentariam. Escondeu as roupas sob o leito... Mais tarde, trataria de lavá-las no riacho, longe das vistas de todos. Podia escutar a voz forte de Maria das Dores discutindo:

– Se ocêis acordá a sinhazinha por conta desse negócio de Florência sumi, ela vai ficá muito braba! Acho que ocêis devia di cuidá disso suzinho... Mas, se quisé, mando a Cândida despertá ela... Vai sê um Deus nos acuda!

– Vai ver você tem razão, negra palpiteira. Vamos procurar! E acharemos! Mas voltamos! Isso não vai ficar assim!

– Vai não, vai não... Dois hóme que num serviro pra guardá uma escrava quase morta de tanto apanhá? Hum! A sinhazinha vai virá uma onça! Num quero nem tá por perto! Virge Maria!

Assim, a manhã transcorreu calma, apesar dos olhares trocados de soslaio entre os escravos da casa, sabedores da novidade através dos cochichos de das Dores:

– Sumiu! O corpo da pobre Florência virô fumaça, gente!

– Uai... mas quem faria isso? Só pode sê negro... Branco num ia se interessá de tirá escrava quase morta do tronco!

– Vai vê foi o sinhozinho Fabrício, arrependido de deixá a pobre no sereno...

– Tião! Tá doido? Aquele mardito bebeu tanto onte que tivero di levá pro quarto... Desmaiado... Num faria isso nem que quisesse! No seu lugá, tratava di tomá esse café logo e caía fora... As coisa vai esquentá e coitado de quem tivé por perto!

Calada, Cândida tudo escutava, receando que alguém fosse castigado injustamente por sua participação no episódio do sumiço de Florência! Por volta das onze horas, Vicêncio e Josias retornavam, dando a notícia:

– Roubaram o corpo de Florência! Achamos que foi o Pai Tomé, porque a trilha de sangue vai para os lados da cabana do velho...

– E não foram até lá para ver?

– Nem pensar, sinhazinha! Ele pode achar ruim... e jogar uma praga em nós.. Além do mais, o negro curou a sinhazinha quando os médicos haviam dado o caso por perdido! É o dodói do sinhô Altino... Mas a sinhazinha é que sabe... Se mandar, damos uma prensa nele!

Maria Eleutéria ficou pensativa. Desde muito pequena, ouvira a mãe insistir com o pai, tentando convencê-lo a despachar para bem longe o singular cativo, mas Altino sempre se recusara, alforriando-o inclusive. Confiava em seus benzimentos, nos remédios de plantas, preferindo-o aos médicos e farmacêuticos formados. E o velho curara o estranho mal de amor que quase a levara para o túmulo... Sem falar que o pai, em sigilosa conversa, relatara que o escravo o aconselhara a localizar Leopoldo, para que ela não morresse de amor! Melhor não provocar o velho...

– Deixem Pai Tomé em paz! Se levou o corpo de Florência, deve ter seus motivos. Quando ela sarar...

— Sara não! Quando bato, bato pra valê! E ela era fraquinha, fraquinha... E com o bucho cheio de criança ainda por cima... A sinhazinha precisava ver o sangue correndo... Tem jeito não! A essas horas, tá bem morta, mortinha! É só o trabalho de enterrá...

— Tudo bem, Josias! Já entendi! Esqueçam essa história de Florência! Maldito mocinho da corte! Pôs a perder a melhor escrava da casa!

— A sinhazinha deveria cobrar dele o preço da peça!

— Também penso assim, Vicêncio, mas trata-se de convidado de Leopoldo... Melhor deixar para lá! Ainda bem que Cândida é jeitosa, vou treiná-la, assim como fiz com Florência...

Nos meses seguintes, Cândida mal tinha tempo para respirar, pois a perfeccionista Maria Eleutéria levava a sério seus propósitos de prepará-la para a nova função. Constatando sua boa vontade e inteligência, repassou-lhe as tarefas da infeliz Florência, mantendo-a também como sua mucama. A mocinha levantava muito cedo, antes mesmo de o sol nascer, coordenando os muitos trabalhos da casa, cumprindo seus deveres e auxiliando as demais, pois compreendia que os deslizes atingiriam a todos, uma vez que o senso de justiça de sua senhora era deveras estranho...

Cândida muito apanhou por conta do fato de nem sempre a atender de imediato, até que Eleutéria resolveu concordar com a sugestão de Leopoldo, exausto de tamanha insensatez e tantos berros:

— Minha querida, a moça não pode estar em dois lugares ao mesmo tempo! Em minha opinião, exagerou, e muito, no castigo de Florência. Ela poderia ter o filho, seria mais um escravo na fazenda...

— Não permito safadezas nesta casa!

— Ah! É bom saber... Terei de ficar quietinho...

— Nós somos os senhores! E nos amamos!

— Florência também se apaixonou pelo malandro do Fabrício... e ele teve a parte maior na responsabilidade, minha cara, pois ficou insistindo, insistindo, até que a pobrezinha caiu na conversa dele! Prometeu que se casaria com ela!

– Como sabe disso?
– Sabendo! Ele próprio me contou, na noite da bebedeira...
– Vicêncio me disse que ela era uma desavergonhada!
– Vicêncio, Vicêncio... Vicêncio é outro, que vivia assediando a pobre!
– Vicêncio? Mas... por que nunca me revelou isso, senhor meu marido?
– E adiantaria por acaso? Vai fazendo tudo sem escutar ninguém! Por conta de tanta pressa em resolver as coisas, perdemos uma ótima escrava, a melhor que já tivemos na coordenação das tarefas da casa! E agora, se não parar de castigar Cândida, acabaremos perdendo-a também... Faz uma semana que manda chicoteá-la... todo santo dia. Quer que a pobre dê conta de tudo! E com perfeição total! E numa velocidade impossível! Andei pensando... Que tal se colocasse uma sinetinha em nosso quarto, como fazem as damas da corte? Ouvi dizer que elas não gritam por suas mucamas... não é considerado elegante! Tocam a sinetinha de prata... ou de ouro, se assim preferir. Há lindíssimas nas lojas dos ourives da corte, verdadeiras joias. Pediremos uma! A minha linda esposa somente precisará aguardar, com um pouquinho de paciência, a chegada da encomenda...

Paciência! Justamente o que faltava a Maria Eleutéria! Acedeu, desejando parecer fina, além de também admitir que seria difícil ficar sem Cândida. No fundo do coração, sentia pequeninas pontadas de incipiente arrependimento, pois Florência sempre fora muito gentil e prestativa, verdadeira flor no trato com todos. Mas não queria dar o braço a torcer!

Os dias transcorriam céleres. Por mais que desejasse subir o trilho da casa de Pai Tomé, Cândida não lograva desvencilhar-se, ainda que por instantes, da trabalheira da casa. Maria das Dores, que assumira o papel de sua confidente e conselheira, pois há muitos anos, desde o tempo do pai de Altino, ali estava e tudo conhecia, sugeriu:

– Menina, a sinhazinha num vai dá folga não! Só si ocê fô de noite, dispois que todo mundo tivé na cama...

— E se ela acordá?

— Aí, só Deus! Posso ficá por perto e dizê que ocê tá com dô de barriga... Na moita... Será que lá da cabana de Pai Tomé dá pra escuitá o sino da fazenda? Então! Digo que vô chamá ocê com o sino... Trêis batidas e trati di vortá voano! E põe a curpa na dô de barriga... E eu digo que é assim mesmo! Piriri dos brabo! Vá hoje mesmo, que é noite de lua cheia! E num demore muito por lá!

Maria das Dores estava coberta de razão, enorme lua clareava os caminhos! Em apertado passo, quarenta minutos depois chegava ao início do trilho, subindo rumo à choça. Tudo estava silencioso, mas o velho aguardava-a na porta!

— Pai Tomé!

— Minha menina! Entre, entre!

— Vim vê vosmecê... e sabê de Florência!

— Pobre Florência... Tá viva, mas o chicote traiçoeiro de Josias fez um estrago danado... Tá fraca, caminha com dificuldade... mas vai melhorá, vai sim. Tô fazendo uns banho de erva, massage...

— Pobrezinha!

— E ela só fala no moço Fabrício, num esqueceu o covarde!

— Ele ainda tá na fazenda! Passeio demorado dessa gente! Parece que resolveram mudá em definitivo pra lá! Inté a sinhazinha, que gosta de companhia, tá reclamando. O tal do Fabrício tá quieto, quieto... Vai vê é por conta do que o sinhozinho Leopoldo disse! A das Dô escutô... atrás da porta, como sempre... O sinhozinho reclamô, dizendo que ele tinha enganado a Florência, prometendo vida de casada na corte! Que não tinha nada com as enrascada dele, mas tinha perdido uma escrava preciosa... Ele acha que ela tá morta! Todos acham, menos a das Dô, que eu contei o que aconteceu. Ela tem ajudado muito...

— Deixe que pensem assim, minha menina! Mas um dia eles vão sabê... Daí vemo como fica... Ah! Espie lá na cama... Fiz uma bem ajeitada e deixei no quartinho dos fundo, pra pobre tê um cantinho só seu.

Cândida mal reconheceu na adormecida criatura a bela moça de outrora. Estava magra, pálida...

– A surra acabô com a pobrezinha! E o desgosto... esse é o pior! Sem falá na saudade daquele danado que enganô ela...

– O que vamo fazê, Pai Tomé?

– Nadinha, minha filha, nadinha. Esperá que o tempo apague as lembranças do castigo... Aguardá que ela possa convivê com o que sente, mudando a maneira de encará a vida... Ilusão demais causa sofrimento, das veiz inté leva a pessoa a se destrui. Quando ela melhorá um pouquinho mais, ocêis poderão conversá...

– De que jeito, se não tenho um minutinho livre naquela casa? E o que vô dizê pra pobrezinha?

– Não se preocupe, a menina Maria Eleutéria vai viajá logo, logo... Mudando de assunto, vô ensiná um caminho mais perto pra chegá aqui... Vem por detrás da senzala, sem passá pela pedrera... encurta bastante, bem menos da metade do tempo. Só tem de atravessá uma pinguela, mas vosmecê não tem medo, não é? O povo também fala de umas onça, mas faz um tempão que não vejo...

– Ai, meu Deus! E se aparecê uma? Pensando bem, pode sê melhor enfrentá onça do que o caminho da cabana de caça... Não gosto daquele lugar... E tem mais! Se a sinhazinha acordá, a das Dô vai batê o sino e tenho de voltá rapidinho!

IV
O REGRESSO DE ALTINO

No início da semana seguinte, as novidades vieram: Altino regressaria da longa viagem!

O casal resolveu recebê-lo no porto, aproveitando para passar algum tempo na corte. A ideia procedera da moça, em parte devido à longa estadia de seus desocupados hóspedes.

— Vamos aproveitar, Leopoldo! Embora a viagem seja longa e cansativa, valerá a pena! Partimos todos, poderei ver como está a moda... Iremos a bailes, saraus, teatro... Que maravilha!

— Tudo bem! Mas primeiro ficaremos pelo menos dois dias em Ouro Preto. Preciso deixar algumas coisas em ordem antes de uma viagem tão demorada.

Cândida mal podia acreditar! Meses sem o ferrenho controle de sua senhora! Para melhorar, Leopoldo resolvera fazer-se acompanhar de Vicêncio, alegando que o capataz seria útil na cidade, podendo retornar à fazenda assim que partissem para a corte. A menina pensava: quem sabe ele não seguiria junto para o Rio de Janeiro? Seria bom demais!

Uma semana depois, após muitos preparativos, Cândida assistia ao desaparecimento dos coches na curva da estrada, as vozes perdendo-se na fresca manhã...

Disparou como louca na direção da senzala, embarafustando na mata, rumo à cabana de Pai Tomé. Logo estava à entrada, deparando com Florência sentada no banco, pensativa, triste:

– Guntalê!

Há quanto tempo não a tratavam assim! Esquecera-se de como soava aquele nome! Nos últimos tempos, o passado parecia muito distante. Bantai, o único e último elo, estava há tempos em outra propriedade de Altino, e ali permaneceria por prazo indeterminado, colocando sua força e destreza na tarefa de derrubar a floresta para a abertura de novas áreas de plantio. A mocinha sentia o coração apertado de saudade! As pouquíssimas notícias a seu respeito haviam sido extraídas de Vicêncio a custo, através da esperteza de Maria das Dores, que cevava o desconfiado capataz com suas inigualáveis guloseimas. O noivo de Guntalê labutava como um doido, valendo por três ou quatro trabalhadores, tudo por desejar volver o mais rápido possível para perto de sua inolvidável amada!

– Florência!

– Ah! Você demorou...

– É muito difícil sair da sede da fazenda! A sinhazinha não dá um minuto de descanso! Hoje todos partiram e vim correndo...

– Fabrício também?

Cândida sentiu imensa pena da moça. Balançou a cabeça afirmativamente, abaixando-a, evitando os olhos cheios de lágrimas da escrava.

– Ele foi embora, meu Deus... Nunca mais verei o meu amado!

– Florência, já pensô que pode ser melhor assim? Os branco são muito orgulhoso... Não passamos de simples corpos à disposição deles! Lembra das histórias de das Dô? Pois não é?

– É fácil falar, mas difícil aceitar... O coração sangra de saudade... Não consigo dormir, comer nem se fala, nada parece certo... Falta um pedaço, entende?

Como entendia! Em relação a Bantai, sentia-se assim! Mas ele a amava! Podia acalentar em seu coração alguma esperança! E a certeza daquele amor aquecia sua alma, dando-lhe forças... Pobre Florência... não era o seu caso! Fabrício parecia nem se lembrar dela! Andara saindo com outras da senzala depois que a moça se fora! E jamais tocara na questão do castigo... e muito menos na criança!

Resolveu escutar somente. Deixaria que a amiga desabafasse, colocando para fora tudo o que estava guardado dentro dela... Aquela mágoa toda certamente funcionaria como um corrosivo veneno, minando-lhe as energias. Depois, quando o assunto esvaziasse, dirigiria a conversa de maneira que a pobre moça descobrisse por si mesma as ilusões que a agrilhoavam. Um longo processo, demandando tempo...

Dentro da cabana, Pai Tomé sorriu. Embora fosse muito menina, Guntalê tinha jeito para a coisa... Graças a Deus! Até então, Florência jamais se abrira, permanecendo isolada em seu canto, calada, triste, sem vontade de viver.

O velho volveu os olhos para a porta, pressentindo a presença de alguém... Realmente, ali estava a entidade loira, de longos cabelos enfeitados com flores brancas, uma beleza de tirar lágrimas dos olhos!

– Pai Tomé! Que a paz de Jesus esteja nesta casa, meu amigo!

– Senhora!

– Pai Tomé, chegou o momento em que Cândida iniciará seu trabalho, devidamente auxiliada pela espiritualidade. De agora em diante, a menina frágil, duramente atingida pelos tristes episódios na distante pátria, agigantar-se-á em redentora tarefa junto às pessoas do lugar, negros e brancos. Em vidas passadas errou muito, mas conquistou, pouco a pouco, sua libertação, burilando sentimentos, adquirindo sabedoria, aprendendo a amar a si mesma e a seu próximo, pronta para agir na missão de servir de sustentáculo a muitos, propiciando condições para que se livrem das amarras materiais e da ignorância das leis divinas. Vieste primeiro, meu amigo, recebendo o necessário invólucro carnal, à semelhança do ocorrido com ela. Ambos superaram atavismos do pretérito, adquiriram créditos que possibilitam atuar como representantes do Mestre, servos leais, fiéis, amorosos. No entanto, em um primeiro momento, nossa irmãzinha precisa de ti, assim como o Mestre necessitou do trabalho de João Batista para desbravar os caminhos. Serás o ombro amigo, o reconforto das horas difíceis, aquele que lhe fornecerá inicialmente as lições sobre Jesus, propiciando o aflorar de importantíssimos acervos do inconsciente. É chegada a hora!

Por instantes, suave perfume pairou no ambiente... Reverente, Pai Tomé agradecia a Deus.

Lá fora, a voz de Cândida despedia-se com urgência, prometendo voltar no dia seguinte, pois as três badaladas do sino chegavam nítidas... O sinal combinado! Embora Vicêncio houvesse partido com os senhores, o feitor assumira-lhe as funções de inflexível guardião.

A partir daí, o velho negro encararia a responsabilidade de sua tarefa com maior empenho e lucidez, procurando desempenhá-la com amor, apresentando à mocinha o Mestre. De sua parte, Cândida sentiria conhecer Jesus de há muito, como se Ele fosse um precioso amigo, finalmente reencontrado através das singelas palavras de Pai Tomé!

Os dias transcorriam céleres. Nem sinal de Bantai! Josias não se deixava cativar tão facilmente pelos quitutes de Maria das Dores, permanecendo firme em seus propósitos de ocultar informações sobre o escravo distante. A cozinheira não se conformava:

– Mardito feitô! Vem aqui, come como doido, acaba com os doce, os queijo... Leva pra casa pacote e mais pacote com broinha, biscoito, doce de leite e num sei mais o quê... e num fala nada? Ah, ele me paga! Amanhã, quando o danado chegá aqui com aquele jeito de morto de fome, vai achá tudinho guardado, escondido... Quero vê si ele vai fazê a negra das Dô de boba mais uma veiz! Ah! E si ele resorvê de engrossá, digo pro infeliz que a sinhazinha deu ordem, antes de viajá, pra ninguém entrá na cozinha da casa grande! Só nóis, os negro da casa... E ele num é da casa, uai! E nem negro! Ah! Que farta faiz o Vicêncio! Ele sim! Comia e falava, comia e contava o que a gente queria sabê... parecia passarinho cantano!

— Das Dô, das Dô... Josias é tinhoso... cuidado!

— Natividade, tem momento que a gente tem di sê dura que nem pedreguio do rio! Pobrezinha da Cândida, sem notícia... Quarqué hora, adoece de banzo... Lembra da sinhazinha Maria Eleutéria quando ficô enrabichada pelo sinhozinho?

— Por falá na danada, como será que ela tá lá no Rio de Janeiro, com o povo elegante da corte?

— Daquela cobra num quero nem notiça, Natividade! Êita peste! Vai vê nem o povo de lá guenta aquela tinhosa! E vamo tratá di esquecê esse assunto, pra num dá azar!

Maria Eleutéria volveu os olhos para a fazenda que se distanciava... Passaria uns tempos longe daquela gente! Os negros deixavam-na irritada... contrariando suas ordens, fazendo as coisas de maneira errada. Precisava mandar chicoteá-los o tempo todo, senão perderia o controle da casa! E, ainda por cima, Leopoldo contestava suas decisões, achando que ela exagerava nos castigos! Sentia-se exausta!

Observando-a, o esposo pensava:

— Sempre cuidando de tudo e todos! Controlando, manipulando... Deus nos livre dos perfeccionistas! Jesus, como farei para ficar em Ouro Preto, ao invés de ir à corte com ela? O plano é bom, mas nunca se sabe... Fabrício está treinado para o que vai falar... e Vicêncio não se atreverá a me desobedecer, por mais leal que seja à sua sinhazinha. Não se arriscaria, pois sabe que, no fim, ela faz o que quero. Tem de dar certo!

impecável, o casarão da cidade reluzia, o que não impediu as contundentes críticas da jovem senhora e sua ira contra os pobres escravos. Na mesma noite, Leopoldo pretextou urgente visita ao imaginário enfermo, levando os amigos junto. Para dar veracidade à história! E para que festejassem... seu destino era a casa de Madame! O moço lamentava não poder pernoitar em companhia da apaixonada Beatriz, mas precisava tomar cuidado, evitando conflitos que dificultassem a planejada encenação.

Ainda assim, ao retornar, encontrou Maria Eleutéria aguardando-o:

– Minha querida! Demorei-me, pois aconteceu o pior!

E relatou comprida história, onde o amigo estaria às portas da morte, requisitando sua contínua presença, recusando-se a aceitar o apoio de qualquer outro...

– Dizem que essa doença deixa as pessoas um tanto desequilibradas mentalmente, minha cara. Agora acredito que sim! Imagine que me fez prometer ficar a seu lado até a hora final! E ainda me ameaçou com o fogo dos infernos se o abandonar!

– Deus nos proteja! Que maneira ingrata de agradecer o que tem feito por ele! Em seu lugar, não iria mais lá...

– Também pensei assim! Mas o padre me aconselhou a concordar com as súplicas e exigências do pobre... e disse que esse negócio de rogar praga na hora da morte é muito sério, podendo até acabar com a vida da pessoa! E tudo porque inadvertidamente mencionei nossa ida à corte... Ficou possesso! E adivinhe em quem jogou a culpa?! Na minha linda esposinha!

Maria Eleutéria ficou preocupadíssima... morria de medo de tudo relacionado à morte! Assim, na manhã seguinte, à mesa do desjejum, quando Leopoldo tocou no assunto e Fabrício demonstrou semelhante preocupação, a moça entrou em crise:

– Onde já se viu tamanho absurdo, meu Deus? O pior é que precisamos partir imediatamente! Se não estivermos no desembarque, meu pai poderá magoar-se! Que explicação daremos?

Habilmente, Fabrício tratou de sugerir a permanência de Leopoldo em Ouro Preto até o decesso do tal amigo, que certamente não demoraria mais do que um ou dois dias...

– Depois do funeral, Leopoldo seguirá até a corte! Poderá inclusive nos alcançar no caminho, pois a viagem é longa, as paradas são muitas... Melhor assim do que conviver o resto da vida com um fantasma vingativo em nosso pé. Sei de um caso ocorrido em minha família mesmo, com uma prima...

E desfiou uma história longa, verdadeiro conto de terror, obra-prima da invencionice.

Maria Eleutéria finalmente capitulou, persignando-se vezes inúmeras. Leopoldo ainda fingiu contrariedade, todavia acabou aceitando o alvitre de Fabrício, sugerindo à contrariada esposa que Vicêncio os acompanhasse na viagem.

– Em vez de retornar à fazenda, será mais útil na corte... Sem falar que protegerá minha preciosa mulher... E é de confiança, minha cara! Com ele junto, ninguém se atreverá a nada!

Beatriz mal podia acreditar! Parecia um sonho! Um sonho de amor... meses com Leopoldo a seu lado!

Apesar das gentilezas de Madame, após os primeiros dias Leopoldo se mostrou incomodado com todas aquelas moças à sua volta. E havia a clientela... Alguém poderia dar com a língua nos dentes e adeus história de amigo agonizante! Nunca se sabe! Necessitavam de um lugarzinho somente deles, longe da cidade.

A pequena chácara estava à venda por módico preço, era afastada, porém com todos os confortos. Herança de um tio distante, o atual proprietário pretendia desfazer-se dela com urgência. Beatriz encantou-se, percorrendo os aposentos entre entusiásticas exclamações:

– É linda, Leopoldo. Longe da cidade... aqui não correremos perigo!

– Vamos comprá-la então! Será sua!

– Mas... e Madame?

– Madame continuará recebendo sua parte na negociação... enquanto estivermos juntos.

– Jamais nos separaremos, meu amor, jamais!

Sem que percebesse, Leopoldo envolvia-se cada vez mais. Não cogitava a existência sem Beatriz! Arriscava-se desnecessariamente, olvidando que Altino lhe conhecia os levianos pendores. Maria

Eleutéria podia ser ingênua, facilmente manipulável, confiante, mas não se poderia dizer isso do sogro!

De imediato, Altino estranhou a ausência do genro. As explicações careciam de convencimento... Um pensamento brotou forte e certeiro:

— Leopoldo está enganando Maria Eleutéria! Quem será dessa vez?

Uma ira imensa tomou conta do orgulhoso coronel! Sacrificara valores e crenças muito preciosos, tudo para preservar a felicidade da filha! E explicara muito bem ao malandro o que dele esperava! Precisava agir! Saberia, no entanto, esperar a hora conveniente, investigando com cuidado, depois tomando providências!

Maria Eleutéria, conquanto distante do esposo, desfrutava cada momento, encantada com os luxos da corte. Muito bela e rica, não lhe faltavam admiradores, e o pai observava sua alegria, começando a questionar se fizera bem em ocultar o verdadeiro caráter de Leopoldo, dando respaldo a uma união baseada em mentiras, solapada por traições logo no começo. Certamente teria sofrido com o rompimento, mas o tempo terminaria apagando as lembranças, as feridas cicatrizariam... Agora, depois de muito refletir a respeito dos acontecimentos do passado, finalmente chegava à triste conclusão de que o fato de alegar estar protegendo Maria Eleutéria do padecimento de saber-se atraiçoada pelo noivo com a própria mãe não passara de um subterfúgio, pois na realidade estava interessado em salvaguardar o próprio orgulho, ocultando da sociedade o adultério da esposa!

O tempo decorrido viajando pelo mundo, inútil tentativa de esquecer os acontecimentos na cabana de caça, servira para que refletisse. Quantas e quantas vezes, olhos fitos na esteira de água deixada pelo casco da embarcação, sob a luz das estrelas, analisara sua vida com Maria Amélia, constatando que o erro ocorrera desde o início da relação fundamentada em bens e conveniências sociais, jamais em amor, carinho, afinidades. Deveria ter seguido os conselhos de Pai Tomé!

Com Maria Eleutéria poderia ser diferente... Estaria ela tão cega a ponto de ignorar o desamor do esposo? Quando perceberia que passageira paixão e imensas ilusões impulsionavam o relacionamento defendido com unhas e dentes?

Causou estranheza a todos o fato de a moça permanecer na corte além do planejado, principalmente porque Leopoldo não aparecera por aqueles lados, enviando missiva na qual relatava as torturas da prolongada agonia do amigo que ninguém jamais vira. Nela asseverava logo chegar... assim que o doente baixasse à sepultura... Irritada, a moça atirara longe a carta, permanecendo amuada por algumas horas. Logo, porém, voltara à animada rotina de festas e passeios.

Havia baile em um dos salões mais seletos da cidade. Acompanhando a moça, ainda no coche, Altino sondou o terreno:

– Está feliz, minha filha?

– Muito! Sinto-me livre, como se um peso houvesse saído de cima de mim...

– Não entendo... que eu saiba, nada jamais a pressionou...

– Não sei, meu pai... Tratava-se de uma sensação, precisava estar o tempo todo vigiando, cuidando, para que nada ocorresse de ruim! Sempre pensei tivesse tudo a ver com os escravos, aqueles boçais! Culpava-os! Às vezes, na hora da irritação, excedia-me nos castigos... Engano meu, agora percebo. Desde que conheci Leopoldo, as coisas têm sido assim!

– Talvez tenha algo a ver com ele...

A moça parou, refletindo...

– Pode ser... Amo meu esposo! Amo! Mas não tenho paz ao lado dele, sinto-me eternamente insegura, como se alguma coisa terrível fosse acontecer... Ele está comigo, mas, ao mesmo tempo, longe, muito longe. Vivencio uma solidão a dois... Nos últimos tempos, até suas palavras de amor soam falsas, vazias... E há sempre uma ou outra coisa mal explicada! Calo-me, com medo de revelações e descobertas que poderiam machucar meu coração... Todavia a angústia persiste! Não adianta fingir nada estar acontecendo...

– Há dois meses estamos aqui, filha... No começo, ainda parecia sentir falta da presença de Leopoldo... Agora...

A moça interrompeu o pai, abraçando-o:

– Deixemos para lá esse assunto desagradável! Meu esposo está cuidando do tal amigo... e nós estamos aqui, nesta cidade linda, divertida, repleta de gente interessante.

Vendo-a valsar, Altino considerava mentalmente:

– Interessante demais, ao que parece...

Maria Eleutéria começava a conhecer um outro lado dos relacionamentos. Enquanto bailavam, o jovem conde fitava-a encantado... Se com Leopoldo a paixão carnal predominava, com aquele moço, praticamente um estranho, prevalecia algo mais terno, menos inquietante...

Finalmente regressavam às Minas Gerais. Pai e filha seguiam mergulhados em seus pensamentos. Maria Eleutéria pensava no conde... e em outros admiradores! Altino, no levantamento da vida do genro...

Na volta, parariam em Ouro Preto. Estranhamente, a moça havia insistido em guardar segredo do retorno, como se desconfiasse da prolongada ausência do esposo, desejando apanhá-lo em erro...

Esquecera-se, porém, de Fabrício! Mais do que depressa, o moço tratara de enviar mensagem ao amigo, prevenindo-o. Assim, pai e filha depararam com um bem comportado Leopoldo dormindo logo após o jantar, como conviria a amoroso esposo, convenientemente surpreso com a "inesperada" chegada.

– Meu amor! Senhor Altino... Por que não avisaram? Quase não me pegam aqui, pois estava com tudo pronto para encontrá-los no Rio! Graças a Deus, o pobre finalmente descansou! Quanto sofrimento, nem podem imaginar! Não sabia mais o que fazer... Onde está Vicêncio?

Altino respondeu sucintamente:

– Mandei-o na frente, há mais de quinze dias... Não passou por aqui? Estranho... Certamente estava tão preocupado como eu com as coisas na fazenda... Afinal, será que Josias deu conta do recado sozinho? Não importa... a estas horas, Vicêncio deve estar cuidando de tudo com sua costumeira eficiência!

Leopoldo bem percebeu a alfinetada...

— Então, partamos imediatamente para lá! Não vejo a hora de estar em nossa casa, meu amor!

— Ainda não, meu genro... ainda não. Sinto-me exausto! Melhor ficarmos um ou dois dias por aqui e depois iremos... Estou ficando velho, não aguento esses longos trechos, meu caro!

Leopoldo calou. Temia Altino... Maria Eleutéria, facilmente a conduzia, mas o sogro era esperto, demasiado esperto para seu gosto. Não transparecia, contudo, alimentar suspeitas... Estava a imaginar coisas! Contrastando com a vitalidade da filha, seu sogro poderia parecer um tanto cansado, mas continuava o mesmo homem forte e voluntarioso, de bela e cuidada aparência. Aquela história de exaustão certamente não passava de pura balela!

Na manhã seguinte, Vicêncio aguardava Altino em um trecho deserto da estrada, debaixo de enorme árvore, conforme haviam combinado antes de o capataz deixar o Rio, encarregado de sindicância a respeito de Leopoldo. Ah! Com que prazer efetuara o serviço!

— Bom-dia, Vicêncio! Temos notícias?

— Bom-dia, patrão! Bem que o patrão desconfiava! O danado está de casa montada com uma "zinha", uma das meninas de Madame! Comprou chácara, dá do bom e do melhor, até escrava!

Altino empalideceu. A história era muito pior do que imaginara! Tratava-se de caso complicado, de amasiamento! Se Maria Eleutéria soubesse...

— Muito bem, Vicêncio! Trate de guardar segredo, ouviu? Será bem recompensado!

— Não carece, coronel! Foi um prazer descobrir as safadezas daquele sujeito... O que o patrão vai fazer?

— Ainda não sei... não sei. Preciso pensar! Volte para a fazenda imediatamente! Deixe recado meu com o Dito e o Josias... É para dizer que você está lá há uns dias... Não quero que o desgraçado desconfie de alguma coisa e tenha tempo para arranjar desculpas quando tiver de agir contra ele! Ah! Avise também a das Dores! Ela é a mais faladeira! Faça um agrado, tome aqui as moedas!

— É muito, patrão!

— Não é não! Entregue a cada um dos envolvidos, para garantir, entendeu? Trata-se da felicidade de sua sinhazinha!

Os olhos de Vicêncio brilharam...

Enquanto isso, no casarão, Maria Eleutéria acordara muito cedo, permanecendo entre as cobertas, pensando, pensando... Leopoldo estava diferente, distante... Não houvera paixão, como se o encanto houvesse desaparecido. De início, lançara total responsabilidade sobre o esposo, mas acabara reconhecendo seu próprio desinteresse. Talvez na fazenda tudo voltasse ao normal...

Logo após o desjejum, Leopoldo pretextou alguns negócios, dizendo não a convidar para acompanhá-lo por se tratar de coisa de homens, sem a menor graça... Ia à chácara, onde uma desconsolada Beatriz o aguardava para as despedidas.

— Quando voltará, meu amor? Ah! Não... tem mesmo de ir?

— Beatriz! Como não? Meu sogro e minha esposa estão na casa da cidade! Arrisquei-me vindo até aqui... Mas fique despreocupada! Logo inventarei uma desculpa e virei vê-la, meu amorzinho. Deixei dinheiro na gaveta do quarto... uma boa quantia, para que nada lhe falte! E já acertei adiantado com Madame.

Vendo-o partir, Beatriz não se conformava com a ideia de continuar a dividi-lo com a outra, por mais que Leopoldo lhe explicasse a difícil realidade de o dinheiro pertencer ao sogro e, por tabela, à esposa. Deveria haver um jeito! Desesperava-se, o ciúme a consumia, mal podia dormir ou comer...

Vicêncio chegara à fazenda, tratando de seguir as ordens de Altino, distribuindo as moedas entre aqueles a quem o sinhozinho porventura recorresse no intuito de confirmar a pretensa data de sua chegada. Maria das Dores estranhou:

— Aí tem... O sinhô Artino mandô eu contá mentira se o sinhozinho perguntá onde ocê tava, Vicêncio? E a moeda é pra mim? Uai! Se ocê tá mandano, vô obedecê... Venha, sente aqui... Fiz doce de leite, inda tá quentinho! E pão, daquele enroladinho com queijo, como ocê gosta!

Mas não conseguiu uma palavra a respeito do intrigante assunto! Mal o moço saíra, comentou com Natividade:

– Hum... A coisa devi di sê séria... Num consegui arrancá nada dele! Mas vô insisti... Uma hora descubro, ah se descubro! Vô fazê uns bolo e tento de novo...

Assim, quando Leopoldo, como quem não quer nada, indagou a respeito de Vicêncio, a resposta veio unânime no portão e na cozinha:

– Chegô faiz uns dias, sinhozinho...

Para Altino, a fazenda despertava tristes lembranças. Andou melancólico pela casa, provocando velados comentários:

– O sinhô devi di tá com sardade da sinhá Maria Amélia...

No terceiro dia, resolveu visitar Pai Tomé!

O velho aguardava-o na entrada da cabana, recebendo seu antigo dono com carinho. Conhecia-o desde pequenino, dele recebera a abençoada alforria e o direito de permanecer na fazenda até sua morte. Como estava amargurado o seu menino!

– Sinhozinho!

– Pai Tomé...

– No que o negro pode ajudá, meu sinhozinho?

– Preciso abrir o coração... Sinto uma dor no peito, uma angústia terrível... Se continuar assim, acabarei doente!

A história da morte de Maria Amélia veio aos poucos, entrecortada de soluços. O negro escutava... A bem da verdade, já sabia de tudo aquilo, os guias haviam revelado desde o início... Silenciou, no entanto, para não machucar ainda mais o seu menino.

– Não pretendia matar Maria Amélia... e muito menos aquele malandro! Queria sim dar uma surra de criar bicho nele, mas o sangue subiu-me à cabeça e, quando vi, a desgraça estava feita. Nem amava a infeliz, jamais a amei, sequer pude gostar dela, pois éramos muito diferentes... Eu ansiava por amor e ela, ela era dura como aço, inflexível, fria... Nem a própria filha conseguia despertar sua ternura... Ah, meu Deus! Que bobagem estou dizendo, a quem desejo continuar enganando? Mesmo que Maria Amélia me amasse, eu a ignoraria, pois sempre tive o coração tomado inteiramente por meu amor a Mariazinha!

Deparando com o compassivo olhar do negro, considerou humildemente:

– Eu não ajudei em nada, não é? Amando outra, casei-me com ela por exigência paterna. Meu pai desejava a imensa fortuna de sua família... E o pai dela, a nossa fortuna! Quanta cobiça, meu Deus! Fui covarde! E aí, para piorar tudo, hoje sei, deixei que o orgulho me dominasse... Matei por orgulho, Pai Tomé, por puro orgulho ferido!

As palavras de Pai Tomé deixaram de ser eivadas de erros. Altino sequer reparou que uma entidade assumira a conversação, tamanha a enxurrada de desequilibradas emoções que lhe açoitava a alma.

– Meu filho, não condene com tamanha severidade! Abrande seu coração ao analisar os fatos. Lembra-se do que Jesus dizia? Para não julgarmos... E ele acrescentava que nós seríamos julgados com a mesma balança e idênticos pesos! Sabe o que isso quer dizer exatamente? Quando somos muito severos ao julgar as fraquezas, os desacertos dos outros, voltamos contra nós mesmos o cruel ferrão da autocensura! Esquecemos que as pessoas erram, ainda quando acreditam ter as melhores intenções. Vale para cada um de nós...

– Pode ser... Pode ser... Mas, além de tudo, estraguei a vida de minha única filha! Devia ter revelado a verdade, contado o que o noivo estava fazendo... Ao invés, fiz um acordo vergonhoso com o infeliz! E ela casou com ele!

– Não se desespere desse jeito... Do modo como estava fascinada, provavelmente o teria desposado assim mesmo. Ou acha que ela de nada desconfiava?

– Será? Será? Não pode ser! Ela nunca disse nada a respeito...

– Acredito que, no fundo do coração, sempre desconfiou que a mãe e o noivo estavam atraídos um pelo outro. Além do mais, ao dormir, a alma liberta-se do corpo físico e tem acesso a muitas informações; conquanto não se recorde perfeitamente de tudo ao despertar, a sensação de dor e rejeição persiste...

– Talvez por isso ela se sinta eternamente insegura! E agora?
– Nada resta fazer a não ser entregar nas mãos de Deus... Orar, vigiar e esperar... Quando temos dúvidas, quando o melhor caminho a seguir se mostra impreciso, convém implorar a ajuda de Jesus Cristo! E ter paciência...
– Não acredito em nada, duvido até de Deus!

Não acreditava em nada, porém estava abrindo seu orgulhoso coração a um humilde escravo alforriado, intermediário entre o mundo daqueles que haviam partido e os encarnados, servo de Deus e de seu filho Jesus, ali colocado para servir e consolar... Ah! Altino poderia até tentar ignorar o Mestre, mas certamente Ele o reconhecia em meio a suas ovelhas e jamais o abandonaria.

– Filho, dê tempo ao tempo... Reconcilie-se com Deus, com Jesus... Não adianta nada jogar a responsabilidade sobre os outros, ainda que esses outros sejam Eles...

Surpreso, Altino parou. Não é que o velho adivinhara seus pensamentos dos últimos dias! Realmente, andara questionando os motivos de o Criador permitir tanto sofrimento... Perdera Mariazinha, fora obrigado a casar com Maria Amélia, a filha se apaixonara por um malandro qualquer, a esposa o traíra justamente com o tal, a inofensiva surra redundara em morte... Para terminar, Maria Eleutéria estava nas mãos daquele inconsequente, que sequer cuidava da fazenda, gastando com mulheres o patrimônio dele, Altino! Realmente! Interpelara Deus, repassando-lhe a responsabilidade dos acontecimentos:

– Meu Deus, por que me castigas assim?

O velho olhava-o com um ligeiro sorriso de compreensão nos olhos... Aquilo era bem do ser humano, acostumado a jogar a culpa de seus infortúnios nos outros! Enquanto o coronel continuasse imaturo daquela maneira, as coisas permaneceriam do mesmo jeito, pois ele ficaria a esperar que o outro mudasse... Afinal, considerava-se certo, justo, sem necessidade de avaliar sua existência e agir no sentido de se modificar! Uma vítima... Quanto tempo mais permaneceria assim? Espírito rebelde, recalcitrante, Altino necessitaria sofrer rudes reveses para que finalmente aceitasse ser o único responsável por seu destino, assumindo as rédeas, retraçando metas e diretrizes.

Ao descer o trilho, sentia-se mais calmo. Aguardaria, observando melhor o genro, talvez tudo não passasse de efêmero caso! Afinal, qual o homem que não tinha seus "galhos", seus "rabichos"?

Resolveu passar pelo chalé de caça... Estaria tudo do mesmo jeito? A porta trancada, o abandono acabando aos poucos com a construção outrora bem cuidada... Melhor mandar que a derrubassem, limpando o lugar. O mato cresceria, apagando sua lembrança... deveria ter feito isso desde o início! Atou o inquieto animal a um arbusto, estranhando seu comportamento inusitadamente indócil. Tudo estava silencioso, mas alguém havia rompido as correntes... Praguejou baixinho contra o autor da façanha:

– Maldito seja o infeliz!

No interior, tudo em ordem. Um arrepio percorreu-lhe a coluna. Sempre acreditara que, com a morte do corpo físico, nada restava... até o dia em que deparara com o fantasma de Maria Amélia, como se estivesse esperando por seu bem-amado... ou talvez por ele, para se vingar! Contudo, tanto tempo depois, certamente já encontrara a paz...

– Altino... Altino...

O sussurro atingiu-o em cheio. Ela estava ali! Barrava-lhe a passagem, como se ainda estivesse protegendo Leopoldo... Uma raiva intensa tomou conta dele! Além de sua conduta licenciosa, atrevia-se a assombrar a fazenda que lhe pertencia, herança de seus pais? Ah, se ela não saísse por bem, sairia por mal!

– Fora daqui! Fora! O inferno é o seu lugar! Adúltera! Meretriz! Fora! Fora!

Os olhos de Maria Amélia relampejavam! Com soturna voz, enfrentou-o:

– Não pode expulsar-me, Altino! Não pode! Esta casa também me pertence! Perante a lei, ainda somos casados! Por pouco tempo, se Deus quiser! Não vai ferir Leopoldo, entendeu? Não permitirei! Vamos contar tudo a Maria Eleutéria... Ele não a ama! Ama a mim! A mim! Que importa a sociedade? Vamos fugir para a Europa! Nunca mais nos verão! Seremos felizes, compraremos um chalé na Suíça... uma casa em Paris...

E a pobre abraçava-se, mergulhada nas ilusões de sua paixão, murmurando doces palavras de amor...

Altino estava boquiaberto! Parecia que nada acontecera! Maria Amélia falava como se estivesse entre os vivos... Apavorado com a desconhecida realidade espiritual, disparou porta afora, quase esbarrando em Cândida.

A mocinha para lá se dirigira, obedecendo a forte intuição advinda de Maria Helena, sua mentora espiritual:

– Deves ir à cabana de caça. Um drama está prestes a se desenrolar, com funestas consequências... Precisas falar com Maria Amélia, acudir Altino...

Na cozinha, notando a estranha expressão no rosto de Cândida, das Dores indagara:

– Tá sentindo arguma coisa, minha menina?

– Preciso sai um pouquinho...

– Trati di i logo, então! Aproveite que a sinhazinha tá dormino na rede da varanda... E o sinhô Artino sumiu logo dispois do armoço... Mas num demore!

Agora, ali estava... Altino abandonava a cabana aos tropeções... Maria Amélia vinha em seu encalço... Por instantes, a visão do coronel despencando na pedreira assombrou-a... Então era isso! A falecida induziria o coronel a lançar-se pedreira abaixo! A escrava estendeu as mãos, agarrando o braço do homem, enlaçando-o com força, como se o protegesse, enquanto se voltava para Maria Amélia, murmurando de maneira amorosa:

– Sinhá!

Alucinado, Altino desvencilhou-se, disparando bosque adentro, na direção da fazenda. A menina suspirou aliviada ao ver que ele se distanciava da pedreira... O cavalo ficou para trás, pateando amedrontado, inutilmente intentando livrar-se das amarras que o atavam aos balaústres da varanda.

Maria Amélia encarou Cândida com desconfiança:
– Quem é você? Não a conheço!
– Uma simples escrava... Pra servi a sinhá...
– Uma escrava... Está certo... sim... Preciso mesmo me cuidar... Estou sentindo um cansaço muito grande, como se há muito não dormisse...
– A sinhá bem que podia deitá um pouquinho ali na cama. Eu ficaria zelando e, se alguém chegasse, acordaria a sinhá...
– Leopoldo logo virá... Meu doce e lindo amado... Não posso dormir!
– Sinhá, ficarei vigiando... e acordarei a sinhá. Pode dormi sem medo, nada de ruim acontecerá.
– Acredito... A seu lado, fico mais calma, menos atormentada... Tenho passado por momentos difíceis, sabia? Sei que Leopoldo me ama, mas o mundo está contra nós! Altino, Maria Eleutéria, a família, a sociedade... Quando todos souberem, precisaremos estar bem longe, na Europa! E se ele desistir? Morro de medo de perdê-lo! Ah! Que estou fazendo, meu Deus, abrindo-me em confidências com uma escrava, uma negrinha que nada deve entender de nosso mundo? Cuide da casa e trate de acordar-me imediatamente, assim que escutar o barulho de seu alazão... ou será que vem a pé, pelo atalho no jardim? Quem sabe... Não importa, desde que vigie e me avise, entendeu, menina? Ah! Sinto-me exausta, exausta...

Instantes depois mergulhava em profundo sono, magneticamente induzido por benfeitores espirituais. Cândida ainda permaneceu a seu lado, em oração. Depois, puxando o cavalo pelas rédeas, seguiu no encalço do desatinado Altino, encontrando-o apoiado a uma árvore, nas imediações do regato, como se embriagado. A mocinha recolheu em larga folha um pouco da cristalina água, fazendo-o beber e molhando-lhe o rosto, a fronte, a nuca...

– Meu Deus, de onde veio, menina? Qual o seu nome?
– Cândida, sinhô! Sou mucama de sinhazinha Maria Eleutéria...
– Ah! Viu aquilo?
Diante do ligeiro gesto afirmativo da jovenzinha, exclamou:

– Ah! Não estou louco afinal! Como pode ser, meu Deus? Ela está morta!

– Sinhô, quando as pessoas morrem, não qué dizê que elas acabaram. Existe a alma... O corpo de sinhá Maria Amélia tá debaixo da terra, mas sua alma continua presa na cabana, porque ali é um lugar importante pra ela... ali tá seu coração!

– Mas ela fala como se estivesse viva! Diz que vai fugir com Leopoldo!

– Ela tá viva, sinhô! Só não tem o corpo... Ainda não percebeu isso... Pra ela, tudo continua igualzinho, como no tempo em que passeava pela fazenda... Nada mudô! Espera Leopoldo na cabana, acredita que vão viajá junto... Acho que sinhá Maria Amélia amô de verdade o sinhozinho Leopoldo... e continua amando! Muito, muito mesmo!

Somente então Altino tomou consciência de estar conversando de igual para igual com uma escrava, justo a jovem mucama de sua filha, que conhecia consideravelmente o perigoso assunto sobre o qual convinha guardar segredo...! A desconfiança brilhou em seu olhar e Cândida percebeu:

– O sinhô não precisa ficá preocupado... não direi nada a ninguém! Aprendi com Pai Tomé que vê os mortos e falá com eles é coisa séria, que deve sê respeitada... Trabalhamo pro Mestre Jesus! De minha boca não vai escapá uma palavra! Pode confiá...

A mocinha amparou Altino, auxiliando-o a subir no cavalo. Depois, a convite dele, ocupou a garupa. Em breve estavam na fazenda, encontrando a casa em polvorosa, agitada pelos gritos de Maria Eleutéria:

– Ela tem de estar em algum lugar! Estão-me escondendo alguma coisa... Vão parar todas no tronco! Vicêncio, Vicêncio!

– Que gritaria toda é essa, meu Deus?

– Pai! Ah! Está aí, não é? E eu a chamá-la como doida para me pentear os cabelos!

– Não se zangue com a menina, minha filha! O culpado fui eu... Pedi que ela me acompanhasse... Tanto tempo fora, até esqueci de que lado ficam as coisas por aqui...

Maria Eleutéria silenciou, embora julgasse aquilo demasiado estranho... Será que o pai estava se engraçando com a escravinha? Só faltava! Ficaria de olho...

– Está bem, meu pai! Vamos, sua inútil! No futuro, trate de pedir-me autorização antes de ir saindo, ainda que seja com alguém da família, entendeu?

Cândida balançou vigorosamente a cabeça, embarafustando pelo corredor. Por pouco não fora parar no tronco!

Em seu quarto, Altino desabou sobre o leito. Não devia ter regressado! A finada esposa jamais lhe daria sossego. Aquela mocinha dissera que ela não sabia estar morta... Será que não se recordava da pancada na cabeça? A culpa fora toda dela! Pulara na frente de Leopoldo, cobrindo com seu corpo o corpo do maldito! Que pesadelo, meu Deus! Quando ficaria livre daquilo? Precisava conversar melhor com a mucama de sua filha...

Uma outra coisa o angustiava. Conquanto viúvo, nenhuma mulher fizera com que seu coração batesse mais forte! Pelo contrário, sentia-se vazio, como se o amor jamais pudesse atingi-lo novamente. Mariazinha não lhe saía da cabeça; recordava seu jeitinho de menina amorosa, as doces palavras, as juras... Uma saudade imensa... Tudo parecia ter acontecido há séculos. No entanto, ainda era jovem, nem chegara aos quarenta... Leopoldo, seu genro, não deveria ser muito mais novo... Todavia, que diferença! O moço explodia em vitalidade e ele, ele sentia-se morto para a vida!

À noite, quando todos dormiam, Cândida revisava os surpreendentes acontecimentos do dia. Havia muito sofrimento entre os brancos daquela fazenda! E ela que pensara que isso só existisse na senzala! Tanto luxo, tanta riqueza... e tanta dor mal resolvida! Os negros penavam sob o chicote do feitor... dor física! E os brancos?

Maria Helena adentrou o quartinho, assentando-se a seu lado, na cama simples... Tomou-lhe as mãos, explicando:

– Dores morais, minha querida. Dores morais! Doem mais do que o talho do látego, onde colocamos o unguento de Pai Tomé, anestesiando-o... Alguns dias e tudo se refaz, a ferida cicatriza! Nas dores da alma, só existe um remédio eficaz: a mudança dos sentimentos! Somente quando a criatura sai do círculo das paixões mesquinhas, luarizando seu sentir, conquista a harmonia, a paz. Um escravo, por exemplo, se não carregar no coração a raiva, a revolta, o desejo de vingança, será livre, minha cara, pois a liberdade não é a do corpo, e sim a do Espírito. Os sentimentos impuros agrilhoam a criatura! Jesus, preso à cruz infame, transformou-a em rutilante símbolo da redenção humana! Porque seus sentimentos eram puros! Enquanto a criatura transitar na horizontalidade de seu crescimento, estará atada ao materialismo: ganhará dinheiro, gozará de poder, disputará sensações imediatas... Tudo ainda necessário, de acordo com a fase evolutiva de cada um, mas não alcançará a plena felicidade, pois esta constitui construção íntima, dependendo, acima de tudo, da conquista de tesouros espirituais. Ora, quando as arestas estiverem relativamente buriladas, surge a natural tendência de voltar-se para o Alto, espiritualizar-se cada vez mais, à semelhança da planta que busca os raios de sol... Crescimento vertical! Jesus afirmava sermos deuses... Este é o nosso destino! Evoluir sempre, infinitamente, rumo ao Amor incondicional. A trajetória mostrar-se-á longa, árdua, contudo ninguém poderá dela fugir, pois nosso eu interior clama por perfeição, fomos criados pelo Pai para isso!

Por incrível que parecesse, Cândida "sentia" muito bem o que ela estava dizendo! Pensando assim, todos estavam no lugar certo, na experiência adequada, exercitando cada um o livre-arbítrio outorgado por Deus!

— Hoje à tarde, questionaste intimamente se Maria Amélia, um Espírito sem corpo físico, poderia fazer com que Altino se precipitasse na pedreira. Certamente! A culpa de Altino pelo assassinato da esposa, embora inconsciente, coloca-o em desvantagem... Ele estará nas mãos dela, a menos que aprenda a se defender! Para tanto, entra em cena a tão falada mudança de sentimentos... Enquanto formos rígidos, juiz e carrasco, donos da verdade, essas armas estarão voltadas contra nós mesmos também! Por isso o Mestre recomendava benevolência, tolerância, isenção de julgamentos...

E quem nos julgará? A nossa consciência, com os pesos e medidas usados contra os outros! Seria como se estivéssemos dizendo ao nosso credor: devo, pode executar a sentença, por pior que ela seja... Daí a importância do perdão, minha irmã. Devemos estendê-lo a outrem, mas acima de tudo a nós, admitindo nossa momentânea imperfeição e lutando para superá-la, sem nos diminuirmos, contudo. Autoamor! Autoperdão! Quando Altino for capaz de se amar, parando de tentar arranjar desculpas para o fato de ter errado, perdoando-se, conseguirá reconstruir sua existência, recomeçar. O que passou passou... Responderá por tudo, mas não ficará atado improdutivamente ao passado.

Acariciou os cabelos da jovem, murmurando:

– Agora, trata de dormir! Continuaremos nossa conversa na espiritualidade!

V
A PRESENÇA DE MARIA AMÉLIA

    Os dias transcorriam... Indignado com o descaso do genro pela propriedade, Altino tomara as rédeas, passando o tempo todo no campo, juntamente com o jovem capataz, inspecionando as plantações, o gado... Desse modo, acabou adiando por tempo indeterminado sua decisão de conversar com Cândida e entender um pouquinho mais sobre a realidade espiritual do ser, perdendo valiosa oportunidade de evitar futuros sofrimentos decorrentes dessa ignorância.
    Leopoldo sentira-se preterido, reclamando com Maria Eleutéria, obtendo resposta nada satisfatória:
    – Mas ele ainda é o dono de tudo, senhor meu esposo... Pode agir como bem entender! Quanto a nós, meu caro, melhor

respeitarmos suas vontades, até porque ele sabe muito bem o que faz! Nas mãos de meu pai, o trabalho sempre rendeu ótimos frutos...

Sobremaneira preocupado, Leopoldo calou. A esposa retornara da corte mais senhora de si, menos dependente, também já não parecia de joelhos a seus pés...

Como sairia da fazenda para ir a Ouro Preto? Em outros tempos, deixaria as coisas volverem ao normal, investindo no relacionamento conjugal, mostrando-se amoroso, solícito... e trataria de não viajar, evitando correr riscos, principalmente por Altino ali estar, conhecendo-lhe as fraquezas de mulherengo! Mas estava apaixonado por Beatriz! Morria de saudades... Precisava arrumar uma desculpa!

A ocasião apareceu com a falta de alguns medicamentos para o gado. Normalmente Vicêncio se encarregaria da viagem, mas ele insistiu para ir em pessoa... Para seu desgosto, Altino mandou o capataz junto, com sigilosas recomendações:

– Deixe a rédea frouxa, faça-se de bobo, entendeu? Mas não tire o olho de Leopoldo! Siga-o sem que ele perceba... Quero saber de cada passo dele! Veja se consegue alguma prova concreta de suas malandragens... Retorne com ele! Se o mandar na frente, finja haver obedecido e fique por lá, na espreita...

Altino acertara em cheio! Mal chegaram, Leopoldo encarregou o rapaz de realizar as tarefas com urgência, despachando-o de volta; o capataz assentiu, mas tratou de se hospedar em modesta pensão das imediações, passando a seguir-lhe os passos. Não foi difícil constatar o paradeiro do moço e muito menos os apaixonados arroubos. Enleados na envolvente paixão, os amantes menosprezavam os cuidados mais simples!

Leopoldo adquiriu, em renomado ourives local, magnífico colar de esmeraldas e diamantes, um caro presente para Beatriz! Mal saíra do estabelecimento, Vicêncio se apresentou, sendo imediatamente reconhecido pelo proprietário, pois dantes ali estivera em companhia de Altino.

– O Coronel Altino deseja que o senhor providencie uma garantia por escrito do colar levado por seu genro. Com a descrição da peça... e o valor! O sinhozinho Leopoldo esqueceu de solicitar...

Diante do desconfiado olhar do comerciante, acrescentou:

– Como deve ser de seu conhecimento, o colar será pago pelo coronel. Trata-se de um presente para a filha...

O joalheiro respirou aliviado. Muito melhor vender para o coronel do que para seu genro, de quem não diziam boas coisas ultimamente... Tratou de providenciar o documento de imediato. Vicêncio exultava! Queria ver como Leopoldo explicaria a compra de uma joia tão cara e que, ainda por cima, não mais estivesse em seu poder, e sim no colo de uma mulher...

O cerco estava-se fechando. Altino acreditava que a filha expulsaria o esposo assim que tivesse as provas... Por outro lado, os documentos usados para o casamento continham muitas falhas, tendo sido, em sua maior parte, forjados pelo noivo, que de seu nada possuía a não ser a desfaçatez. Todos lamentariam o embuste do qual fora vítima a pobre Maria Eleutéria! Seu orgulho ficaria seriamente atingido, mas o matrimônio poderia ser anulado! Altino antecipadamente celebrava, pois se livraria da odiosa presença de Leopoldo!

Naquela noite, mal terminara o jantar, convidou o genro para uma conversa no escritório, pretextando assuntos relacionados à colheita. Ali, depôs o documento referente ao colar sobre a mesa, ordenando:

– Leia!

Depois, ameaçou-o com denúncia perante as autoridades, caso não se mostrasse propenso a desistir do casamento. Afinal, seu passado era nebuloso... Para facilitar, propôs considerável soma, a fim de que sumisse para sempre. Prevendo possíveis maquinações por parte do moço, insinuou sua intenção de revelar a existência da amante a Maria Eleutéria... Quanto ao triste episódio com a finada esposa, calaria para não expor o criminoso envolvimento de ambos, que poderia resultar em prisão, mas, se o genro desejasse confrontar forças, estava disposto a tudo! Inclusive a ser preso, se necessário...

Leopoldo compreendeu a inutilidade de lutar contra a situação. Com a generosa quantia poderia recomeçar em outro lugar; seria muito pouco, contudo, para ele e Beatriz viverem a vida de luxo com a qual sonhava! Daria para alguns anos somente... E trabalhar de maneira honesta não constava em seus planos!

– Coronel, nem sei como me explicar... Coisa de homem, tentação da carne sem importância alguma... Reconsidere, meu sogro... Maria Eleutéria sofrerá muito com essa separação! E que dirão as pessoas? Ela será olhada com desconfiança... Uma mulher sem marido, separada, não é boa coisa, o senhor bem sabe como a sociedade costuma discriminar!

– Até que o senhor meu genro tem sua razão... Sem falar que, nos casos de separação, perante a sociedade o homem sempre é o certo, não importa seu deplorável caráter! Mas as coisas serão muito diferentes se o sujeito desaparecer para sempre... Depois de uma viagem a Ouro Preto por exemplo... Arrumarei as coisas de tal forma que todos acreditarão em um ataque de bandidos... para roubar! O corpo desaparecerá, depois de um tempo, o senhor será oficialmente declarado morto! E Maria Eleutéria poderá reconstruir sua vida ao lado de um homem honrado!

– Coronel...

– É isso ou algo muito pior! Maria Eleutéria nada deve perceber! Terá de fingir mais alguns dias, enquanto aprimoro o plano e tomo as providências, o que deve ser extremamente fácil para o senhor, tão acostumado a mentir, enganar...

Três dias se passaram... Leopoldo mal conseguia engolir a raiva, forçado a sorrir, fingindo estar à vontade diante do sogro e da esposa. Por mais que pensasse, não conseguia descobrir uma maneira de sair daquela enrascada! Altino mostrava-se inflexível! Quanto a Vicêncio, seus irônicos olhares denunciavam ter sido ele o responsável pela investigação! Se pudesse, mataria o capataz com as próprias mãos!

Naquela manhã, durante o desjejum, Altino comunicou à filha que Leopoldo seguiria no dia seguinte para Ouro Preto, levando grande quantia de dinheiro, destinada à compra de uma propriedade nas imediações.

– Aconselho que o senhor meu genro leve Vicêncio em sua companhia... A estrada costuma ser segura, mas ...

A voz de Vicêncio interpôs-se:

– Sei não, coronel... Ouvi dizer que tem um bando agindo por aqueles lados... Talvez fosse melhor levar uns homens junto...

Altino fingiu analisar, voltando-se para o genro:

– Será necessário, Leopoldo?

O moço refletiu rapidamente... Quanto mais homens, mais gente para enfrentar em caso de armadilha! O coronel poderia estar pensando em matá-lo de verdade...

– Somente Vicêncio... Tomaremos cuidado... afinal, ninguém sabe do dinheiro!

Ironicamente, por certo aquela seria a soma com a qual sumiria no mundo. Tudo estava perdido!

Amanhecia... Vicêncio andava de um lado para o outro, estranhando a demora do coronel Altino, sempre tão exigente em questões de pontualidade. Leopoldo aguardava... Breve estaria para sempre longe daquela casa e da esplêndida vida que ali levava...

Das Dores saía da cozinha, reclamando:

– Quando o sinhô decê, o café vai tá frio! E ele detesta café requentado... Vô tê que passá otro... Vicêncio, bata na porta do coroné... Devagá pra num acordá a sinhazinha... O quarto é perto e ela fica uma onça quando arguém acorda ela. Jesus Cristo, hóme! Ande!

Segundos depois, lívido, o capataz despencava pelos poucos degraus que conduziam à ampla cozinha:

– O coronel não está bem...

Aos saltos, Leopoldo precipitou-se pelo corredor, adentrando o dormitório. Sobre o leito, Altino jazia como morto... Tomou-lhe as mãos, sentindo-as frias, todavia ainda respirava! Irritado, pensou:

– Que pena! Morra, desgraçado!

Das Dores, aos gritos, acordava toda a casa. Em instantes, Vicêncio despachava um dos escravos rumo à cidade, em busca do médico da família...

Altino fora vítima de séria hemorragia cerebral. Permaneceu longos dias inconsciente e, ao melhorar, encontrava-se paralisado, impedido até de falar...

Leopoldo parecbeu estar salvo! Com certeza o sogro nada revelara à filha, preservando o segredo de seus deslizes extraconjugais. E provavelmente o quadro não reverteria... Ele, Leopoldo, seria o responsável pela imensa fortuna! A sorte continuava a lhe sorrir!

Na cozinha, das Dores não se conformava:

– O coroné tava bãozinho onte di noite... Num tinha nadinha! Inté veio aqui atráis de um cafezinho... Passei na horinha, e ele ficô sentado na mesa, biliscano os biscoitinho de porvio que eu tava tirano do forno. Devi di tê acontecido arguma coisa...

O que ocorrera na noite anterior à frustrada partida de Leopoldo?

Ao se recolher aos aposentos de dormir, por volta das vinte e uma horas, Altino exultava! Finalmente o moço sairia de suas vidas! Tudo estava preparado... Em Ouro Preto, com certeza entraria em contato com a amante e ambos deixariam o lugar, rumo a outra cidade. Poderiam tomar o vapor para a Europa... Melhor ainda! Mais distante... O sacripanta levava consigo verdadeira fortuna, que lhe permitiria vida folgada por bons tempos!

Nunca mais ultrapassaria os portões da fazenda! Se o fizesse, Vicêncio, o único inteirado do plano, tinha ordem sua de atirar para matar! E sumir com o corpo! Revirando-se no leito, murmurava consigo mesmo, deixando extravasar o ressentimento:

– Calei-me para preservar o nome da família e não causar sofrimento à minha filhinha... Agora chega! Nunca mais quero ouvir uma palavra a seu respeito!

Um sussurro despertou-lhe a atenção:

– Altino, Altino...

– Quem está aí?

– Altino, não pode fazer isso!

Na penumbra do aposento, o fazendeiro entreviu um vulto delicado, envolto em diláceradas vestes...

– Não pode exilar Leopoldo... Não o fará, por Deus!

Maria Amélia! Ela ali estava, fitando-o com raiva e desespero! Como podia ser? O vulto avançava em sua direção e ele se encolhia no enorme leito, levando a mão à latejante cabeça, que parecia estourar de dor. Sentia-se estranho, fraco... A mulher tocou-o e pôde sentir a frieza de suas mãos...

– Por favor, Altino, reconsidere... Por tudo o que já vivemos juntos... Pelos anos de desamor em que cada um de nós amargou a perda de suas mais caras ilusões! Ignora quão difícil foi viver ao seu lado, suportar seu toque? Ao contrário do senhor meu marido, restava-me somente a dourada prisão desta casa... O senhor saía, tinha suas diversões com outras... Eu, como convinha a uma mulher de classe, sufocava os anseios amorosos... Fechei-me, cobri meu corpo com as cores da neutralidade, da apatia... Leopoldo, o meu Leopoldo, libertou-me! Recuperei a alegria de viver! Não pode expulsá-lo de minha vida, não pode!

Altino mal podia acreditar! Ela também sofrera! Aquela indiferença não passara de uma capa, forjada proteção contra maiores tristezas, orgulhosa tentativa de manter as aparências... Pobre Maria Amélia! Que haviam feito um ao outro?

– Deus, estarei enlouquecendo? Escuto-a como se estivesse viva ainda, a meu lado, nesta casa!

A cabeça latejava! Apertou-a, cerrando fortemente os maxilares, apavorado com aquela presença que o desequilibrava de maneira impressionante! Podia sentir as dores da esposa!

– Vá embora!

– Não sem antes o senhor prometer que nada fará contra Leopoldo... Logo partiremos para a Europa, Altino! Devemos permanecer na fazenda até viajarmos, e nada nos impedirá!

– Está morta, morta, entendeu? Quando perceberá, mulher? E Leopoldo vive... E aproveita cada minuto de vida!

Pretendia expor cada detalhe do tórrido romance do genro com a amante... Falar da chácara onde se encontravam, da beleza da jovem, de sua pouca idade, quase uma menina... Do estupendo colar destinado a adornar seu colo perfeito... da paixão que dominava Leopoldo, a ponto de cegá-lo para os perigos do envolvimento, tudo arriscando...

Os olhos vidrados da esposa faiscavam de ódio. Mais uma vez Altino ameaçava atacar-lhe o homem amado! Agora com mentirosas palavras! Não permitiria! Lançou-se contra ele...

Altino tentou desencilhar-se... A cabeça doía terrivelmente... e a dor aumentava cada vez mais. Sentia o corpo adormecido, as mãos sem força... Tudo se foi apagando, como se mergulhasse em profundo e escuro poço...

Ao acordar, estava com o médico ao lado, Maria Eleutéria... e Leopoldo, o odioso Leopoldo, com cínica expressão afivelada no semblante! Quis falar, mas as palavras não saíram... Quis mexer-se... nada! Estava paralisado! Porém tudo escutava, tudo via, tudo compreendia!

Desesperou-se! Vira amigos com problema semelhante, verdadeiros vegetais à mercê do cuidado de familiares nem sempre amorosos e compreensivos. Meu Deus!

Leopoldo respirava com alívio! Pelas palavras do médico, dificilmente Altino recobraria as perdidas funções. Consolando a esposa, prometia de tudo cuidar com o mesmo zelo do sogro, mentalmente considerando quanto tempo demoraria para que ele falecesse, vindo a imensa fortuna parar em suas mãos! Ah! Altino passara a existência toda trabalhando, amealhando bens, consolidando o imenso patrimônio... Ele jamais faria as coisas daquela forma! Queria aproveitar a vida, viajar, gastar todo aquele dinheiro... em companhia de Beatriz! Quanto a Maria Eleutéria, com ela casara por conveniência... Fora bom até o momento em que se apaixonara perdidamente!

Resolveu ter uma séria conversa com Vicêncio...

De olhos baixos, o capataz permanecia à espera, receando a provável vingança, prevendo que viria chumbo grosso. Foi com espanto que acolheu as primeiras palavras do esposo de sua sinhazinha!

– Vosmecê ama Maria Eleutéria!

– Sinhozinho!

– Ama sim, bem sei... Por outro lado, sei também que me espionou, entregando-me a Altino. Poderia expulsá-lo como a um cachorro sarnento! Todavia, não o farei! Ao contrário, proponho um acordo! Meu sogro certamente tem pouco tempo de vida... Enquanto isso não acontece, deverá proteger minhas saídas e cuidar da propriedade como se fosse sua! Pode até arrumar auxiliares... Não quero dor de cabeça!

Quando o velho baixar à sepultura, terei tomado todas as providências para que tudo esteja em minhas mãos... Aí vosmecê receberá uma soma nada modesta, podendo viver sua vida como bem desejar... E com sua amada Maria Eleutéria, pois eu a deixarei, sumirei no mundo, porque não me interessa em absoluto permanecer aqui... Ah! A fazenda poderá ficar nas mãos dela; afinal, não pretendo deixá-la na mais absoluta miséria! Pense bem... Nenhum homem de sociedade desejará unir-se a uma mulher abandonada pelo marido e quase sem posses... Será o momento certo de o amigo conquistar-lhe o coração!

Vicêncio não acreditava no que estava escutando! Poderia ficar com seu grande amor! Na fazenda? Ah! Sem Leopoldo, haveria chance de fazer com que a moça o aceitasse...

Leopoldo fitava-o interrogativamente:

– Então? Estamos acertados? Trata-se de pouco tempo...

– Sim, patrãozinho...

Dessa maneira, aparentemente as coisas iam bem na propriedade. Vicêncio desdobrava-se, labutando desde o alvorecer, ansioso por deixar tudo em perfeita ordem para o momento em que Leopoldo fosse embora! E apoiava as saídas do moço, servindo-lhe de álibi...

Maria Eleutéria, embora sem reclamar, pressentia algo errado... O esposo realizava viagens e mais viagens a Ouro Preto... Indagado a respeito, apresentava explicações mil... Sempre faltava alguma coisa na propriedade, ou precisava resolver pendências... Parecia frio, distante...

Certa manhã, por ocasião de uma das tais saídas, a moça surpreendeu-se com a chegada de um cabriolé trazendo conhecida figura.

– Dr. Francisco! Há quanto tempo!

– Senhora Maria Eleutéria... Realmente! Desde o início da doença de seu pai...

– Leopoldo não está... Estranho... Disse que precisava tratar de urgentes assuntos, justamente com o senhor!

– Senhora! Precisamente sobre isso venho falar-lhe, na qualidade de velho amigo e advogado de seu pai.

A convorca deixou Maria Eleutéria de boca aberta. Pelo respeitável causídico, inteirou-se de estarrecedores fatos! Leopoldo estaria tentando negociar inúmeras propriedades de Altino de maneira ilícita, fraudulenta. Também fizera grandes dívidas em casas de ourives, salões de jogos e apostas das mais variadas. Sempre contando com a fortuna do sogro às vésperas da morte, conforme costumava afirmar...

– Como está o coronel Altino, minha jovem?
– Bem... mas imóvel na cama, mudo...
– Lúcido, senhora?
– Parece que sim... Seus olhos não são os de alguém desprovido de entendimento... todavia não diz uma palavra!

Compadecido, o velho advogado sentou-se ao lado do leito do amigo. Apesar de tudo, apresentava boas feições e seus olhos pareciam querer falar...

– Meu amigo, será que me entende? Vejamos! Pode abrir e fechar os olhos, sinalizando as respostas? Para sim, uma vez... para não, duas! Tentemos... Ótimo! Poderemos entender-nos...

Depois, expressou-se com seriedade:

– Amigo Altino, precisamos estabelecer perante a lei sua condição de lucidez e capacidade... antes que Leopoldo dilapide a fortuna da família! Daqui a alguns dias, trarei a esta casa o magistrado responsável por nossa região; fará perguntas diversas, que o amigo responderá piscando, conforme combinamos. Determinaremos sua sanidade! Somente dessa maneira poderá comandar as finanças, delegando responsabilidades a quem de direito, escolhendo um representante legal para que tudo não se perca nas mãos de um estroina! Por enquanto, como Leopoldo é marido de Maria Eleutéria, segundo a lei tem todos os direitos, e nada posso fazer, tendo de obedecer às ordens dele emanadas. Perdoe-me, filha, mas seu esposo não tem honrado os votos de fidelidade e a coisa pode acabar mal...

E acrescentou para a atônita moça:

– Minha filha, terá de manter segredo a respeito disso, principalmente em relação a seu esposo. Sinto-me constrangido em solicitar tal coisa, mas está em jogo o patrimônio de sua família. Se não agirmos com rapidez e inteligência, poderá adormecer rica e acordar miserável! Não há amor que valha tal desgraça, minha filha!

A jovem concordou, sentindo o coração dilacerado. Infelizmente, ninguém percebeu a sorrateira figura de Vicêncio espreitando-os, ouvindo a conversa... Ora, a fortuna de sua amada nada importava, representando, inclusive, grande empecilho ao relacionamento dos dois! Pobre, talvez aceitasse seu amor com menos reservas... E Leopoldo havia prometido deixar-lhes a fazenda... Seria o bastante! Precisava alertá-lo!

Outra presença perambulava pela casa, presenciando o acordo firmado entre Leopoldo e Vicêncio! Em sua perturbação, acreditava ser ela, Maria Amélia, a pessoa com quem o moço partiria para a Europa! Afinal, vezes inúmeras, durante os momentos de intensa paixão, seu amado mencionara o desejo de fugir para bem longe... Palavras vazias, no entanto, galanteios de sedutor. Desencarnada, permanecera enleada na monoideia de vivenciar seu grande amor com Leopoldo longe dali, juntinhos! Recusava-se a aventar a hipótese de que fora somente mais uma no extenso rol de conquistas do volúvel rapaz. Embora muito desequilibrada, guardava a fazenda com a fidelidade de um cão, tudo observando, participando com seus pensamentos, sua vontade, de cada conversa das pessoas ali presentes, sugestionando-as... E Vicêncio era o mais influenciável!

Para ela, Leopoldo estava em perigo! Maria Eleutéria concordava com aquele absurdo! Precisava falar com a filha, explicar-se... Talvez ela admitisse a partida de ambos! Senão...

Anoitecera mais cedo e fortes ventos prenunciavam tormenta. Na cozinha, das Dores acendia velas e mais velas, persignando-se:

— Vem coisa braba, Natividade! Cândida, ocê fechô dereitinho as janela do quarto da sinhazinha? Falano na danada, hoje ela tá muito, muito isquisita... Num impricô uma veizinha só! Calada, zóio pra baixo... Será que o sinhozinho aprontô arguma?

— Das Dô, das Dô... Ocê ainda vai pará no tronco por conta dessa falação toda!

Ah! Ocêis pensa du mesmo jeito... mas tem medo di falá... Eu falo e ocêis fica criticano... É verdade, num é?

Lá fora, azulados lampejos, sucedidos por vigorosos estrondos, iluminavam os céus. Pesada chuva descia em fortes pancadas. Cândida adentrou ligeira o dormitório, assustando-se ao ver Maria Eleutéria deitada, envergando a camisola de rendas.

– Uai, a sinhazinha se aprontô sem ajuda?

– Pode ir dormir, Cândida! Estou cansada... Quero ficar sozinha!

– Não qué que eu fique aqui até a sinhazinha adormecê? Por conta da trovoada e dos corisco... A chuva tá muito pesada, parece que vai lavá o mundo...

– Não... já estou quase dormindo. Deixe-me em paz...

Cândida estranhou, mas tratou de obedecer, temerosa de um possível ataque de ira da instável criatura.

O vento, embarafustando pelas frestas da janela, agitava a diáfana cortina, terminando por apagar a vela sobre a mesinha, mergulhando o quarto em profunda escuridão, somente aplacada pela luz dos relâmpagos. A moça sentiu um frio estranho, um medo... Deveria ter deixado a escrava ali... Melhor chamá-la!

Antes que tivesse tempo de alcançar a dourada sinetinha, Maria Amélia tocou os ombros da filha com suavidade... Não queria assustá-la, pretendendo somente que aceitasse o fato de Leopoldo não a amar, e sim a ela, sua mãe... Deveria permitir a partida do noivo em sua companhia, para longe das terras do Brasil, onde poderiam recomeçar. Não haveria casamento daí a alguns dias, pois Leopoldo não amava a noiva!

– Maria Eleutéria...

Os olhos da moça arregalaram-se. O fantasma de sua mãe estava ali! Quis gritar, contudo a voz não saía... Cobriu a cabeça com o lençol, mas as palavras pareciam penetrá-la.

– Leopoldo não a ama! Ele me pertence! Iremos embora daqui! Sei que não deveria ter acontecido, mas ninguém manda no coração! Perdoe-me se puder... Deixe-o ir, pelo amor de Deus!

A moça não compreendia muito bem o sentido daquelas palavras... Sua mãe falava como se ainda estivesse viva e o tempo houvesse parado antes da realização de seu enlace com Leopoldo. Descobriu lentamente a cabeça... Maria Amélia continuava parada ao lado da cama, um fio de sangue escorrendo de sua fronte... Vestia o mesmo vestido rosa daquele dia... A lembrança ganhou força, extraída de uma parte de seu inconsciente, para onde a relegara na tentativa de tudo olvidar.

Naquela tarde distante de primavera, suaves brisas agitavam os cachos de flores enroscados nos gradis da varanda, espalhando no ar seu adocicado perfume. Deitada na rede, olhos semicerrados, avistou a figura materna esgueirando-se silenciosamente pelo jardim, envolta em encantador vestido rosa. Odiava aquela imagem jovem e linda! Por que não continuara a esconder-se atrás de cinzentos panos, ocultando o colo perfeito, cerrando a gola com o broche de camafeu? Aquela sim era a sua mãe! E não a moça de fulgurantes olhos e sedutor sorriso!

A tarde quente convidava ao sono... Com o pezinho, impulsionou a rede, fechando os olhos. Sonolenta, mal percebeu a passagem de um outro vulto... alguém seguia pelo jardim... Provavelmente uma das escravas da casa, no intuito de colher flores para a mesa do jantar. Uma hora depois, acordou com o estrépito de uma tesoura caindo ao chão, deparando com a assustada Natividade:

– Foi sem querê! Acordei a sinhazinha! Ai, minha Nossa Senhora!

Em um primeiro instante, quis castigar a desastrada, mas acabou dispensando-a com um gesto, e a moça se foi pelos canteiros, colhendo as flores com cuidado...

A cabecinha de Maria Eleutéria volveu ao tema anterior ao sono... Uma mudança muito grande, sem dúvida, a de sua mãe... Qual teria sido o motivo? Certamente, jamais o pai, pois Altino continuava o mesmo: distante, indiferente... Por outro lado, notara seus olhares na direção do belo Leopoldo...

Teria o noivo algo a ver com a surpreendente transformação? Impossível! Ela não se atreveria a tanto... ou se atreveria?!

De um pulo, abandonou a rede, lamentando não tê-lo feito bem antes, seguindo jardim afora, no rumo tomado pela mãe.

Quarta Parte - A presença de Maria Amélia | 233

Um atalho, com marcas recentes de pés... enveredou por ele, impulsionada por triste pressentimento. A cabana de caça! Espiou pela janela... Estavam ali! Rodeou a construção silenciosamente, permanecendo encostada nas tábuas da parede, ofegante, trêmula, enquanto sua cabeça pensava sem parar... Que fazer? Ah! A mãe era a culpada de tudo! Certamente seduzira seu noivo, sabe lá com que artimanhas... Se fizesse um escândalo, tudo estaria perdido... O pai jamais perdoaria Leopoldo! Melhor voltar para casa e refletir, acabaria achando um jeito... Aquilo não ficaria assim! Não ficaria mesmo! Que raiva!

Discreto ruído chamou-lhe a atenção... Alguém chegava! Espreitou com cuidado: Altino! Meu Deus! Algo muito ruim aconteceria! Quis ir ao encontro do pai, mas permanecia chumbada ao chão, muda... Dali, conseguia escutar-lhe a colérica voz, sons aterradores, o grito de Maria Amélia, depois o silêncio...

– Meu Deus, ele matou os dois!

De um salto, aproximou-se da porta, apavorada espreitando: Altino estava sentado em um dos bancos com a pesada tranca ainda nas mãos, cabisbaixo, as lágrimas rolando de seus fechados olhos. No chão, sua mãe, a cabeça ensanguentada, imóvel, parecendo morta... Graças a Deus Leopoldo se mexia, gemendo debilmente...

Seria melhor entrar, salvando-o da fúria de Altino! Afinal, ele não tinha culpa de nada! Maria Amélia o seduzira!

Então, Altino limpava a testa de Leopoldo com um pano molhado, chamando-o pelo nome... Pela fresta da porta, a moça escutou a surpreendente conversa, em que Altino propunha a seu noivo que ocultassem o ocorrido... Ah! Poderia casar-se com seu amado! Que alívio!

Seu pai saía da cabana, carregando nos braços a esposa, desconjuntada boneca... Sentiu-se estranhamente vitoriosa, com a incrível sensação de ela mesma haver aniquilado a traidora! Temendo que lhe percebessem a presença, a moça retornou rápida e silenciosamente pelo atalho, fechando-se em seu quarto, pretextando terrível enxaqueca.

Na hora do jantar, perceberam a ausência de Maria Amélia... O coronel ordenara buscas... Na manhã seguinte, a terrível notícia! O corpo jazia no fundo da pedreira...

Tudo estava resolvido de uma forma perfeita. Livrara-se da rival! O casamento aconteceria! Para a jovem, que nada conhecia da realidade espiritual, a mãe deixara de existir, seu corpo apodrecendo na terra do pequeno cemitério nos fundos da propriedade. Desconhecia que o Espírito sobrevive à matéria, frequentemente permanecendo ligado ao que lhe interessava quando de posse do corpo físico. O pensamento de que poderia ter evitado a tragédia se tivesse segurado o pai antes de sua entrada no chalé incomodou-a inicialmente, mas logo sepultou o ligeiro arrependimento, repassando a culpa do ocorrido à mãe. Ela fora a culpada de tudo ao se envolver com o futuro genro! Pobre Leopoldo, com certeza não tivera saída!

Do ponto de vista terreno, o tempo passou, as coisas caíram no esquecimento... Para Maria Amélia, no entanto, o relógio estacionara naquela relevante etapa existencial, antes do funesto evento, e Leopoldo continuava a ser sua grande paixão, centralizando todos os seus pensamentos e desejos. Confusa, desnorteada, percebia a realidade de maneira distorcida, adequada às suas ilusões. Desconhecia haver desencarnado, sequer atentava em sua triste condição além-túmulo, lutando ainda por sua felicidade junto ao moço. E agora desejava conciliar a situação, implorando à filha que desistisse do amor em seu benefício!

Maria Eleutéria estava apavorada! Aos gritos, pretendia afastar a figura da mãe:

– Não, não me toque!

Naquele instante, Cândida adentrava o quarto, deparando com a trágica cena. Os gritos de sua sinhazinha invadiam a casa! Na cozinha, das Dores quase se queimou com a panela...

– Virge Maria! Que é que tá aconteceno, meu Deus? Natividade, largue aí esses prato, corra, vá espiá! Tenho di tirá a panela do fogo premero...

Maria Eleutéria não falava coisa com coisa. Mencionava a mãe, o sangue, Leopoldo... Delirava!

– Ela está morta, morta... Eu vi! Sua cabeça abriu com um barulho horrível!
Sem nada entender, Natividade tentava ajudar:
– Tá delirando... Sinhazinha, o que aconteceu?
– Ela está viva, veio-se vingar!
– Quem, sinhazinha, quem?
– Minha mãe!
– Cruz credo!
Cândida procurava orar... Pedia auxílio espiritual para aquela situação terrível. Maria Amélia continuava no quarto, suas mãos estendendo-se implorantes na direção da moça, alheia a toda movimentação, percebida somente pela filha e por Cândida. A jovem escrava recebeu o impacto de assustadora certeza: Maria Eleutéria assistira ao assassinato da mãe! Sabia de tudo! Guardara segredo para proteger o pai? Não! Sua preocupação maior fora resguardar seu relacionamento com Leopoldo!
– Natividade, faça um chá bem forte! De melissa! Adoce com bastante mel... Ah! Pegue no quarto do sinhô Altino aquele remédio que o médico receitô pra agitação dele... o calmante...
– Num será mió mandá o Vicêncio chamá o dotô, Cândida?
Das Dores, agora no quarto, olhos arregalados, espiando assustada o estado de sua arrogante sinhazinha, atalhou ligeira:
– Diz bestera não! Quem vai sai no meio dessa tempestade dos diabo pra procurá dotô? Só se fô doido da cabeça! É bem capaiz de um raio acertá ele no caminho... Amanhã mandamo buscá! Agora o jeito é fazê a sinhazinha drumi! Ô casa atrapaiada... nem benzimento resorve!...
O dia despontou claro, iluminado por esplendoroso sol. A tempestade havia feito alguns estragos, mas nada de muita monta. Vicêncio providenciou imediatamente o tal doutor e ele encontrou a paciente deveras agitada, sendo necessária a prescrição de uma série de medicamentos muito fortes, que a deixavam praticamente dopada. Quando o efeito deles diminuía, Maria Eleutéria chorava sem parar, gritava, acusava-se, pedia perdão à mãe... Logo depois, mudava completamente

o rumo da conversa, acusando Maria Amélia, maldizendo sua beleza, brigando pela posse de Leopoldo!

Das Dores, ignorando a extensão da história, persignava-se:

– Minha Nossa Senhora! A sinhazinha tá doidinha de pedra! Num fala nada dereito... e nem fica sozinha de jeito nenhum! Grita, chora, diz que a sinhá Maria Amélia tá na casa! Qui qué agarrá ela! Onde já se viu? A pobre morreu faiz tempo! Devi di tá no céu... ou no inferno, que num era lá essas bondade não!

Cândida nada dizia... Precisava urgente dos conselhos de Pai Tomé! Subiu o trilho às carreiras, deparando com o velho sentado no banco, olhos fixos no poente de grande beleza.

– Pai Tomé!
– Que apavoramento é esse, menina?

Escutou o relato de Cândida como se já soubesse de tudo. A jovem não entendia toda aquela calma! Diante de seu espanto, o velho pôs-se a explicar, finalizando:

– A sinhá Maria Amélia ronda por essas terras desde que morreu... Não sabe que não tem mais corpo! Infeliz daquele que se metê no meio dela e do tal Leopoldo... E as coisas vão piorá quando ela ficá sabendo que tá morta... Vai culpá o esposo, a filha... E quem mais entrá na história! Menos Leopoldo!

– Mas como, Pai Tomé? O coronel num bateu na cabeça dela com a tranca da porta? Então! E ela não lembra?

– Pois é, minha menina... por enquanto, não. Das veiz a realidade é tão terrível, tão dolorosa, que nos escondemos ditrais de nossas ilusões... É muito comum! Até os vivos fazem isso! A sua sinhazinha, por exemplo, acha melhor colocá a culpa na mãe do que encará que o esposo não é boa coisa...

– E o que eu faço, Pai Tomé?

– O que tem feito, filha! Orar... e esperar... Até para ajudar os Espíritos, existe hora... Do jeito que a sinhá Maria Amélia tá, não tem benfeitor que consiga fazê ela prestá atenção em nada... Mas tudo vai dar certo... Cuide de sua senhora com muito amor e paciência... O resto, minha filhinha, o resto pertence a Deus!

Mais tranquila, a mocinha volveu à casa grande, encontrando Leopoldo instalado na sala, conversando com o médico. Seu retorno de Ouro Preto em nada melhorara o quadro da enferma, parecendo até agravá-lo.

Inicialmente preocupado, o moço acalmou-se, principalmente após o relato de Vicêncio, através do qual tomou conhecimento do denominado "complô contra sua pessoa". Com a filha de Altino naquele lamentável estado, tudo ficaria bem mais fácil, pois ele, de maneira alguma, admitiria a entrada do advogado na casa! E muito menos, do juiz!

Precisava manter as coisas daquele jeito! Maria Eleutéria sob o efeito de fortes medicamentos, sem condições de decidir nada... Certamente Cândida não era a pessoa ideal para dela cuidar... Com a menina por perto, a enferma asserenava, conseguia até dispensar o uso dos calmantes! Imprescindível substituí-la por alguém mais maleável a seus comandos, mais ambiciosa talvez... Uma escrava que lhe fosse fiel! Que não se importasse em conduzir as coisas à sua maneira, prejudicando sem remorsos a recuperação da esposa. Conhecia alguém perfeita para o serviço!

No mesmo dia, tratou de enviar Cândida à senzala, resgatando a bela mulata Faustina das agruras do trabalho na lavoura, encarregando-a de cuidar da senhora. A moça nutria acendrado ódio por Maria Eleutéria, que a expulsara do serviço na casa grande, enciumada de sua beleza, temendo que Leopoldo se interessasse por ela, o que, aliás, já vinha acontecendo, em tórridos encontros nos recantos mais isolados da fazenda.

Faustina obedecia às ordens de Leopoldo cegamente. Embora tratasse de Maria Eleutéria com zelo, exagerava nas doses de medicamentos... As demais escravas não a apreciavam, desconfiando de suas conversas pelos cantos com o sinhozinho, mas nada podiam fazer.

– O danado mandô Cândida pra lavora... E traiz essa diaba pra cuidá da sinhazinha... É um tar di dá remédio! I cada cuérada que faiz gosto! A pobre vévi com os zóio vidrado. Pra mim, é remédio demais! Não que a sinhazinha fosse boa coisa, mas faiz pena vê a pobrezinha mole daquele jeito, feito loca! Inté parece que ele qué que a sinhazinha fique ansim pra sempre!

Esta casa tá uma tristeza só... Num quarto, o sinhô Artino pareceno uma sombra... pele e osso! Ele num guenta muito tempo não! Inda mais que a Faustina tá tomano conta dele tamém! Pois é! No otro, a sinhazinha... E o sinhozinho Leopordo cada vez mais forte, mais jóve, mais lampero! Dá pra gente disconfiá, num dá?

– Das Dô... Se continuá falando ansim, quarqué hora vai pará no tronco...

– Ah! Só se ocêis dé com a língua nos dente, uai! Dispois, tô falando mentira? Se arguém me explicá direitinho o que tá aconteceno nesta casa, fico mudinha!

Se Maria das Dores fosse portadora de expressiva faculdade mediúnica, provavelmente ficaria "mudinha" mesmo... de medo! Veria Maria Amélia circulando pela casa grande, como fazia quando encarnada, entrando nos dormitórios do esposo e da filha, conversando, exigindo deixassem seu amado Leopoldo em paz. Sua presença ocasionava enorme desequilíbrio, prejudicando-os, sugando-lhes a vitalidade. A pobre, no entanto, somente queria proteger Leopoldo, considerando-o íntegro, gentil, amoroso, fiel... Não precisava vigiá-lo, pois nada de errado faria! Altino e Maria Eleutéria constituíam o único e grave empecilho à sua felicidade, necessitando de constante controle!

Enquanto isso, Cândida retornara à senzala. De início, entristeceu-se, pois dedicava à sua dona fraterno sentimento, não obstante suas imperfeições. Compadecia-se, percebendo que todo aquele orgulho somente ocultava a fraqueza de uma alma carente, insegura, imatura. Que seria dela nas mãos da fria Faustina, totalmente submissa às vontades de seu inescrupuloso senhor?

Em meio a toda aquela tristeza, indescritível felicidade aguardava-a: Bantai estava retornando de sua lide em terras longe dali! Será que ainda a amava?

Um breve olhar bastou para que tivesse a certeza daquele imenso amor! Contudo, mal podiam falar-se... Talvez em meio à plantação, aproveitando algum descuido do feitor... Para sua alegria, a espevitada Maria do Socorro, jovem escrava de pele mulata e feiticeiro sorriso, ofereceu-lhe a abençoada oportunidade ao se dirigir com o feitor para os lados do regato, em evidente namoro, fato que se repetia amiúde...

As esperanças voltaram ao coraçãozinho de Cândida. Quem sabe Vicêncio permitiria a união dela e Bantai... Estava claro para todos que agora ele mandava e desmandava na fazenda, Leopoldo nem aparecia!

Os dias foram passando lentamente.

Naquela manhã, o coche adentrou o ajardinado pátio da casa grande ainda adormecida, trazendo o advogado Francisco e o juiz. Leopoldo ausentara-se, preso aos encantos de Beatriz, contudo Faustina mais parecia um feroz cão de guarda! Assim, ambos foram sumariamente despachados por Vicêncio, uma vez que ela disparara em direção ao alojamento do capataz, alertando-o sobre a incômoda e perigosa presença dos dois representantes da lei. No quarto, Altino tudo escutava, preso ao leito, sem poder interferir, lágrimas escorrendo pelas emaciadas faces...

Em Ouro Preto, Beatriz exultava. Maria Eleutéria estava praticamente fora do caminho! A moça procurava fechar os olhos aos maquiavélicos planos de seu amado, embora sentisse indefinível angústia ao ouvi-lo discorrer sobre o estado da enferma. Uma coisa, porém, incomodava: a presença constante de Faustina perto de Leopoldo! Conhecia muito bem o lado conquistador do amante, a maneira como as mulheres se derretiam... Precisava ver de perto o que ocorria na casa grande!

– Leopoldo, sua esposa está sempre no quarto, não é? E seu sogro no dele? Ah! E a casa é todinha sua? Ah, meu amor, gostaria tanto de conhecer a fazenda! Dizem que é um sonho... Que mal poderia haver, se agora você é o dono de tudo?

Leopoldo quis esquivar-se, mas o orgulho e a vaidade falaram mais alto, e acabou cedendo aos caprichos da sedutora criatura. Afinal, por que não? Era o dono de tudo!

Maria das Dores desacreditava do que seus olhos estavam vendo. O sinhozinho de agarramento com aquela moça na sala! Pouca vergonha! O mundo estava mesmo perdido!

— Das Dô, das Dô... É mió ficá quietinha, senão acaba sobrando pra nóis...

— Tá certo, Natividade, tá certo... mais onde já se viu tamanha disfaçateiz? Ai, meu Deus!

Virando-se para Faustina, acuada como um bicho do mato no canto da cozinha, ajuntou:

— Achô que o sinhozinho Leopordo ia ficá com ocê, Faustina? Achô? Que bobage! Ele há di querê moça branca, como essa daí, linda que nem uma flô. Bem feito! Viu no que dá martratá a sinhazinha, o pobre do coroné Artino? Pensa que num sabemo? Na primeira oportunidade, o sinhozinho dá um pontapé no seu trasero! Aquilo num conhece a palavra gratidão! I essa daí, a tarzinha que tá lá na sala com ele, num foi muito com a sua cara... I num dianta ficá bicuda, que é pirigoso seu beiço relá no chão...

Beatriz tinha uma imensa curiosidade a respeito de Maria Eleutéria... Diziam-na belíssima... Aproveitando breve afastamento do amante, enveredou pelo corredor, facilmente localizando os aposentos da rival. Aproximou-se pé ante pé... Muito bela realmente! Os longos cabelos negros, presos em grossa trança finalizada com laço de fita; a pele muito alva e perfeita, quase translúcida pelos dias confinada no quarto... De que cor seriam seus olhos?

Como se a presença silenciosa de Beatriz a importunasse, a moça abriu os olhos muito verdes, mergulhando-os no olhar de Beatriz, que sentiu uma sensação estranha, desagradável, pungente... Eram exatamente iguais aos seus! Estranho... Sentia-se inexplicavelmente unida a Maria Eleutéria, parecendo conhecê-la de um tempo distante... Avançou, tocando timidamente em sua mão, recuando de imediato, percorrida por tremores.

Então Leopoldo retornava, irritando-se com o rumo tomado pelas coisas. Onde já se viu aquela maluquinha entrar nos aposentos de Maria Eleutéria? Aos brados, chamou Faustina, ordenando-lhe que medicasse imediatamente a esposa com os sedativos.

Mas o mal maior estava feito e nenhum deles poderia perceber sua extensão! Maria Amélia tudo via, tudo ouvia, tudo sentia! O seu Leopoldo beijava longamente a moça muito linda e jovem! Na sala da casa que pertencia a ela e Altino! Que desrespeito! Um ciúme horrível corroía-lhe o coração. Como poderia ter sido tão tola? Ele tinha outra! Por isso nunca mais fora à cabana de caça!

Precisava dar um jeito, como fizera com Altino e Maria Eleutéria!

VI
LUÍS CLÁUDIO

Retornando à chácara, Beatriz sentia-se estranha, presa de uma indefinível sensação de angústia. A partir daquela insensata visita à fazenda, Maria Amélia passaria a acompanhá-la, influenciando suas atitudes, comprometendo-lhe o livre-arbítrio, envolvendo-a em negativas vibrações de raiva e ciúme.

Leopoldo, ainda irritado com sua inesperada intromissão, tentava colocar:

– Não devia ter entrado no quarto de Maria Eleutéria, Beatriz! Jamais!

– Que seja! Mas foi pura curiosidade... não tive a intenção de magoá-la! E ela está louca, não está? Nem sabe quem

sou... Interessante, meu amor... Por que não me disse que seus olhos eram iguaizinhos aos meus? Levei um susto! Se fôssemos irmãs, não seriam tão idênticos... Pensando melhor, estou com pena dela... tão bela, tão rica, e ali, na cama, tratada por aquela bruxa...

– Faustina não é uma bruxa! E cuida muito bem de sua dona!

– Ah! Acredita nisso? Bem vi os olhos dela em você! Não a quero mais naquela casa, entendeu? Se ela ficar lá, arrumo uma confusão tamanha que nem imagina!

Desconcertado, Leopoldo balançou a cabeça... Mal saíra das mãos da controladora Maria Eleutéria, e caía nas de Beatriz? Nem pensar! Silenciou para evitar maiores discussões, mas, durante o caminho de volta à fazenda, pensava em tudo aquilo... Que burrada cometera acedendo ao desejo de Beatriz! Contudo, talvez a amante tivesse razão em alguma coisa... Faustina estava cada vez mais insinuante, talvez causasse problemas... Por que não pensara nisso, meu Deus? Uma mulher rejeitada poderia tornar-se muito perigosa, principalmente sabendo certas coisas... Ficaria de olho! Convinha arrumar outra pessoa para cuidar da esposa, alguém que não gostasse dela, todavia desinteressada de sua pessoa. Quem?

Na casa grande, as coisas estavam deveras complicadas, estranhas mesmo. Os escravos olhavam-no de soslaio... Arrependia-se, e muito, de ter levado Beatriz até ali! Precisava tomar mais cuidado! Faustina, furiosa com a presença da linda rival, atrevia-se a fazer veladas ameaças... Urgia ficar livre dela!

Na manhã seguinte, Vicêncio receberia bem cedo a surpreendente ordem de vender a escrava! Discretamente...

– Com essa pressa toda, o preço não vai ser lá essas coisas, mas talvez possa dar um jeitinho... Sei quem andou de olho nela! E não é para serviço de fazenda não. Ainda que mal lhe pergunte, patrãozinho, quem vai cuidar da sinhazinha? Mando a menina Cândida de volta?

– Nem pensar! Essa Cândida tem algo que me desagrada... já ouviu dizer que os santos não batem? Deve ser assim! Sempre educada, prestativa, mas me sinto mal, como se ela lesse no fundo de minh'alma... Preciso de alguém que cuide bem de Maria Eleutéria, todavia não atrapalhe nossos planos... Se ficar lúcida, traz o juiz aqui e adeus ao nosso belo acordo!

— Não sei o que o patrãozinho acha... Dizem que a Florência está recuperada na cabana do Pai Tomé. O povo fala... E ela era um capricho só... e tem motivos para ficar quieta, já conheceu o tronco por conta das ordens da sinhazinha! Não deve morrer de amores por ela! Bem conversado, o sinhozinho pode conseguir uma boa aliada...

— É, pode ser... Suba até lá e fale com o negro...

Ressabiado, Vicêncio tomou o carreiro que levava à cabana, temeroso do que o velho poderia dizer-lhe. Afinal, ele fora o maior culpado pela desumana surra, pois envenenara Maria Eleutéria antes que a escrava pudesse explicar o romance com o moço da corte... Balançou a cabeça, resmungando baixinho:

— Por que fui contar que a Florência se recuperou? Deveria ter ficado de bico fechado... Mas me deu uma vontade doida, quando vi estava dizendo que ela servia para o serviço. Agora, se o Pai Tomé não quiser mandar a moça de volta, como vai ficar? O sinhozinho Leopoldo, com toda aquela pose, não passa de um banana, vai-me mandar resolver a pendenga... e não quero encrenca com Pai Tomé de jeito nenhum!

As pessoas geralmente ignoram o quanto os Espíritos influenciam suas ideias... Nos últimos dias, Faustina aumentara muito a dose dos medicamentos, a ponto de colocar em risco a vida de sua dona. E Maria Amélia a tudo assistia, detectando com clareza as intenções da bela mulata... Estava de olho em seu amado Leopoldo! Mais uma! Se Maria Eleutéria morresse, as portas estariam abertas para a escrava... e a linda moça loira. Nem pensar! Precisava ganhar tempo para reconquistar seu amado! A volta de Florência seria algo bom, ela continuava apaixonada por Fabrício, não havendo perigo de se interessar por Leopoldo. Daria um jeitinho... Eis a razão do estranho e incontrolável "impulso" de Vicêncio!

Pai Tomé escutou a conversa do capataz sem aparentar qualquer desagrado. Depois pediu que voltasse no outro dia, o que o moço considerou absurda petulância, porém acedeu. Mais surpreso ficou quando o velho lhe disse:

– Preciso de Cândida pra convencê Florência... Mande a menina aqui...

– Quando, Pai Tomé?

– A pressa é do seu patrão...

Pessoalmente o capataz retirou Cândida dos campos, conduzindo-a até a cabana. Quis ficar, mas o ex-escravo fez breve sinal, dispensando-o.

Descendo o trilho, resmungava:

– Êita negro enxerido... Se não tivesse medo das mandingas, ele ia ver só... "Vórte amanhã"... "De tardinha"... Onde já se viu? Pensa que é gente, uai!

Florência desacreditava do que estava ouvindo! O sinhozinho Leopoldo queria que ela retornasse para cuidar de Maria Eleutéria? Depois de tudo?!

– Tenho de obedecê, Pai Tomé?

– Parece que não... Se vosmecê não quisé, acho que vão deixá o caso pra lá...

O velho riu, balançando a cabeça...

– Têm medo de mim... Inté parece que faria mal pra alguma criatura! Mas é melhor assim, senão poderiam causá dano maior!

– Não quero voltá pra lá, Pai Tomé!

Pessoalmente, Cândida concordava com a decisão da amiga, considerando impossível reatar o relacionamento rompido de maneira tão cruel e dolorosa. Onde já se viu? Batiam para matar e agora queriam a escrava de volta? E para cuidar da mandante do castigo? Antes que pudesse externar seu parecer, sentiu uma presença de suave e doce beleza, mesclada a sutil aroma de rosas... Maria Helena! E as palavras que pronunciou, intuídas pela entidade, diferiam do que pensava, revestindo-se do inigualável perfume do perdão:

– Florência, pense bem, minha amiga... Não olhe Maria Eleutéria como um monstro que destruiu seus sonhos de amor, matando-lhe inclusive o filhinho. Pense nela como uma filha de

Deus, ignorante, embrutecida pelos preconceitos, imatura... Antes a considerava uma deusa, um modelo de perfeição digno de ser imitado... Agora, ela lhe parece a encarnação do mal... Na verdade, somos todos seres imperfeitos, nem anjos nem demônios, necessitando do perdão de Deus para as nossas faltas, que não são poucas...

– Mas nunca prejudiquei ninguém! E olhe o que me aconteceu!

– Nesta existência, pode ser que seja assim. No entanto, já vivemos muitas, minha querida. Outro dia, Cândida "sonhou" que era loura, com lindos olhos da cor do céu e uma cabeleira cheia de cachos, alta e empoada... e vestia cetim... Imagine!

Florência arregalou os olhos, pois também tinha uns "sonhos" estranhos, principalmente após o castigo no tronco. Era daquele jeitinho mesmo... Só que ela se via numa roupa comprida, com um véu na cabeça, mandando em outras vestidas de idêntica maneira. E havia um padre muito belo... o seu Fabrício em roupas da igreja... Amavam-se no porão do convento! Ah! Não poderia aparecer com uma criança... Precisava fazer um aborto... e outro... e mais outro...

A entidade prosseguia gentilmente:

– Quem somos nós para julgar Maria Eleutéria? Principalmente agora, que a pobre está largada em uma cama, à mercê de tudo e todos! Na casa grande, poderá evitar que algo pior lhe aconteça!

– Será que consigo, depois do que ela fez?

– Nunca saberá se não tentar!

Assim, Florência voltou.

Justamente naquela tarde, o médico visitava a fazenda, espantando-se com o estado da paciente. Magra, mal se mexendo no leito... Trocou os medicamentos, especificando muito bem as dosagens, deixando claro o cuidado que deveriam ter. Florência, enquanto arrumava as coisas, tudo ouvia atentamente, guardando em sua inteligente cabecinha cada observação do doutor. Qual não foi sua surpresa quando Leopoldo lhe repassou instruções completamente adulteradas! De imediato compreendeu a razão de ali estar! Calou, simulando concordar, fez cara de sonsa... mas resolveu proceder conforme as orientações iniciais do médico!

Os dias foram passando... Lentamente Maria Eleutéria se restabelecia, graças à dedicação de Florência, que ministrava os remédios nas horas e dosagens certas, alimentava-a com paciência inesgotável, mergulhava-lhe o emagrecido corpo em salutares banhos de ervas medicinais, conforme Pai Tomé recomendara. E fazia uso de um estratagema para que o mal-intencionado esposo não notasse as melhoras, empalidecendo as faces da enferma com uma mistura de água e amido, desenhando-lhe olheiras com esfumaçada sombra de carvão e um tiquinho de suco de beterraba!

Leopoldo tranquilizou-se com a presença praticamente invisível de Florência... e com o estado de saúde da esposa piorando dia a dia... Tão pálida, olhos pisados... Logo deixaria o mundo dos vivos, pobrezinha!

Uma coisa, contudo, começara a inquietá-lo cada vez mais: a maneira como Beatriz vinha-se comportando ultimamente! A moça assumira ares de dona e senhora, cobrando cada vez mais atenções, fidelidade, situação estabelecida... Os primeiros tempos de enlouquecida paixão pouco a pouco cediam lugar a algo menos ardente. Seria a hora exata de aprofundar a relação, descobrir a companheira não como mero objeto de prazer, passando a amá-la com responsabilidade e respeito. Em Leopoldo, no entanto, os instintos ainda falavam mais alto! Almejava novas e intensas sensações! Desconhecia que o prazer se resumia a breves instantes, que a criatura a ele atada via-se em um círculo vicioso de constantes buscas e frustrações. Ignorava as alegrias do amor... Desejava conservar a amante, pois fortes vínculos uniam aquelas duas criaturas há muito, advindos de pretéritas existências, porém refutava compromissos. Insatisfeito, começou a frequentar novamente a casa de Madame às escondidas, mantendo junto a Beatriz a aparência de homem apaixonado e fiel. Materialista, certamente zombaria se alguém lhe dissesse que, ao dormir, a alma de Beatriz, liberta do corpo físico, tomava ciência de suas incursões amorosas; ao acordar, embora não se recordasse de nada, ainda assim persistiam emoções perturbadoras, gerando desequilíbrios. Assim realmente sucedia, com a moça sempre irritada, insatisfeita, triste, muito diferente da Beatriz alegre e carinhosa de outrora.

Na fazenda, tudo seguia em tediosa rotina. Mais do que nunca, Cândida alimentava sonhos de amor, pois agora podia conversar com seu amado, embora de forma rápida e oculta... Altino permanecia imóvel, emudecido... Maria Eleutéria recuperava-se sem que o esposo percebesse... Vicêncio entretecia planos para bem próximo, quando sua sinhazinha estivesse órfã e Leopoldo fugisse para o estrangeiro... A pobre Florência movimentava-se pelo casarão, diligente e gentil, com o coração repleto de saudades de Fabrício... E das Dores pressagiava:

– Sei não... Esse paradão num é boa coisa... sinto cheiro de desgraça no ar...

– Credo! Mais desgraça ainda? Que mais falta acontecê? Uma doida, outro largado na cama, mudo que nem peixe, o sinhozinho que não para mais na fazenda, o Vicêncio com ares de dono, mandando e desmandando... Andei escutando umas conversa... Quem não vai gostá é a Cândida, pobrezinha...

– Dispois eu é que sô faladera, Natividade...

– Então num conto, pronto!

– Começô, agora trati di disimbuchá!

– O Vicêncio disse que vai botá o namorado da Cândida, aquele pedaço de mau caminho, pra cruzá com as escrava da fazenda... Ah, bem que podia me escolhê pra sê uma delas!

– Natividade! Tome tento! E vergonha!

– Ah! Tô brincando, num pode não? E o danado disse que os neguinho vai sai forte e bonito que nem o Bantai! Falô que o sinhozinho Leopordo comprô ele pra isso! O Josias contô pra Maria do Socorro que Vicêncio pretende vendê os menino! Pois é... Inté se gabô dizendo que o sinhozinho ia deixá o dinheiro todo pra ele... Ah! Tem mais uma coisa: a Socorro disse que tem uma lei que proíbe isso...

– Socorro falô, Socorro disse... Lei! Já viu lei pra negro, Natividade? I si tem, cumé que o danado vai vendê as criança?

– Diz que tem uns fazendero que compra! Por debaxo do pano! E paga bem, porque tá fartando negro pra trabaiá...

– Virge Maria! O sinhozinho e o Vicêncio vévi de cuchicho pelos canto. Uai... A troco de que ele ia deixá aquele convencido imborsá tanto dinhero? Hum... Tem caroço nesse angu, Natividade! Será que a Cândida já sabe, meu Deus?

– Sabe não! A Socorro disse que a Cândida tá esperando a sinhazinha Eleutéria sará... ou o sinhô Artino... Vai pedi pra casá com o Bantai! Pobrezinha...

O barulho de um cavalo interrompeu a conversa. Natividade correu para a varanda, deparando com um rapaz alto, de belas feições e cabelos à altura dos ombros, com um sorriso que revelava perfeitos dentes. Fitava-a com atrevido olhar, indagando:

– O senhor Leopoldo?

– Sinhozinho tá andando pela fazenda... com o capataiz...

– Posso sentar-me e aguardar?

Natividade sentiu uma vontade danada de indagar o nome do moço, mas achou melhor chamar das Dores... Tinha mais jeito para investigar! A cozinheira veio, trazendo um cafezinho passado na hora, alguns biscoitos, doce de leite com queijo... A danada sabia agradar! E foi tirando as informações com muito jeitinho, como quem não quer nada. Ficou sabendo que o moço se chamava Luís Cláudio... tinha dezoito anos... nascera em Paris... e era filho de Leopoldo!

– Virge Maria! O moço pode ficá à vontade! Vô mandá a Natividade com mais uns biscoitinho! O moço qué uma água fresquinha? Uma limonada? Tá um calor! Um calor daqueles! E vai esquentá mais, ah se vai, vai sim!

E embarafustou porta adentro, rumo à cozinha, seguida pela atarantada Natividade.

– E essa agora! Num falei? Tava sentindo cheiro de coisa podre no ar! Quando a sinhazinha saí da cama e dê di cara com esse moço, vai sê um Deus nos acuda. Natividade... Uai... Pense comigo... Que idade o danado do nosso sinhozinho tem? Faça as conta, Natividade! Se fô verdade, e devi di sê, com quantos ano o danado feiz esse menino? Êita! E pruque ele apareceu só agora?

— E eu lá sei, das Dô! Mas o tarzinho parece bem tratado, com boa roupa... Manera de gente rica... Ocê viu o cabelo dele? Lisinho, reluzente... E a gravata de seda?

— Pelo andá da carruage, ocê se tomô de amores pelo moço... Cuidado! Si lembra da Florência?

Para Leopoldo, Luís Cláudio constituiu imensa surpresa. Primeiramente, achou tratar-se de uma fraude, com o intuito de extorquir-lhe dinheiro, mas os detalhes coincidiam exatamente com tórrido encontro da juventude. Então, contava uns quinze anos, embora aparentasse mais... Ela, quase trinta... mas com aparência de dezoito... Viúva de rico comerciante, herdara invejável patrimônio. Encantara-se com o jovem e sedutor Leopoldo e ele, com sua riqueza, com a promessa das regalias subentendidas em romance tão incomum. Além de tudo, era muito, muito bonita...

Eleonora... Levou-o para a imensa e luxuosa casa na qualidade de aprendiz de condutor do elegante coche... e para sua cama de finos lençóis. Na época, julgara-se apaixonado, sofrendo muito quando, em uma fria manhã, recebera a notícia da boca da governanta da mansão, acompanhada de um envelope com substancial quantia e sumária dispensa: ela partira para o estrangeiro!

Agora, aquele filho! Motivo mais do que suficiente para justificar a fuga de Eleonora e o exílio de dois anos na Europa, do qual retornara com a criança, pretensamente adotada por aqueles lados. Reputação preservada, felicíssima com a maternidade, escondera tudo de Luís Cláudio até dois meses atrás, quando cruel moléstia, que nem o dinheiro e os melhores médicos conseguiriam debelar, ameaçava levá-la em pouco tempo para o túmulo. Vira-se forçada a revelar ao filho único e querido sua origem... E o paradeiro do pai, cuidadosamente levantado por discretos investigadores assim que se inteirara do estado terminal de sua doença.

A princípio, a ideia desagradou ao egocêntrico Leopoldo. Depois, olhando melhor para o belo rapaz, muito parecido fisicamente com ele por sinal, culto e rico, capitulou, acolhendo-o com alegria, considerando intimamente que tal filho somente o engrandeceria aos olhos do mundo.

O casarão encheu-se de risos! Sedutor por natureza, Luís Cláudio conquistava a todos com sua conversa fácil e interessante, aliada a sua bela aparência. Bem cedo deixou evidentes seus pendores pelas mulheres bonitas, encontrando respaldo em tolerantes e incentivadoras atitudes paternas.

Em uma de suas andanças pela fazenda, o jovem deparou com Cândida. A mocinha retornava do banho em regato próximo, trazendo os longos cabelos molhados, a pele úmida e reluzente, os olhos incrivelmente verdes e brilhantes... Ultimamente a proximidade de Bantai enchia seu coraçãozinho com as doces alegrias do amor vivenciado de mais perto, ainda que nada jamais ultrapassasse os olhares, poucas palavras e ligeiros toques de mãos.

Enlouqueceu! Jamais vira criaturinha mais interessante! Voltando à casa grande, topou com Natividade, dela extraindo informações a respeito da menina. Pareceu-lhe absurdo manter tal beldade nas pesadas lides da lavoura... Com certeza seu lugar era junto aos senhores, com belas roupas e gozando de privilégios! Leopoldo riu ao escutar-lhe as colocações, pensando consigo mesmo:

– Este meu filho daria um ótimo advogado! E com certeza saiu a mim no gosto pelas belas mulheres!

No dia imediato, Vicêncio receberia ordem de fazer a mocinha retornar ao convívio da casa grande! Iniciava-se assim um período de grandes aflições para a linda cativa, resultantes do assédio do moço, disposto a lhe conquistar o coração a qualquer preço... Não bastava possuí-la à força! Vaidoso, desejava que ela se apaixonasse por ele! Que implorasse por suas atenções, seu amor...

Ordenou substituíssem as roupas comuns de escrava por vestidos condizentes com sua peregrina beleza. Onde os encontrou?

Nos armários do quarto da finada Maria Amélia, todos confeccionados por ocasião de seu envolvimento com o noivo da filha! O curioso costumava xeretear... Para tristeza da mocinha, pareciam servir perfeitamente.

Naquele entardecer, Cândida encontrou os vestidos empilhados sobre seu leito, todos devidamente lavados e passados. Menos um, que a escrava Natividade deixara no fundo do armário, assustada com os arrepios que lhe tomaram o corpo ao pensar em levá-lo para a lavanderia... Por determinação do voluntarioso jovem, deveria servir de mucama à mocinha, um absurdo para Cândida, que detestou tudo aquilo, pois não lhe agradava em absoluto conviver com a presença de Maria Amélia na casa, estando vestida com seus belos trajes, e muito menos submeter a companheira de escravidão a lhe prestar assistência.

As coisas pioraram de vez quando o moço tomou nas mãos o tão falado traje do noivado de Maria Eleutéria, o vestido de renda vermelha... Ouvira comentários a respeito da famosa cena do baile, tudo pela boca da falante Maria das Dores, que se tomara de filiais amores por ele.

– Este é o vestido da festa, não é? Por que está no fundo do armário? Belíssimo! Quero que vista, minha flor!

Mais que depressa, das Dores interferiu:

– Não, sinhozinho Luís, num faça isso! A sinhá Maria Amélia num deixava ninguém botá as mão nele! Tinha um ciúme danado! Guardô no baú do jeitinho que tava quando tirô ele do corpo, dispois da festa. A boba da Natividade é que botô ele aí. Estranho... Olhano bem, tá todo respingado de lama na barra... e tem marca de pingo d'água... Uai! Num choveu na noite do noivado! A sinhá devia di tê dado ele pra nóis limpá... Agora que tá seco, num sei não se vai sai.

Ninguém poderia adivinhar que a apaixonada Maria Amélia envergara o traje de festa uma vez mais, justamente no primeiro encontro na cabana de caça... Cobrira-se com um manto, mas a chuva lograra fustigar a barra.

– Sinhozinho Luís Cláudio, num brinque com os apego dos morto... Lá na minha terra, o povo dizia que eles si vinga!

De repente, um vento frio pareceu varrer a casa, fechando a porta com estrondo! As três mulheres e o jovem entreolharam-se assustados...

– Num falei, sinhozinho? Ai, meu Deus! Senti um arrepio estranho... Natividade, trati di guardá essa coisa no baú, di onde num devia di tê saído! Se o sinhozinho qué que a Cândida use ropa de moça fina, deixe pelo menos esse de lado...

– Está bem, para que não digam que tirei a morta de seu sossego! Mas não acredito em nada disso! Minha flor ficaria uma beleza nessa renda vermelha!

Cândida agradeceu aos céus, pois a figura irritada de Maria Amélia, ciumentíssima do traje que lhe trazia recordações de seu sonho de amor, não era nada agradável à visão...

Serviços pesados? Nem pensar! Tomar conta da mesa no horário das refeições, servir uma água, um suco, fazer companhia... Para as demais escravas, vida de rainha; para a mocinha, um pesadelo que piorava dia a dia!

Certa manhã, o moço apareceu com novidades. Uma festa! Um baile! Somente assim a sociedade poderia conhecê-lo... De início reticente, Leopoldo acabou concordando, ele mesmo cansado da monotonia dos últimos tempos. Luís Cláudio determinou: um baile de máscaras, ao melhor estilo de Veneza, cidade onde estivera em companhia da mãe e pela qual se encantara. Após muitas discussões, pai e filho optaram por realizar a festa no imenso casarão em Ouro Preto.

Em vão Beatriz aguardou o convite. Leopoldo calara a respeito do assunto, e a moça quis ver até onde ele iria com aquela dissimulação toda. Nos últimos tempos parecia arredio, com estranhos pretextos para o fato de pouco visitá-la. Quanto ao filho, limitava-se a detalhes mínimos... Algo lhe confidenciava, no fundo do coração, que o interesse por ela arrefecia a olhos vistos. No entanto, continuava apaixonada e não queria, de modo algum, volver ao serviço na casa de Madame! O amante afirmara ser sua a encantadora chácara, mas como sobreviveria caso ele a abandonasse? Precisava ir ao tal baile, ver com seus próprios olhos em que pé estavam as coisas!

Em Ouro Preto e arredores, não se falava em outro assunto! O baile... E Luís Cláudio... Nos salões de Madame, uns e outros mostravam os convites confeccionados na corte, refinadíssimos! As meninas alvoroçavam-se: Beatriz certamente estaria lá! Desde que saíra da casa, a moça jamais retornara, sequer para breve visita. Mensalmente Leopoldo entregava à proprietária a quantia combinada, mas até as mais chegadas encontravam dificuldade em falar com a antiga colega, sempre ausente no dizer da escrava que atendia a porta. Para bom entendedor...

Aqueles haviam sido dias de revolta e angústia. Leopoldo continuava calado a respeito do que mais interessava à amante no momento: o baile. Aquilo não ficaria assim!

Eulália recebeu a jovem com extrema gentileza, acedendo em fazer-lhe o traje para o decantado baile de máscaras, satisfeita com sua exigência de muito luxo e menosprezo de preço. Na verdade, Beatriz tinha muito de seu debaixo do colchão, economizado do que Leopoldo prodigamente lhe dava.

Na tão esperada noite, olhando-se no espelho, ficou encantada! D. Eulália caprichara... Colocou a peruca empoada, detalhe imprescindível que a transformaria em uma dama da corte francesa. Por instantes, sentiu-se zonza, como se os sentidos lhe fugissem, uma estranha sensação de que já se vestira assim em um passado longínquo... Tratou de engolir um copo de água, suspirando fundo, espantando a má impressão. Bobagens! Estava lindíssima! A modista aconselhara branco, pérolas e camélias, a flor da moda na corte. Beatriz reagira com dúvida:

– Nunca ouvi falar dessas flores... não existem por aqui...

A modista caíra na risada:

– Minha filha, se quer chamar a atenção, tem de estar atenta aos modismos. Não, não precisa ficar com essa cara... Não é a primeira que reage desfavoravelmente à minha sugestão... Para falar a verdade, todas as outras jovens refutaram-na. Vou contar-lhe uma coisa, porque para vosmecê posso falar... Estive em uma cerimônia requintadíssima na corte, por conta de Madame... É... a "nossa" Madame... Ela tem contatos ilustres!

Quem diria, não é? Uma de suas meninas transformou-se em amante de prestigioso membro do governo! As roupas da moça foram todas confeccionadas em meu ateliê e pessoalmente a arrumei para sua primeira aparição em público, que não se deu pelo braço do influente ministro... Ele estava às voltas com a esposa, criatura magérrima, de cara feiíssima! Pois bem! Tive a honra de presenciar a entrada da Princesa Isabel na recepção! Entre os serviçais, é bem verdade... Adivinhe quais flores lhe adornavam as vestes? Camélias brancas!

– Camélias... nunca ouvi falar...

– Pois é... Eu também não conhecia... mas, se a Princesa as escolheu, trata-se de coisa fina!

– Convenceu-me, dona Eulália!

– Vamos fazê-las artificiais... Ficarão perfeitas, sossegue. Por mim, preferia fossem ao natural, mas só existem por enquanto no Rio, e a distância é longa... morreriam pelo caminho!

A modista acertara em cheio. Nunca estivera tão bela! Finalmente experimentou a máscara, verdadeira obra de arte, que lhe vedava os olhos e parte das faces... Ninguém a reconheceria!

Estava pronta para acompanhar cada movimento de Leopoldo, vigiar-lhe os passos, descobrir o motivo de tanto descaso, de tamanha descortesia. Não aceitava que o amante pudesse interessar-se por outra...

Como entraria na festa? Não conseguira um convite!

O iluminado casarão, decorado com requintes dignos da corte, impressionou-a. Quantas pessoas! Procurou alguém conhecido, localizando seu primeiro cliente, o coronel Joaquim das Neves, acompanhado de uma senhora muito gorda, a esposa certamente, e de uma mocinha de afetados ares. Quando o fazendeiro olhou em sua direção, baixou levemente a máscara, deixando-se reconhecer, indicando-lhe a direção dos inúmeros coches estacionados. Para seu desespero, a família adentrou os salões e ela ficou ali parada, sem saber o que fazer. Logo, porém, Joaquim retornava, indo-lhe ao encontro:

– Ora, ora... Quem é vivo sempre aparece! Está linda, minha cara! Mas... o que faz aqui fora?

— Coronel, necessito entrar! Mas não tenho convite...
— Só isso, menina? Pensei fosse coisa séria... Vamos lá! Segure meu braço!

Em instantes, viu-se no saguão, adentrando depois o espaço onde pares valsavam. Discretamente ele se foi para os lados da esposa...

Beatriz passou horas observando os modos do amante. Leopoldo comportava-se como alguém descompromissado, valsando, conversando, flertando... Dentro de seu coração, algo se partiu em pedaços ao compreender que ele jamais a consideraria companheira... Se Maria Eleutéria falecesse, a situação entre os dois continuaria a de simples amasiamento! Talvez nem isso, meu Deus! Provavelmente escolheria alguém de posses e boa família, casando novamente! Como fora tola!

Com grande esforço conteve as lágrimas, pensando no vexame de escorrer a maquiagem.

— A senhorita poderia dar-me o prazer desta dança?

O filho de Leopoldo!

Há quanto tempo não bailava! Nos braços do belo moço, sentiu a dor no peito acalmar, a autoestima ressurgir dos abismos da rejeição. Percebia os olhares das pessoas, a admiração, a inveja! E eles rodavam, rodavam, entrelaçados na valsa. Parecia um sonho, do qual não desejava acordar... Ah, por que não eram ela e seu amado Leopoldo? Por que as coisas sempre seriam tão difíceis, praticamente inalcançáveis?

Luís Cláudio, por sua vez, desejava ver a face daquela mulher cuja beleza adivinhava. Entre tantas moças, as camélias no lado esquerdo do profundo decote haviam atraído sua atenção. Em recente passagem pela corte, justamente a caminho de Ouro Preto, tomara conhecimento da história das camélias... Uma jovem idealista sem dúvida... e requintada! Sua mãe havia sido assim, sempre com a exata noção do que usar. Tratou de conduzi-la aos jardins, onde inutilmente tentou convencê-la a retirar a máscara. Beatriz receava mostrar-se ao filho de Leopoldo, temendo que ele soubesse de algo a respeito do relacionamento entre ela e o pai. Mas ouviu seus galanteios, trocaram confidências, mãos e lábios se uniram, ainda que de leve, conforme convinha a uma mocinha de família... Depois, como nos contos de fadas, desapareceu nos jardins, deixando o rapaz a procurá-la. Na fuga, o delicado ramo de camélias brancas desprendeu-se, caindo ao chão...

Os dias seguintes à decantada festa foram de ansiedade para o moço. Precisava encontrar aquela que lhe roubara o coração! Ouvindo-o, Leopoldo sorria:

— Filho, Luís Cláudio, onde está com a cabeça? Sequer viu o rosto da moça! Pode ser feia...

— Nem pensar!

Nenhuma das convidadas se enquadrava à descrição. O mistério em torno da bela desconhecida alimentava o interesse do rapaz!

Beatriz também se envolvera emocionalmente com Luís Cláudio, porém receava as consequências. Como Leopoldo reagiria? Acreditava amá-lo, contudo o que presenciara na festa demonstrava perfeitamente as intenções do amante... nada de bom por certo! Logo enjoaria de vez dela e adeus à vida sossegada, repleta de conforto! Restaria somente a solidão! E a casa de Madame, a longa fila de homens...

Com Luís Cláudio poderia ser diferente. Era jovem, influenciável... Diziam-no muito rico, herança materna... Valeria a pena arriscar? Poderia envolvê-lo em sedutoras tramas? Conseguiria esquecer Leopoldo em seus braços?

Tentava raciocinar como Madame, colocando as vantagens financeiras à frente de tudo e de todos, mas seu coração ansiava por amor! Em momento algum havia parado para analisar friamente a situação: se Leopoldo a abandonasse, não lhe faltariam partidos muito mais ricos! Na verdade, amava o companheiro! Temia perdê-lo... receava sofrer! Pobre Beatriz! Ignorava a presença espiritual de Maria Amélia influenciando-a, interferindo em suas escolhas, sugerindo ideias de revanche contra o infiel Leopoldo! A infeliz manipulava os pensamentos da jovem, sugerindo a possibilidade de uma paixão pelo belo rapaz.

Beatriz raramente deixava a chácara, jamais tivera vontade de perambular pelas ruas de Ouro Preto, talvez devido à sua condição de amásia. Agora, no entanto, via-se às voltas com intensa necessidade de rever Luís Cláudio, sondar o terreno, decidir sua vida... Talvez isso acalmasse a ansiedade, a dor que lhe corroía o peito...

Imprescindível usar algo que lembrasse a festa... Escolheu um vestido branco, enfeitado com fitas e delicadas rendas. Em vão procurou pelo ramo de camélias, constatando havê-lo perdido na festa. Substituiu-as por perfumosos e pequeninos jasmins naturais, com eles adornando o chapéu. Estaria muito diferente da francesinha que o seguira entre as floridas aleias naquela noite, porém havia chances de ser reconhecida.

No primeiro dia, nada ocorreu. Regressou desapontada, mas insistiu, embora lhe desagradasse profundamente expor-se aos curiosos olhares. Na terceira vez, avistou o rapaz em companhia de algumas jovens, sentindo-se diminuída. Sonho impossível, como o de desposar Leopoldo! Aquele rapaz rico, disputado pelos melhores partidos, jamais se interessaria por ela!

Em casa, lançou ao chão o chapéu, pisoteando-o com os nervosos pezinhos. A escrava Joaquina tentava acudir:

– Faiz isso não, sinhazinha! Um chapéu tão bonito... Se a sinhazinha num qué mais, fico com ele!

Aos prantos, Beatriz relatou suas dificuldades, deixando de lado a habitual reserva.

– Mas é só essa coisiquinha de nada que tá apoquentando a menina? Eu levo o recado pro moço, é só dizê onde ele mora!

– Como não pensei nisso, meu Deus?!

– É... só tem um pobreminha... E se o sinhô Leopoldo ficá sabendo? É bem capaiz de mandá açoitá eu! Sei não... Mas, se a sinhá garante, levo o recado! E o que digo pro moço? Ele vai querê sabê da sinhazinha, se é sortera, casada...

– Fale que sou solteira, que meus pais estão de viagem por motivos sérios de saúde e que você toma conta de mim...

– Que responsáve é essa que leva recado?

— Invente que estou morrendo de amor, pronto! E que nao teve jeito, a não ser levar o bilhete... Homem acredita nessas coisas! São todos uns convencidos! Peça para guardar segredo... Ouviu? Segredo! Por causa da língua solta da gente de cidade pequena! Ele vai entender os meus medos e ficará calado... Leopoldo não vai saber de nada, pelo menos por enquanto!

Na tarde seguinte, o moço transpunha o portão da encantadora chácara, encontrando Beatriz a esperá-lo.

Luís Cláudio acreditou piamente na história. Vaidoso ao extremo, sequer lhe passou pela cabeça que ela não estivesse apaixonadíssima... Iniciou-se um romance nos moldes das tradicionais famílias, com Joaquina simulando vigiar na sala a conversa dos dois, mas sempre cedendo espaço para abraços e beijos ao se retirar para passar um cafezinho, pegar um pedaço de bolo...

Leopoldo regressara à fazenda, pretextando cuidados com o sogro e Maria Eleutéria. Insistiu com o filho para que o acompanhasse, mas o rapaz ficou por mais duas semanas, enleado nos jogos de sedução de Beatriz. Por sua vez, a moça debatia-se em incertezas... Amava Leopoldo, mas não aceitaria ser um joguete em suas mãos. Desejava casar, ter filhos, uma família, ser benquista socialmente, rica... Se Leopoldo nada disso pretendia, melhor trocá-lo por outro, mesmo que fosse seu filho! Além de tudo, o rapaz não precisava do dinheiro do pai para viver, pois herdara a imensa fortuna da mãe! E não lhe era indiferente!

Novamente na casa grande, Luís Cláudio abriu o coração, declarando-se apaixonado, pronto para o casamento, recebendo uma verdadeira ducha fria, pois o experiente Leopoldo questionava a origem da moça, o nome de família, suas posses... O filho respondia rindo, asseverando ser impossível nora mais perfeita!

Para Cândida, nada poderia ser melhor! O insistente conquistador abandonara o assédio e ela teria chance, ainda que remota, de encontrar-se às escondidas com Bantai.

As coisas desenrolavam-se rotineiramente... Maria Eleutéria, com o apoio de Florência, aos poucos saía da triste situação...

Leopoldo, mergulhado no jogo e nos prazeres amorosos da casa de Madame, afastava-se ainda mais de Beatriz... Sem esperanças e indignada com o abandono do amante, a moça voltava em definitivo os olhares na direção do galante e apaixonado rapaz, capitulando diante de suas súplicas e declarações de amor...

Quanto a Altino, vivia um verdadeiro inferno, assistindo impotente à derrocada de seu império econômico, preso ao leito, sem que ninguém lhe adivinhasse as intenções, os pensamentos... Estando presente na fazenda, Leopoldo fazia questão de esquecê-lo, estendendo às escravas semelhante ordem... Estavam proibidas de perder tempo com ele! Higiene, alimentação, tudo bem, mas nada de conversas inúteis. Até o dia em que Vicêncio resolveu alertá-lo:

– Se as coisas continuarem assim, logo teremos velório na casa grande... Não querendo meter o bedelho nos assuntos do patrão, mas vai ficar muito estranho se o coronel bater as botas assim, largado... Podem desconfiar de alguma coisa... O povo fala... Não seria melhor se o patrãozinho contratasse alguém da cidade para tomar conta do quase defunto? Assim cala a boca de todo mundo!

Mais uma vez, a espiritualidade servia-se da mediunidade do moço para intervir na condução dos fatos...

Surge então em cena a figura sofrida de Mariazinha. Cansada de esperar pelo retorno da filha, sem sabê-la viva ou morta, a pobre mulher deixou sua casa, iniciando uma peregrinação em busca da desaparecida, seguindo-lhe os passos, até desembocar em Ouro Preto, justamente no casarão de Madame, onde conhecera Altino... Ah, que pungentes recordações aquela casa lhe trazia! No entanto, que melhor lugar haveria para saber de uma mocinha linda, perdida no mundo?

Naquela manhã, dormiam todas ainda, fatigadas da longa noite de função. Mariazinha embarafustou pelos fundos, indo parar na cozinha, onde duas mulheres, que a idade relegara aos afazeres da casa, preparavam o desjejum. Apresentou-se como alguém desejosa de serviço...

– Serviço, mulher? Tome tento! Está um pouco velha para essas coisas, não está?

Encabulada com as risadas, Mariazinha apressou-se em complementar:

– Serviço de cozinheira... e das boas. Nem pensei nisso que vosmecês estão dizendo! Sei o meu lugar...

– Ah, não se zangue, sente aqui e coma um pedaço de pão, uma fatia de bolo... Aproveite que Madame ainda não desceu! Quer um café? Saiu agorinha mesmo!

– Ouvi dizer que há uma moça na casa...

– Uai, é o que mais tem!

– Mas esta se chama Beatriz...

– Já esteve por aqui sim, mas foi embora com um tal de Dr. Leopoldo, que não é doutor coisíssima nenhuma! Faz um tempo... Ele é de uma fazenda por essas bandas... Bonitão... Cheio de conversa para o lado das moças... E rico, muito rico, pelo jeito que joga dinheiro fora!

Mariazinha fechou os olhos, apertando-os com força. Seus temores haviam-se confirmado! A sua Beatriz estava nos braços de um malandro qualquer! Precisava achar a tal fazenda e tirar sua filhinha de lá!

– Ei, não vai esperar? Madame desce já! Onde já se viu uma coisa dessas? Parece doida!

Perguntando aqui e ali, logo descobriu onde a mencionada fazenda ficava, tratando de alugar um coche, sequer raciocinando que Leopoldo poderia ter instalado Beatriz nas cercanias da cidade mesmo. Na verdade, entidades espirituais interessadas em auxiliar Altino investiram na situação, pois o pobre homem estava em vias de se finar sobre o leito. Quem melhor para dele cuidar do que aquela que ainda o amava no recôndito do generoso coração?

O negro liberto Benedito, há muito alforriado pelo dono, proprietário de vantajoso meio de transporte e com pose de branco, fitava de queixo caído a bela morena. Uma beleza! Não muito moça, é bem verdade, porém fruta madura. Ah, se ela lhe desse trela...

— Então vosmecê vai para a fazenda... e tem parente lá? Tem não? Sabe, sempre levo o médico... É... nos últimos tempos, as coisas não andam bem praqueles lados... Doença e mais doença! Parece que até estavam procurando uma enfermeira... para o sinhô, o pai da esposa do sinhozinho Leopoldo. O pobre está em cima de uma cama, que é pele e osso só. Não se mexe, não fala... Luxos de gente rica, modismos da corte... Um escravo podia cuidar dele, ah se podia! Ou o Pai Tomé, que é entendido como ninguém... Eu tenho para mim que, se o velho estivesse cuidando do coronel, o coitado não estaria naquele estado de dar pena! Mas querem alguém que já trabalhou em hospital... Coisa de branco rico!

Uma ideia passou pela cabeça de Mariazinha como um relâmpago: e se Beatriz não estivesse na fazenda? Precisaria de tempo para descobrir onde aquele celerado escondera sua filhinha... Não era caso de perguntar e sair!

Benedito continuava falando sem parar:

— E tem a filha do sinhô, que também é doente, mas dela a escrava Florência cuida... Eu, se fosse a Florência, deixava a danada se virar sozinha...

E lá vinha o caso do castigo de Florência, do sumiço misterioso do corpo...

Quase chegando, o liberto olhou bem para Mariazinha, suas vestes simples e muito alvas, a malinha despretensiosa, o olhar calmo, concluindo:

— Vosmecê deve ser a tal enfermeira, só pode ser! E eu a falar bobagem, meu Deus! Desculpe, moça!

Ela ainda quis desmentir, mas já enveredavam pelos portões e Benedito foi gritando para o escravo que vigiava a entrada:

— Trouxe a enfermeira! A enfermeira de sinhô Altino!

Mariazinha mal podia acreditar na coincidência do nome... ou não seria simples coincidência? Ai, meu Deus! Seria aquele o Altino da juventude, seu inesquecível amor? Sempre ouvira dizer que o mundo dava voltas, mas aquilo parecia um tanto demais...

Agora o coche parava junto à escadaria de entrada e a curiosa das Dores surgia, ainda com uma colher de pau nas mãos, fazendo gestos após escutar as gritadas explicações do cocheiro que, após desembarcar a passageira, já seguia pelos fundos, na direção da cozinha, ansioso por alguns dedos de prosa com Natividade, arrastando asa para a faceira escrava.

– Suba, moça! Num tem ninguém em casa... O sinhozinho tá perdido pros lado de Ouro Preto... O menino Cláudio, dele num sei nada não... vévi por aí, de cabeça nas nuve... Pra mim, tá apaixonado. Ah, mas pode entrá, que eu levo a moça pro quarto do sinhô Artino. Pobrezinho... Num quero intrometê na vida de ocê, mas corre o risco do seu serviço durá pouco... O coroné vai batê as bota logo, logo!

O aposento estava imerso em pesada penumbra. No leito, entrevia-se um vulto... Com o coração aos saltos, Mariazinha perguntou se podia abrir as janelas.

– Vassuncê pode fazê o que quisé, o doente é tudinho seu...

Mariazinha ficou olhando para o homem, mal podendo acreditar. A vida devolvia aos seus cuidados o amor de anos atrás! Por instantes, cenas da grande paixão vivenciada na casa de Madame voltaram-lhe à memória e ela sorriu, relembrando-se adolescente, viajando nas frágeis asas do primeiro amor... Primeiro e único! A desilusão pelo abandono fora tamanha que seu coração se fechara para todos os outros homens!

Por sua vez, Altino também desacreditava daquele "acaso"... Mariazinha! Ali, nas roupas simples, ainda bela, muito bela, não mais uma menina, mas mulher, uma linda mulher! E ele naquele estado... Lágrimas silenciosas escorreram por suas faces emagrecidas e pálidas. Mariazinha sentiu esvair-se de seu generoso coração a mágoa, restando somente o amor por aquele homem que povoara seus juvenis sonhos de felicidade. Estendeu gentilmente a mão, secando-lhe o pranto com a ponta dos calejados dedos, o amor transbordando pelos grandes olhos negros...

Das Dores considerou tristemente:

– Das veiz ele chora ansim... Será que entende o que acontece em vórta dele, meu Deus? O sinhozinho Leopordo disse rino que ele é que nem um vegetá... Perguntei o que era isso e o danado respondeu: abróba, batata... Imagine só! Meu sinhô é gente, e gente muito boa! Nunca que martratô um escravo... Quando podia, ajudava... Libertô foi é muito negro... e com a finada sinhá falano, reclamano nas zoreia dele, dizeno que era um bobo. Olhe só o caso do Pai Tomé! Arforriado! Num merecia de jeito nenhum ficá em cima de uma cama, nas mão daquela danada da Faustina, que foi quem piorô muito o estado do pobre!

E foi explicando a história de Faustina, admirada das lágrimas que corriam dos olhos da moça enfermeira, compadecida daquela forma do sofrimento de um estranho...

– O dotô num vem mais aqui não... sinhozinho Leopordo diz que é perda de tempo e dinhero. Tenho cá com meus botão que ele só tá esperano a morte do sogro! Deus me livre! A moça pode ficá à vontade... Tenho armoço pra terminá! Ah! Se quisé vê a sinhazinha Maria Eleutéria, a filha do sinhô Artino, o quarto dela é o premero do corredô... A Florência dévi di tá lá... Ela bem que tentô cuidá do coroné, mas o coisa ruim do sinhozinho proibiu... Num tô falano? Esta casa precisa de benzimento dos bão, isso sim!

Nos dias seguintes, Mariazinha inteirou-se de toda a história, pelo menos até onde as escravas da cozinha sabiam; Cândida certamente conhecia detalhes mais profundos, mas manteve o sigilo das revelações espirituais, que de modo algum se prestavam a mexericos e especulações, porém forneceu valiosa informação: Pai Tomé poderia auxiliar, já que os cuidados médicos estavam proscritos há muito. As duas mulheres subiram a trilha...

O velho negro sorriu... Chegara aquela que tiraria seu menino do leito! Há dias as entidades estavam anunciando a vinda do grande amor de Altino! Ela saberia o que fazer... ele ensinaria o segredo das ervas e o amor faria o resto! Sem que Leopoldo soubesse, pois o danado não via a hora da morte do sogro!

A triste solidão dos dias de Altino foi afastada pela presença de Mariazinha. A esperta Cândida revelou à falsa enfermeira o código de sinais para conversar com o enfermo, relatando:

– O sinhô entende tudo! Só não consegue falá! Por conta da doença, a cabeça não manda mais no corpo... Sabe, um dia veio aqui um tal de doutor Francisco...

E a mocinha foi contando, até chegar à parte do juiz:

– Aí deu tudo errado, porque a sinhazinha tava doente também e não pôde mandá eles entrá... O sinhozinho Leopoldo colocou a Faustina de guarda e ela avisô da chegada pro Vicêncio e ele botô os dois pra corrê! Depois ele vendeu a Faustina, de uma hora pra outra! E agora resolveu arrumá uma enfermeira... Graças a Deus! Quem sabe o coronel sara e acaba com a bagunça!

VII
DESCARTANDO AMORES

    Enquanto os doentes melhoravam sem que Leopoldo e Luís Cláudio dessem conta, o moço encarregava-se de agitar a vida social da fazenda, recebendo amigos para festivos fins de semana. Como não poderia deixar de ser, convidou Beatriz... Após muito refletir, ponderando os prós e os contras, a mocinha acedeu, impondo uma condição: guardariam segredo do romance entre ambos, mantendo distância. Persuadiu o namorado de que assim teria tempo para conquistar as graças de seu exigente pai, o sigilo permitindo-lhe os primeiros contatos com Leopoldo, facilitando as coisas...

    Assim se fez. Leopoldo indignou-se quando o filho apresentou a moça como uma das componentes do grupo de amigos

de Ouro Preto. Silenciou, porém, temendo escândalo... Beatriz comportou-se com perfeição, discreta como nunca. Somente as escravas estranharam, pois a conheciam da malfadada visita, contudo obedeceram à ordem rapidamente expressa por Leopoldo: nada deveriam revelar a Luís! Contava ter uma esclarecedora conversa com a amante, proibindo-a de adentrar aquela casa novamente, jamais cogitando ser ela a grande paixão do filho! Era vaidoso demais, convencido de que Beatriz nunca se interessaria por outro homem.

Após o jantar, os jovens reuniram-se em redor do piano de Maria Eleutéria, um deles começou a dedilhar canções da moda e logo se formaram os pares. Aquela era a hora ideal! Disfarçadamente, Beatriz aproximou-se de Leopoldo, que a convidou para a valsa. Em seus braços, volteando pela sala, decepcionante certeza inundou o coração da moça: jamais haveria outro amor em sua vida, não obstante o caráter volúvel e pouco honesto do amante. Desejava tanto que tudo fosse diferente! Por que não poderia amá-la e juntos constituírem uma família? Ele pouco se interessara pela maneira como ali chegara, furioso com sua intromissão, como se ela fosse um estorvo, deixando bem claro não a desejar por perto. Sorrindo fixamente, mal conseguia disfarçar a dilacerante dor no peito, ainda mais quando ele ordenou:

— Não sei quais suas reais intenções, minha cara, mas quero que arrume um convincente pretexto e parta quando o dia raiar. E ai de você se ousar mencionar algo a meu filho! Ou a algum dos presentes! Trate de sair da vida dessas pessoas... Aliás, desconheço quais truques usou para delas se aproximar, pois são moças e rapazes da melhor sociedade...

— Leopoldo, meu amor, escute-me! Sei que sua mulher está louca sobre uma cama, todos sabem! Mesmo assim, não poderá desposar nenhuma moça de família... já pensou nisso? Eu, ao contrário, estou pronta para assumir nosso relacionamento, não importa a opinião dos outros. Contam que a pobre está confinada no quarto, tomando remédios fortíssimos... Aceito tudo! Poderemos tratá-la bem, nada lhe faltará. Sinto uma pena enorme dela... Dizem que ama muito você... A loucura é a mais triste das doenças, tira da pessoa sua identidade, não a conhecemos mais... Meu Deus! Que ideia é esta que me passou pela cabeça? Por acaso estará maltratando-a para abreviar sua vida?

Leopoldo compreendeu: Beatriz poderia comprometê-lo! Desde que entrara no quarto de sua esposa, tomara-se de pena pela enferma, como se algo indefinível as ligasse... Tratou de maneirar, mencionando a intenção de visitá-la nos próximos dias, todavia mostrou-se inflexível quanto à sua partida, condição indispensável para a continuidade do relacionamento. Assim, no dia seguinte, ao descer para o desjejum, Luís Cláudio não mais a encontrou, achando sim um recado lacônico, que Natividade repassou com má vontade, fazendo imenso esforço para não revelar ao aflito moço ser aquela a amante de seu pai! A escrava respeitava as categóricas recomendações de das Dores:

– Natividade, trati di dá o recado... só o recado, entendeu? Ocê num seja nem doida de abri o bico e contá a história do pai dele com a desavergonhada... O sinhozinho Leopordo tira a sua pele e frita no azeite quente! Num sei o que tá acontenceno, mas o danado tá com coisa na cabeça e só pode sê mardade das boa...

Na sua ingenuidade, Maria das Dores não estava muito longe da verdade, pois Leopoldo, desde o baile na cidade, voltara suas volúveis atenções para gentil jovem de conceituada família. O único problema consistia na esposa demente... Beatriz fora direto ao cerne da ferida! O assunto da amante poderia ser contornado, mas a esposa, desposada na igreja com papel passado e tudo mais... As coisas se complicariam! Começara então a estudar a melhor maneira de eliminá-la definitivamente. A figura delicada e muito jovem de Maria Eugênia sobrepunha-se a tudo... Seus magníficos cabelos ruivos, os olhos muito azuis, o corpo delgado de menina, a voz ligeiramente rouca, o sorriso ao mesmo tempo infantil e sedutor... Tudo aquilo aliado a um dos nomes mais respeitáveis da cidade, estupendo dote e chances de privilegiado posto na corte, bem distante do tédio da fazenda e daqueles roceiros ignorantes. Cansara-se de aturar negros, feitor, capataz... Precisava pensar... pensar e agir!

Por conta da timidez, entrevendo os coches que conduziam os jovens visitantes para o fim de semana, Mariazinha preferira ficar no quarto com o "enfermo" Altino, perdendo a oportunidade de rever a filha. Triste desencontro!

No início da semana, Leopoldo partiu em direção à chácara, intentando acalmar a amante, pois necessitava de tempo hábil para seus planos e não queria de forma alguma um escândalo. Conquanto houvesse estabelecido amigável relacionamento com o pai de Maria Eugênia, muitos poderiam ser os empecilhos ao namoro: sua idade, a acamada esposa, a fortuna de Altino quase toda perdida em dívidas de jogo ou nas mãos de agiotas... O dinheiro esvaía por seus perdulários dedos como água em ardente areia do deserto! E havia Beatriz... Olhando para a moça no jardim, envolta em delicado vestido branco, um chapéu de abas rendadas lançando sombra em seu alvo e perfeito rosto, sentiu a resolução de deixá-la balançar...

– Beatriz, está linda, muito linda...

O coração da moça apertou-se. Que amor seria aquele, que não se importava com o outro, somente com as aparências, o físico? Pelo tempo juntos, Leopoldo deveria considerá-la mais, amá-la melhor! Seria diferente com Luís Cláudio? Talvez as mulheres devessem depender menos dos homens, tanto afetiva como financeiramente... Começava a entender o tesouro que Mariazinha colocara a seu dispor desde que soubera estar esperando-a. Uma casa, um lar, amor, alimentos, proteção... e tudo com a força de seus frágeis braços! Talvez ela também tivesse forças para sair daquela inércia toda, indo à luta...

Ao deixar a chácara, Leopoldo depusera razoável quantia sobre a mesa. Bastaria para meses... Alegou necessidade de viajar a negócios por bom tempo, o que não asserenou os receios da jovem. Voltaria? Quem sabe...!

Os luxos já não anestesiavam as reais necessidades daquele Espírito. Roupas bonitas, joias, bela casa, nada daquilo conseguira preencher o vazio existencial... faltava algo! Mas ainda não sabia muito bem como agir, o que poderia fazer... Olhando o dinheiro, guardou-o cuidadosamente, sentindo precisar economizá-lo. A simples possibilidade de volver à casa de Madame causava-lhe arrepios de repulsa. Não fosse o inicial encantamento por Leopoldo, certamente teria abandonado o prostíbulo de luxo, retornando ao lar quando o coronel Joaquim assim propusera, de maneira tão gentil e compreensiva. A paixão por Leopoldo prendera seu coração, impedindo que percebesse, de maneira clara, o fatal rumo do relacionamento, bem como o caráter do moço, que agora enxergava com as luzes da razão.

Sentada em um dos bancos do jardim, a jovem revia os três últimos anos de sua existência. Tanta coisa acontecera! Embora o espelho refletisse juventude, sentia-se muito mais velha... Estava evidente que Leopoldo a abandonara de vez! Saíra de mansinho, receando que ela armasse um escândalo. No passado, entraria em pânico, correria atrás de seu amor, imploraria, usando todos os truques de sedução... Hoje, jamais! Começara a perceber a inutilidade de tudo aquilo, questionando se valia a pena lutar por um homem que provavelmente nem amava a si mesmo, pois nunca se contentava com nada, em eterna busca! Uma piedade muito grande de Maria Eleutéria... a pobre certamente se enganara, seduzida com a bela aparência do esposo. Sobre uma cama, suas possibilidades de escapar eram praticamente nulas... Com ela, contudo, poderia ser muito, muito diferente!

O canto dos pássaros chamou sua atenção; o pomar constituía verdadeiro paraíso: mangas, goiabas, carambolas, mamões, laranjas, bananas... Sua mãe se divertiria ali! Faria muitos doces! De repente, lindo sorriso afastou a tristeza de seu rosto. Traria a mãe e ambas poderiam viver dos frutos daquela terra generosa! Com dignidade!

Admirado, o cocheiro Benedito olhou a bela passageira. Então aquela era a tal amante do genro do coronel Altino? Acedera em levá-la, embora pedisse uma soma maior do que a habitual, por conta da importância de seu provedor. As más línguas asseveravam que o dinheiro do sogro fora torrado com jogos e mulheres. Onde já se viu? Com uma moça daquelas à disposição?!

Finalmente chegaram, cobertos de poeira, encalorados... Beatriz suspirou, o coração apertado de saudade. Tudo estava quieto, fechado... A mulher do ferreiro saía pela porta de sua casa, em acelerado e furibundo passo:

— Mas olhem só se não é a menina Beatriz, a sumida! E com roupas de princesa... Se veio atrás de sua mãe, pode dar meia-volta! Faz algum tempo se foi, vai ver no encalço da filha ingrata que, pelo jeito, virou uma boa bisca... Pobre da Mariazinha! Abandonou até a casinha de que tinha tanto orgulho...

A decepção de Beatriz foi enorme! Esperava encontrar Mariazinha, falar-lhe, desabafar o coração apertado... Perdera a mãe para sempre! E por sua culpa! Benedito olhou penalizado as lágrimas que escorriam de seus olhos, sem saber como ajudá-la.

— Moça, vosmecê não acha que seria bom procurar um lugar para descansar e comer alguma coisa? Os cavalos estão exaustos, com sede, com fome... e eu também! E esse calorão todo? Neste lugar, não tem nada não, mas na vila vizinha...

Concordou, mal entendendo o que ele dizia... A pensão continuava igual, com a fachada cada vez mais desgastada pelo sol. No quarto, a mesma banheira... Compreendeu que aquele era o melhor aposento. Estivera ali... O vestido rosa, o azul... e o mascate! Onde estaria ele? Provavelmente aliciando mocinhas sonhadoras para Madame... Aquele representava um capítulo encerrado! Nunca mais trabalharia na casa de Madame! Restava-lhe voltar à chácara, agradecendo a Deus por um teto seu. Sempre poderia dar seguimento ao projeto dos doces, com a ajuda de Joaquina... E esperar... esperar que a mãe a encontrasse! Interessante... Jamais fora ligada a Deus, embora Mariazinha vivesse insistindo no assunto. Agora sentia uma necessidade enorme de algo maior, que nada tinha a ver com as coisas materiais, sempre colocadas à frente em sua vida até o momento. Ao retornar, iria à missa, tratando também de abandonar as tolas ideias de que precisava de um homem para mantê-la, de que não vivia sem o amor de alguém.

Passaram-se quinze dias. Sentia-se indisposta, sonolenta... Olhou para o tacho de borbulhante goiabada e seu estômago revirou... Mal teve tempo de chegar à porta. Joaquina olhava-a com curiosidade, pois estava acostumada a ver mulher esperando menino... De quem seria? Do sinhô ou do moço bonito?

– A sinhazinha qué que faça um chá?

– Não, Joaquina, não... Devo ter comido algo que me fez mal...

– Tem mais é cara de criança...

Beatriz gelou! Sempre tomara muito cuidado! Sentou-se à mesa e procurou lembrar... Realmente! As regras haviam falhado, mas culpara o nervoso dos últimos tempos, os aborrecimentos com Leopoldo, seu afastamento. Duas vezes! Deus! Se fosse criança, o pai só poderia ser Luís Cláudio!

Que faria? Um filho!

Naquele entardecer, Luís Cláudio ultrapassou os floridos portões da chácara. Há dias isso não acontecia, pois o pai estivera a controlá-lo, sabe-se lá por quê... Podia sentir a desconfiança nos olhos de Leopoldo... Bem que cutucara a negra das Dores, recebendo, contudo, uma resposta pouco convincente:

– Sei de nada não, sinhozinho Luís!

– Sabe sim, não quer é contar! Pensei que fosse minha amiga...

– Sinhozinho num tem ideia do que tá falano! Num vô arriscá a pará no tronco por conta dos rolo de ocêis branco!

– Pode deixar! Não quer falar, não fale! Mas eu não vivo sem aqueles bolinhos seus! Olhe lá... vai chover... Que tal fazer os meus bolinhos de chuva?

Das Dores balançava a cabeça... Aquele menino não merecia ser enganado daquele jeito!

– Vô fazê os bolinho... mas tá um sórzão danado lá fora... Vai chove não, filhinho!

Aproveitando a ausência paterna, Luís Cláudio resolveu enfrentar sua ira. Não suportava mais a saudade de Beatriz!

A moça recebeu-o sem a habitual alegria. Seus olhos estavam orlados de olheiras, emagrecera...

– Está doente, meu amorzinho?

As lágrimas desceram copiosas, seguidas da revelação em voz baixa e temerosa.

A risada bem-humorada do rapaz desconcertou-a:

– Um filho? Vou ser pai? Ah! E está chorando? Devemos festejar! Ou não acredita em meu amor, em minhas boas intenções? Assim que seus pais retornarem, casaremos! Trate de escrever, pedindo sua volta com urgência... afinal, não fica bem uma noiva com a barriga aparecendo, não é?

Beatriz sentia-se tonta... Casar? Luís Cláudio desejava casar? E por que não? Sabia muito bem que Leopoldo ainda ocupava seus pensamentos, mas estava perdido para sempre. Começavam a correr os rumores sobre sua paixão pela rica Maria Eugênia... e a implicância do pai da mocinha contra aquele pretendente comprometido e muito mais velho. Com certeza, o esperto saberia dar um jeito... Também diziam Maria Eleutéria em leito de morte... e Altino incapaz, em idêntica situação... Quanto a ela, recebera a inesperada visita de Madame, propondo-lhe voltar à casa de prostituição ou talvez receber clientes na chácara... A mulher olhara com desprezo os doces cuidadosamente arrumados sobre a mesa. Com certeza Leopoldo estava por detrás da inesperada proposta! O ex-amante queria ver-se livre dela, talvez temendo sua intromissão entre ele e a mimada Maria Eugênia. Valeria a pena amar alguém tão sem caráter?

Fitou Luís Cláudio com admiração:

– Tem certeza? Pensei ficaria irritado com a notícia... Não sei como aconteceu...

– Como não? Ambos sabemos, minha florzinha do campo... Ótimo! Pretendia mesmo falar com meu pai a respeito de nossa união... Afinal, não podemos prosseguir assim, pois ficará mal falada... Constrangedor. De minha parte, considero haver aproveitado bastante a vida de solteiro, estando pronto para as responsabilidades do matrimônio! E toda criança precisa do pai, ainda mais se for um menino, e será!

Retornando à fazenda, Luís Cláudio refletia sobre a melhor maneira de contar ao pai sobre o neto a caminho. Optou por detalhar a interferência da escrava Joaquina, o lugar onde a moça residia, seu encantador nome, os encontros que se sucediam há meses e, finalmente, a criança por nascer! O rosto de Leopoldo foi se crispando... Aquilo só poderia ser um pesadelo! Beatriz, a sua Beatriz, era a jovem por quem o filho estava apaixonado, a razão de seus olhares perdidos no infinito, dos suspiros, do enlevo? Como fora tão tolo a ponto de nada perceber?

Uma raiva imensa tomou conta de todo seu ser. Raiva de Beatriz! O filho era inocente marionete na história toda! Julgava-a uma mocinha de família, recatada e ingênua, que cedera a seus apelos por muito amar, até pretendia desposá-la!

A custo sofreou a ira, escutando simplesmente. Precisava ser esperto, muito mais esperto do que a moça! Assim, concordou com tudo, meneando a cabeça, a voz estrangulada na garganta, magoado com a felicidade filial, sentindo-se lesado, traído. Precisava de tempo! Tempo para tirar Beatriz do caminho! Como o finado coronel, pai de Altino, fizera com a tal Mariazinha... Dinheiro, mentiras, ameaças... Melhor concordar com tudo e agir em surdina!

Escutando detrás da porta, Maria das Dores arfava! O seu menino estava apaixonado pela amante do pai! Queria casar! Aquela felicidade toda nos olhos de Luís Cláudio era por causa disso... e por um filho?! O mundo estava perdido mesmo...

– Natividade, Natividade, aí tem coisa... Ocê num viu a cara do sinhozinho Leopordo... O danado tá fingino que aceita essa poca vergonha! Aquela mocinha que se cuide! Pobre do meu menino, que nem bobo nessa história...

– Das Dô, o povo tá dizendo que o Vicêncio vai vortá pra fazenda, aquela que tão abrindo longe daqui... E vai levá o Luís junto... O sinhozinho Leopordo qué que o filho cuide das coisa, como se o Vicêncio num desse conta de tudinho... Ocê acha que um menino da cidade, como o nosso Luís, entende desse negócio de terra e plantação?

– Natividade, será que o coisa-ruim vai mandá matá o próprio filho, meu Deus?

– Jesus, das Dô, trate de fechá essa boca! Ai, minha Nossa Senhora, vô acendê uma vela pro sinhozinho Luís!

Luís Cláudio não entendera muito bem as ordens paternas, mas não queria magoar o pai, principalmente depois da maneira como ele aceitara a notícia de seu casamento. Além do mais, precisava demonstrar maturidade, interesse pelos negócios familiares... Breve teria sua própria casa, esposa, filho... Não era mais um mocinho irresponsável! Impossibilitado de rever a futura noiva devido aos impositivos da apressada viagem, escreveu amorosa carta, deixando-a com o pai, pedindo que a enviasse, explicando-lhe com detalhes a localização da chácara. Como se ele não soubesse! Irado, Leopoldo queimou-a com imensa satisfação, pouco antes de sair tal qual um louco para a cidade.

Ao abrir a porta, Beatriz recuou... Leopoldo estava ali e havia tanto ódio em seus olhos...! Quis explicar, mas ele atalhou, jogando sobre a mesa pesada sacola:

— Pegue este dinheiro e trate de desaparecer no mundo... Antes que me aborreça mais e acabe com sua inútil vida! Meu filho não é para as suas garras! E essa criança, se é que realmente existe, essa criança nada significa! Luís Cláudio caiu em si da besteira que estaria cometendo ao se unir a uma qualquer, e olha que nem sabe de toda verdade, de sua passagem pela casa de Madame por exemplo... Partiu! Sua traidora!

— Traidora? Eu? Tem certeza? E que me diz de Maria Eugênia...?

— Para pronunciar o nome dela, deveria lavar a boca com sabão antes! Não é de sua laia! Moça de família, direita! Quanto a nós, trata-se de caso de fácil conquista, divertimento ocasional... Pensa que ignoro suas pretensões, desejando ocupar o lugar de minha esposa? Jamais! Fisgou Luís Cláudio porque ele é um bobo, um ingênuo! Mas não permitirei, não permitirei!

— Não quero o seu dinheiro! Posso muito bem cuidar de mim e da criança. Aliás, já estou fazendo isso! Não vou mentir: Luís Cláudio foi uma tentativa de tirar de meu coração um amor sem chances de nada, a não ser diversão, como acabei de ouvir... Doía demasiado constatar que não passava de mais uma em sua vida. Errei sim... Menti para ele... Ocultei nosso relacionamento e o que fui até agora, mas não pretendo continuar sendo uma mulher inconsequente e fútil! Vou tirar você do meu pensamento! E não acredito que Luís me abandonou... nunca deixaria para trás nosso filhinho. Não é como o pai, graças a Deus!

Uma raiva avassaladora dominou Leopoldo. Não enxergava nada, a não ser a figura de Beatriz enfrentando-o. Sem falar no ciúme! Prestes a perdê-la, percebia o que ela representava, muito mais do que simples aventura. Ele poderia ter outros casos; ela, nem pensar! Era sua! E se atrevia a desafiá-lo! Partiu para cima da jovem, arrojando-a ao chão, pisoteando-lhe o ventre que começava a crescer...

– Sinhô, pelo amor de Deus, num faça isso! Assim o sinhô mata ela e a criança! Ai, Jesus!

Leopoldo estacou, olhando Joaquina com desvairados olhos. As palavras da cativa caíram como um balde de gelada água sobre ele. Beatriz desmaiara, jazendo como quebrada boneca sobre o brilhante piso encerado...

– Cuide de sua sinhá, Joaquina! Chame um médico se precisar... Mas arrume uma desculpa, sempre se pode cair de uma escada... E, para seu bem, esqueça o que aconteceu aqui!

Já de saída, voltou-se para a escrava, acrescentando:

– Diga a Beatriz que nos deixe em paz! O dinheiro é dela, para sumir no mundo sem deixar rastro! Vá junto! Se me desobedecer, da próxima vez mando alguém acabar com ela! Entendeu?

– Sim, sinhô! Pode deixá, sinhô...

Mal se viu a sós, Joaquina carregou-a para o leito. Pesava tão pouco... E saiu em disparada atrás do doutor, cuidando de seguir o conselho do enraivecido Leopoldo:

– A sinhazinha Biatriz caiu da escada, dotô!

O médico nada disse, todavia pareceu-lhe estranha aquela queda... Os hematomas não coincidiam com os normalmente ocasionados em tombo de degraus, como declarara Joaquina. Cuidou da paciente com carinho, o que não impediu a perda da criança. Quanto a Beatriz, o insucesso ocasionou enorme tristeza, agravada pela revolta. Como Leopoldo fizera aquilo? Com ela e seu neto! Pior ainda era a constatação de que ainda o amava!

Os dias foram passando e a moça não melhorava, não obstante o desvelo do médico e da serviçal. Uma febrícula constante assinalava que algo não ia bem em seu organismo; resistente a todos os medicamentos, foi aumentando, aumentando, e logo ela delirava, a infecção espalhando-se... Um nome não lhe saía da boca:

— Leopoldo! Leopoldo!

Vendo-a agitada, desesperada mesmo, a fiel Joaquina recorreu aos préstimos do cocheiro Benedito, pedindo-lhe que levasse um recado seu ao moço, na fazenda...

— Precisa não, minha flor! O sinhô Leopoldo está no casarão da cidade... Parece que o danado resolveu arrastar asa pra menina Maria Eugênia!

— A filha do coroné Belisário? E o coroné tá de acordo? Uai, o hóme é casado! Moça como a sinhá Biatriz, de família pobre, que já passô pela casa da Madame, a gente ainda entende, mas mocinha de família rica, com chance de bom partido...

— Se contar, ninguém acredita! O tal parece que tem mel na boca! O povo, que fala muito, mas fala verdade de vez em quando, viu a menina Maria Eugênia aos beijos com ele, nos fundos da igrejinha, aquela que tem o cemitério atrás... Ocê sabe qual é, não sabe? Vai ver o coronel acha que a coisa já desandou... E, pelo agarramento dos dois, não é difícil não! Sabe a Chiquinha? Sabe sim, a Chiquinha que cuida da cozinha na casa do Belisário... Disse que foi um brigueiro só, o velho coronel bateu na filha, prendeu no quarto, mas não adiantou nada! Ela fugiu pela janela e foi ver o danado...

— E a pobre da sinhazinha Biatriz morrendo por causa do hóme! Num podia deixá ela em paz com o sinhozinho Luís? Precisava vê a alegria dele quando sôbe da prenheiz da sinhazinha! Vassuncê leva o recado? De boca mesmo, que não sei escrevê! Pra vi logo, que a sinhazinha tá chamando ele no leito de morte!

Em vão Beatriz esperou por Leopoldo. Ao receber o recado, simplesmente colocou rica moeda nos dedos de Benedito, dizendo:

– Esqueça essa história! Para o seu bem... Não conheço nenhuma Beatriz!

Distante de Ouro Preto, Luís Cláudio sonhava com sua amada e o filhinho. Tinha certeza de que seria um menino... Não via a hora de retornar, dando prosseguimento aos planos do casório! Vicêncio, contudo, obedecendo a instruções de Leopoldo, postergava a viagem, arrumando desculpas e mais desculpas, mantendo o moço entretido com os problemas da nova fazenda, que poderiam ser facilmente resolvidos por ele mesmo.

Decorreram três meses...

Beatriz desencarnara. Sem seu amado Leopoldo, a solidão fora sua derradeira companhia...

Assim que seu corpo desceu à sepultura, Madame entrou pela porta da frente, fazendo perguntas e um levantamento geral de tudo o que havia, e não era pouco, porquanto, no começo do ardente namoro, não se pouparam dinheiro e esforços para transformar a chácara em lindo ninho de amor. Cada objeto foi avaliado por experiente leiloeiro... Madame representava somente uma intermediária, para não dar o que falar. A esperta criatura encontrou, em uma das gavetas secretas de artística escrivaninha, o magnífico colar de esmeraldas e diamantes. Seus olhos brilharam! Em frente ao espelho, colocou-o no pescoço... Ficaria com a joia, ninguém saberia! Quanto à propriedade, nada havia sido ainda legalizado no cartório... Em pouco tempo tudo fora vendido, indo parar nas mãos dos muitos credores do perdulário Leopoldo.

Joaquina mal teve tempo de arrepanhar a bolsa deixada para que Beatriz desaparecesse, bem como o dinheiro escondido debaixo do colchão, tratando de cair na estrada, na surdina da noite. Homem perigoso o sinhô! Não valia a pena arriscar!

Ao volver, cansado de mato e animais ferozes, deixando Vicêncio na administração da distante propriedade, Luís Cláudio encontraria tudo mudado. O pai fingiria total ignorância a respeito do ocorrido... Outros moradores ocupavam a chácara, e o antigo caseiro muito pouco pudera dizer, a não ser que a sinhazinha caíra da escada, perdendo a criança... e a vida! Da família da jovem ninguém sabia... Desesperado, inconformado, acabou aceitando a sugestão paterna: viajar pelo mundo, o melhor remédio para esquecer a tragédia!

Leopoldo suspirou aliviado. Fora muito esperto em colocar Madame à frente das negociações! Assim, jamais o filho rastrearia a verdade...

Pobre Leopoldo! Desconhecia a justiça divina... Da justiça terrena o homem pode esquivar-se, mas nunca das leis de Deus, cujos fundamentos acham-se impressos indelevelmente na consciência de cada um. Se, naquele momento evolutivo, ainda não conseguia respeitar mínimos preceitos de amor ao próximo, chegaria a hora em que saberia discernir as prioridades do ser, e estas nada tinham a ver com poder, sexo e dinheiro! Por outro lado, quando Jesus discorria sobre o imperativo do não julgamento, estava referindo-se precisamente ao fato de a criatura oferecer somente aquilo que conseguiu amealhar... Impossível exigir posturas decorrentes de burilados sentimentos de alguém ainda imperfeito.

Ao mesmo tempo, na fazenda, as coisas seguiam um rumo que provavelmente Leopoldo detestaria! Com o decorrer dos acontecimentos envolvendo o filho e Beatriz, deixara de acompanhar detalhes da saúde da esposa e do sogro, permanecendo quase todo o tempo no casarão da cidade. Vicêncio, o fiel cão de guarda, ficara na longínqua gleba... e Pai Tomé estava livre para exercer a medicina de seus ancestrais e dos Espíritos orientadores de sua mediunidade de cura!

Cândida ligava-se cada vez mais ao velho, aprendendo e exercitando sua faculdade. Naquela manhã, a mocinha sentia-se inquieta, sem saber muito bem a razão... Por volta das quatro horas da tarde, compreendeu: os homens retornavam! A voz sonora e autoritária de Vicêncio ressoava na casa, fazendo com que das Dores se persignasse:

– Virge Maria, Natividade, acabô o sossego! Olhe só quem chegô! Corra, vá avisá a Florência, que é pra ela passá aquele treco branco na cara da sinhazinha! Se bem conheço o danado desse capataiz, vai querê vê a coitada... E ela tá boinha, corada, sem aqueles ataque de doidura... Sabe de uma coisa? Dava uma carroça de broa de milho pra sabê o que tanto Pai Tomé e Cândida fala com o sinhô Artino e a sinhazinha!

— Deve de sê coisa deles, das Dô... Mas tem a vê com a sinhá Maria Amélia, que escutei o nome dela um montão de veiz... Falavam como se ela tivesse ali, vivinha!

— Virge Maria!

As duas escravas não se enganavam. Livre para frequentar a casa grande, Pai Tomé, com o auxílio da mediunidade de Cândida, pôde conversar não só com os doentes mas também com a pobre Maria Amélia, realizando ampla terapia espiritual.

A mocinha jamais olvidaria o encontro do velho negro com a desatinada mãe de Maria Eleutéria... Foi logo no primeiro dia em que ele adentrara o corredor, rumo aos quartos dos enfermos... Maria Amélia espreitava qual fera acuada, junto à parede, pronta para expulsar o intruso.

— Que faz aqui? Fora! Não suporto negro mandingueiro em minha casa! Altino pode ter autorizado sua permanência na fazenda, mas é bem longe, no mato! Por mim, não seria nem ali!

O velho fitou a cabeça ferida, de onde o sangue insistia em correr, as vestes em frangalhos, as dilacerações produzidas na pedreira... Pobre Maria Amélia, mesmo no sofrimento persistia o vão orgulho, a empáfia de senhora dos escravos!

— Não queria ofendê a sinhá... Perdoe... Quero ajudá somente... Parece que a sinhá tá machucada, padece de dores...

A pobre olhou-se, tocou com os dedos a cabeça, analisando o sangue malcheiroso... Uma expressão de medo tomou conta de seu pálido rosto. Talvez o negro pudesse fazer algo...

— Se a sinhá quisé, podemo ajudá... Eu e Cândida... A sinhá lembra dela, não é?

— Da cabana... Ela vigiou a chegada do meu Leopoldo, pois eu estava tão cansada... Ela me dá uma sensação boa...

— Pois é... e a sinhá continua cansada... Precisa cuidá das ferida, de um bom sono...

A desconfiança brilhou nos olhos dela:

– Nem pensar! Tenho de vigiar Altino! E Maria Eleutéria! Tramam contra minha felicidade! E você, negro, você não é de confiança, é cria de Altino!

A voz suave de Cândida interferiu, acalmando-a:

– Sinhá, eu fico de vigia, eu cuido, eu protejo a sinhá! Venha, deite aqui neste sofá macio, descanse a cabeça no meu colo. Assim... Feche os olhos... Em minha terra, nosso povo tinha uma linda canção de niná... escute, sinhá...

A voz melodiosa da cativa e as orações de Pai Tomé induziram o sono da pobre. Então os dois assistiram à retirada de Maria Amélia por entidades espirituais socorristas.

– Pai Tomé! Não sabe do que me lembrei agora! De minha mãezinha... Ela também foi levada, mas acabô voltando pro navio... Mais de uma vez! Será que a sinhá Maria Amélia vai fazê o mesmo aqui?

O velho pensou por segundos e, ao falar, reproduzia os pensamentos da entidade responsável pelo atendimento à voluntariosa sinhá:

– Com certeza, minha filha, com certeza... Retornará vezes inúmeras à casa grande, à cabana de caça... Todavia, estará melhor e menos ferida... O mero contato com as energias dos médiuns encarnados funciona como poderoso remédio para ela, além de provocar um aturdimento momentâneo, sem o qual seria muito mais difícil levá-la. Será atendida em um hospital na esfera espiritual... Mas as coisas não são tão simples como comumente as pessoas imaginam, pois ninguém pode mandar na vontade do outro, persistindo o direito de escolha de cada um e suas imperfeições. Conhecendo a senhora dona Maria Amélia, podemos apostar que ela demorará a aceitar o desencarne e a perda de seu grande amor. Quanto a perdoar, mais complicado ainda... Necessitaremos de muitas conversas, ouviremos seus lamentos, esclareceremos sobre as realidades da vida espiritual... Trata-se de verdadeira maratona de amor e paciência!

– Se é assim, por que minha mãe nunca veio até mim para ser esclarecida? Deve de tá em sofrimento até hoje!

— Guntalê, Guntalê... Deus jamais desampara seus filhos! São muitas as equipes socorristas, a escolha dessa ou daquela obedece a certos parâmetros, tais como afinidade fluídica, laços de afetividade, disponibilidade de médiuns... No caso de sua mãezinha, outros realizaram o trabalho que estamos começando hoje com a sinhá Maria Amélia! Outros como vocês, que podem servir de ponte entre os que se foram e os que estão na Terra... Esta é a grande beleza da mediunidade! Socorrer sem se importar com o parentesco ou com o apreço que o necessitado possa ou não ter por nós. Alguém embalou no colo a sua mãezinha, amando-a na qualidade de irmã, como o Mestre Jesus faria... Afinal, dele recebemos a delegação de auxiliar!

— Ela tá bem?

— Pelo menos concordou em sair de perto daqueles que destruíram sua casa e mataram os seus. Já é um grande passo! Sabe, minha filha, sua mãe vagou pelo convés daquele navio negreiro durante muito tempo, assombrando a tripulação, o que resultou em perdas de dinheiro e saúde para seus donos, para o capitão... Nenhuma viagem deu certo depois daquela! Na última, uma grande tempestade jogou o barco contra os rochedos e ele se quebrou todo, indo parar no fundo do mar.

— Será que só minha mãe ficava ali?

— Certamente, não! Muitos outros sofredores, além dela, bradavam por vingança, persistindo em sofrer e fazer sofrer!

— Ela nunca veio até a fazenda, atrás de mim...

— Os elos afetivos, após o desencarne, não obedecem às regras da terra. Conquanto houvesse sido boa mãe, os laços baseavam-se mais na consanguinidade e na assunção do papel materno dela esperado do que na afinidade. Assim, desataram-se facilmente com o decesso do corpo físico e a consequente mudança de papel. Hoje ela não é mais a mãe de Guntalê, mas uma alma em busca de sua identidade, voltada àquilo que lhe é importante... Os laços de um passado distante atraíram-na com maior intensidade do que os da última encarnação!

Cândida calou... Tudo parecia tão complexo! Depois obteria mais informações a respeito do assunto com Pai Tomé...

Dias após, Maria Amélia ressurgiu. Vinha com melhor aparência, mas ainda centrada em seu relacionamento com Leopoldo, acreditando-se encarnada. Com muito cuidado, os dois amigos assumiram a difícil empreita de revelar-lhe o fato de haver desencarnado. Refutou, revoltou-se, negou, contudo acabou capitulando: estava sem o corpo físico!

A morte de Beatriz havia deixado Leopoldo desatinado. A volúvel criatura descobrira um pouco tarde seu amor pela moça, iniciando uma fase em que prevaleciam a saudade dos momentos passados juntos e a recordação dos primeiros tempos de desenfreada paixão. Ao lado disso tudo, uma mágoa muito grande do filho, a quem resolvera repassar a culpa do desencarne, como se fosse o responsável pelo ataque. "Ele, Leopoldo, fora obrigado a atacar a pobre Beatriz por culpa de Luís Cláudio, que a assediara vergonhosamente, acabando por engravidá-la. Perdera a cabeça... Se não fosse o filho, nada teria acontecido!"

Acompanhando-lhe o rumo dos pensamentos, assistindo ao seu sofrimento, Maria Amélia nomeou Beatriz a rival a ser aniquilada a qualquer custo, voltando-se contra a pobre, agora no mundo espiritual, em zona de muito sofrimento. Abandonou a fazenda e a cabana de caça, totalmente dedicada à perseguição da infeliz que despertara em seu amado tamanho amor!

Indagado a respeito do que poderiam fazer pelas duas mulheres, a resposta de Pai Tomé a Cândida apresentou-se simples, direta: orar e esperar. Orar... Em meio às agruras da ignorância espiritual, as preces daqueles que não olvidaram seus afetos assemelham-se aos oásis nos desertos! Chegam até as criaturas em agonia reanimando, aliviando. Esperar... Esperar que o tempo e o sofrimento burilassem as almas em conflito, preparando-as para o socorro espiritual e o abençoado reencarne.

Era o momento propício ao esclarecimento de Altino e Maria Eleutéria a respeito da realidade espiritual! Em longas e proveitosas conversas, Pai Tomé e Cândida foram apresentando as iluminadoras mensagens do Mestre, em breve obtendo surpreendentes resultados. Salutar terapia de autoperdão afastava pouco a pouco os constrangedores miasmas do remorso improdutivo que agrilhoava aqueles seres, fortalecendo-os, clareando caminhos para futuras realizações, propiciando o retorno da esperança.

Então, Maria Eleutéria atreveu-se a revelar aos dois seareiros do bem a história da pretensa queda da mãe na pedreira... Se o pai fora o autor do golpe, ela, na qualidade de filha, fizera pior, pois ficara feliz com a morte daquela que se tornara sua rival, acumpliciando-se indiretamente no delito.

– Haverá perdão para mim, Pai Tomé?

– Sim, minha menina! A primeira pessoa que tem de perdoá a sinhazinha, por incrível que pareça, é a sinhazinha mesma... Enquanto isso não acontecê, a culpa vai colocá a menina em situação desvantajosa em relação aos Espíritos pouco evoluídos, maldosos inclusive, que vão usá esse remorso contra a sinhazinha, pra impedi uma existência produtiva... É como aquele devedor que sabe de sua dívida e abaixa a cabeça quando o cobrador bate à sua porta, escondendo atrás do armário, lá ficando, sem podê sai pra fazê alguma coisa boa... Pois é...

O velho pensou um pouco, continuando:

– Parece difícil? Pra começá, tem de admitir que erra como todo mundo, que num é um modelo de perfeição. Quem tá nesta Terra de meu Deus acaba errando e muito, porque aqui é uma escola, onde aprendemos, dia após dia, a lidá com o que sentimos! E não dá pra fingi que não sentimos! Podemos disfarçá, mas nunquinha que enganamos nóis mesmos... E a nossa consciência cobra doído... E daí, num belo dia, não aguentamos levá adiante a mentira que há muito tentamos passá pros outros e até pra gente... Sabe o que é mais duro, menina? A criatura endóida! Tem muito louco por aí fugindo da realidade de seus sentimentos, filhinha, das consequências dos atos por eles provocados... Ou tentando continuá na ilusão, no sonho que se tornô pesadelo. Sinhazinha pode acreditá, tem pessoa tão orgulhosa que prefere o sofrimento a dá o braço a torcê, aceitando que errô bonito... Quando aceitamos nossa imperfeição, quando queremos mudá, as coisas clareia, ficamos mais calmos, a vida volta a sorrir. Ih, dá um trabalho danado querê sê o maioral o tempo todo! Cansa carregá o mundo nas costa... Mas só carrega quem qué...

– Pai Tomé está falando de Leopoldo?

O velho sorriu... Por que as pessoas sempre acham que o recado é para os outros?

– Também, minha filha, também...

Naquele dia, Florência exultava! Maria Eleutéria saíra sozinha do leito, fitando a manhã através da cortina de renda branca. Como sempre, a humilde moça correu a ampará-la, temendo uma queda, tamanha sua fraqueza nos últimos tempos; a jovem senhora voltou-se, enlaçando-a pela cintura, lentamente se ajoelhando aos pés da atônita escrava, murmurando:

– Perdão, Florência, perdão pelo que fiz!

– Sinhazinha!

– Não sou sua senhora! Sou sua devedora... e amiga, se assim aceitar! Não lhe soube entender a grandeza de coração, desrespeitei seu afeto por mim... Matei seu filho! Apoiei a irresponsabilidade de Fabrício! Mas, o pior: deixei que o orgulho me cegasse!

– Passou...

– Para você, que é boa demais... Para mim, no entanto, sinto que jamais passará! Morro de vergonha... Mais ainda nos últimos tempos, quando me vi em cima de uma cama, louca varrida... Todos se afastaram! De Leopoldo nem falo... Mas você, Florência, você tem tratado de mim como se me amasse realmente...

– Mas eu amo! Pai Tomé andou explicando umas coisas, pensei bem e acho que tá certo: disse que todos cometemos erros porque ainda não somos uma perfeição como Jesus. E que perdoar significa entender que o outro errou por não saber fazer o certo ainda. A sinhazinha não sabia o que tava fazendo quando me mandou surrar! Aposto que hoje não faria a mesma coisa, faria? Então! A sinhazinha mudou, aprendeu... e eu também! No começo, tinha uma raiva danada, uma revolta, uma vontade de vingança... Depois, conversando com o Pai Tomé e a Cândida, entendi que isso só me fazia sofrer ainda mais, que não mudaria o que aconteceu! Não foi fácil perdoar... Ficava lembrando do meu filhinho... Sonhava com ele, parecido com o pai... Mas aí me explicaram a respeito da reencarnação... Agora sei que ele vai nascer de novo, talvez até eu seja mãe dele!

Maria Eleutéria não conseguia entender muito bem o que a escrava estava dizendo. Se fosse em outros tempos, refutaria tudo, mas as provações dos últimos meses conseguiram ensinar-lhe a existência de algo muito maior, acima das crenças consideradas verdades, que ela ainda desconhecia... Não achara que a morte acabava com tudo? E a mãe não lhe aparecera? E não necessitara do velho negro alforriado e das escravas Cândida e Florência para poder sair do leito? Antes, considerava-os animais!

— Florência... posso fazer uma pergunta?

Diante do afirmativo sinal da escrava, continuou:

— Ainda ama Fabrício?

Os olhos da moça encheram-se de lágrimas. Como se fosse possível deixar de amar por conta do que ele fizera!

— Amo... Muito! Mas enxergo as coisas de maneira diferente agora... A Cândida me ensinou que o amor é liberdade! E não um grilhão, como aquele que colocam no pescoço do escravo... Quando só o outro tem importância, quando deixamos de lado nós mesmos, não é amor... Tem tudo a ver com carência e a maneira como nos vemos e somos tratados. Sentimos que somos inferiores, não merecedores de afeto, de respeito. Sem falar que esperamos muito do outro, fantasiamos...

Na verdade, não amamos o outro como ele é! Criamos um príncipe encantado e depois caímos do burro... O moço Fabrício falou muita coisa bonita, fez promessas, mas disse somente aquilo que eu queria ouvir... Acho até que, se ele não dissesse nadinha de nada, eu ainda acreditaria que ele sentia o mesmo que eu, só não falando... Hoje, olhando para trás, vejo que inventei um homem para amar... bonito, rico, um príncipe... E enchi de qualidades... que ele não tinha! E quem me enganou, sinhazinha? Ele? Não, eu mesma!

— Mas, Florência...

– Tem mas não, sinhazinha! É a verdade! E dói... E aí a gente percebe que continua a amar aquele infeliz! A Cândida veio com uma história outro dia de uma moça que beijou um sapo e ele se transformou em um príncipe... Aí disse que, no meu caso, foi diferente: beijei um príncipe e ele virou sapo! A espertinha acabou concluindo que ele era sapo o tempo todo, só eu via o príncipe... Neste mundo nosso, ninguém é príncipe ou princesa... Pensando assim, fica mais fácil aceitar os defeitos de cada um e os nossos, e deixamos de esperar por realeza que só existe em nossa cabeça!

Maria Eleutéria desatava em riso... Quanta sabedoria! Quando a escrava foi para a cozinha, depois de ajeitá-la no leito de linhos e rendas, ficou a pensar:

– Será que foi assim com Leopoldo? Pensando bem, Florência tem razão... Fui educada por minha família para ser uma princesa e jamais questionar tal realeza ou admitir que outro o fizesse! Foi o meu maior erro, pois sempre quis mais do que podia! Preciso prestar atenção no meu orgulho... Hum... Será que continuo a amar Leopoldo, meu Deus? Ou tudo não passou de simples entusiasmo de adolescência, fortalecido pelas dificuldades, pela presença de minha mãe como rival, pelo trauma de sua terrível morte? Haverá, fora dos estreitos limites da fazenda, um mundo a ser descoberto?

Naquele amanhecer, Florência descuidou-se! Vicêncio chegou bem cedinho e a moça estava na cozinha, arrumando o desjejum de sua senhora em uma bandeja, de papo com das Dores e Natividade. O capataz atravessou o corredor silenciosamente, adentrando os aposentos sem bater, deparando com sua amada junto à janela, envolta em bela camisola de sedas e rendas, os longos e brilhantes cabelos escuros tocando a cintura... Quando ela se voltou, pôde perceber as saudáveis cores de suas faces, a lucidez em seus grandes olhos verdes...

– Que faz aqui? Fora! Fora!

O moço despencou corredor abaixo, indo de encontro à pálida Florência, espalhando a refeição para todo lado, dizendo com irada ironia:

– Então, sua sinhazinha está curada! Aposto que nem Leopoldo sabe disso...

A moça ainda quis explicar, dizer que era uma melhora de momento, mas ele havia percebido tudo. Maria Eleutéria estava de posse de suas faculdades e na certa se preparando para algumas providências!

– Onde está Cândida? Responda!

E o pequeno chicote de montar atingiu a escrava na face, arrancando sangue.

– Pensando melhor, nem precisa dizer...

E abriu a porta do quarto de Altino de um golpe só, encontrando Mariazinha e Cândida realizando o tratamento diário no enfermo, verdadeira fisioterapia à base de exercícios e ervas da mata, tudo receitado por Pai Tomé. E o coronel estava falando... enrolado, é bem verdade, mas compreensível!

Leopoldo precisava inteirar-se de tudo aquilo. Onde estaria? Com certeza em Ouro Preto, passando cada vez mais tempo longe da fazenda. Ignorava que o patrão realizara recente visita à corte, destinada a acertar o internamento de Maria Eleutéria no hospital de alienados! Combinara tudo com um dos médicos, contando-lhe a história da loucura da esposa, lamentando, entre copiosas e falsas lágrimas, a vida que ele, Leopoldo, levava, "preso a uma criatura que jamais se livraria da demência, que lhe colocava a integridade física em risco, pois estava muito, muito agressiva"!

O comovente relato e mais magnífica joia de Maria Eleutéria, providencialmente surripiada antes da viagem, destinada a adornar o colo da jovem e linda esposa do doutor, "um modesto presente, sem outra intenção a não ser reverenciar o ilustre e humanitário facultativo", resolveram tudo! Um enfermeiro de confiança iria buscá-la e ninguém precisaria saber de sua internação... Terrível constrangimento! Inexistindo familiares próximos, como pai, mãe, sogra, sogro, irmãos, Leopoldo afirmaria ter enviado a esposa para tratamento na Suíça, alegando, caso acontecesse o pior, desconhecer o internamento no hospício da corte.

Se Vicêncio conhecesse os reais planos de Leopoldo, jamais o apoiaria!

As três mulheres entreolharam-se... Tudo estaria perdido se Leopoldo soubesse da excelente condição de saúde da esposa! Que fazer?

Das Dores chegava, indagando:

– O que assucedeu? O danado do Vicêncio passô ventano pela cozinha... Nem respondeu quando ofereci café com broinha saída gorinha mesmo do forno! Um morto de fome que nem ele? Foi pros lado da cochera! Num diga que ele viu o que num devia!

Transtornada, Mariazinha dizia:

– Se não conseguirmos parar o homem, adeus esperança de liberdade para Maria Eleutéria e Altino! Vai voltar ao que era antes, meu Deus! Vamos!

– Pra onde, Mariazinha?

– Amarrar Vicêncio! Somos quatro, impossível que não possamos com ele!

O capataz mal podia acreditar!... A negra das Dores com um jeito estranho, as mãos para trás, como se escondesse alguma coisa... A enfermeira Mariazinha com uma corda... Cândida e Florência com os olhos muito abertos, empunhando vassouras... Devia ser uma piada! Desatou a rir, fazendo convidativos gestos com as mãos:

– Venham! Vão querer enfrentar-me?

Quase não enxergou das Dores levantando a pesada frigideira, descendo-a sem piedade sobre sua pobre cabeça. Desabou pesadamente, escutando vozes ao longe, até que a consciência se foi...

– Segure os pés dele, Cândida... vou amarrar! Coloquem as mãos para trás, é mais seguro. Passe esse pedaço de corda, dê uns três nós para garantir...

Cândida olhava a resoluta Mariazinha com admiração. Parecia outra, com os olhos brilhantes, destemida postura. Embora tivesse escutado, vezes inúmeras, a história de uma moça da casa de Madame, por quem o jovem e sonhador Altino se enamorara perdidamente, desconhecia ser aquela a jovem de outrora, lutando com todas as forças para salvar seu grande amor, principalmente após saber que ele, apesar de haver cedido à pressão paterna, não deixara de amá-la, tudo não passando de sórdida maquinação do coronel Eleutério para separá-los!

– Temos de esconder o danado! Melhor lugar é na velha cabana de caça... ninguém vai lá, com medo do fantasma de sinhá Maria Amélia. Ele fica preso até Altino falar com o tal juiz... Precisamos dar um jeito de avisar o advogado! Depois, quando as coisas estiverem resolvidas e Altino no comando da casa, a gente solta...

E acrescentou:

– Maria Eleutéria está bem, ela mesma pode ir até Ouro Preto!

– Mariazinha! Num dá pra confiá na sinhazinha não... Se aquele maldito do sinhozinho Leopordo aparece e faiz um chamego, ela é bem capaiz di si derretê todinha... É muito arriscado! Tem di sê arguém de confiança pra dá o recado... Arguém de confiança, entendeu? Precisa sai de noitinha, dispois que todo mundo tivé num sono só na senzala, e vortá antes do dia raiá... e di o feitô chamá o povo pra lide!

Os olhos verdes de Cândida brilharam:

– Bantai!

Mal escurecera, deram saída ao jovem cativo, que partiu na mesma hora, cavalgando veloz montaria. Em Ouro Preto, transmitiu o recado ao surpreso causídico:

– As escravas da casa grande mais a enfermera prendero o capataiz na cabana e tão esperando o hóme que vassuncê prometeu levá...

– O juiz! Mas levará alguns dias, a coisa não é tão simples... Da última vez, fomos praticamente expulsos por um moço corpulento e malcriado!

– É esse mesmo que tá preso... Num vai acontecê de novo! Vassunceis precisa resolvê a questão, senão a vida da sinhá e do pai dela vai ficá por um fio...

– Iremos!

Os dias pareciam não passar! Natividade, ao saber do ocorrido, só chorava:

— Vamo tudo morrê no tronco! Inté eu, que num participei do rolo... Só que tô do lado de ôceis... O sinhozinho Leopordo vai ficá uma fera, uma fera! A sinhazinha bem que podia tê ido até a cidade e contado tudo! Vai vê eles vinham mais depressa...

Das Dores perdia a paciência:

— Natividade, cale essa boca, chega di choramingá e falá bestera, menina! Agora num dá pra vortá atráis não! Vamo acreditá que o juiz vem e vai libertá o coroné e a sinhazinha! Inté parece que ocê num sabe que só macho tem voz neste mundão de meu Deus! Entre o coisa-ruim do Leopordo e a sinhazinha Maria Eleutéria, ele sempre vai tê razão! Inda mais que a coitada tá na conta de doida. Agora, com o sinhô Artino, o negócio seria bem diferente... É hóme... Dono do dinhero... Se pudesse, ia ele mesmo, mas o Pai Tomé insiste que leva pra mais de ano pro pobre vortá a muntá num cavalo. E sacolejo de carroça, nem pensá agora, só mais tarde! O jeito é o povo da lei sarvá a gente! Trati di acendê vela e rezá, que dianta muito mais do que esse chorero todo.

— E se o Vicêncio fugi?

— Uai, num é nem doido! Eu levo a comida prele... sempre, ouviu? E a frigidera vai junto!

O ruído de patas de cavalo do lado de fora levou as mulheres à entrada da casa grande. O juiz!

Infelizmente, tratava-se de Leopoldo. Voltara! Como sempre, procurou por Vicêncio. Ninguém sabia do capataz... Há três dias não o viam... Estranhou! Das Dores quis remediar, inventando:

— Devi di tê ido atráis de arguma escrava nova... Ouvi dizê que o dono da fazenda do lado recebeu umas que é uma belezura só...

— Quando voltar, ele me paga! Sair assim, atrás de saia! E Maria Eleutéria?

— Num tá bem não... Dá pena! Cada dia mais doida! Onte mesmo, quebrô toda a loça do armoço que a Cândida levô prela... Jogô tudinho no chão! Num qué comê de jeito nenhum...

Para Leopoldo, as informações adequavam-se a seus planos! No hospício, a frágil constituição da esposa, abalada pelos fortíssimos medicamentos ministrados em exageradas doses há tempos, seria minada com maior rapidez; logo estaria viúvo, totalmente disponível para o matrimônio com a encantadora Maria Eugênia... Bonita, jovem, filha única, herdeira de rico patrimônio, pai idoso... Inconsequente, considerava Maria Eleutéria um estorvo, precisando ser tirado do caminho a qualquer custo! No caso de Beatriz, se os planos anteriores de com ela partir houvessem vingado, pela natureza do relacionamento bastaria deixar a fazenda, levando o restante do dinheiro, as joias, o que de precioso houvesse... Mas com Maria Eugênia as coisas eram bem diferentes... O pai exigiria casamento de papel passado na igreja! Por outro lado, isso lhe convinha, pois bem pouco restara do patrimônio de Altino... E Maria Eugênia era rica, a esposa que lhe convinha, como outrora acontecera com Maria Eleutéria.

– E o coronel Altino?

Das Dores fez cara triste, despejando:

– Num vai durá muito naquele estado... Num era bão mandá o dotô dá uma espiada nele? Essa enfermera num parece das mais entendida não!

– Não adianta nada! O homem está morrendo!

– O sinhozinho tem toda a razão!

Após ordenar lauto café no escritório, Leopoldo se foi, deixando as mulheres preocupadíssimas.

– Das Dô! Cumé que vai sê com o sinhozinho Leopordo na fazenda? Quando o juiz chegá, o danado vai contá a história da maneira dele! Precisamo dá um jeito...

– É, Natividade... mas como? Num posso batê nele com a frigidera, não é? Ou será que posso? Uai! Das veiz... Cabeça de sinhô num devi di sê diferente de cabeça de capataiz... Num dianta ficá com esse zóio que mais parece um pires pro meu lado... Ocê tá certa... Ele tem di saí da fazenda! E logo, loguinho, senão vai sê um fuzuê dos diabo!

– Ô vida! Primeiro a gente qué que o dotô juiz venha logo... Agora tem medo que o hóme venha...

Depois de muito pensar, Cândida apareceu com uma solução plausível, inspirada no ocorrido na viagem, quando colocara a tal erva no cozido: precisavam fazer Leopoldo ficar muito doente, a ponto de retornar à cidade para se tratar!

Pai Tomé analisou as ervas em sua prateleira... Selecionou uma, virando-se para Cândida:

– Esta aqui, além da dose, ao invés de ajudá o coração a batê certinho, provoca forte dor no peito, como se ele fosse estalá... Vosmecê leva e coloca na comida este tanto de pozinho, de preferência na hora do armoço, que é pra dá tempo de carregá o hóme pro médico no mesmo dia... Garanto que ele vai ficá de cama!

Na casa grande, a mocinha combinou tudo com das Dores...

– Vô fazê galinha com molho pardo... Bem apimentada! Do jeitinho que o sinhozinho gosta! Por causa dos tempero, o danado nem vai senti o gosto do remédio... Pode deixá comigo!

No dia seguinte, nem bem o sol surgira, o barulho de um coche assustou as escravas na cozinha! Seria o tal doutor juiz, meu Deus? Tudo estava perdido!

Um homem de atlético porte e definidos músculos colocou a cabeça na porta dos fundos, exclamando:

– Que cheiro bom de café! Cheguei bem na horinha! Cadê o dono da casa?

Antes que Natividade, claramente encantada com sua aparência, pudesse responder, Leopoldo chegava, dizendo secamente:

– Venha!

Primeiramente chamou Florência ao escritório, pretextando entregar-lhe um novo remédio, tratando de trancá-la pelo lado de fora; no quarto, em segundos Maria Eleutéria foi amordaçada, envolta em camisa de força e conduzida para o coche nos fortes braços do homem. Nenhum barulho se fez! Quando a curiosa das Dores chegou à sala com o café e mais algumas guloseimas, tudo no intuito de descobrir a que viera o misterioso visitante, não havia nem sinal da condução.

— Que coisa mais isquisita... Onde foi pará o moço, Natividade? Queria o café e agora num qué mais? Povo mais doido... E o sinhozinho Leopordo?

— Parece que saiu também...

— Sem tomá o café da manhã? Num tô falano? Quem vai entendê? Vamo tratá de matá as galinha e limpá elas bem limpinha... Pra num atrasá o armoço!

— Das Dô, ocê tá escutando um baruio? Vem dos lado do escritório...

Minutos depois, uma preocupada Florência corria para os aposentos de sua sinhazinha, voltando com a triste novidade:

— Levaram Maria Eleutéria! Ela não está no quarto!

— Mas ocê num viu, Florência?

— De que jeito? Fiquei trancada no escritório! Quando vi, o sinhozinho tinha passado a chave na porta...

A notícia caiu como uma bomba na casa. Era evidente que Leopoldo tratara de livrar-se da esposa!

— E agora, meu Deus? Vamo falá com o sinhô, ele vai tê di dizê pra que canto levô a sinhazinha...

Cândida discordou:

— Não adianta! É bem capaz de mandar a gente pro tronco! Vamos seguir com o combinado! Tenho um pressentimento de que o juiz tá vindo...

A erva surtiu o efeito desejado. Leopoldo sentia-se morrer! E as escravas fingiram preocupação, como se a tal "morte" fosse acontecer a qualquer instante!... Em pouco tempo, o trole disparava em direção a Ouro Preto, levando na boleia um dos escravos e o próprio feitor, pois o "irresponsável" Vicêncio permanecia "desaparecido". No banco de trás, entre almofadas, um apavorado Leopoldo gemia!

Respiraram aliviadas!

Bem na hora... Ao entardecer, chegavam o advogado e o juiz!

As mulheres haviam ocultado do enfermo o sequestro da filha, evitando atormentá-lo inutilmente. Assim, os visitantes foram informados do ocorrido ainda na sala, pela boca da aflita

Mariazinha, alarmando-se com o fato, pois a pobre moça poderia estar em sério perigo.

O Dr. Francisco indagou da pretensa enfermeira:

– O coronel Altino está em condições de relatar o ocorrido usando a técnica das piscadas de olhos?

– Ele melhorou muito! Até fala! Com dificuldade, mas fala... O doutor juiz não vai ter problemas! Só precisa paciência...

Pausadamente Altino relatou os impressionantes fatos envolvendo o genro e sua família, solicitando urgentes providências. Aconselhado anteriormente por Pai Tomé, deixou de lado o ocorrido na cabana de caça... O velho sabiamente ponderara:

– Num adianta tocá nesse assunto agora... Pode perdê a confiança da lei... e o caso contra seu genro ficaria comprometido! Melhor mexê numa coisa de cada vez... Agora é hora de barrá seu genro, antes que ele acabe com toda a sua fortuna e prejudique mais gente...

Saindo do quarto, o velho complementou baixinho para si mesmo:

– ... e tentá salvá a sinhazinha!

No casarão de Ouro Preto, Leopoldo sentia-se muito melhor. Que susto! Felizmente o doutor acertara em cheio na medicação! Dois ou três dias de repouso e poderia dar seguimento à segunda parte de seu plano: livrar-se em definitivo do sogro. Um travesseiro no rosto quando estivesse adormecido e pronto! Ninguém perceberia nada... Para evitar surpresas indesejáveis, poria um sonífero na água da enfermeira; ao acordar, ela encontraria seu paciente morto! Bela ideia a sua de colocá-la para assistir o enfermo, afastando suspeitas. Além do mais, das Dores acreditava na incompetência da moça... Perfeito!

Pancadas na porta irritaram-no. Não se podia descansar em paz! O escravo deixou entrar o Dr. Francisco, advogado e amigo pessoal de Altino, na companhia de dois soldados. Trazia surpreendente ordem assinada pelo juiz! Estava sumariamente detido para averiguações!

Desde o início, as autoridades consideraram mais importante descobrir o paradeiro de Maria Eleutéria. Uma semana depois,

Leopoldo persistia afirmando que a esposa seguira viagem para tratamento médico na Europa, pois no Brasil seu estado de saúde somente piorava...

Investigações no porto confirmaram o nome da moça entre os passageiros de luxuoso barco... O engenhoso plano funcionava! Quando a debilitada esposa sucumbisse finalmente, alegaria desconhecimento de que ela tivesse sido internada em hospital para alienados no Rio de Janeiro, após haver passado muito mal antes de embarcar... Um acesso de loucura! Por ignorados motivos, não o haviam avisado e, somente após sua morte, ficara sabendo do lamentável ocorrido...

Quanto às demais acusações, acusar era uma coisa; provar, outra bem diferente! Altino, na verdade, não tinha nenhuma comprovação real... Gastara o dinheiro, mas era casado com a filha do reclamante... E ele, até pouco tempo, estivera sem poder manifestar-se, mudo sobre a cama... Oras!

A pedido do influente Altino, retiveram-no em cela por tempo indeterminado, para maiores averiguações...

Nesse ínterim, as escravas da casa e Mariazinha faziam reuniões e mais reuniões na cozinha da fazenda, sempre acompanhadas de um bom cafezinho passado na hora, bolo de milho, rosquinhas, pão, manteiga, queijo... Questionada a respeito de tanta comilança, a cozinheira sabiamente redarguiu:

– Uai! Temo di tê sustança pra pensá! E tô que num me guento de nervoso... Comê acarma, uai!

E qual o assunto de tanta conversa? Maria Eleutéria e seu desconhecido paradeiro! Depois de muito discutirem, Cândida considerou:

– Precisamos libertá Vicêncio do cativeiro! Ele é o único que pode ajudá... Ele ama Maria Eleutéria!

– Cândida! Ocê ficô loca, menina? Dispois do que fizemo com ele, vai matá nóis no chicote! De onde tirô essa bestera de que aquele marvado ama a sinhazinha? O danado deita com tudo que é moça! Esqueceu que ele queria denunciá a cura da sinhazinha pro marido dela? Isso é amor?

– Do jeito dele, é... O Vicêncio só entende amor com a posse da pessoa amada... Por isso faiz de um tudo pra ficá com ela de vez, mesmo prejudicando a coitada...

– Sei não... Pra mim, continua a sê um desalmado, incapaz de amá, só interessado em otras coisa... aquelas, sabe...

Por mais que explicasse, Cândida não conseguia convencer a cozinheira. Não confiava no jovem capataz e pronto! E repetia:

– Vicêncio queria avisá o sinhozinho Leopordo!

– Só porque tinha esperança de o sinhozinho ir embora, deixando o caminho livre! Nunca perceberam? Ele pena por causa dela! Se ficá sabendo do sumiço, aposto que vai atrás como um cão de caça!

– Hum... sei não! Ocê sabe de arguma coisa e num qué contá? Viu? E dispois ocêis diz que eu sô a rainha da escuitação! Num qué contá, num conta! Por via das dúvida, levo a frigidera! Pro caso de ele si fazê di besta... Tum!

O capataz fitou as mulheres com ódio nos olhos. Malditas! Uma vergonha sem fim aquela... Derrotado daquele jeito! Ah! Quando conseguisse sair dali...

Cândida relatou a história com detalhes. A raiva foi passando, passando... Aos poucos compreendia a trama engendrada por Leopoldo... Como fora idiota! Ainda quis refutar:

– O patrão disse que ia embora, deixando a fazenda para Maria Eleutéria... Levaria o resto do dinheiro todo, sumindo no mundo... Ela ficaria livre dele!

Das Dores caiu na risada:

– Que dinhero, hóme? O sinhô Artino disse pro juiz...

– Escutando de novo atrás da porta, das Dô?

– Ara! E num é pra escuitá? Arguém tem di sabê das coisa na casa! Sinão, comé que fica? O Vícêncio aí, que é cheio das finura, precisa sabê que o sinhozinho Leopordo passô a perna em todo mundo! Inté esta fazenda tá no pirigo de pará na mão dos hóme de quem ele pegô dinheiro emprestado... É!

– Melhor me soltarem... Vou atrás dela! Pode estar em apuros, talvez morta... Deus nos proteja! Prometo que nada farei contra vosmecês, embora merecessem ficar sem a pele! Mas agiram para defender a sinhazinha... Sou um burro!

Florência exasperou-se:

– Pois trate de deixá a burrice de lado, senão adeus sinhazinha! O Dr. Francisco disse pro coronel que o danado insiste que ela foi pro estrangeiro... Sem uma peça de roupa? Justo a sinhazinha, que é a vaidade em pessoa?

Das Dores ficou pensativa...

– Antes do acontecido, o coisa-ruim falô comigo na cozinha, perguntô da sinhazinha, do coroné... Eu inté disconversei, disse que ela tava doidinha... Pensando bem, ele pareceu gostá da notícia... Hum... Passô uma coisa na minha cabeça! É bem capaiz di tê levado a pobre pra interná numa dessas casa de doido... já ouvi falá que tem...

– Por aqui, não há nada assim... Talvez para os lados da corte... Seria mais fácil, ela poderia morrer por lá, sem que ninguém ajudasse a coitadinha...

– Vicêncio, deve ser isso! O coronel pode saber de algo! Ele é viajado...

Preso a uma cadeira, Altino sentia-se inútil. Mariazinha consolava, abraçando-o ternamente, sugerindo entrasse em contato com alguém na corte... A lembrança da filha bailando nos braços de um certo conde reacendeu-lhe a esperança! Escreveria uma carta, relatando em pormenores o que estava acontecendo, pedindo que investigasse! Quem levaria a mensagem? Vicêncio...

– Acho bom Bantai ir junto...

O capataz entendeu muito bem as suspeitas de Cândida... Era merecedor, pois se portara de maneira lamentável, traindo a confiança de Altino e Maria Eleutéria! Abaixou a cabeça, acedendo.

Em breve, os dois homens partiam. No bolso de Vicêncio, a preciosa carta e o endereço do tal conde...

QUINTA PARTE

I
NO SANATÓRIO

Despertando, Maria Eleutéria levou algum tempo para se localizar... Em lugar do colchão macio, do linho e das rendas, o desconfortável leito revestido com ásperos lençóis. Um camisolão amarelado, de rústico pano, ao invés da camisola de seda. Nada da gentil Florência, somente gritos, choros, imprecações à distância! E, ao fundo, um som com o qual não estava acostumada... Onde estaria, meu Deus?

A chegada de um médico proporcionou-lhe momentâneo alívio. Triste engano! Ele sequer a deixou falar, intimidando-a com seus bruscos gestos. Olhava-a como se não a visse, analisando superficialmente sua apavorada figura. Depois, voltando-se para o enfermeiro, comentou:

— Essa é a tal esposa do fazendeiro, Severo? Bonita... E não me parece tão louca como o marido afirmou... mas nunca se sabe, não é? Pode soltá-la na ala D...

— Entre as pessoas mais pobres, doutor? Talvez fosse melhor com as de maiores posses... A família deve vir visitá-la, os amigos... Sem falar que tem gente muito nervosa por lá, doutor... é bem capaz que a surrem! Pelo menos poderia ficar na enfermaria até amanhã. O senhor analisaria melhor a situação da moça... nem parece louca!

O facultativo atalhou o enfermeiro com impaciência:

— Faça o que ordenei, homem! Depois veremos! Depois!

Compreendendo a inutilidade de qualquer sugestão, o rapaz tomou nos fortes braços o frágil corpo, carregando-o na direção indicada, enquanto raciocinava sobre a absurda pretensão das criaturas de se arvorarem em senhoras dos destinos dos outros. Não assistira à entrevista do esposo daquela formosa mulher com o médico, todavia bem claro estava que recorrera ao hospício no intuito de descartar inconveniente companheira! Pobrezinha! Ainda se encontrava sob a influência das drogas... Teria noção do que haviam feito com ela? Chegara sedada ao prédio, apesar de, durante os muitos dias da desconfortável viagem da fazenda até a corte, ter procurado minimizar ao máximo as doses de sedativos. Embora leigo no assunto, conhecia seus desastrosos efeitos no organismo!

Na ala das mulheres, muitas penavam sob o domínio de alienações mentais das mais variadas. A superlotação transformara o local inicialmente agradável e provido de confortos em lamentável prisão, onde somente se aguardava a morte. Enterradas vivas... Pouco restara dos colchões e camas, trapos faziam as vezes de lençóis e cobertores...

Severo colocou-a em uma cadeira, enquanto abria a pesada grade. Depois, acomodou-a no encardido chão do corredor, que recendia fortemente a urina e fezes, encostada à parede, dizendo:

— Se quer um conselho, fique quietinha em seu canto, não fale, não chore, não grite... Para não chamar a atenção! Aqui há pessoas que não hesitam em bater até a morte se algo lhes causar desagrado!

— Pelo amor de Deus, não me abandone aqui!

— A moça escutou... Bem que tentei fazer o doutor mudar de ideia, porque não me parece nem um pouquinho louca...

Esticou os dedos, acariciando de leve os longos e sedosos cabelos negros de Maria Eleutéria. Desconhecendo as reais intenções daquele gesto, a moça tentou manter a firmeza, pois a possibilidade de arrumar um inimigo daquele porte poderia ser fatal. Deveria conquistar-lhe a confiança se quisesse ter alguma chance de sair dali! Seria necessário pensar e agir com a razão... mas sua cabeça parecia tão confusa...

Agora, curiosas mulheres começavam a cercá-la... Paralisada de medo, viu-se empurrada, arrastada... Uma delas agarrou-a pelos cabelos, puxando-os vigorosamente, fazendo com que gemesse de dor. Tudo debaixo de risadas e gritos... Lembrou-se do conselho... Ficou quieta, olhos fechados... Precisava permanecer assim... Precisava... Na fazenda, Florência certamente procuraria ajuda. De quem, meu Deus? Do pai sobre uma cama, ainda paralisado? Das escravas da cozinha? De Vicêncio? Nem pensar! O companheiro de infância fora uma decepção, pois parecia dela gostar... Bandeara-se para o lado de Leopoldo! O enfermeiro aparentava compaixão por sua sorte... poderia confiar? Nada sabia dele...

Severo nem sempre fora um misto de homem de confiança e enfermeiro do doutor. Dois anos antes, haviam-no despejado em frente ao sanatório por conta de pretensa insanidade mental. Breve percebeu que ali as coisas não eram fáceis, talvez porque muito pouco se conhecesse a respeito da loucura. Naquele lugar, se a pessoa entrasse mentalmente sã, com certeza endoidaria em pouquíssimo tempo!

Conhecido e estimado no cais do porto, o rapaz jamais fora louco. Desde muito cedo atuava como carregador, inexistindo quem o batesse em força e disposição! Durante tarefa em cargueiro advindo do Oriente, instado pelos demais, terminara aceitando de um dos marinheiros desconhecida droga, em forma de minúsculas e aparentemente inofensivas pílulas, engolindo-as todas de uma só vez, como se nada fossem, acreditando tratar-se de algo inofensivo. Tão pequeninas!

Dez homens revelaram-se incapazes de contê-lo... Então, desmaiaram-no com certeira pancada na cabeça, atando-o com fortes cordas. Temerosos de sua reação ao acordar, trataram de despejá-lo na praia, em frente ao hospital de alienados. Sangrava muito... Em um de seus raros dias de bondade, o doutor ordenara lançassem-no à ala masculina onde se concentrava uma superpopulação de esquecidos do mundo, sequer lhe curando a ferida. Compadecido, o enfermeiro de plantão procedera por conta própria à limpeza da sanguinolenta lesão, cobrindo-a com unguento e ataduras, o que estancara a hemorragia, cerceando o assédio de moscas.

Dias depois, passando pelas grades, o médico deparara com aquele jovem alto, de esplêndida constituição e calmo olhar. Sua excelente condição física acelerara a cura do ferimento, praticamente cicatrizado. Era comum as pessoas tentarem livrar-se de quem as incomodasse, abandonando os importunos na porta do sanatório... E definir doença mental consistia verdadeira proeza... Afinal, haveria alguém perfeitamente normal? O doutor costumava filosofar... Aquele pelo menos era forte! Poderia servir para alguma coisa, pois trabalho ali não faltava... Talvez pudesse treiná-lo! Em pouco tempo, tornar-se-ia cocheiro, guardião, condutor de loucos, com eles lidando facilmente, dado seu porte hercúleo e proverbial paciência. Enfermeiro e pau para toda obra!... Poderia receber alta, todavia nele vislumbrara funcionário capaz, leal e a custo praticamente nulo, a troco de casa, comida e alguns trocados. Um escravo a seu dispor... Ótimo!

O médico julgava-o um tanto lerdo das ideias... Enganava-se! Jamais entenderia a compaixão do novo enfermeiro por aquelas criaturas preteridas, trancafiadas, sem a menor chance de defesa. Considerava-o propriedade sua, contudo tratava-o bem, nele confiando, pois o moço demonstrava incomum senso de dever.

Severo estava acostumado a recolher toda espécie de doentes, inclusive aqueles que de insano nada tinham... O doutor não era lá essas coisas nos quesitos honestidade e ética, preferindo acatar o que lhe diziam, principalmente se houvesse considerável recompensa financeira ou a pessoa fosse importante... Uma lástima! Jamais recolhera, todavia, alguém como a moça da fazenda das Minas Gerais... Tratava-se de amor à primeira vista, coisa que nunca ocorrera antes. Sentimento platônico, desajeitado, repleto de insegurança, conhecendo muito bem a distância que o separava daquela linda sinhazinha de longos cabelos negros e olhos da cor das tenras folhas na primavera. Obedecera às determinações do doutor embora suspeitasse de algo sórdido, prometendo a si mesmo ficar de olho.

Maria Eleutéria sentia-se um bicho acuado! E aquela sujeira toda, meu Deus!

Uma mulher de duvidosa limpeza, provavelmente uma das internas aproveitada nas lides domésticas, trazia a comida, semelhante à lavagem dos porcos da fazenda! No começo, mal podia sentir seu enjoado e ranço cheiro, mas o estômago roncava de fome e careceria de todas as suas forças para fugir. O gosto não era melhor do que a aparência...

– Então resolveu comer, sinhazinha? Bom...

Não havia ironia naquela voz. Severo olhava-a com compreensivos olhos, apreciando sua delgada figura. A moça sabia estar suja, malcheirosa, pois ali banho constituía inacessível luxo. Há muito não via uma água, um sabão... Amarrara o longo cabelo, agora com seboso aspecto, desesperada constatando a presença de piolhos! Melhor assim, pois não chamaria a atenção!

Como se lesse seus pensamentos, ele sorriu, evidentemente penalizado:

– Não lembra nada a sinhá daquela fazenda enorme, cheia de escravos... E essa comida então? Bem diferente da servida em baixela de prata e porcelana... O doutor costuma dizer que a pose acaba rapidinho neste lugar... Uma pena...

E se foi... Estaria satisfeito com a vitória da "casa de saúde" sobre seu orgulho? Ou simplesmente constatava uma triste realidade? Impressão sua ou o enfermeiro lastimava-lhe a sorte?

Habitualmente, encolhia-se nos cantos, bem longe das demais infelizes. Temia o contato nada agradável de suas mãos, o cheiro horrível. Talvez em breve ficasse daquele jeito! Enlouqueceria... Quantas haviam chegado ali sem serem dementes? Sua experiência com a aparição materna constituía claro exemplo... Não fossem Pai Tomé, Cândida e Florência, estaria sedada com fortíssimas drogas, alheia a tudo e a todos, cada vez mais distante da sanidade. Para o mundo, uma louca! Afinal, o que diferenciava o são de um doido? Tênue linha, agora constatava! Algumas pessoas aparentavam normalidade, mas faziam coisas inconcebíveis... Leopoldo por exemplo... Entendia-se tão pouco de demência...

Delicado toque de mãos assustou-a! Tão mergulhada em seus pensamentos estava que nem se apercebera da esguia figura, de clara pele e pisados olhos azuis, fitando-a com indecifrável expressão.

– Não pude deixar de ouvir as palavras de Severo na sua chegada... Decididamente, não parece doida! Não grita, não chora, não agride... Sempre encolhida em um canto... Seus olhos não são os de uma louca! Eu também não sou!

Maria Eleutéria fitou a mocinha, murmurando:

– Não é o quê?

– Doida!

– Ah!

– Não acredita, bem vejo... Mas as coisas, minha cara, são mais complicadas do que imagina. O meu caso resume-se em uma madrasta ambiciosa, um pai à beira da morte, uma fortuna imensa, da qual era eu a única herdeira... Comecei a colocar na cabeça que a doença de meu pai poderia não ser natural, principalmente depois de lhe surpreender a jovem esposa aos beijos com um de seus amigos... Ela riu, como se me desafiasse, cínica! Na ocasião, impossível confrontá-la... Fugia sempre, um ar de zombaria nos frios olhos... Dias após, entrei em parafuso: gritei, sapateei, acusei... Imprudência, pois o fiz na frente de muitas testemunhas... Camisa de força! A megera deveria estar esperando somente aquela reação para me internar aqui! Fui tola, meu Deus! Agora, nem sei se meu pai morreu... Talvez... Às vezes penso se não estou doida mesmo, se tudo não é fruto de minha imaginação. Assisti à sua chegada... e escutei as palavras de Severo. Ele disse que era uma das tais, das que não são loucas... Como eu... e a Maria das Graças... Mas ela já endoidou!

Nos dias seguintes, conheceram-se. Finalmente poderia falar com alguém! Suas histórias foram esmiuçadas, em cochichos cautelosos, bem longe das vistas de doentes e funcionários.

– Maria Eleutéria, precisamos pensar em uma maneira de sair daqui! Ou ficaremos como a pobre Maria das Graças! O marido, apaixonado por belíssima jovem, tratou de interná-la neste inferno, aproveitando a crise nervosa da pobrezinha ao se saber traída. Em menos de três meses, estava demente! Até que estou aguentando, cheguei há quase um ano...

– Virão atrás de mim, serei salva!

– Não confiaria nisso! Raciocine: qual a chance de alguém de seu relacionamento vir até a ala dos esquecidos? Casos como os nossos, minha querida, jamais ficam na parte nobre, nos quartos até elegantes... É! Seria perigoso, poderiam reconhecer-nos... A das Graças também pensava que alguém viria resgatá-la... E olhe no que deu! Parece-me que o seu Leopoldo tem outros interesses... Os escravos? Que força teriam? Seu pai? Sobre uma cama! Precisamos usar a cabeça e fugir daqui! Ou ficaremos loucas de verdade! E morreremos neste inferno, aos poucos, o que é pior! Nunca vi o doutor mandar dar cabo de alguém... Para quê? Só precisamos do abandono nestes corredores imundos! Morremos por nossa conta!

Maria Eleutéria questionava se deveria agradecer pela nova amiga ou considerá-la triste companhia, pois a moça deitava por terra o restinho de suas quimeras a respeito do esposo e do amor, desnudando sua triste condição. Onde ficaria seu orgulho? Doía tanto! Depois de algum tempo, percebeu ser melhor assim... Durante anos vivera na ilusão do sentimento de Leopoldo e tudo terminara daquela forma!

Certa manhã, Severo apareceu com um embrulho em grosseiro papel, estendendo-o com timidez. Quis recusar, mas um sinal da nova amiga fez com que se calasse, abrindo o pacote; dentro havia um sabonete, pequena toalha, um pente... e, milagre dos milagres, enrolado em alvo pano, generoso pedaço de bolo de milho!

Antes que agradecesse, ele se foi...

— Parece que a amiga conquistou um coração! Quem diria? Nunca o vimos interessado em alguém! Nem olha para nós, como se fôssemos nada... E não é de se jogar fora, um pedaço de homem! Viu os braços dele? Fortes, musculosos... Bem diferente daqueles mocinhos da corte, que a menor ventania parece carregar... Algumas até tentaram seduzi-lo, sem nada conseguir. Não é o caso do outro enfermeiro, o Cosme... Não respeita ninguém! Notou que o Severo nunca o deixa vir sozinho até a ala das mulheres? Sempre na cola dele... O doutor ficou uma fera quando três moças apareceram grávidas aqui dentro. Obra do malandro do Cosme! Depois disso, ele só vem acompanhado pelo Severo.

— E o que fizeram com os bebês?

— O doutor queria que as pacientes abortassem, mas a gravidez estava avançada quando perceberam. Eu mesma ouvi o Severo dizendo que se livraria das crianças quando nascessem...

— Meu Deus! Que horror!

Emília tratou de repartir o bolo rapidinho, temendo que as outras percebessem aquela maravilha. Enquanto engolia, Maria Eleutéria pensava no que Emília dissera. Pobres criancinhas! Uma pontada feriu seu coração ao lembrar a surra em Florência. Ela também estava grávida de meses... Afastou as ideias negativas, que não teriam o poder de alterar o acontecido. O importante, conforme aprendera com a própria vítima, era perdoar-se, não repetindo o erro!

Respirou aliviada ao saber que o enfermeiro não se mostrara interessado em todas as mulheres ali internadas. A amiga estava revelando um lado desconhecido dele, que asserenava seus medos. Não a atacaria certamente! No modo acanhado como lhe entregara o presente, percebia-se estar pouco acostumado a cortejar uma mulher. Talvez pudesse tirar partido disso...

Lendo-lhe os pensamentos, Emília apreensiva ponderava:

– É perigoso... Posso ter-me enganado! Afinal, estou há pouco tempo aqui... E se ele for um aproveitador?

– Precisamos arriscar!

No dia seguinte, para desespero de Maria Eleutéria, nada de Severo! Em seu lugar apareceu Cosme, que graças a Deus nem a avistou acocorada no canto, porém lançou conquistadores olhares na direção de Emília! Se Severo não voltasse, as coisas poderiam piorar!

Três dias transcorreram. Nada ainda de Severo... e Cosme cada vez mais ousado! Quando já se desesperavam, ei-lo que surge, braço na tipóia, olho roxo. Cutucando-a, Emília sussurrou:

– Pergunte o que aconteceu... Trate de demonstrar interesse, ande!

Coisa pouca, um louco mais violento que, ao ser retirado de casa, antes de contido pela camisa de força, encontrara oportunidade de atacá-lo violentamente, deixando-o de cama.

– Nossa! Fiquei preocupada... Achei que havia abandonado o trabalho por um outro qualquer. E nem tive tempo de agradecer pelo presente!

– É, pois é... E não esclareci que, se desejar, a moça pode tomar banho no quarto ao lado do consultório do doutor... Quando ele for embora para casa, depois dos atendimentos da tarde. É seguro, ninguém vai lá...

– Meu Deus! Seria muito bom! Quando?

– Amanhã. Hoje o doutor vai ficar até a noite, já avisou...

Conquanto o convite pudesse criar uma oportunidade de fuga, Emília preocupava-se com os possíveis riscos. E se ele aproveitasse a ocasião para assediar a amiga?

– Se fizer isso, estarei perdida! Mas me parece boa pessoa, ingênuo, gentil... Arriscaremos!

Maria Eleutéria esquecera a maravilhosa sensação de um banho de banheira!... Não era bem uma banheira, parecia mais um tanque... Indagado a respeito, o rapaz revelou:

– É o tanque dos experimentos do doutor... para os mais violentos. Enchemos com água fria, gelada mesmo, e colocamos o doente de molho. Mas não tema, a moça pode banhar-se à vontade, lavei muito bem, a água está limpinha... Passarei a chave pelo lado de fora, garantindo que ninguém entrará. Voltarei daqui a uma hora...

Assim, pelo menos duas vezes por semana, Maria Eleutéria seguia em companhia de seu admirador para os banhos. Ele até aquecia a água! Compreendeu que levaria algum tempo para que nela confiasse, despreocupando-se de trancar a porta... Um dia, talvez colocasse a chave em suas mãos! Enquanto isso, crivava o moço de perguntas:

– Esse barulho... Daqui se ouve bem...
– O mar... Estamos em uma praia...
– Ah! Onde moro não temos mar... Gosto muito, fico encantada com as ondas, o reflexo da lua nas águas em noites calmas... Quando visitei a corte pela primeira vez, mal podia acreditar naquela água toda, meu Deus! E salgada ainda por cima!
– O Imperador fez construir este hospital há alguns anos... Agrada-me sua localização nesta praia tão linda...

Mais algumas perguntas e teve a certeza: estava na corte! Tão longe de casa...

Das longas conversas com o moço, inteirou-se de sua história. Pouco a pouco começou a perceber o que ia naquela alma bondosa. Certo dia tomou coragem, perguntando sobre os bebês de que Emília falara... Um sorriso amplo iluminou o belo rosto do moço e ele desatou a falar:

– Foram três. Dois meninos e uma menina... Tenho duas irmãs casadas, morando nos arredores da cidade, em um pequeno sítio, onde meus cunhados, que por sinal também são irmãos, trabalham a terra. Não são ricas, mas nada lhes falta, posso assegurar! Tomaram-se de amores pelos pobrezinhos, adotando-os. Assim, sou tio três vezes, ainda que por vias indiretas!

A admiração de Maria Eleutéria por aquela generosa criatura crescia à medida que o observava no serviço. Jamais perdia a paciência, mesmo diante dos maiores absurdos. E ali aconteciam episódios dos quais qualquer um duvidaria!

Dois meses depois, uma emergência obrigaria o cancelamento do banho, pois Severo não poderia acompanhá-la.

Diante do ar decepcionado da jovem, colocou em suas mãos a ambicionada chave! Voltaria a tempo de fazê-la retornar à ala feminina...

As coisas estavam tomando o rumo desejado! Inspecionaria o local, aproveitando o sossego da noite e a ausência de Severo. Depois ela e Emília traçariam um plano de fuga, provavelmente no horário dos abençoados banhos. Precisava dar um jeito de incluir a amiga neles!

Foi mais fácil do que pensara. A jovem passou a ser objeto de suas reclamações nas conversas com Severo. O cheiro tornara-se insuportável... Um banho lhe faria bem... Poderia aproveitar a sua água... Apreciaria tanto, pois sentia pena da pobre...

Embora contrafeito, Severo capitulou, encantado com a alegria nos olhos de Maria Eleutéria, aqueles olhos que se assemelhavam a duas esmeraldas.

As moças aguardaram o momento certo ansiosamente. A rota de fuga passaria pela janela de esquecido aposento, contíguo à sala de banhos, improvisado depósito atulhado de caixas, misturadas a objetos em desuso, danificados ou obsoletos. Por dentro, a janela descerrava com facilidade...

Finalmente a almejada oportunidade surgiu! Após retirar as moças da cela, foram interrompidos por nova emergência. Deixando-as na sala de banho, depositou nas mãos de Maria Eleutéria a chave, recomendando se trancassem por dentro.

Mal o enfermeiro se distanciara, Maria Eleutéria saiu para o corredor, apressando a amiga:

– Vamos, Emília! Depressa! Pode ser que Severo volte... Deixe a chave sobre a mesa, para não complicarmos ainda mais o pobre! Depressa!

II
FUGINDO!

Fora, estrelas cintilavam no imenso e escuro dossel e enorme lua clareava tudo! O cheiro do mar chegava mais forte nas asas da brisa noturna... Por instantes, sentiram-se perdidas, pois ali haviam adentrado na condição de desacordadas, por conta de fortes sedativos. Olhando o imenso prédio, suas linhas elegantes, a aparência luxuosa, desacreditavam do descaso pelo qual passavam alguns pacientes... O Imperador saberia disso? Segundo Severo, não! O rapaz tinha o soberano em altíssima conta...

– Tudo poderia ser muito diferente aqui. As pessoas receberiam adequados tratamentos, uma vez que este prédio oferece

condições para tanto, senhorinha Maria Eleutéria. Fico pensando e, quanto mais penso, mais chego à conclusão de que o problema reside em cada um de nós, em nossa ignorância do amor fraterno que Jesus tentou ensinar-nos. Se as criaturas amassem um pouquinho seu próximo, com certeza não haveria tanto descaso, tamanha ganância, tanto orgulho vão, tamanha vaidade inútil! O Imperador certamente desejava mudar a estrutura de atendimento aos alienados, ou simplesmente os ignoraria, como muitos continuam a fazer... Mas ele não pode realizar tudo sozinho... Dependemos uns dos outros! Basta um elo imperfeito na corrente e o trabalho perde qualidade.

Por outro lado, acredito estarmos todos em um mesmo barco, aprendendo uns com os outros... A perfeição não passa de uma utopia! Algumas pessoas, enxergando os erros, condenam o todo, deixando de lado a tarefa, sem perceber que trilhamos o caminho permitido por nossa evolução. Descontentes, não nos cabe criticar destrutivamente, e sim buscar alternativas de mudança... primeiro em nós, pois somos os mais refratários a sair de nosso comodismo, a mudar... A esperança de um mundo melhor jamais deve abandonar-nos, pois seria nossa morte em vida, senhora!

— Está sonhando acordada, Maria Eleutéria? Acorde! Vamos ficar longe da entrada... pode ser perigoso... devem ter colocado vigias... Não podemos arriscar! Sigamos por ali, na direção das areias, escondendo-nos. Assim que estivermos a uma certa distância, corremos! Daí por diante, resta-nos confiar em Deus e apostar na sorte, amiga. Ah! E precisamos livrar-nos destes horríveis camisolões do sanatório! Qualquer um vai perceber que fugimos se nos pegarem vestidas assim... Seremos presas e trazidas de volta! Quem vai acreditar que não somos doidas?

— Nem pensar, Emília! Não pretendo voltar para cá de jeito nenhum! Vamos! Logo Severo descobrirá nosso truque!

— Já pensou no que vai ser do pobre quando o doutor souber?

— Tenho pena... Para falar a verdade, sinto até remorsos por havê-lo enganado tão vergonhosamente, abusando de sua confiança! Sempre me tratou muito bem... Mas não existia outra maneira, Emília! Não há tempo para arrependimento!

Andaram durante toda a noite, aproveitando o esplêndido luar, percorrendo a orla da praia, sentindo a brisa cálida no rosto e a umidade nos pés. Ah! Que maravilha era a liberdade, meu Deus!

— Emília, como é horrível ver-se presa, tolhida no direito de ir e vir! Morremos por dentro! Agora entendo o motivo pelo qual os negros pereciam de banzo na fazenda... Saudades dos livres espaços da terra natal! Jamais havia pensado nisso antes...

— Não me diga que vai virar abolicionista...

— Não sei se teria coragem para tanto... Mas com certeza, ao voltar para a fazenda, deixarei de ser aquela mocinha interessada somente em vestidos e festas. Severo me disse que, aqui na corte, o movimento abolicionista conta com a ajuda de muitas mulheres... E homens importantes, tais como comerciantes, intelectuais e até gente do Imperador, imagine! Talvez possa fazer algo pelos escravos...

— Tudo bem! Mas agora precisamos pensar em nós... Breve amanhecerá, amiga! Vamos enveredar por aquele atalho, para não correr o risco de dar de cara com alguém. Olhe lá! Uma casa... e um bendito varal com roupas!

— Pode ter cachorro...

— E tem! Mas abana o rabo, o coitadinho... Faça um carinho nele enquanto pego as roupas!

Em minutos, viam-se livres dos camisolões do hospital. Embora a nova indumentária fosse pouco menos rústica do que a anterior, assemelhava-se a vestes de seda! Nunca mais aquela roupa encardida e áspera do sanatório!

A madrugada encontrou-as nas imediações de pequeno vilarejo rodeado de árvores. Necessitavam urgente de um esconderijo, pois se tornariam fácil alvo para seus captores. Um celeiro delineava-se contra as luzes da aurora... Talvez ali encontrassem refúgio! Sentiam-se exaustas... imprescindível descansar um pouco, refazer as forças... Desmaiaram sobre restos de feno, esquecidas do perigo.

Nesse meio tempo, Severo retornava ao sanatório, conduzindo um paciente em lastimável estado. Tratava-se de homem de seus trinta e poucos anos, todavia aparentando mais de sessenta. O moço enfermeiro balançou a cabeça: difícil aceitar tamanho sofrimento... A família não o queria, pois acarretava muito trabalho... As pessoas maltratavam-no nas ruas... Havia ferimentos em suas mãos, nas faces, na cabeça... Marcas de pedras atiradas por uns e outros... Pobrezinho! Restavam-lhe as grades do sanatório até a morte, pois ninguém o tiraria dali.

Sorriu... Maria Eleutéria, a linda Maria Eleutéria... Amava-a, mesmo acreditando na impossibilidade de ser correspondido... Sabia seu lugar! Uma moça tão bonita, de família cheia de prestígio, certamente rica, nunca se envolveria com uma pessoa como ele... Por que o esposo havia internado uma mulher daquelas? Não fora feita para a prisão da casa de saúde, fábrica de loucos e morte, mas sim destinada às sedas, a leito de plumas, ao amor de um homem... Como desejava ser este homem! Não se iludia, contudo. Provavelmente fora designado para ali permanecer, cuidando dos doentes do doutor, aliviando-lhes as duras penas. Para tanto, precisava da confiança do médico... Só assim teria espaço para auxiliar os infortunados! Doença terrível aquela!

Levou o homem até a sala do médico. Estava vazia, pois há muito fora para casa, onde tinha bela esposa. Localizou a caixa com medicamentos e ataduras, pondo-se a limpar as feias feridas, conversando baixinho com o paciente, embora ele nada demonstrasse entender, sorrindo quando percebeu que se acalmava. Depois, trancafiou-o na ala masculina da enfermaria, naquela noite providencialmente deserta, pois não convinha despejá-lo, àquela hora, entre os enfermos, como o médico recomendara...

Ao iniciar aquele trabalho, atormentava-se com o fato de tão pouco poder realizar por aqueles infelizes. Com o decorrer do tempo, contudo, uma nova compreensão a respeito do assunto gradativamente passara a envolvê-lo em benéficas vibrações de paz. Fazia o melhor, entregando o restante nas mãos de

Deus! Nos últimos tempos, em suas raras noites de folga, começara a frequentar um grupo especialmente voltado para os estudos dos livros do mestre lionês Allan Kardec, passando a entender o porquê do sofrimento, das diferenças... Deixou de acreditar na unicidade das existências corpóreas, o preceito reencarnacionista ganhou força! A justiça divina libertou-se das amarras dos dogmas, surgindo rutilante em sua perfeição! Livre-arbítrio, causa e efeito, novas oportunidades, mudança de sentimentos... Uma visão muito diferente do ser humano e sua trajetória evolutiva!

O extenso corredor estava envolto em penumbra. Suavemente movimentou o trinco da sala de banhos, comprovando-a deserta. Ao avistar a chave sobre a mesa, sorriu... Ela se preocupara em deixá-la, com certeza para não agravar sua responsabilidade! Trancou a porta, adentrando o consultório do médico, depositando-a na gaveta da escrivaninha, no lugar de sempre. Prosseguiu, acessando a sala vizinha, deparando com a janela escancarada, uma caixa de madeira debaixo dela, servindo de escada... Com cuidado, fechou-a, torcendo o trinco e volvendo a incriminatória peça para junto das demais. Agora, nada sinalizava terem saído por aquele aposento!

Sentia-se triste. Maria Eleutéria trouxera ao seu coração vislumbres do que poderia ser o amor entre um homem e uma mulher. Sorriu... Poderia tê-la libertado logo no começo, mas certamente não estaria preparada para as dificuldades! Agora, ao contrário, passara amargos meses convivendo com o sofrimento daquelas pessoas... Conhecera-lhes o lado pior... e talvez o melhor! Um dia entenderia que ele a deixara armar o plano de fuga, facilitando tudo. Era mais do que hora de partir, pois não a queria ali, e sim distante e feliz... livre!

O doutor? Talvez jamais se inteirasse do fato... ou saberia algum tempo depois, quando as moças estivessem bem longe. Com certeza o interrogaria, querendo saber como haviam fugido... "Quem sabe, doutor? Um mistério..." Sendo necessário, o médico inventaria uma história para as famílias e tudo acabaria bem. Sorriu tristemente... Muitas das pessoas internadas sem que houvesse real motivo lutavam bravamente contra a cruel adversidade, outras enlouqueciam de desespero. A sua Maria Eleutéria não fora a primeira a ser auxiliada a escapar... De interessante, o fato de jamais alguém ter procurado por qualquer das fugitivas até aquele momento...

Estava na hora de sua ronda... Antes passaria pela cozinha... A cozinheira esquecera os pães há pouco assados sobre a mesa... Silenciosamente colocou alguns em uma sacola de pano, satisfeito se esgueirando, atingindo o corredor, pensando em como um pedaço de pão acalma os ânimos! Foi distribuindo de um em um os nacos, em paz com o mundo... afinal, não se consegue dar jeito em tudo, mas sempre se pode fazer alguma coisa para minorar o sofrimento dos outros.

Sorriu, adivinhando as palavras da mulher no outro dia:

– O pão sumiu, seu Severo! Sobrou só este tantinho! Dá para o café da manhã... Preciso fazer mais... Onde já se viu uma coisa dessas?

– Trarei mais farinha, Delci! Não se preocupe... E ajudarei a sovar a massa.

– É bom mesmo, porque quase não tenho força nos braços... O que seria de mim não fosse o senhor? Mas... deve de tê ladrão aqui... Direto some comida!

– São as ratazanas... Carregam de um tudo para suas tocas...

– Hum... sei não, seu Severo... Nunca vi rato grande ansim por aqui...

A noite de plantão seria longa... Acomodou-se na cadeira, envolvendo-se em uma coberta. Começava a refrescar... Dormiria um pouco, pois tudo estava calmo na ala das mulheres. A lembrança de Maria Eleutéria veio nas asas da saudade... Meneou a cabeça: fizera o certo! Entendia assim o amor, pleno, incondicional, sem amarras, sem apego, sem nada exigir, dando de si, interessado somente na felicidade do outro.

Há muito amanhecera. Exaustas, as duas moças sequer despertaram quando a mulher adentrou o celeiro, trazendo nas mãos enorme gamela, provavelmente para os grãos que alimentariam as aves do quintal. Percebendo a presença de estranhos, assustou-se, volvendo cautelosamente sobre os passos, indo ao encontro do marido, que labutava em campo próximo:

– Tem gente no celeiro, homem!

Maria Eleutéria e Emília acordaram com os cutucões.

– Que fazem aqui?

Entreolharam-se, à procura de uma mentira muito bem inventada. Emília gaguejou, mas conseguiu dizer:

– Fugimos... Fugimos de uns homens que nos roubaram de nossas casas... Sequestradores! Não ouviram falar de um bando que rouba mulheres brancas para vender como escravas?

Diante da atarantada negativa do humilde casal, prosseguiu:

– Um horror! Somos irmãs... de mães diferentes... Eles entraram pela janela da casa de nosso pai e nos tiraram dali na calada da noite. Viajamos dias e dias, até que conseguimos fugir, quando estavam bêbados! Cansadas, andamos demais e com muita pressa, demos de cara com este celeiro e resolvemos descansar um pouquinho... e nos escondermos daqueles bandidos! Mas já vamos embora! Não se preocupem... Seguiremos viagem, precisamos chegar ao sítio de nossa família, bem longe daqui...

Penalizada, a mulher atalhou a narrativa:

– Devem estar com fome, pobrezinhas! Venham! Vamos para casa... Tem pão, leite, queijo... tudo fresquinho! Vamos!

Permaneceram no local durante dois dias. Depois decidiram ir em frente, mas antes precisavam de algum dinheiro para as despesas, talvez alugar um coche, pois a pé demorariam demasiado.

– Por que não se empregam na pousada da vila? Lá sempre procuram criadas para a limpeza e a cozinha... Não pagam muito bem, mas pelo menos terão casa, comida e algum salário, sem falar nas gorjetas, que às vezes são generosas. Por aqui é difícil trabalho para mulher...

Maria Eleutéria mal podia acreditar: criada em hospedaria! Ela, a filha mimada de Altino? Quis protestar, mas Emília se antecipou:

– Ótimo! Serve perfeitamente! É por pouco tempo, até arranjarmos um dinheiro para viajar mais rápido... Não é, Maria Eleutéria?

Diante da pousada suja, encardida mesmo, Maria Eleutéria torceu o narizinho de puro nojo, mas acabou concordando com a amiga, pois outra alternativa não teriam. Seria por pouco tempo...

Três meses decorreram... A jornada era exaustiva; o ganho, pouco; as tão decantadas gorjetas, praticamente inexistentes... E o assédio dos clientes, enorme! Meu Deus, a que ponto ia a insensibilidade daqueles homens? Recusavam-se a aceitar um não, como se uma mulher fosse simples objeto! Que horror! Quanto sofreriam as escravas, obrigadas a se sujeitar ao senhor, ao capataz, ao feitor... Sem falar nos escravos encarregados de emprenhá-las para que seus filhos servissem na lavoura ou fossem vendidos! Isso ainda acontecia em muitas fazendas do interior! Ela mesma ordenara aquela desumanidade, interessada somente nos lucros! Contemplando-se no manchado espelho, Maria Eleutéria não reconhecia a bela mulher de meses atrás! Aparência cansada, grandes olheiras... Unhas partidas, mãos onde bolhas se transformavam em feios calos... E queimaduras, resultantes dos tachos de fritura, dos enormes caldeirões de ensopado...

– Precisamos sair daqui! Se esperarmos para ajuntar dinheiro, Emília, morreremos nesta hospedaria! E ainda existe o risco de sermos atacadas por esses animais! Ande, pegue o dinheiro escondido no colchão, vamos contar!

Tão pouco, e não havia nada mais para receber, talvez algumas míseras moedinhas. Melhor sair mal raiasse a madrugada, para não enfrentar a fúria dos patrões... Não era por acaso que as mulheres do lugar, apesar da penúria, fugiam daquele serviço...

O sol ardia na estrada. Após dias, pararam em uma cuidada propriedade rural, onde se ofereceram para trabalhar aos surpresos donos, tratando de repetir a mesma desculpa anterior...

Assim foram seguindo de vila em vila, sempre trabalhando aqui e acolá, muitas vezes comendo da caridade alheia. Quando tinham muita sorte, aproveitavam para viajar em desconjuntadas carroças, gratas pela bênção de descansar os doloridos pés.

Do povo do sanatório nem sinal! Viviam sobressaltadas, com medo de que alguém as achasse. Pena desconhecerem que o doutor não perderia seu precioso tempo rastreando fugitivos... Aliás, sequer perceberia se faltasse alguém!

O inverno aproximava-se... Necessitariam de roupas, teto sobre as cabeças... Maria Eleutéria olhou com tristeza o parco dinheiro... Gastando com agasalhos, jamais chegariam a lugar algum! Emília, no entanto, mostrou-se mais prática:

— Mortas de frio é que não chegaremos! E carecemos de calçados também... Olhe só para isto, dá para ver o dedão! Precisamos urgente de um lugar que nos empregue até o tempo esquentar...

Outra estalagem, mais limpeza, panelas, pratos para lavar... E clientes insistentes, deseducados, libidinosos...

Naquela noite, fortes ventos balouçavam a tabuleta de madeira presa à entrada. Nome sofisticado, que não condizia com a realidade do local: Ao Leão de Ouro! Na cozinha, Maria Eleutéria lutava contra enorme caldeirão de cheiroso ensopado de carneiro. Aprendera a cozinhar, ela sempre tão incompetente nos serviços de casa, com muitas escravas à disposição! Escorada na mesa, deixou o pensamento vagar, aproveitando rara oportunidade de descanso, falando baixinho consigo mesma:

— Quem diria, meu Deus? Criada como princesa, acabando nesta condição de quase escrava, escrava branca, sem direito a nada. Se não der duro, falta-me tudo... Estranho... Ainda assim, nos últimos tempos, sinto-me quase feliz... Essas mulheres do povo trabalham como eu, voltam para suas casas, têm seus filhos a esperá-las... e sorriem, cantam! E eu, naquela rica fazenda, vivia com a cabeça cheia de pensamentos ruins, mal-humorada, fazendo os negros penarem. Pobre Florência... Por minha causa perdeu o filho... Sem falar em todos aqueles a quem ordenei chicotear, neles descontando minha insatisfação. Pensando bem, este mundo é injusto... Por que, meu Deus, as criaturas nascem e morrem de maneira tão diversa, umas vivendo na fartura, outras padecendo doenças, miséria, escravidão?

De repente, sentiu uma presença conhecida: Pai Tomé! Ali, ao lado da mesa, sorrindo, os olhos cheios de alegria e compreensão:
— É muito bom ver que a menina está refletindo sobre essas coisas... e questionando!
— Pai Tomé! Que está fazendo aqui, meu Deus? Será que veio procurar-me...
— Não, minha menina, vim não... Meu tempo sobre a Terra acabou há alguns meses, negro chegou ao fim de mais uma jornada. Agora, no mundo espiritual, continuo interessando-me por aqueles a quem amo... Não, não fique triste! Todos temos nossa hora! Feliz daquele que vive bem, aprendendo com seus semelhantes e auxiliando-os a evoluir, a crescer espiritualmente. A sinhazinha, por exemplo, tempos atrás nem pensava um tiquinho nisso tudo... Era só sombra e água fresca, belos vestidos, festas... Hoje, ao contrário, olha para as existências tão diferentes das pessoas, umas na opulência, saudáveis, bonitas, outras padecendo necessidades, doentes, com deficiências de toda ordem... Muitos desacreditam da justiça de Deus!...
Maria Eleutéria sorriu contrafeita, pois ela mesma assim pensava, principalmente depois dos horrores do sanatório...
— A menina lembra quando, lá na fazenda, conversamos a respeito das muitas existências que temos, nascendo, morrendo e voltando a nascer?... Reencarnação! Um Espírito imortal, muitas existências, chances inúmeras de aprendizagem, promovendo a evolução do ser. Em cada encarnação, as pessoas têm o direito de fazer as coisas do seu jeito, contudo respondem pelas consequências de seus atos... Quem cobra o acerto? Nossa própria consciência! Deus não castiga, como muitos pensam, simplesmente disponibiliza novas oportunidades... Isso pode ocorrer na mesma existência... ou em outras. Cada um resgata aquilo que foi mal sucedido, passando por tudo de novo... Neste processo, incluem-se os próprios envolvidos ou outras criaturas necessitadas daquela experiência. Sendo imperfeitos, nem sempre sabemos lidar com as situações, surgindo o sofrimento, aguilhão que impulsiona a pessoa... Sem ele, devido a nossa pouquíssima evolução, por certo nos acomodaríamos, preocupados somente em aproveitar a vida, em festejar...

– Mas tem muita gente fazendo isso, Pai Tomé! Eu também acreditava que tudo me era devido, inclusive o poder de vida e morte... Quando penso no que ordenava fazer com os pobres escravos! Era muito, muito orgulhosa, vaidosa, não admitia que me contrariassem...

– Ah! Era... Passado! O sofrimento colaborou na mudança da menina... Se continuasse tudo no bem-bom, estaria daquele jeitinho, pensando da mesma maneira, cometendo atrocidades...

A moça sorriu sem jeito. Pai Tomé tinha toda razão!

– Mas tem gente que sofre e não muda...

– Pois é... Vai continuar sofrendo até cair em si...

– Mas... Leopoldo... e Fabrício, que fez tanto mal a Florência... não parecem estar sofrendo...

– Cada um tem seu momento, minha filha. Quando a pessoa não tem consciência, ela vai fazendo a coisa errada, só pensando em si mesma. É egoísta, egoísta! Ao cair em si, a história passa a ser diferente! Mas não se pode apressar ninguém... Eles acharão o caminho... Quanto maior a demora, mais terão de lidar com o tal sofrimento...

– Mas, Pai Tomé, eu não vejo nenhum sofrimento nas vidas deles... Vão fazendo o mal e parece que nada acontece! Estão sempre por cima...

O negro caiu na risada:

– Pois é... Eles estão plantando! A colheita vem depois, na hora em que tiverem um tiquinho de consciência de seus atos. A pessoa sempre colhe aquilo que planta! É a lei!

– Estava pensando... O objetivo da reencarnação é a evolução da criatura... E se a pessoa, ao invés de melhorar, regredir? Tem gente que parece piorar com o passar do tempo... Gente boa, que de repente faz coisas horríveis...

– A pessoa jamais regride! Aquilo que conseguiu por mérito próprio a seu Espírito pertence. Assim, quando reencarnamos, trazemos conosco as nossas conquistas... Por isso, jamais voltamos em um estágio inferior ao da última encarnação... e muito menos como animais! Uma vez humanos, isso representa etapa evolutiva vencida, conquistada. Agora, essa história de bonzinho que vira mau, ela não existe... Na realidade, tratava-se de uma evolução aparente, não havia real mudança de sentimentos. Muitas vezes há uma modificação de comportamento, mas não de sentimento! Daí, quando surge a hora de comprovar a realidade interior, ocorre a queda... Hum, menina, leva um tempão para conquistar uma virtude! É um tal de errar e recomeçar...

Maria Eleutéria despertou de súbito, com as mãos do patrão a sacudi-la:

– Vamos, sua lesma, trate de acordar! Não ganha para dormir! Tem um homem lá na sala, muito do metido a importante, reclamando... Diz que o ensopado foi pouco! Não encheu a tigela?

– Foi o mesmo tanto de sempre! Não tenho culpa se é um morto de fome!

– Diga isso a ele... eu é que não sou maluco! Está com um negro alto, forte como um touro! Vá! Ande, mulher! Ah! E trate de providenciar outra tigela cheia, que não quero confusão!

– Emília atendeu, ela pode levar!

– A danada sumiu da sala... Ande logo, mulher!

Maria Eleutéria suspirou... Exausta, desejava mais era lavar aquele monte de pratos e se recolher ao seu quartinho... Emília com certeza estaria dormindo a bom dormir. Coitada! Desde cedo com dores, cólicas terríveis...

Na penumbra da sala mal iluminada pelo lampião, o homem ergueu os olhos...

– Vicêncio!

– Maria Eleutéria! Sinhazinha! Ai, meu Deus! Graças ao meu bom Jesus!

De repente tudo escureceu e a moça resvalou para o chão, sendo sustentada pelo capataz...

Bantai não conseguia entender direito o que estava ocorrendo... Os brancos eram muito estranhos... Não haviam dito que a sinhazinha morrera? E ali estava ela! Vivinha!

Rememorava a viagem até o Rio de Janeiro... Quantas dificuldades! Não fora nada fácil...

III
À PROCURA DE MARIA ELEUTÉRIA

    Desde o instante em que haviam deixado a fazenda, o capataz mantivera-se calado, semblante fechado, cenho franzido... Além de preocupado com o destino de sua companheira de infância, o moço sentia a dor do remorso. Como pudera acreditar nas falsidades de Leopoldo? Sem falar na imensa raiva de si mesmo, por se ter deixado ludibriar! Vivendo uma existência puramente material, jamais refletira sobre aquilo que impulsiona as pessoas... sentimentos, desejos... Esperto, Leopoldo somente explorara seu amor a Maria Eleutéria, prometendo-lhe o que mais queria: a moça! A posse da fazenda fora somente um adendo, pois interessava ao astuto que alguém tomasse conta

das terras, livrando-o do trabalho. Com Vicêncio trabalhando de sol a sol, administrando aquilo que acreditava um dia vir a ser seu, coisa que o capataz aprendera a fazer como ninguém assessorando Altino, sobrava-lhe tempo para as aventuras amorosas. Agora entendia que o esposo de sua amada jamais deixaria para trás tão valioso imóvel!

Quase chegando ao Rio de Janeiro, ainda na serra, tão ensimesmado estava que não percebeu venenosa cobra cruzando a estrada sob o sol. O escravo tentou alertá-lo, mas a montaria corcoveou antes, lançando o distraído cavaleiro da sela, de encontro a pontiaguda pedra. O sangue escorria... Bantai desmontou imediatamente, correndo para atendê-lo, assistindo desanimado à triste visão de sua própria montaria seguir no encalço da outra. Que tolice fizera ao não amarrar as rédeas em algum tronco!

Os animais iam longe, levando tudo o que possuíam, inclusive os cantis. O sol ardia sobre suas cabeças... Precisava tirar dali o ferido, pois tamanha quentura certamente não lhe faria bem! Galgou com agilidade alta árvore, de seu topo procurando divisar algo que sinalizasse água na densa vegetação nativa. Internou-se na mata, carregando nos braços o ferido. Cerca de meia hora depois, respirando aliviado, deparou com cristalina fonte. Pelo menos não morreriam de sede! E muito menos de fome, pois os animaizinhos viriam dessedentar-se, constituindo fáceis presas, sem falar nas árvores frutíferas avistadas por perto. Limpou com cuidado o ferimento, entre suspiros desanimados. Feio! Improvisou ataduras, rasgando as mangas da camisa do ferido... Vicêncio continuava desacordado! Recordando as palavras de Pai Tomé, resolveu orar, pondo-se a conversar baixinho com os deuses de sua terra natal, suplicando ajuda, pois seria terrível se o capataz morresse... Que aconteceria com a sinhazinha? Ele, um escravo, jamais conseguiria movimentar-se livremente, correndo sério risco de ser aprisionado por algum capitão do mato e revendido em surdina, coisa que amiúde ocorria.

Uma voz calma interrompeu sua prece:

– Parece que o moço tá num apuro danado de bão! Hum...

Um negro, cuja carapinha começava a branquear, olhava-o bondosamente.

Em poucas palavras, procurou explicar o acontecido.

– Vassunceis é fugido?

– Não! Ele é o capataiz da fazenda... eu sô escravo lá... Fica longe daqui, nas Minas Gerais... Pertinho de Ouro Preto... Já ouviu falá?

O negro coçou a carapinha, saindo em direção à densa mata, carregando sua cesta de vime. Bantai desesperou-se, partindo em seu encalço:

– Não vá embora ansim! Ele precisa de ajuda! Pode morrê, entendeu? Não tem uma só casa por aqui... Mas vassuncê deve de morá em algum lugá, não é? Pode salvá a vida dele!

O homem parou, com ares de quem sopesasse mentalmente os riscos do envolvimento:

– Moro sim, mas bem longe daqui... Subi a serra pra móde colhê planta, pra fazê remédio... Moço, vassuncê já ouviu falá nos quilombo?

Bantai meneou a cabeça afirmativamente. As notícias demoravam a chegar à fazenda, sem mencionar que a sinhá não gostava de muita conversa, procurando manter os negros longe das novidades, maneira de evitar confusão... Mas sempre se ficava sabendo da audácia de alguns, que ousavam repudiar corajosa e veementemente o cativeiro! Fugiam das fazendas e organizavam povoações em locais de densa mata, ali vivendo escondidos, livres da violência de seus senhores... Eram os quilombolas, temidos pelos escravocratas, porém tão admirados pelos cativos!

– Pois é... São muito, espaiado pra tudo o que é canto... Eu moro num desses quilombo! Não posso levá vassunceis lá! O moço é capataiz de fazenda, com certeza hóme de confiança dos branco...

– Mas ele vai morrê... Pode tê essa aparença de branco, mas é filho de escrava, irmão nosso!

O velho coçou a cabeça novamente. O rapaz não parecia nada bem...

– Olhe, tem um branco, dono de fazenda por esses lado, que acoita negro fugido... Amigo da Princesa... Vô levá vassunceis lá e cuido do moço inté ele melhorá... Dispois nóis dece a serra junto...

Bantai nem sabia o que pensar daquela situação... De que Princesa ele estaria falando? Vai ver não batia bem... Aborrecido, suspirou: tudo estava dando errado! Vicêncio gravemente ferido... sem cavalos... e dependendo de gente desconhecida!

Sua aflição cessaria caso soubesse que tudo seguia a contento, de acordo com as diretrizes gerais traçadas no plano espiritual. Se chegassem à corte logo, Maria Eleutéria retornaria à fazenda de imediato, desperdiçando a oportunidade de assimilar preciosas lições. Não haveria tempo para as mudanças íntimas imprescindíveis a seu aprimoramento espiritual! No caso de almas rebeldes, o sofrimento constitui o estímulo que poderá despertá-las para a realidade do Espírito! Sadia, jovem, bonita, rica... Repleta de ilusões, contudo, voluntariosa, egocêntrica! Internada em um manicômio, ameaçada, distante da proteção da família, dos servos leais... Forçada a repensar atitudes, a usar suas habilidades, reinventando-as, entrando em contato com as pessoas! Além do mais, havia planos para o capataz e o escravo também, impossíveis sem determinadas aprendizagens! Reforma íntima demandava tempo!

O quilombola não havia mentido, muito menos se encontrava leso das ideias! A fazenda encantava os olhos... e os fugitivos estavam lá mesmo, escondidos! Um negro alto e forte aproximou-se deles... Puxou o velho para um canto e falaram, falaram... Depois fez um gesto e o moço entendeu que ficariam sob a responsabilidade daquele que os encaminhara até ali.

Vicêncio guardou o leito por mais de quinze dias. O ferimento estava quase cicatrizado, mas sua memória e a capacidade de alinhar os pensamentos haviam sofrido graves danos... Bantai preocupava-se, pois ele constituía peça-chave no resgate da sinhazinha. Discreto ao extremo, calara sobre os motivos da viagem, acreditando caber ao capataz a opção de revelá-los. Diante de sua angústia, Tibúrcio, o novo amigo, somente ponderava:

– Vamo dá tempo ao tempo, meu fio. Vi gente muito pió que ele sará! Machucado na cabeça é ansim mesmo... Custoso... Demorado...

Alguns dias depois, uma surpresa! Os cavalos! Com os alforjes intactos, graças a Deus. Seria praticamente impossível chegar à corte e conseguir sucesso sem a carta de Altino! E sem dinheiro para a viagem!

– Amanhã vamo decê a serra...

– De que jeito, Tibúrcio? Vicêncio num guenta! Mal para em pé...

– As coisa tá moderna por esses lado, meu fio... Vamo inté a vila e pegamo o trem! Já combinei tudinho com o pessoá da Princesa, por conta da doença de vosso amigo! Mais tarde vão trazê uma roupa miorzinha pra vassunceis... Essa tá muito feinha, pode chamá a atenção e o povo achá que oceis é fugido!

Bantai jamais havia visto uma locomotiva... e muito menos aquela gente toda, perfumada, bonita, subindo nos vagões...

– Aquela é a Princesa Isabé, meu fio... E os meninos são os principinho, os fiinho dela... Vão decê a serra tamém! Ande, trate de subi, que vamo pro nosso quilombo! Pegô as sacola qui tava nos cavalo? Eles fica na fazenda, seguro na cochera... Na vorta, vassunceis passa e pega eles! É caminho mesmo...

Bantai não entendia muito bem aquela história toda... Vicêncio então, ainda atoleimado, somente escutava... O velho, todavia, parecia saber o que falava!

Finalmente chegaram ao Rio de Janeiro... E sem nenhum tropeço pelo caminho! Vendo a tranquilidade do quilombola, Bantai inquietava-se, pois estavam em local público. Onde ficaria o tal do quilombo afinal? Muito calmo, Tibúrcio assentou-se na beira da calçada, informando:

– Vamo esperá o bondinho! Tá quase na hora...

Não demorou muito e um bonde puxado a burro veio deslizando sobre os trilhos! Tirando alguns tostões do bolso, ele instava:

– Vamo pegá o bondinho, pessoá! Trate de subi, Vicêncio! Ocê também, Bantai! Anda! Bonde num morde não, gente!

O bondinho pareceu ao moço o máximo da engenhosidade.

Macio, macio... E estava lotado, com negros inclusive! O velho Tibúrcio esclarecia, todo convencido, pois o quilombo era seu orgulho:

— O bonde atravessa uma purção de lugá, tem inté bardeação... Vem andando, andando, desde o centro da cidade, passa por um montão de praia, e aí disimboca no largo das venda... Das treis venda pro nosso quilombo é pertinho, pertinho! Eita lugá bunito! Quilombo do Leblon... Ansim o povo chama ele... Se a gente levá sorte, ainda podemos pegá carona na charrete do seu Seixa! É meio discunjuntada, por conta de num pará um instante, mas evita di nóis tê di andá!

Nos meses seguintes, enquanto aguardava o pleno restabelecimento das faculdades do capataz, Bantai se espantaria cada vez mais com o que ocorria na capital do Império. Para começar, o responsável pelo quilombo não era um negro fugido, e sim um branco, justamente o tal Seixas da charrete, um homem rico, que colocava fortuna e prestígio à disposição da causa abolicionista! Tibúrcio contou que ele fazia malas pra vender... Ele não, os empregados dele! E não havia um só escravo na sua fábrica! A tal Princesa, de quem Tibúrcio falava com a boca cheia, era nada mais nada menos que a filha do Imperador D. Pedro II! E amiga do Seixas, que defendia a causa dos escravos...

— Tibúrcio, tive pensando umas coisa... Esse povo todo é a nosso favô? A Princesa tamém?

O negro ria, expondo as gengivas de onde o tempo roubara alguns dentes:

— Pois é, pois é... A Princesa arrecada dinheiro pra causa da liberdade dos negro! Lá em Petrópe! E as nossa flô tão no meio das tais festa dela... Com o dinheiro ela compra carta de arforria e uma purção de escravo já tá livre... Uma belezura, seu moço!

Bantai se perguntava que flores seriam aquelas... mas as perguntas eram tantas...

— O Imperador sabe disso?

— Deve di sabê! Ou tá cego e surdo! Antes, a poliça baixava aqui procurando negro acoitado... Seu Seixa andô falando que

D. Pedro mandô deixá o quilombo em paiz dispois do rolo da festa de aniversário que teve aqui...

– Festa?

– É, hóme, festa! Uma janta... No aniversário do seu Seixa... Veio gente importante, moço que estuda... Foi comilança, palavrório, choro... Na vorta pra cidade, lá pela meia-noite, desceu todo mundo o morro a pé, tocando gaita, cavaquinho, flauta, violão... Os branco trussero... E nóis só na bateção de parma... E o luar clareando tudinho! E os negro junto! Uma belezura só, de dá água nos zóio... No largo das venda, o bondinho parô e todo mundo subiu! Num cabia mais nem uma agulha! E aí começaram a dar viva pros negro fugido! Os branco! E era: Viva os negro fugido! E a gente: viva, viva! No dia seguinte, foi um falatório dos diabo... A coisa freveu! Num fosse seu Seixa corrê pra Princesa pedindo ajuda, a poliça tava aqui! Adivinhe quem sarvô nóis? O Imperador! Hóme bão, de coração de ouro... O Imperador mandô deixá de lado a coisa...

Na chácara, o vaivém de visitantes não cessava: brancos, negros, mulatos... Comerciantes, advogados, médicos, estudantes... O quilombo localizava-se em local distante, mas nem tanto... E ninguém parecia preocupado em ocultar o fato de que existia! Acostumado a ouvir falar de quilombos ermos, sem contato com as cidades dos brancos, onde seus integrantes subsistiam graças ao cultivo da terra, à criação de animais, lutando para manter intacta a cultura de seus antepassados africanos e o sigilo, a proximidade da bela e moderna cidade parecia-lhe estranha... e perigosa! Tibúrcio tentava explicar com ares de importante, usando vocabulário do próprio Seixas:

– Isto é um quilombo abolicionista! Os negro daqui tamém trabalha pra acabá com a escravidão! Não fica só escondido, entendeu? Vassuncê viu as flô? Além da buniteza, têm um significado... Sabe quem usa elas nos vestido, nas lapela? Os abolicionista! Quem qué vê os negro livre! Inté já tão pegando mudinha pra plantá no jardim, uma maneira de mostrá o que vai no coração deles... E os negro fugido reconhece quem pode ajudá pelas flô... Na cidade, tem um montão de lugá onde os irmão nosso pode ficá acoitado... É só olhá o jardim, as lapela dos casaco... Tem a flô do lado do coração? Pode confiá!

Bantai olhava as longas fileiras de arbustos com espanto:

— Mas é muita flô, Tibúrcio!

— É sim, graças a Deus! E tem veiz que num dá pra quem qué! Sabe a Princesa? O seu Seixa entrega no palácio direto! Enfeita as sala, a capela, os quarto...

— E o Imperador não fica preocupado com a abolição? Quem vai trabalhá pros branco?

— Que nada! Ele tá é louco pra que a abolição aconteça! Tem pena dos escravo, acha injusto... Escutei o seu Seixa conversando com os moço estudante que vem aqui... Disse que D. Pedro só num tomô providença inté agora pruque num chegô a hora... Mais que a hora tá estorando por aí! Tem arguma coisa a vê com uma história de os dono de escravo querê uma tar de indenização! Eles qué dinheiro pra aceitá nossa liberdade! E o que nóis trabalhô de graça? E a judiaria?

— Branco pensa diferente, Tibúrcio. Vortando pras flô, na fazenda tem muita, mas dessa num tem não...

— Veio do estrangero... Do tar de Japão, que nóis nem sabe onde é de tanta lonjura... O nome dela é camélia. Delicada, não gosta de quentura forte... Quarqué coisinha, morre! Percisa tê muito carinho pra cuidá dela! O seu Seixa diz que ela é que nem o coração das pessoa... é perciso paciência e carinho pra ele desabrochá. E não é todo mundo que tem mão boa pra tarefa de cuidá das camélia não! Tem que tá com a alma livre do peso das agrura da vida... Os escravo que lida com elas tem di aprendê o jeito de tratá os pé e pensá coisa boa... Tem di perdoá o sinhô que martratô eles! Coração amargurado é veneno pra camélia! Parece inté que queima elas...

Nos meses seguintes, constatando a maneira bondosa e desinteressada com que Tibúrcio cuidava do capataz, Bantai sentia a gratidão aumentar. Tratou de assumir tarefas na comunidade, inclusive auxiliando na manipulação das ervas. Surpreso, percebeu ter jeito para a coisa, o que entusiasmou o recente amigo, disposto a formar um novo e talentoso discípulo.

Aquele tempo no quilombo serviria ainda para que conhecesse melhor a triste realidade dos escravos do campo. Se na cidade os cativos podiam almejar uma vida melhor, com a oportunidade de aprender diversos ofícios, tendo inclusive acesso às letras e ao exercício de profissões de destaque, na zona rural tudo era mais difícil, pois ficavam à mercê de seus senhores, sofrendo toda sorte de abusos e até a morte, em alguns casos piedosa fuga do sofrimento. No quilombo, praticamente todos exibiam marcas das surras, membros inutilizados, queimaduras, olhos vazados...

Inteirou-se também do movimento abolicionista que se espalhava por todo o país, encontrando na corte seu reduto mais significativo. O velho explicava:

– Os negro tá tudo fugindo das fazenda! E tem branco de monte ajudando! O nosso quilombo existe por causa que fica nas terra do seu Seixa... Ele tem proteção de um montão de gente importante... A gente negocia com os branco... coisas da mata, meus remédio, as flô... Logo, logo, num vai mais tê negro escravo nesta terra de Nosso Sinhô Jesus Cristo! Enquanto isso não acontece, as nossa flô vão dando o recado... Sem derramá sangue, sem machucá ninguém... Inté parece que elas consegue abrir o peito das pessoa pro fato de nóis sê gente, com dor e sonho como cada um dos branco, com sangue nas veia... Sabe, Bantai, quando eu vejo mão negra como as nossa cuidando das camélia com aquela arvura toda, sinto que a Providença do Criador tá querendo mostrá que tudo nóis é igual pra Ele. Somo tudo fio de Deus, não é?

Bantai embatucava diante das deduções do quilombola... Sentia um calor, um aperto na garganta...

– E capitão do mato nunca vem aqui?

– Como não? Já passamo por uns belo apuro... Um dia mostro onde a gente se escondia quando os amigo do seu Seixa que trabalha na poliça, tudo abolicionista como ele, avisava que ia tê batida! Nos úrtimo tempo, ficô sussegada por conta do apoio aberto do Imperador. E tem mais... Se a poliça dessa cidade fô procurá negro fugido, vai tê de trabalhá dia e noite sem pará, porque tem muito lugar que virô quilombo, inté as casa do povo, o palácio daqui, o da serra...

E Tibúrcio ria, ria...

Outra coisa que encantava o jovem escravo consistia na convivência com os visitantes abolicionistas... Havia um clima de vibrações positivas, companheirismo, respeito... E as rodas de samba? E as comidas de sua terra natal? Ali a cultura africana desconhecia discriminação! Que pena Guntalê não estar com eles para conhecer o outro lado dos brancos!

A recuperação de Vicêncio tardava, sugerindo a possibilidade de que jamais recobrasse a plena consciência, pois o capataz divagava, as ideias confundiam-se... Assim, mais de seis meses transcorreram, no final dos quais, graças ao empenho de Tibúrcio, o capataz estava praticamente curado, não vendo a hora de recomeçar a busca de sua amada sinhazinha.

Ao se inteirar da existência da carta, Tibúrcio mostrou-se pouco animado, pois o tal conde tinha fama de ferrenho escravagista! Para o negro, aquilo constituía a pior das recomendações! Discreto, sequer procurou saber do conteúdo, acrescentando somente:

– Ocêis só percisa tomá o bondinho e pará por perto do centro da cidade... Eu ensino onde é a casa dele!

Encontrar o tal conde revelou-se fácil, todavia receberam a desalentadora notícia de que estava em viagem pela Europa. Restava-lhes somente aguardar seu retorno! Consideraram melhor alugar um quarto em modesta pensão, armando-se de paciência... Viagem de lua de mel...

Os dias arrastavam-se... Finalmente o destinatário da missiva retornou, mas sua atitude, após ler a carta, deitou por terra qualquer esperança. Da bela Maria Eleutéria restara fugaz recordação, estando mais interessado em seus negócios e na linda esposa do que nos problemas de um coronel do interior! Despachou-os sumariamente, ordenando a um escravo fechasse bem o portão, afinal não se podia confiar em negros!

Desapontados, retornaram ao quilombo, relatando a história toda a Tibúrcio...

— Se ocêis tivesse dito! Tem um hospiço por aqui, lá na Praia Vermeia... Deve de sê ali! O bondinho passa nos arredó... Tem que andá um pedaço... Mas ocêis não vão consegui entrá! Não seria mió se o seu Seixa pedisse pra um dos amigo do palácio investigá?

Assim se fez. O resultado não poderia ser mais triste! Maria Eleutéria realmente estivera internada, mas falecera devido à sua frágil constituição. Para se resguardar, assustado com as perguntas advindas da sede do governo, o doutor tratara de providenciar minucioso atestado em que detalhava o ocorrido, enviando-o ao esposo da paciente, acompanhado de singular missiva, em cujas entrelinhas apontava a necessidade de cudado com o delicado assunto, ao tempo em que explicitamente relatava a fictícia crise nervosa de graves proporções, pouco antes do embarque para a Europa, resultando na internação da infortunada moça para tratamento. Tudo conforme o combinado com Leopoldo, sem que, em momento algum, deixasse transparecer o acordo entre eles. Despachou também bela urna funerária devidamente lacrada, dizendo conter o corpo de Maria Eleutéria.

Restava aos dois moços regressar à fazenda. Na manhã anterior à partida, Bantai saiu mais uma vez com Tibúrcio à procura de ervas medicinais. Sentiria falta do quilombo! Ali eram livres, todavia não destituídos de deveres, pois as tarefas pertenciam a cada um, de acordo com a capacidade e a vocação... Inexistiam ociosos! Surpreendeu-se com a chegada de um dos líderes dos quilombolas, que o chamou para uma conversa, em que propôs levassem o capataz até a fazenda em Petrópolis, permanecendo ele, Bantai, na comunidade, pois apreciavam sobremaneira seus dons no campo da fitoterapia e do cultivo das preciosas camélias, enaltecendo também sua ponderada maneira de pensar e agir. Poderiam resgatar-lhe a noiva amada das agruras do cativeiro, trazendo-a para o quilombo! Casariam, teriam filhos... Para que ficar enterrado no campo, sem oportunidade de melhorar a vida?

Oferta deveras tentadora!

– Agradeço a confiança, meu irmão! Mas perciso pensá!

O dia transcorreu com o indeciso moço pesando os prós e os contras da sedutora proposta! Ao entardecer, quedou-se na parte mais alta, onde a natureza desenhara providencial platô, deixando a vista correr pelo magnífico cenário, a luxuriante e nativa vegetação a se estender até a praia de virgens areias... Resolveu descer, alcançando riacho de cristalinas águas. Deitou-se de costas, fitando o céu, as brancas nuvens passeando suavemente pelo azul, magnificamente irisadas de vermelho e ouro. Uma sonolência incomum tomou conta dele... De repente, um homem ali estava... Alto, de bem proporcionados músculos, pele acobreada; na cabeça, belo cocar, símbolo de sua origem indígena... e na voz modulada e sonora, sábios conselhos de quem conhece um pouco mais da destinação do homem sobre a Terra.

Da conversa, ao despertar da intensa letargia, o moço recordaria perfeitamente a parte em que a entidade mencionara o combinado antes de reencarnar... Ele e Guntalê haviam assumido uma missão a ser desempenhada junto aos moradores da fazenda mineira, senhores e escravos. Não estavam lá por acaso! Ao formular mentalmente a pergunta sobre optar pelo quilombo, o índio sorrira, acrescentando: Guntalê honrará o compromisso. Nada mais havia a dizer: onde a noiva amada estivesse, estaria também! Então, o índio abrira os braços, como se açambarcasse toda a exuberante vegetação, dizendo:

– Irmão, estamos alegres com sua escolha! A partir de agora nossos ancestrais, os pajés desta terra, estarão acompanhando de perto sua trajetória... Serão seus guias nas tarefas que desempenhará com os remédios de plantas! Muitos recobrarão a saúde física com a ajuda deles... Mas jamais se esqueça de uma coisa importantíssima! As criaturas adoecem por suas imperfeições espirituais... Fornecer medicamento sem incentivar mudanças íntimas, de acordo com o ensinado por Jesus, constitui irresponsabilidade nossa. Mais ainda: seremos cobrados por iludi-las, adiando seu progresso!

Bantai espantou-se com aquelas colocações! Um índio que mencionava Jesus, o guia dos brancos...

A risada sonora da entidade parecia preencher os espaços da mata...

— Meu irmão, hoje estamos no papel de índios... ou de escravos negros... Contudo, conhecemos o Mestre de há muito e nos propusemos a servir, divulgando sua mensagem, que não se acha circunscrita a aparência física, palavras, rituais, e sim a algo muito maior, que tem tudo a ver com os sentimentos das criaturas.

Partiu, desvanecendo-se entre o verde.

No momento de seguirem viagem, mais uma vez a fraterna oferta do quilombola:

— Se o irmão quisé retorná, as porta do quilombo tá sempre aberta... Agora, o Vicêncio, esse é caso perdido... Apaixonado por uma sinhazinha branca...? Com tanta negra, tanta mulata bunita, o infeliz vai se amarrá nisso? Tem jeito não!

Bantai pegou o bondinho com uma sensação de perda. Sentiria saudades de Tibúrcio, dos outros irmãos de raça, dos abolicionistas... e das plantações de camélias! Elas simbolizavam a luta de generosos corações, desvinculados dos preconceitos de raça, credo, posição social... Os brancos e os negros da elite exprimiam suas ideias com palavras corretas, elegantes, em discursos que incendiavam consciências, enquanto eles, os cativos, falavam de maneira imperfeita. Entendiam-se perfeitamente, todavia, por serem manifestações de sentimentos comuns a todos os que haviam superado o egoísmo. Apertou contra o peito os três balaiozinhos... Continham mudinhas de camélia... Vicejariam nas terras das Minas Gerais, onde tantos haviam sonhado com a liberdade e até dado a vida por ela!

Estranhou quando o capataz resolveu descer nas imediações da Praia Vermelha. E muito mais quando o moço tratou de adquirir dois cavalos. Intrigado, indagou:

— Não vamo embora? Ocê vai procurá mais arguma coisa, Vicêncio?

— Não sei, Bantai. Não sei... Vamos andando por aí, até eu sentir que realmente tudo está perdido, que Maria Eleutéria se foi pra sempre deste mundo... Não consigo acreditar!

Bantai calou. Entendia a dor do companheiro de viagem. Se acontecesse uma tragédia daquelas com sua amada, estaria do mesmo jeito. E agora não havia mais pressa... Quando fosse a hora, retornariam!

Nesse meio tempo, na fazenda, Leopoldo fazia questão de ler para o sogro os trechos em que o médico explicava o ocorrido, reafirmando, em hipócritas lágrimas, suas melhores intenções ao enviar a esposa para a terapia no exterior, acrescentando:

– O estado de Maria Eleutéria inspirava sérios cuidados! Foi o motivo que me levou a optar por excelente clínica na Suíça! Infelizmente tudo se agravou antes do embarque... E os nossos meios de comunicação são precários... Somente agora chega esta triste missiva, dando-me conta do ocorrido. O senhor meu sogro pode ler o atestado assinado pelo médico do sanatório... Reafirmo: jamais internei minha adorada esposa no manicômio da corte. Ela foi ali parar em uma emergência, quando passou mal...

Das Dores, como sempre escutando atrás das portas, revolvia-se:

– Êita hóme mintiroso! O coroné tinha é di perguntá pro danado quem era o tar enfermero que levô a sinhazinha! Esse povo branco parece que tá di miolo mole!

– Das Dô, é bão ficá quieta no seu lugá... Isso é assunto dos branco... Inté parece que a sinhazinha era muito da boazinha!

– Num era, num era não... Uai, Natividade! Mais tava melhorano de gênio, não é, Florência?

Diante do fato consumado, exausto de tantas discussões, embora duvidasse das informações do genro, Altino resolveu dar um tempo, ainda mais quando a preciosa urna de madeira de lei, lacrada devido ao longo translado, foi sepultada no pequeno cemitério da fazenda. Nada traria sua filha de volta!

Leopoldo conseguira esquivar-se das malhas da lei, por conta das artes de habilidoso advogado. Apesar dos esforços do Dr. Francisco, não fora possível provar nada... O ilustre causídico, especialmente vindo da corte para liberar o estroina das acusações, lançara mão de argumentos irrefutáveis:

– Adúltero, perdulário... Talvez, senhores, talvez! Mas qual o homem de sociedade que não tem suas quedas por belas mulheres, pela mesa de jogo? Ao que me conste, isso não constitui crime! Deslizes, senhores, deslizes! E tem mais: quando se casou com a senhora dona Maria Eleutéria, filha única, meu cliente passou a ser herdeiro legal de tudo o que era ou seria dela. A Lei assim o diz... e vale, principalmente, para o difícil momento em que o ilustre coronel Altino praticamente agonizava em cima de uma cama. Muito se tem caluniado meu cliente, eis a verdade! Quem foi que tocou os negócios da família? Ele! Quanto ao falecimento da esposa, todos sabem de sua loucura... Piorou na corte, antes de viajar rumo à Europa! Onde iria tratar-se, senhores, nas mais conceituadas clínicas! Provavelmente o cansaço e a agitação da viagem... O esposo teve as melhores intenções ao enviá-la àquele tratamento caríssimo. E não morreu ao léu, e sim no melhor sanatório do país, quiçá o único! Se houve algo errado, a nosso ver repousa na demora em comunicar ao senhor Leopoldo o ocorrido. Sim, ele acreditava que a esposa havia embarcado! Com o competente enfermeiro especialmente contratado para zelar por ela! Coisas da vida, senhores... Uma lástima... Com certeza, meu cliente nada teve a ver com tão infausto acontecimento, pois nem sequer estava por perto, detido pelo doutor delegado arbitrariamente, diga-se de passagem...

 Dias após o sepultamento, Leopoldo instalava-se no antigo quarto do casal, como se nada tivesse ocorrido, fingindo ignorar os olhares indignados de todos. Mas não se sentia tranquilo! De Vicêncio nada sabia... Sumira! A qualquer instante, todavia, poderia retornar, testemunhando contra ele, principalmente ao saber da morte de Maria Eleutéria, vendo destruídos seus sonhos. Por mais que raciocinasse, nenhuma solução imediata lhe ocorria. Melhor aguardar! Aparecendo, seria silenciado, se preciso para sempre.

 Sentia haver um verdadeiro complô contra sua pessoa. As escravas, Altino, a enfermeira... e a casa! O silêncio nos corredores, subitamente quebrado por suspiros, gélidos ventos, como se alguém o roçasse... Seria o fantasma da esposa? Não acreditava em nada daquilo! Morreu, acabou! Ou talvez Maria Amélia? Beatriz?

Após sua prisão, tornou-se evidente para o pai da bela e rica Maria Eugênia que aquele jamais seria o esposo ideal para sua filhinha. Assim, por ocasião da primeira visita, o viúvo deparou com portões fechados, sendo sumariamente dispensado através das grades por um escravo alto, forte e de má cara. E uma notícia nada auspiciosa tirou-lhe o sono dali a duas semanas: a moça casava-se com rico fazendeiro, indo residir em distantes terras. Adeus dinheiro fácil!

Recuperado do derrame, Altino tomara as rédeas dos negócios, tentando desesperadamente impedir a falência. Restava-lhe a fazenda e, felizmente, algumas propriedades e negócios desconhecidos do perdulário, adquiridos ou consolidados quando da longa viagem pela Europa. Seriam a sua salvação! Pelo menos enquanto vivesse... Infelizmente Leopoldo ainda continuava seu genro e herdeiro, principalmente após a morte de Maria Eleutéria! Deveria expulsá-lo para bem longe ou esperar para ver o rumo dos acontecimentos?

Vendo-lhe a revolta, Mariazinha ponderava:

– Não se desgaste assim, meu amor. Para quê? Enquanto viver, nada lhe faltará, Altino... Comida, bebida, servidores, belas roupas... Depois de morto, que importa? Nada levará, meu caro! Recorde-se das sábias palavras de Pai Tomé, que Deus o tenha. Procure conquistar os tesouros espirituais! Olhe na direção dos que sofrem... aqui na fazenda mesmo, não precisa ir longe, meu amor... Se não pode libertar os negros, pois necessita do trabalho deles, pelo menos trate de diminuir as agruras do injusto cativeiro! Alimentação melhor, proibição de castigos corporais, respeito pelos filhos nascidos neste lugar...

– Mariazinha...

– Nada dói mais do que a perda de um filho! Bem sei, pois não tenho notícias de nossa Beatriz há tanto tempo... E você também perdeu Maria Eleutéria... Então! Nossas dores devem pelo menos nos fazer pensar que todos somos humanos, sujeitos a semelhantes sentimentos e pesares. Pode imaginar o que sente uma mãe, ou um pai, quando lhe tiram dos braços o filho para ser vendido! É comum aqui, sabia?

– Jamais permiti que se fizesse isso!

– Sei, meu querido... Mas foi embora quando seus desgostos o atormentaram, deixando para trás esses infelizes, à mercê de pessoas gananciosas, egoístas, inconsequentes... Sabe o quanto penaram em tais mãos?

Altino escutava, cabeça baixa... Não pensara nisso. Egoísta, estivera preocupado somente consigo mesmo!

– Ah! Outra coisa... Por que os escravos não podem casar, escolher seus afetos, constituir família? Sua filha sempre desconsiderou os sentimentos que brotavam nos corações dos negros... Os anos em que ficamos separados foram os piores de nossas vidas... Não será assim com eles também? Sabia que aquela menina, a Cândida, estava para desposar Bantai, o moço que foi com Vicêncio procurar sua filha? Tão gentis, tão prestativos, dando-nos seu amor sem nada pedir, pois podemos aprisionar os corpos dos dois, mas jamais conseguiríamos forçar o carinho e o afeto espontaneamente ofertado. Também não sabe que Bantai foi comprado por Leopoldo para ser um dos escravos reprodutores da fazenda, devido a seu porte e beleza... Ele tem-se negado, passou por castigos severos, o feitor Josias ameaça castrá-lo se não colaborar...

– Meu Deus! Mas a Lei do Ventre Livre diz que toda criança nascida de escrava encontra-se protegida do cativeiro!

– No papel, meu amor, no papel... Com a crescente falta de mão de obra, tal comércio vem ganhando força. Em surdina, por debaixo do pano...

– Meu Deus!

– Pai Tomé, quando estava entre nós, dizia que o egoísmo é a causa dos erros e do sofrimento de todos. Voltados unicamente para nós mesmos, enxergando somente os próprios problemas e dificuldades, exigindo a satisfação de nossos desejos e vontades, cometemos e sancionamos horrores e nem sequer percebemos!

– Tem razão... Antes da morte de Maria Amélia, costumava interessar-me mais pela sorte dos negros. A muitos libertei, até contra a vontade dela, desconsiderando inclusive a opinião dos senhores de terra escravocratas. Nos últimos tempos, tenho pensado muito nisso, meu Deus! Que direito temos de aprisionar essas criaturas? Quando fiquei atado a um corpo doente, sem poder manifestar-me, à mercê dos outros, principalmente de Leopoldo, compreendi nossa fragilidade como ser humano e o horror de perder a liberdade! Não vejo a hora de resolver as pendências mais urgentes para fazer algo que meu coração pede! Pode imaginar o que seja, meu amor?

E, não lhe dando tempo para a resposta, continuou entusiasmado:

– Conceder a liberdade a todos! Os que não quiserem partir receberão por seu trabalho, podendo conduzir suas vidas! Sei que enfrentaremos muitas dificuldades, incompreensões dolorosas, inclusive por parte dos libertos... E nossa situação financeira não é das melhores, todavia valerá a pena. Será um desafio que preencherá nossas vidas! E não fracassaremos!

Sorrindo, completou:

– E tem mais uma coisa... Sei muito bem o que passa por sua cabecinha, deseja regularizar perante os homens nossa situação... Nada mais justo, pois ambos somos descompromissados! Sem falar que todo cuidado é pouco quando se tem um Leopoldo por perto. Vamos casar-nos assim que Vicêncio e Bantai retornarem! Devem estar chegando... Triste retorno, meu Deus!

NOTA DA MÉDIUM: Surpresa com o relato das atividades de quilombos abolicionistas na região do Rio de Janeiro, na época da abolição da escravatura negra, realizamos pesquisa, comprovando a informação do autor espiritual. O leitor interessado em maiores detalhes sobre o fascinante assunto poderá recorrer à internet ou à interessantíssima obra "As Camélias do Leblon", de autoria de Eduardo Silva, Ed. Companhia das Letras.

IV
RECOMEÇO...

    Naquele entardecer, Altino quedava-se na varanda, fitando a estrada a perder de vista, o sol descendo lentamente, mergulhando a paisagem em ouro e sangue. O dia fora muito quente, a lide estafante... Sentia-se exausto, física e emocionalmente! A morte de Maria Eleutéria e a ausência de sua filha com Mariazinha, perdida não se sabe onde, pesavam como chumbo em sua alma. Queria descansar! Uma carruagem descoberta descia, puxada por rápidos cavalos, seguida de perto por dois cavaleiros... Aborrecido, firmou a vista, que já não tinha a acuidade de outrora. Duas mulheres... Visitas àquela hora?

Maria Eleutéria pouco enxergava, os olhos nublados pelo pranto. Reconheceu o traje de trabalho do pai, o chapéu... Era ele, Altino! Que diria do fato de estar viva e bem?

— Um milagre, um verdadeiro milagre!

À mesa de jantar, assim se manifestava, fitando a filha sem acreditar que aquilo estava acontecendo, depois de tanto havê-la pranteado. Tudo estava resolvido, pelo menos o que era importante realmente!

Vicêncio, ao ser inquirido sobre o motivo pelo qual resolvera perambular pelas povoações ao redor do Rio de Janeiro, antes de volver à fazenda, tentava explicar:

— Não me conformava com a morte da sinhazinha! Não depois de a ter visto em pé, ao lado da janela, naquela camisola de rendas, com os cabelos reluzindo como seda negra, os olhos verdes e brilhantes, as faces coradas... E o jeito como me expulsou do quarto não tinha nada a ver com uma pessoa nas últimas! Se não estivesse bem, a frigideira de Maria das Dores não me precisaria derrubar, não é? O tal doutor do hospício afirmava que estava fraca, doente... Aí tive o tal sonho...

— Que sonho foi esse, Vicêncio?

— Carma, das Dô, deixa ele contá... sussega!

O capataz parou, como se tivesse vergonha de relatar algo em que nunca acreditara! Os mortos não voltam para dar recado a ninguém! Mas o danado do preto velho aparecera em seu sonho, tão nítido que mais parecia verdade! Podia até sentir o cheiro das ervas usadas no tratamento dos doentes, impregnadas em sua alva roupa de escravo liberto... E dizia que a sinhazinha estava viva e por perto!

— Acordei com aquilo na cabeça... Quanto mais tentava deixar de lado, mais fazia sentido. Só não entendi uma coisa: por que o velho não disse onde ela estava? Não era mais fácil?

Cândida sorriu... O capataz estava sentado à mesa da cozinha, rodeado de quitutes, maneira mais segura de a curiosa cozinheira segurá-lo, dele extraindo as novidades todas. Tempos atrás, o Espírito de Pai Tomé fornecera explicações a respeito de um outro assunto semelhante, sobre o qual fizera idêntica pergunta: se sabem, por que não contam tudo? Precisam deixar a gente na aflição?

A risada do velho ainda parecia ressoar em seus ouvidos:

– Uai, menina, vosmecês é que estão encarnados... Para aprender, para modificar sentimentos... Isso é como lição de casa! Se alguém faz pelo aluno, ele jamais aprende, não é? Vosmecês são os alunos... Nós já aprendemos nossas lições, minha filhinha, do nosso jeito, pois cada um tem uma maneira de lidar com a vida. É aquilo que se chama livre-arbítrio! A pessoa faz suas escolhas... e responde por elas.

Ouvindo o moço questionar, sabia muito bem qual teria sido a bem-humorada resposta do amorável ancião:

– Ah! E quem disse que não revelei mais coisa? Quando acordou, o Vicêncio tinha esquecido boa parte do sonho...

Naquela noite, após o jantar de regresso da filha, Altino mencionara o assunto Leopoldo... A moça estava pasma com sua desfaçatez, posicionando-se categoricamente: não poderia continuar na fazenda após o que fizera! Agora havia testemunhas de seu criminoso ato, ela própria, os escravos, talvez o enfermeiro Severo...

Os olhos da moça quedaram-se cismadores. Severo... Sem ele, provavelmente continuaria no manicômio... Fora tão gentil, tão humano... Sentia falta das longas conversas, das colocações calmas e judiciosas do moço. Como alguém do povo poderia ser assim? Lembrou-se dos comentários de Emília quando tocava em seu nome:

– Maria Eleutéria, já prestou atenção em como fala desse enfermeiro? Não, não... Nem pense em afirmar tratar-se somente de gratidão! Existe algo mais... seus olhos brilham!

Ao saber do espetacular retorno da esposa, justamente em uma de suas costumeiras visitas à casa de Madame, Leopoldo resolvera desaparecer por completo da fazenda. Receando um revés a qualquer momento, embora jamais pudesse imaginar a volta da "falecida", antecipara-se, recolhendo joias restantes, objetos preciosos e até algum dinheiro inadvertidamente deixado pelo sogro no cofre da fazenda, cujo segredo acabara descobrindo. Seus pertences pessoais haviam sumido também, como num passe de mágica!

Das Dores comandava o falatório:

— Coisa do demo! Do demo! No começo, inté que achei... Ah! Por que o espanto? Vai dizê que o sinhozinho Leopordo num tem parte com o coisa-ruim? Ara! Mas, dispois, dei farta de um baú que tava no quarto das visita... e achei um pé de meia no jardim, no meio das pranta... Ninguém tira da minha cabeça que o danado veio aqui num quieto ou achô arguém pro serviço!

— Duvido tivesse coragem de passá pelos vigia que o coroné colocô em tudo que é lugá na fazenda! Deve de tê arrumado arguém pra tirá as coisa dele da casa... Mas quem, quem? Por aqui, ninguém qué sabê dele não!

— Vassunceis é que pensa! I a Faustina?

— Esqueceu que a cobra mardosa foi vendida, das Dô?

— Tava em Ouro Preto, fazendo a vida... num muquifo! I num é que o sinhozinho Leopordo saía cum ela? Pois é! Andaro veno os dois de agarramento pros lado do riacho, logo dispois que a sinhazinha foi pará na casa dos doidos. Aquela num tem conserto não! O hóme vendeu ela e a tonta continua nos pé dele! Vai vê, agora que a boa vida acabô, a burra vai sustentá o malandro com o dinheiro dos fregueis...

— Das Dô, como é que ocê sabe de tudo isso?

— Uai, a Socorro é cacho antigo do Josias... Ele conta prela, ela conta preu... Quano vem aqui, pra trazê o leite da ordenha, as fruita do pomar. Faz tempo que ela num tá na lide da roça... O sem-vergonha diz que ela fica muito cansada pra otras coisa...

Florência quedou pensativa. Cândida relatara que Leopoldo impedira a continuação de seu castigo naquele trágico dia... Que só não a retirara do tronco por não querer desautorizar a esposa... e que não concordava com o suplício dos escravos. Como explicar sua bondade nesse sentido e o que fazia com o sogro, a esposa... Um dia, quando Pai Tomé ainda estava entre eles, pedira explicações, surpreendendo-se com a resposta da mentora do velho escravo:

— Interessante questionamento, minha irmã. Esse homem, que parece tão mau com alguns, demonstra consciência diante do sofrimento dos cativos... Jamais ordenou surrassem alguém! Não fosse ele, terias perecido no tronco, pois Josias não pretendia parar de bater. Vou revelar-te um detalhe! Ao constatar o estado de desequilíbrio do feitor e não conseguindo alterá-lo para melhor, por conta da intensa afinidade com Espíritos vinculados às trevas, procuramos a ajuda dos encarnados... Maria Eleutéria, Fabrício, os outros visitantes, Vicêncio... Todos se mostraram resistentes a nossos intuitivos apelos! Somente um, justamente aquele denominado coisa-ruim, acedeu, deixando a casa grande e intervindo. Na medida certa, pois nos interessava que continuasses no tronco, para seres resgatada por Pai Tomé. Assim não fosse, certamente ele te retiraria dali, enfrentando a fúria da esposa!

Silenciou por instantes, prosseguindo depois:

— As criaturas costumam evoluir de maneira irregular, privilegiando algumas áreas em detrimento de outras. Leopoldo conseguiu superar alguns entraves evolutivos, mas continua com sérias dificuldades no que concerne à própria afetividade. A constante troca de parceiras evidencia insegurança, baixa autoestima, fixação nos instintos...

— Mas ele é muito mau!

— Não, minha irmã, ele está num momento existencial em que desconhece o bem. O mal não passa de ausência do bem! O tempo vai passar e ele acabará caindo em si, modificando a maneira de ver as coisas, de sentir. Todos nós temos arestas a aparar ainda. Ninguém é perfeito! Às vezes conseguimos, a duras penas, amealhar alguma virtude em determinado aspecto... E nos demais? Na realidade, nem sabemos como somos! Erramos, todavia nos consideramos corretíssimos! Falta-nos a plena consciência... Assim sendo, minha irmãzinha, não nos cabe condenar, mas amparar. Se não for com atos, que seja com pensamentos positivos e preces.

Sempre que das Dores se referia a Leopoldo daquela forma, Florência recordava a lição tão bela e justa transmitida pelo

Espírito Maria Helena! Ensinamento que expulsava do coração amargos travos, libertando a alma... Mais tarde, quando todos se fossem, falaria com a cozinheira a sós... Realmente! O ex-sinhozinho deveria estar precisando de orações, não de comentários pouco cristãos.

A conversa prosseguia entre as escravas. Natividade, muito espevitada, queria dividir com as outras o que ouvira na hora do café da manhã, ao servir a mesa:

– A Mariazinha tava comentando com o coroné sobre a anulação do casamento da sinhazinha... O devogado disse que tá fáce, fáce, pruque o sinhozinho Leopordo nunca que foi nadinha do que disse! Se isso acontecê de verdade, ela tá livre pra casá de novo!

– Nossa Senhora, Natividade, será que o Vicêncio já sabe?

– E não, Florência? E não? Ocêis viram o olho de peixe morto dele na direção da sinhazinha?

Penalizada, das Dores balançava a cabeça. Depois que o capataz voltara da viagem, estava bem melhor, até desmanchara o tronco, obedecendo às ordens de Altino sem ratear. Também perdoara o vexatório episódio com a frigideira, o humilhante cativeiro... e permitira a festança dos escravos até tarde, para comemorar a derrubada do temível lugar dos castigos, ele mesmo dançando, feliz da vida. Maria Eleutéria acedera em ser seu par constante... Novos tempos na fazenda! Quem diria?

Mal todos se retiraram da cozinha, puxou Cândida para um canto, desatando a falar baixinho:

– Esse moço, o Vicêncio, tinha di sabê a verdade! Vô desabafá com ocê, num guento mais de aflição! Parece que tô veno a mãe dele na minha frente, quano ele veio pro mundo... A pobrezinha morreu logo dispois, numa sangueira terríve... Eu peguei o menino! E ela contô pra mim, na hora da morte, o segredo: o filho era do sinhô Artino! É... Ele tava casado com a sinhá Maria Amélia fazia pouco tempo... Foi em noite de bebedera, dispois que ele procurô a sinhá e ela parecia uma pedra. Ele recramô e a sinhá Maria Amélia andô dizeno que tinha se casado por ordem do pai, não por amor! Discutiram e ele parecia tá com o diabo no corpo... Pois é...

A Joaninha, a mãe do Vicêncio, era uma meninota de uns catorze anos, mulatinha bem clara, e costumava ficá espreitano o sinhô Artino pelos canto do jardim... Ele era um moço danado de bonito! Foi paixão doida da menina, sem que o sinhô subésse de nada... Na noite da briga, os dois se encontraram no jardim e já viu... A coitadinha disse que o tempo todo ele confundiu ela com a Mariazinha, o grande amor da juventude dele, chamano o nome dela... No dia seguinte, imagine, o sinhô Artino nem se lembrava de nada! Ficô foi é de ressaca, que inté precisô de remédio do Pai Tomé... Ela num contô pra ninguém o segredo, com medo da sinhá Maria Amélia prejudicá a criança que ia nacê...

– Que história mais triste...

– Triste mesmo... e pode ficá mais triste ainda se a sinhazinha arresorvê dá trela pro Vicêncio! Eles é irmão, Cândida! O que eu faço agora? Diga, menina! Conto pro Vicêncio?

– Acho melhor conversar primeiro com o sinhô Altino... Imagine se essa história estóra sem ele sabê de nadinha? Ele é o pai, ele é que tem de contá pro filho!

– Ocê tem razão... É... Parece justo... Pois num passa de hoje!

Pobre Vicêncio! Nem a notícia de que Altino pretendia reconhecê-lo como filho superou sua amarga decepção. Todavia, dias depois, uma visita inesperada deixou-o sem fala:

– Sinhazinha Maria Eleutéria!

A moça sorriu, entendendo o que ia naquela alma:

– Maria Eleutéria somente, meu irmão. Em nossas veias corre o mesmo sangue... Vim para dizer que seu quarto, que é de direito, está preparado na casa grande! Estou muito feliz com o novo integrante de nossa família. Pode contar comigo para o que precisar... Ah! Continuará a cuidar da fazenda, mas agora na qualidade de herdeiro. Mais uma coisa! Caso não tenha notado, Emília tem uma quedinha por você, meu irmão... desde a hospedaria!

Emília permanecera na fazenda. Altino contratara uma pessoa de confiança para investigar a respeito de sua família, mas as notícias foram deveras desanimadoras: o pai falecera e a madrasta assumira todos os bens, tendo-se casado novamente, com importante figurão do governo. Julgava-a internada no hospício... Se Emília desejasse, poderiam abrir um processo, mas seria longo, desgastante e sem garantias de sucesso... e com certeza, entre as providências a serem tomadas pela madrasta, o retorno ao hospício seria a primeira! Ao pensar nos horrores vivenciados naquele lugar, a moça resolveu abdicar de seus direitos e calar. Isso depois de longa conversa com Cândida, em que o iluminado Espírito de Pai Tomé tomara as rédeas, explicando à revoltada jovem os mecanismos da lei de ação e reação, segundo os quais cada um recebe os frutos do que semeou... Diante de sua incredulidade, fez com que regressasse, através de indução magnética, a anterior existência, na qual constatou haver usurpado os direitos daquela que agora ressurgia como companheira de seu pai, levando-a a triste episódio de insanidade mental. Retornavam na mesma família para se acertarem, mas infelizmente a madrasta não conseguira superar a latente animosidade, condenando a enteada, embora sadia, a passar pelas aflições da loucura.

– Nesses casos, minha filhinha, e pesando as chances de a menina ir parar novamente naquela casa de loucos, seria conveniente perdoar e esquecer, seguindo em frente com a vida...

– Perdoar? Àquela cobra peçonhenta? Esquecer? Não consigo! Só de pensar nela, o sangue ferve em minhas veias!

– Filha, reflita, vosmecê ofendeu primeiro... Ela revidou... Agora vosmecê fica tomada de ódio mortal e dá o troco... É briga para mais alguns séculos! E sofrimento, filhinha! Não é por acaso que Jesus recomendava que as pessoas se reconciliassem com os seus inimigos antes do desencarne...

– E o que vai ser de minha vida? Sem dinheiro, sem casa...

– Por acaso a menina Maria Eleutéria mandou vosmecê embora?

– Não...

– Para ela, são como irmãs... E aqueles olhares seus na direção de Vicêncio? Pensa que não sei? Então... Agora, se vai ficar brigando com sua madrasta, quanto desequilíbrio não levará para sua nova família? Poderá até afastar o possível noivo, que já provou não se importar com dinheiro...

Perder Vicêncio? Jamais! Emília resolveu aceitar os conselhos do amigo espiritual.

O ano terminou com excelentes novidades. Maria Eleutéria estava livre! A situação econômica melhorara sensivelmente e Altino vibrava! Logo poderia concretizar seu sonho... Os investigadores por ele contratados trouxeram notícias de Leopoldo: continuava de cidade em cidade, novamente vivendo a ilusão de um homem bem sucedido, fugindo de honesto trabalho, comendo pão duro em miseráveis quartinhos, saindo para incursões noturnas envergando caros trajes... e continuando a seduzir as incautas!

O mês de maio trouxe suaves brisas e promessas de felicidade para os enamorados...

Mariazinha suspirava, admirando o belo vestido sobre a cama. Quem diria que sua vida sofreria uma reviravolta tão grande? Natividade agitava-se:

– A sinhá deve de colocá esse vestido logo, senão chega atrasada no casório!

Em seus aposentos, Maria Eleutéria apressava Florência:

– Vamos! Ai, meu Deus, que demora!

– Mas a sinhazinha tinha di escolhê um modelo com tanto botãozinho? Leva mais di hora pra fechá, meu Deus! Se errá um, adeus! Tem que desmanchá tudinho... Mas inda tem tempo, tem tempo! A sinhazinha Emília já devi di tá pronta, que desde onti não vê a hora de casá. É bão mesmo, que ela mais o Vicêncio tão que é um fogo só... Se drumi no ponto, sinhô Artino vai sê avô antes do tempo!

Florência mal podia acreditar na bisbilhotice de das Dores, que trouxera um chá de cidreira e por ali se deixara ficar, olhando embevecida o longo véu que a mucama ajeitava na cabeça de Maria Eleutéria, intrometendo-se na conversa.

– Das Dores!

– Ai, Florência, nem sei o que me deu pra falá ansim! É de puro nervoso, sinhazinha! Tô tremeno por dentro! E num é por causa do casamento não... Sei que num devia di contá, mas num tô guentano! Virge Maria! Adivinhe quem acabô de chegá? Ô boca! Devia di ficá de bico calado!

Maria Eleutéria sorria, pois a escrava tinha lá seus motivos para o malicioso comentário... Ao lado de Emília, o moço descobrira o verdadeiro amor. Com muita paixão, é claro! Mas quem teria chegado, meu Deus, a ponto de deixar a cozinheira em brasas?

— Desembuche, mulher!

— Sinhazinha... Ele chegô com uma cara de cachorro que quebrô a panela... Pra mim, veio espioná! Só pode di sê! Convite é que num recebeu! I num veio sozinho não, tá com uma moça muito bonita, com modos de gente rica e educada...

— Leopoldo? Ai, meu Deus!

— Não, sinhazinha, não! O amigo dele, o coisa-ruim, o Fabrício!

Florência sentiu o chão faltar. Ao voltar a si, das Dores esfregava seus pulsos com vinagre e Maria Eleutéria dava-lhe sais para cheirar. A moça agitou-se toda: precisava acabar a arrumação da sinhazinha! Depois trataria de se esconder...

— Nem pensar, ouviu, Florência? Nem pensar! Trate de largar essas coisas, que eu mesma acabo de me arrumar! Florência, entre na banheira, a água deve estar morna ainda e sei que não tem nojo de mim... Está limpinha! Das Dores, trate de ajudar! Pegue ali o vestido! Escute bem, Florência: vosmecê vai vestir esse vestido lindo e irá comigo à festa, como dama de honra, minha amiga do coração, a pessoa que me salvou da morte! E vai mostrar àquele mocinho esnobe o que é uma verdadeira mulher! Ah! E, se ainda ama aquele infeliz, trate de não se arrastar aos pés dele!

Das Dores obedeceu mais do que depressa, praticamente arrancando as roupas da atarantada Florência, quase a afogando na banheira. Depois, com a ajuda de Maria Eleutéria, vestiram-na, penteando-lhe os cabelos e perfumando-a.

— Prontinho! Ai, que beleza! Florência, ocê tá linda, minha fia! Inté parece moça branca rica... Nunca pensei que fosse vê o dia em que a sinhazinha tratasse uma escrava como irmã, dando a ela seu vistido di festa!

Florência só dizia:

– Isso não tá certo! Não tá! Ai, meu Deus... Sinhazinha vai perdê a hora...

– Fique calma, Florência, já viu casamento sem noiva? Estou quase pronta!

– Sinhazinha, este é o vestido do dia seguinte... Meu Deus, que coisa mais linda! Podia dar outro, um que já tivesse usado...

– Não! Para você, minha amiga, o melhor! Não é o que me tem ofertado desde que chegou a esta casa, praticamente uma menina? Visto outro qualquer... Há tantos no armário! Não pretendo ficar vestida com ele muito tempo mesmo...

– Sinhazinha!

– Das Dores, largue de se fazer de santa e me traga o buquê que está ali, na água... Vamos! Ou o casamento não sai!

Os jardins da fazenda nunca haviam estado tão lindos. A natureza abrira-se em festa naquela agradável tarde: suaves brisas afastavam o calor, sutis perfumes bailavam na atmosfera... Montara-se o altar sob rendada tenda, guarnecida com guirlandas de flores brancas... A ideia, incomum para a época, partira justamente da filha do coronel, pois, desde o infausto episódio do manicômio, repudiava lugares fechados, mesmo que fossem os luxuosos salões da casa grande.

Na sala, padre Josué aguardava, comodamente recostado no sofá de veludo. Embora acostumado a realizar casamentos coletivos, restringiam-se a união de escravos. Em se tratando da elite, eram os primeiros. Tantos casamentos... pai, filha, filho... e, de sobra, a mucama da sinhazinha! Maria Eleutéria fizera questão de dividir o espaço no altar com a escrava Cândida e seu noivo Bantai... Onde já se vira algo assim?! A mocinha delicadamente declinara da honra, afirmando preferir casar-se após sua senhora, na senzala mesmo, para que os cativos pudessem presenciar e festejar. Por isso, Altino ordenara preparassem outra festa para os negros, igualzinha à da casa grande. A notícia da absurda magnanimidade do coronel causara alarde entre os ferrenhos escravagistas da região!

Apanhando mais um docinho, antecipado por conta da espera, o sacerdote pensava na sociedade brasileira: tantas misturas de sangue, uma miscigenação danada, e todos fingindo que nada estava ocorrendo, montados no orgulho. Ele mesmo testemunhava isso! Ah, se Jesus ali estivesse, com certeza diria: bando de hipócritas! Só porque o coronel Altino assumira o filho bastardo, aquele falatório todo! E o casamento de Maria Eleutéria com o noivo de humilde origem então? As más línguas levantavam até a hipótese de que corresse sangue negro em suas veias... Atacando mais um docinho, o padre sorriu... Como se sangue tivesse diferença de cor! Quanto aos indignados com a mistura racial, problema deles! Sobrariam mais delícias, que por certo a generosidade dos anfitriões encaminharia à paróquia. Semana de festa para seus pobres! E para ele também...

Abertamente abolicionista, o padre Josué vibrava com as novidades! E a cozinheira deixara no ar alguma coisa... A falante criatura insinuara uma surpresa e tanto, os olhos reluzindo pela antecipação da novidade, vislumbrada entre um café e outro servido a seus senhores... Infelizmente, nada mais conseguira extrair, a não ser outro bule de café passado na hora e dourados bolinhos. Ah! Aquela nascera com um verdadeiro dom para a cozinha!

Na noite anterior, Cândida parecia viver um sonho. Altino mandara vir da modista lindo traje branco; flores de laranjeira recém-colhidas comporiam a guirlanda que prenderia o véu a seus cabelos... E o buquê, verdadeira maravilha de camélias brancas e flores de laranjeira... Sorriu... Bantai trouxera os balaiozinhos com as mudinhas... do quilombo! Não conhecia aquelas flores, mas eram tão lindas... Perfeitas! Como perfeita seria sua felicidade ao lado do noivo! Parecia-lhe demais...

– Não é não, minha menina!
– Pai Tomé!

Em Espírito, o amigo sorria, contemplando sua menina, como costumava chamá-la.

– Além do mais, está na hora de sua mãe reencarnar... e será através de vosmecê, minha linda! Melhorou muito, mas carece de extremo carinho e das luzes do Evangelho do Mestre. Mas não virá sozinha não... Serão gêmeas, graças a Deus! A sinhá Maria Amélia retornará, única maneira de afastá-la de seus propósitos de vingança contra a pobre Beatriz!

— E onde a mocinha Beatriz tá, Pai Tomé?

— Num lugar de muito sofrimento, filha... Inconformada com a maneira como Leopoldo se portou... Desespera-se... Revolta-se... Por enquanto precisamos esperar, nada podemos fazer, pois está inteiramente voltada para si mesma, numa autocompaixão destruidora. E com a sinhá Maria Amélia ainda no pé dela... Quando a sinhá retornar, tudo ficará mais fácil...

— Pai Tomé, há uns dias a sinhá Maria Eleutéria me fez uma pergunta e fiquei sem respondê... A respeito dos negro... Do sofrimento deles... Por que é assim?

— Minha menina, tem uma moça aqui que deseja responder...

A figura querida de Maria Helena aproximava-se, começando a explicar, com séria inflexão, alguns dos aspectos que envolviam o complexo tema:

— Quando o Mestre Jesus, na qualidade de governador do planeta Terra, entendeu ter chegado a hora de colonizar estas maravilhosas terras, para cá designou pessoas encarregadas de realizar tal obra. Mas o branco europeu, preguiçoso e repleto de vão orgulho, fugiu das nobres tarefas, passando a escravizar seus irmãos. Primeiro, os indígenas... Eles, porém, não se curvavam, morrendo aos milhares por não conseguirem conviver com a falta de liberdade e o serviço pesadíssimo. Os missionários religiosos, que os estavam catequizando, resolveram protegê-los, o que fez com que os brancos voltassem os olhos para os negros, arrancando-os da mãe África...

— Virge Maria!

— As coisas poderiam ter sido bem diferentes... Tudo seria feito sob as luzes da fraternidade... Os negros teriam-se integrado à nova terra de maneira menos traumática, desvinculada das atrocidades do nefando tráfico, mas assim não aconteceu, devido à insensibilidade e à ganância de brancos e negros, estes últimos coniventes com a escravização de seus conterrâneos, auferindo significativos lucros, enriquecendo com o sofrimento dos irmãos de cor. Contudo, se de um lado a Espiritualidade Maior respeita o livre-arbítrio das criaturas, permitindo que cada um experiencie a encarnação de acordo com seu momento evolutivo, nem por isso deixa de acionar mecanismos de adequação à justiça divina. Assim, convocaram-se para o reencarne na África Espíritos de antigos inquisidores, revoltosos, autoritários senhores feudais, padres descumpridores da lei de caridade e amor, todos ansiosos por fugir ao sofrimento das regiões trevosas, onde amargavam as consequências da semeadura de desamor do passado, dispostos a assumir a roupagem carnal de cor negra e o aspérrimo compromisso da escravidão, quitando os débitos que suas próprias consciências apontavam. Viriam para a nova terra, impulsionando-lhe a colonização e o crescimento com seus fortes braços de ébano. Dariam testemunho de humildade, tolerância, amor... Mais do que isso, abraçariam a Pátria do Cruzeiro como a Pátria de seus generosos corações!

Lágrimas desciam dos olhos de Pai Tomé... Maria Helena enlaçou-lhe os ombros, murmurando:

— Não é assim, meu irmão?

— Sim... Todos viemos de longa sucessão de existências, nelas exercendo a liberdade de escolha, com acertos e desacertos marcando nossa trajetória, conforme acontece com as criaturas em aprendizagem. Se hoje a luz do Mestre impera em nós, no passado prevaleceram as trevas do egoísmo! Matamos, fizemos matar, saqueamos, corrompemos, exploramos... Participamos da mortandade das cruzadas, da inquisição... Abusamos do poder temporal, calcando sob nossos orgulhosos pés indefesos irmãos em Cristo... Faz parte de nossas biografias... e da história da Humanidade! Sofremos muito ao desencarnar... Vagamos pelos antros edificados por nossos pensamentos em desequilíbrio, até o momento em que entendemos nossos erros, desejando fazer algo para nos redimir, pois o perdão de Deus não nos exime da cobrança decretada por nossa própria consciência. É imperativo aprender a amar, o que somente conseguimos em contato com o próximo... Servindo! Foi quando aceitamos renascer na África, submetendo-nos à pesada prova da escravidão. Isso explica a mansuetude da maioria dos negros vergados ao peso das agruras do cativeiro. Compromisso assumido na Espiritualidade... Olhe o caso de Florência... Apesar de tudo, perdoou sua sinhá, salvando-a da morte, sendo-lhe fiel amiga, defendendo-a... Nossa irmãzinha certamente quitou sérios débitos do pretérito!

Maria Helena prosseguiu:

– Grande maioria dos brancos ainda não consegue enxergar o negro como um semelhante, um irmão... São preconceituosos! Recusam-se a admitir que os escuros ombros representam o sustentáculo da economia nacional desde que para cá vieram. O orgulho impede o reconhecimento das qualidades dos africanos, não como mera força de trabalho, mas como cidadãos de uma nova terra, inteligentes e capazes, cuja integração será cada vez maior à medida que se processe a natural miscigenação e os costumes e crenças se entrelacem harmoniosamente. O Brasil do futuro desconhecerá a separação racial, pois constituirão minoria as famílias que não apresentarem sangue de negros em sua genealogia! Por outro lado, os iluminadores ensinamentos dos Espíritos, através da Codificação do insigne missionário Allan Kardec, estão sendo transladados para a Pátria do Cruzeiro, onde encontrarão fértil campo entre as almas naturalmente propensas ao amor. Todos viajamos pelas sucessivas reencarnações em diferentes roupagens carnais, com enormes probabilidades de já haver envergado a escura pátina das plagas africanas! Mas tudo requer o tempo exato e propício das mudanças, processo lento, todavia inquestionável. Enquanto isso não acontece, a marcha redentora dos filhos do sol prossegue, renunciando ao próprio bem-estar para que outros tenham a chance de superar entraves evolutivos. Os que vencerem a difícil prova com bom ânimo e coragem, que souberem calar seus anseios em prol de um bem maior, estes terão cumprido a vontade do Pai e alcançado a intransferível e maior das vitórias, aquela que conduz aos tesouros enaltecidos pelo Mestre, que as traças não roem e a ferrugem não consome.

— Mas é muito sofrimento!

— Sim, minha irmãzinha, porém ainda necessário... Todos os que sofrem, a não ser missionária minoria, aprimoram seus sentimentos, ascendendo pouco a pouco na trajetória evolutiva. Ninguém recebe tarefa superior a suas forças... Muitas vezes, ainda na espiritualidade, a criatura acredita haver conseguido incorporar ao seu acervo de conquistas determinada virtude; todavia, somente após reencarnada, comprovará se isso realmente aconteceu. Outros vêm para o difícil embate das provas, buscando amealhar transformações... Estão iniciando...

— E aqueles que não conseguirem prosseguir com amor e tolerância? Que se revoltam, atacando seus senhores?

— Terão novas chances em outras reencarnações... O Pai nunca fecha a porta a seus filhos! E não tem pressa... Podemos acertar nossas pendências a longo prazo... E os senhores de escravos que fizerem da crueldade seu lema terão a oportunidade de renascer com a cor de pele de suas vítimas, experimentando em si mesmos o que fizeram aos outros... Pena de talião? Jamais! Justiça divina decretada por suas próprias consciências. Deus não castiga, não pune... Mas as suas Leis encontram-se insculpidas em nossa consciência! Quanto mais soubermos, mais sentiremos necessidade de acertar nossas pendências, de nos equilibrar, pois tudo tende a acompanhar a maravilhosa harmonia do Universo por Ele criado.

— A das Dores disse que tem negro de monte fugindo e se escondendo nas mata...

— Claro sinal de alerta para os escravocratas! Nossos irmãos estão lutando pela liberdade, um dos inalienáveis direitos do ser humano. A maneira como exercerão esse direito constitui o diferencial maior! A irmãzinha precisa entender que, por detrás de todos os pensamentos e ações, prevalecem os sentimentos de cada um. Imperando o respeito ao semelhante, ninguém sairá prejudicado... Nossos direitos vão até onde começam os direitos dos outros! Sempre! Mesmo que o outro tenha avançado o sinal. Ah! Mas vamos interromper um pouquinho o assunto e falar sobre o dia de amanhã...

— Meu Deus do céu! Chego a tê medo de tanta felicidade! Bantai e eu, nós conversamos... Tudo que sobrô da nossa vidinha tá aqui, nesta terra! Não vemos razão de retorná pra África, apesar de o sinhô Altino ter dito que pagaria as despesas. Aprendemos a amar as pessoas: o sinhô, a sinhá Mariazinha, a sinhazinha Maria Eleutéria... Todos! Nossos filhos vão nascê aqui...

Maria Helena sorriu:

— Assim estava programado desde o início, muito embora as pessoas tenham todo o direito de se desviar dos compromissos... Nesse caso, retomarão a tarefa mais tarde, às vezes em outras encarnações, ou o caminho escolhido resulta em tão bons frutos que se elege perfeitamente válido para a subida de mais um degrau evolutivo! Falando especificamente da irmãzinha, podemos iniciar mencionando que consideramos o Brasil a Pátria do Evangelho! E este Evangelho faz todo sentido quando vivenciado dia a dia, nas pequenas e anônimas tarefas estendidas durante uma encarnação inteira! Constituirás família, alicerçada nos valores do Cristo, mas haverá algo muito importante em tua atual existência: a mediunidade! Através dela poderás auxiliar as pessoas, orientando-as, minorando os sofrimentos do corpo e da alma.

Breve a abolição libertará os escravos, mas só no papel, pois os maiores grilhões continuarão a ser a ignorância, a pobreza, o descaso... E, acima de tudo, a imperfeição dos sentimentos de cada um, a inconsciência da destinação do ser! Cabe a cada servo de Jesus portador da faculdade mediúnica a tarefa de amparar e esclarecer, pois a verdadeira liberdade é a do Espírito! E ninguém a conseguirá se não for através da Verdade! E onde ela estará? Nos livros, nas palavras dos cultos, nas doutrinas diversas que cada vez mais se espalharão pelo mundo, principalmente após as grandes transformações intelectuais que se iniciarão no século vindouro? Estará dentro da criatura! Ensinarás as pessoas a buscarem o autoconhecimento, descobrindo dentro de si mesmas a Verdade preconizada pelo Cristo. Para tanto, a figura do Mestre sobrepõe-se como luz no caminho. Mas o caminho continuará a ser de cada um, palmilhado e conquistado por seus próprios esforços! Irmão amoroso, Jesus disponibiliza servidores para auxiliar, entre eles, os médiuns.

Cândida ficou pensativa... Uma tarefa tão pesada, meu Deus! Daria conta? Sentiu-se pequenina, pequenina, um grãozinho de areia no Universo... Maria Helena riu, entendendo muito bem o que se passava naquela cabecinha. Explicado, parecia algo enorme! Vivenciado, contudo, resumia-se no cotidiano de cada criatura de boa vontade! Os médiuns detinham a faculdade, nasciam preparados fisicamente para exercê-la, mas deles não se esperava santidade, inexistiam privilégios... Simplesmente se tratava de um outro sentido, assim como a visão, o tato, a audição... No futuro, todos a possuiriam de maneira ostensiva, tornando-se comum a intermediação espiritual. Medos? Nada mais natural, principalmente se a criatura volvesse o olhar tão somente para o resultado final, olvidando a inexistência de saltos evolutivos, ou seja, crescimento pessoal e mediunidade constituiriam um processo, desenvolvido passo a passo. Jamais se exigiria de alguém aquilo que não poderia oferecer!

– Com certeza darás conta! Desde que tenhamos nosso coração repleto da verdadeira vontade de servir ao Mestre, os bons Espíritos jamais deixarão de prestar abençoado e esclarecedor assessoramento. Pai Tomé e eu, se aceitares nosso humilde concurso, seremos teus mentores por toda a tua existência. Um dia, no Mundo Espiritual, também serás mentora de algum médium que se proponha a desempenhar semelhante trabalho de intermediário entre o mundo dos indevidamente chamados "mortos" e os encarnados... É a grande e contínua corrente de solidariedade, de verdadeiro e puro amor...

Rindo, concluiu:

– E agora, chega de conversa! Precisas do descanso do corpo físico... Afinal, amanhã será o grande dia do casamento!

– Só mais uma coisa... Nunca tive coragem de dize pra sinhá Mariazinha o que aconteceu com a filha dela... E o coronel não ficô sabendo o nome da amante do sinhô Leopoldo, muito menos que era sua filha! A sinhá Mariazinha evita tocá no doloroso assunto. Outro dia, escutei quando falô na Beatriz como se tivesse em algum canto e bem. De vez em quando, não é muito bom sabê das coisa por conta dessa tal de mediunidade... Devo falá pra ela?

– Para quê? Melhor deixá-la crer que a filha está bem... Do ponto de vista espiritual, podemos assim considerar, pois o sofrimento da menina propiciará o surgimento de novas concepções a respeito da vida. Logo Beatriz regressará como filha nos braços de Mariazinha e Altino... A criancinha nascerá, mas poucos serão seus dias, contudo suficientes para que ela supere dificuldades decorrentes do traumático desencarne anterior, preparando-se para futura reencarnação com menos problemas, quando lhe será ofertada a preciosa chance de atuar mediunicamente. Caso aceite, nascerá com específica área do cérebro preparada para tal mister! Quanto aos pais, acabarão conhecendo a verdade um dia, mas então as luzes do Consolador Prometido terão banido para longe as trevas da ignorância a respeito da realidade do ser, compreendendo que a passagem das criaturas pela Terra constitui curtíssima viagem diante da eternidade do Espírito imortal. O casal terá outros filhos, o que lhe servirá de motivo para alegria e louvor.

E se foram... Cândida orou, adormecendo suavemente...

Liberta das amarras físicas pelo sono, sorriu ao vê-los esperando-a. A interessante conversa prosseguiria! O convite não se fez esperar:

– Vem! Neste momento, está sendo realizada no Rio de Janeiro importante reunião, visando a concretizar os ideais abolicionistas. Irmãos espirituais contam com nossa ajuda nas tarefas de dulcificação do ambiente, para que tudo se cumpra sem derramamento de sangue, no momento certo! Alguns se exaltam inutilmente, impacientam-se... Bastará, no entanto, leve e preciosa pena em redentora mão e tudo estará consumado! Vamos!

Ladearam-na, tomando-lhe as mãos. Logo volitavam pelos ares, sob o dossel de estrelas! Pouco tempo depois, encontravam-se em uma confortável vivenda, naquilo que parecia uma chácara. Cândida arregalava os olhos... Quantas pessoas! Brancos, mulatos, negros... Irmanados, como se todos da mesma cor...

Rindo, Maria Helena perguntou:

– Mesma cor... Que cor, Cândida?

A menina titubeou... Somente pensara...

– Ah! Branca, uai...

– E por que não negra?

– Não sei... Talvez por sermos discriminados...

– Um dia, minha irmã, isso não terá a menor importância...

Um jovem aproximava-se delas... Alto, bonito, escuros e fartos cabelos, sorriso cativante... e de clara pele. Vestia-se impecavelmente, como um nobre e galante senhor. Seu terno era de acetinado branco, assim como a camisa, o colarinho de dobradas pontas, a gravata de laço... Lindo, lindo! Curvou-se educadamente, depositando leve beijo em sua mãozinha... e se foi, levado por uma entidade que lhe solicitava urgente concurso.

Quem seria ele? Esperou o momento adequado para indagar de Pai Tomé, mas ele, adivinhando sua curiosidade, antecipou-se:

– Um poeta, minha menina, um poeta dos escravos, que em vida cantava em cadenciados versos a dor dos cativos, expondo-lhes os mazelas e a beleza das almas, exortando as criaturas a enxergarem o sofrimento de seus irmãos em Cristo! Castro Alves! Seus poemas atravessarão as barreiras do tempo, deitando por terra o descaso, a intransigência, a omissão... Hoje, na Espiritualidade, pode ser considerado o patrono do movimento abolicionista brasileiro, acompanhando de perto o trabalho dos correligionários encarnados.

Cândida notou a flor branca nas lapelas dos encarnados... e nas vestes das poucas mulheres presentes. Do lado esquerdo! O encantador poeta também a portava... e todos os Espíritos, inclusive seus amigos!

Desejou ter uma também... Tão bonita aquela flor dantes desconhecida! Imediatamente o desejo se cumpriu, sem que ninguém a colocasse sobre seu coração... Diante de seu espanto, Pai Tomé riu, esclarecendo:

– Aqui no mundo espiritual, basta querermos com vontade e acontece, minha filha. Ainda que às vezes algum Espírito dê uma ajudazinha...

Um tanto distante, o poeta sorria, inclinando-se em suave vênia...

Encerrada a reunião, os encarnados começaram a descer o morro, rumo ao bondinho. Enorme lua clareava São Sebastião do Rio de Janeiro... Semelhante a luminoso e lácteo cometa, uma chuva de alvas camélias descia dos céus, derramando-se sobre a adormecida cidade... A menina estendeu as mãos, nelas intentando recolher alguma das flores, extasiada constatando que elas se volatizavam, deixando nas palmas deliciosa sensação e suave odor.

Seus olhos se encontraram com os do belo poeta... Ele chorava... Lágrimas de júbilo!

Ao despertar, Cândida nada recordaria, sentindo somente que sonhara... e fora um sonho lindo!

Era o dia de seu casamento com Bantai!

Reduzido número de pessoas da sociedade compareceu ao tríplice casamento! Somente os verdadeiros amigos... Os esnobes condenavam aquelas criaturas em cujos corações a semente da fraternidade brotara de maneira tão forte. Não se poderia dizer que isso não os afetou... Os olhos verdes de Maria Eleutéria fuzilaram! Altino simplesmente calou, mas Mariazinha lia em seu íntimo, ainda prisioneiro do orgulho, a indignação. Quanto a Vicêncio e Emília, estavam tão envolvidos em sua paixão que sequer repararam... Ah, o amor!

Assim, a primorosa festa estava fadada a terminar bem antes do esperado. Para piorar, a presença de Fabrício causou estranheza e mal-estar a muitos... O moço permaneceu durante a cerimônia toda com os olhos fixos em Florência, simplesmente linda no vestido de Maria Eleutéria! Os olhos da mucama encontraram os do antigo amor e neles se perderam... Uma saudade... Das tardes cálidas junto ao regato, dos beijos, das carícias, das juras de amor eterno! E uma dor aguda no peito... As dolorosas recordações do abandono, da impiedosa surra, da perda do filho! Tudo seria tão diferente se o moço fosse sincero, ou ao menos tivesse assumido a responsabilidade pela sedução! Bastaria uma palavra sua... O castigo provavelmente seria evitado, seu menino estaria vivo, correndo pela senzala. Uma moça muito bela segurava-lhe o braço... Por que ali viera, estragando um dia que poderia ser de alegria? Os dois pareciam felizes... Amavam-se certamente, a julgar pelos carinhosos olhares, pela maneira como a jovem acariciava a mão do companheiro...

Após a bênção, o casal aproximou-se dos noivos, apesar da frieza de todos, cumprimentando-os. Retiraram-se logo, de maneira muito discreta. Antes, Fabrício aproximou-se da curiosa Maria das Dores, que atendia às necessidades da farta mesa de doces, com ela trocando rápidas palavras. Em segundos, a cozinheira estava ao lado da jovem:

— Ocê acredita, Florência, que o danado disse que vai ficá em Ouro Preto por mais uma semana? E que vai vortá? Pra falá com o sinhô Artino... Tomara que o sinhô sorte os cachorro pra cima daqueles dois! Aquela devi di sê a mulhé dele... Uma boniteza! Que é que adianta? O coisa-ruim num tirava os zóio de cima de ocê...

Em pouco tempo, tudo ficou silencioso... Na senzala, ao contrário, a festança corria solta. Os três casais entreolharam-se... Por que não?

A música parou com a chegada dos senhores. Ainda havia temor naqueles corações, por longos anos açoitados pelo sofrimento. Mas Cândida, luminosa e nívea visão, adiantou-se... Ela conhecia os planos de seu amo! Durante o sono, ele os havia revelado... Aproximou-se, fazendo educada e bela vênia. Onde teria aprendido aquilo, meu Deus?

Altino sentiu a comoção apertar-lhe a garganta... De repente compreendeu a grande e sublime verdade: ali estavam aqueles que, de uma maneira ou de outra, achavam-se ligados por elos do passado. Haviam sido poderosos, influentes, ricos, das melhores famílias... Agora ressurgiam em lados raciais diferentes: brancos e negros! Vivenciando novas situações, resgatando insucessos... Teriam a mesma cor em próxima reencarnação? Talvez... As experiências existenciais apresentariam sempre a conotação da diversidade, pois somente assim a criatura consolidaria o processo de aprendizagem e mudança, deitando por terra os preconceitos.

– Meus amigos, serei breve! Para que juntos possamos comemorar as quatro uniões hoje abençoadas por Jesus perante os homens e a auspiciosa notícia que lhes trago! A partir de agora, não mais haverá escravos nesta fazenda! Estão todos livres, podendo receber suas cartas de alforria amanhã! Acham-se prontas, com o nome de cada um lavrado! Aqueles que desejarem continuar a trabalhar aqui, e eu espero que sejam muitos, receberão justo salário para tanto, tendo, do meu ponto de vista, direitos idênticos aos do homem branco, o que, infelizmente, segundo a atual legislação, permanecerá como utopia por algum tempo... Não importa! Aqui imperarão a liberdade e a igualdade! Sabem o que significa? Que cada um poderá exercitar seu livre-arbítrio!

Natividade não entendia bem aquele discurso todo... No começo, tudo bem, o sinhô dissera a palavra mágica: alforria! Depois, danara a falar difícil, meu Deus! Para que é que branco costumava falar tão empolado? Criou coragem, indagando de sopetão:

– O que o sinhô tá dizendo mesmo?

Altino riu... Discurso mais pomposo para uma coisa tão simples e natural como a liberdade de cada um tomar conta de sua própria vida, sem ninguém acorrentá-lo, forçando-lhe a vontade!

– Estou dizendo, Natividade, que você está livre para colocar ou não o café na mesa da casa grande amanhã! Que não é mais uma escrava!

– Virge Maria, sinhô! Deus seja louvado!

A festa estendeu-se até o raiar do dia. Natividade examinou os pés cansados... O dedão direito doía terrivelmente! Aquela unha com certeza cairia... Ser bom dançarino não fazia parte do rol de atributos do negro Jesuíno, um pisão daqueles aleijava! Mas era um pedaço de homem... e lhe deitava cada olhar!

– Das Dores, vô desabá na cama! Num chame eu! Quero vê se essa história de num sê mais escrava é verdade verdadera... Pode acontecê que o coroné falô aquilo na hora do entusiasmo! E, se eu fosse vassuncê, tratava de fazê o mesmo!

Altino desceu para o desjejum na hora de sempre. Exaustos, ele e Mariazinha haviam-se retirado logo após o comunicado. Os outros noivos também... Tudo estava silencioso na casa grande. Na cozinha, nenhuma labareda no grande fogão de lenha! Na sala, a mesa estava como na véspera, com a toalha bordada e o vaso de flores...

– Uai, Mariazinha! Onde estão as mulheres? E o café?

A jovem senhora desatou a rir:

– Esqueceu-se de que libertou os escravos, senhor meu marido? Agora eles só trabalham para nós se quiserem!

– Valha-me Deus, mulher! Nem me fale isso!

– Calma, meu amor! Deixe comigo! Elas merecem um dia de folga...

Maria Eleutéria despertou sentindo no ar o cheiro bom de café passado na hora. Ai, que delícia! Onde estaria sua mucama? Esticou a mão para a dourada sineta, mas estacou na hora... Ah! Agora Cândida era livre, talvez não desejasse mais servi-la... Tempos atrás, desesperaria... Contudo, depois de toda aquela trabalheira nas hospedarias e nos sítios durante a fuga do manicômio, tudo lhe parecia fácil. Severo ainda dormia... Fechou os olhos, aninhando-se feliz de encontro ao marido, rememorando...

Depois da anulação de seu casamento, a lembrança do enfermeiro Severo fizera-se mais insistente. Emília namorava Vicêncio... Cândida aproveitava cada momento disponível para estar com o noivo... O pai parecia um adolescente ao lado de Mariazinha... Todos ditosos, menos ela! Sentia-se estranha, culpando-se por um sentimento que se recusava a aceitar, considerando-o deplorável, vergonhoso mesmo. Inveja? Absurdo! Aquelas eram as pessoas a quem amava! Na realidade, a moça almejava a felicidade que eles desfrutavam... Inveja... Por que não? Comum entre os humanos encarnados na Terra, difícil alguém que não a sentisse uma vez por outra. A questão consistia na maneira como a pessoa lidaria com tal sentimento. Desde que a moça nada fizesse para lhes estragar a ventura, envidando esforços para também ter "um certo alguém" a seu lado, tudo seguiria satisfatório rumo.

Maria Eleutéria queria abrir o coração, mas receava ser incompreendida. Como explicar que uma moça de sua posição estivesse interessada em um simples enfermeiro, um carregador do cais, de humílima origem? Os primeiros pretendentes começavam a surgir, atraídos por sua beleza e provavelmente pela situação financeira do pai, cada dia mais equilibrada. Por que recusar aqueles moços finos, educados? Altino por certo repudiaria sua escolha veementemente!

Há dias Mariazinha notava a enteada pelos cantos ou deitada na rede, olhar perdido no espaço. Ou fitando-os com os olhos compridos, compridos... Olhos de criança "lumbriguenta", no dizer de das Dores... Receava intrometer-se... Naquele domingo, ao presenciar a moça afastar o prato, deixando quase intacta a refeição, compreendeu que algo muito sério a perturbava, pois o apetite de Maria Eleutéria dificilmente se comprometia. Quando todos foram em direção à varanda, arriscou-se a indagar:

– Posso ajudar, Maria Eleutéria? Notei que está pensativa, quase não ri... e perdeu o apetite! Minha filha tem mais ou menos a sua idade... Assim, creio poder dar-lhe conselhos como uma mãe faria...

Os olhos da moça encheram-se de lágrimas:

– Ah, Mariazinha, acontece cada coisa na vida! Nem posso acreditar! Quando meu pai souber...

Escutando a história, Mariazinha sentiu-se voltando ao passado. Também ela quisera fugir de seu amor por Altino... Mas por ele ser moço rico e influente! No caso da enteada, o inverso acontecia... Por certo a moça desejaria alguém de sua classe social... Mais fácil, mais conveniente... Contudo, ninguém manda no coração! Casamentos arranjados, consolidados em interesses financeiros, raramente davam certo, com os cônjuges ficando juntos até a morte simplesmente pela falta de forças para desfazer um compromisso já desfeito antes de começar... Ou redundavam em dolorosas tragédias!

— Ainda não conheço Severo pessoalmente, mas parece um bom moço... Gentil, honesto, de generoso coração, trabalhador... Por que Altino seria contra?

— Meu pai é orgulhoso...

Mariazinha sorriu, prosseguindo com cuidado:

— Ou você é orgulhosa, minha filha? Foi criada em meio a tanto orgulho de classe! Não nos desapegamos de algo assim de uma hora para outra... E nem sempre percebemos o que há dentro de nós, preferindo repassar a outros a responsabilidade por nossos preconceitos...

Maria Eleutéria fitou aquela mulher tão simples, que batalhara em um fogão para criar a filha, mexendo enormes tachos de doce, quase uma escrava... Mas tão sábia! Talvez a sabedoria pouco tivesse a ver com o presente... Enquanto a arrumava, Cândida discorria amiúde sobre o fascinante tema das existências passadas... Quem fora outrora a humilde Mariazinha, para falar com aquela segurança a respeito de assunto tão complexo?

— Será? Pode ser... Ah! Vosmecê tem toda a razão! Amo Severo, mas tenho vergonha do que os outros vão pensar de minha escolha. Outra vez a vaidade, o orgulho... Está tudo errado, Mariazinha! Meu Deus, às vezes penso que nunca vou conseguir mudar, por mais que me esforce!

— Calma! Não adianta querer dar o passo maior do que a perna, minha filha! É o mal das pessoas... Assim que decidem transformar para melhor sua maneira de ser, querem tudo muito rápido! Como é impossível, impacientam-se... e acabam desistindo! Parece fogo de palha... No começo, quando ateamos fogo, um fogaréu só; logo depois, nem brasas! As mudanças, minha querida, exigem persistência, renúncia... e tempo! O fato de conseguirmos distinguir o certo do errado não garante, de forma alguma, que nunca mais erraremos! Mas, ao errarmos, um sininho dentro de nós dará o sinal... Resta-nos retroceder e recomeçar da maneira certa! Então... por que não conversa com seu pai?

O resultado surpreendeu-a! Altino silenciou qualquer comentário desfavorável, limitando-se a mencionar a pretensão de investigar o moço... Quanto à pobreza do jovem, a seu ver não constituía crime!

Desde a fuga de Maria Eleutéria, as coisas no hospital de lunáticos não eram mais as mesmas. O doutor assustara-se muito com a intervenção do palácio em suas atividades. O Imperador Pedro II jamais toleraria o internamento de pessoas sadias! Começara a suspeitar de Severo, pois alguém teria auxiliado as duas moças a fugir... Em outros tempos, não esquentaria a cabeça, mas agora era forçoso tomar cuidado... Talvez fosse conveniente livrar-se do moço! Sem medidas drásticas. Inventaria uma boa desculpa e ele retornaria ao cais...

– Amanhã farei isso!

Os dias foram passando, passando, e o médico protelava sua decisão. Pudera! Onde arrumaria alguém com as qualidades de Severo? Talvez não tivesse nada a ver com o caso da fuga da esposa do fazendeiro...

Naquela quente manhã, ao adentrar o hospital, deparou com um homem de distinta aparência aguardando. O pai da malfadada Maria Eleutéria! E vinha para falar com o enfermeiro! Ah, por que não o demitira antes? Quis mentir, dizer que havia partido, mas já o haviam chamado...

Os dois seguiram em direção à praia, onde se assentaram sob frondosa árvore. Ao saber das novidades, o moço emocionou-se... Sua amada estava bem! Livrara-se do crápula que a internara ali! A saudade afligia seu coração, mas sentia-se feliz por ela. Altino ficou deveras espantado com as colocações do jovem, compreendendo que aquela alma generosa renunciara à presença de seu amor, facilitando a fuga! Tudo sem esperar gratidão, gentilmente, a ponto de Maria Eleutéria julgar havê-lo ludibriado!

Ambos se espantaram ao avistar o doutor avançando em ligeiro passo no sentido do local onde conversavam. Vinha agitado, com ares de quem se decidira a intervir de qualquer maneira, deixando de lado o bom senso:

— Não sei o que esse rapaz lhe disse, meu senhor! Mas é mentira, mentira! Sua filha morreu de morte natural... Astenia! Enviei seus despojos ao senhor Leopoldo, criatura de fino trato aliás, sempre preocupado com o bem-estar da esposa. Nada que Severo possa dizer deve merecer crédito, pois se trata de um de nossos internos, ocasionalmente aproveitado para tarefas de pouca responsabilidade. Um desequilibrado! Sem conserto... E está de alta! Sairá hoje mesmo! Agora!

Altino desacreditava do cinismo daquele homem!

— Doutor, devo entender que o senhor pessoalmente acompanhou o preparo do corpo de Maria Eleutéria...

— Por certo, caro senhor! Eu mesmo lacrei o caixão, para evitar incidentes desagradáveis durante o translado... O mau cheiro...

— O que estava lá dentro, doutor, jamais exalaria podridão! Alguns sacos de areia, bem parecida com esta que estamos pisando...

— Impossível!

— E minha filha jamais esteve morta, pois seu riso alegra nossa casa!

Altino cogitou silenciar, mas pensou nas vítimas da irresponsabilidade daquele homem... Calando, avalizaria futuros desmandos! Prestou queixa junto ao Imperador! Em imediata vistoria, constataram-se lastimáveis abusos. Breve, a cidade via-se livre do péssimo profissional.

Severo retornou ao cais. Com a interrupção do médico, Altino deixara de lhe sondar as pretensões em relação a Maria Eleutéria, perdendo a oportunidade de expor o real motivo de sua visita. Melhor assim! Caberia à moça revelar seus sentimentos... No dia seguinte, apareceria no movimentado porto, convidando o moço para trabalhar na fazenda.

Dúvidas atormentavam Severo... Maria Eleutéria fatalmente casaria de novo agora que seu matrimônio fora anulado. Teria forças para assistir à sua felicidade junto ao eleito? Por outro lado, a saudade pungia, pelo menos poderia vê-la de longe, ouvir sua voz, escutar seus risos... Talvez conversassem... Iria!

Na volta, Altino parou em Ouro Preto, solicitando ao filho, que o acompanhara na viagem, que enviasse alguém à fazenda, alertando quanto à próxima chegada do rapaz. Sua filha certamente gostaria de estar preparada para o encontro! Com muito tato, convenceu o "novo empregado" a acompanhá-lo ao alfaiate da moda... Não fazia tanto tempo, ali estivera com Leopoldo, escolhendo o enxoval para o futuro genro, de modestas posses também. Mas quanta diferença, graças a Deus! O rapaz selecionou sóbrio traje, deixando de lado os mais caros... e, na hora de pagar, honrou a soma! O fazendeiro ainda quis intervir, mas deparou com educada e firme recusa. Maria Eleutéria havia acertado na escolha!

Cândida tentava acalmar sua senhora, que mais parecia uma adolescente, vestindo vestidos e mais vestidos, sem saber qual escolher. Nada parecia suficientemente bom para o reencontro! Emília ria, desconhecendo a amiga.

– Agora acredito nessa paixão! Crê realmente que ele perca tempo reparando nos detalhes de sua toalete? Olhe, trate de vestir o branco... Não é simples demais, Maria Eleutéria! Realçará sua aparência de menina-moça... É... Está parecendo uma jovenzinha, com essas faces coradas, os olhos brilhantes...

– E coloco o chapéu de palha com flores...

– Depende, minha querida... Depende! Eu, por exemplo, não colocaria... Só vai atrapalhar na hora do abraço! E do beijo!

– Sinhazinha Emília, onde já se viu que a sinhazinha Maria Eleutéria vai sai beijano o moço logo de entrada, que nem moça desavergonhada?

– Das Dores, das Dores... Quer apostar? Vai perder... Não é, Cândida?

A menina somente sorria... Na noite anterior, Pai Tomé lhe aparecera em sonho, falando a respeito do moço Severo... Ao casar com a sinhazinha, ele desempenharia decisivo papel no movimento abolicionista da região, sem falar que seria o responsável por viabilizar as mudanças pretendidas por Altino. Sabiamente a entidade ponderara:

– Altino tem boas intenções, mas não basta... Precisará de alguém com pulso firme e justo coração para colocar em ordem a propriedade quando libertar os negros. A coisa não vai ser fácil dos dois lados, menina... Há tanto tempo a mão de obra escrava tem realizado o serviço pesado que os senhores já se acostumaram... De uma hora para a outra, perderão a tranquilidade da rotina, vendo-se obrigados a lidar com novidades nem sempre agradáveis. Antes, a ferro e fogo conseguiam obediência, disciplina... Agora, precisarão educar os novos trabalhadores... e buscar outros em distantes terras.

Os negros, minha filhinha, os negros no começo ficarão como criança que come melado e se lambuza! Levará um bom tempo para entenderem os limites da liberdade... Afinal, as criaturas têm direitos e deveres! O cenário apresentará lavouras às moscas, colheitas perdidas, fortunas ameaçadas... Durante um período, isso tudo exigirá pulso firme e flexibilidade na administração! Ora, quem lidou com as agruras das doenças mentais, quem teve amor para aceitar os loucos como são e semear a paz, uma pessoa assim saberá lidar com uns e outros!

– E a sinhazinha? É geniosa... Melhorô, mas tem seus ataques! Como é que o sinhô Severo vai lidá com ela? Parece uma menina deslumbrada ainda...

– Com amor, com amor... Ela jamais se igualará a ele, pois são Espíritos detentores de níveis evolutivos diferentes... Ele entenderá isso... e terá paciência! Ela, por sua vez, estará perdidamente apaixonada, e essa paixão, com o correr do tempo, será transformada em um amor sincero, profundo, principalmente ao conhecer melhor os tesouros do coração do esposo!

Maria Eleutéria acabou acatando os conselhos de Emília... E das Dores perdeu feio a aposta, pois, mal o carro estacionara, a moça desceu em desabalada carreira as escadas, precipitando-se nos braços de Severo, beijando-o apaixonadamente.

– Virge Maria! Que as moça de hoje num tem mais cumpustura!

Natividade, de queixo caído diante do namorado da sinhazinha, um pedaço de mau caminho segundo seus conceitos, não se aguentou:

– Das Dô, acho que tá na hora de ocê abri esses zóio! Senão vai acabá casada com as panela! Um hóme ansim, eu me pendurava no pescoço dele pra sempre!

O tempo passou...

Feliz, Maria Eleutéria resolveu deixar de lado as recordações... A história dela e Severo daria um lindo romance! Silenciosamente calçou as chinelinhas, cobrindo os ombros com a liseuse. Um café iria muito bem! Na cozinha, deparou com Mariazinha e Altino no trabalho de preparar o desjejum. Desatou a rir diante da desajeitada visão do pai às voltas com as xícaras de porcelana... Uma delas jazia no chão, em cacos... Outra breve seguiria o mesmo caminho...

– Pai, deixe que eu faço...

Arrumou tudo na ampla mesa, perto da agradável quentura do fogão de lenha. Sobrara tanta coisa do casamento... Na noite anterior, mal se interessara por todas aquelas gostosuras, voltada somente para o momento em que ficaria a sós com seu amado... Mas agora o estômago roncava... Alcançou um docinho... Que delícia, meu Deus! Como era bom estar ali, com a alma em paz, ao lado dos que amava... A lembrança de Severo dormindo como uma criança no leito de linhos e rendas enterneceu seu coração.

– Mariazinha, precisamos de uma cama nova! Mandaremos fazer... É melhor! Meu amor não pode ficar com os pés de fora!

Uma Florência de olhos inchados de tanto chorar surgiu, tentando desculpar-se pelo atraso... não pregara o olho durante a noite! Havia tanto sofrimento naquele semblante que Maria Eleutéria sentiu o coração apertar! De um salto sentou a moça à mesa, fazendo-a beber um café forte com açúcar. Mariazinha acenou imperceptivelmente para Altino e os dois saíram, deixando as duas a sós...

Florência chorou muito, lamentando o fato de Fabrício estar casado com a moça bonita, de finas maneiras. Precisava esquecer, mas não conseguia...

— O que ele veio fazer aqui? Se não tivesse visto, doeria menos! Ai, meu Deus, dói tanto, tanto, parece que meu peito vai arrebentar!

Nos dias que se seguiram, a pobre moça mais parecia uma sombra perambulando pela casa, cumprindo seus deveres com a costumeira eficiência, mas sem alegria. Das Dores, novamente na cozinha, pois não daria a ninguém a chance de lhe tomar o precioso fogão, profetizava sofrimentos futuros, cochichando para Cândida:

— Esse diabo veio aqui só pra fazê a pobrezinha sofrê! E diz que vai vortá... Pra falá com o sinhô Artino... Uai! Falá o quê? Tomara que num seja pra tomá dinheiro emprestado... Ou querê ficá hospedado aqui, como da otra veiz... Nunca que aquele povo ia embora! Cândida, vassuncê, que é versada nas coisa do além, num viu nadinha dessa história?

Nada! Por mais que se esforçasse, Cândida não conseguia antever o desenrolar dos fatos... Das Dores resmungava:

— Uma hora ocê vê que é uma beleza... Agora, na pircisão, num sabe de nada?

Cândida sorria, pois jamais conseguiria explicar à amiga que a mediunidade não lhe permitia devassar determinadas coisas. Como muitas pessoas, das Dores acreditava num poder ilimitado, sobrenatural. Pura ilusão! Somente servia de ponte entre o mundo dos encarnados e o dos desencarnados. E os Espíritos mantinham silêncio sobre o palpitante assunto que roubava o sossego da cozinheira!

No final da semana, Natividade enxergou o coche descendo a estrada... Só podia ser Fabrício!

— Florência, trate de pô o vestido que a sinhazinha deu! Ande! Quer que ele veja ocê ansim, como uma criada da casa?

— E que mais sou, Natividade? Não há vestido que mude isso! E nem quero chegar perto da sala, vou ficar no meu quartinho até eles irem embora...

Saiu em disparada, desfeita em lágrimas. Das Dores bufava de raiva:

— Se num fosse ofendê o sinhô e a sinhá Mariazinha, botava purgante no café do desgraçado! Ande, Natividade, corte um pedaço de bolo pro coisa-ruim... Não! Muito grande! Um pedaciquinho de nada, que é pra ele num matá a fome aqui. Pra moça, trati di botá o mesmo tantinho...

A pergunta de Fabrício, após as formalidades de praxe, atingiu Altino em cheio:

— O senhor tem em sua propriedade uma escrava de nome Florência... Desejo comprá-la! Qualquer que seja o preço!

— Impossível! Desde os casamentos, inexistem escravos nesta fazenda! Foram todos alforriados!

Fabrício empalideceu. Não contava com aquilo!

A moça, sua esposa certamente, tentava acalmá-lo:

— Sempre se pode fazer alguma coisa, meu querido!

Maria Eleutéria chegava, trazendo nas mãos flores recém-colhidas. Bem a tempo de ouvir a proposta do moço! O sorriso morreu em seus lábios e a ira inflamou-lhe os olhos. Conquanto Severo tentasse silenciá-la, aconselhando escutassem os motivos do incomum pedido, as acusações caíram sobre Fabrício como golpes de chicote. Ele tudo escutou, cabeça baixa... A jovem ainda quis intervir, mas Maria Eleutéria bradou:

— Não tens o direito de dizer nada! Nadinha, ouviste? Deverias ter vergonha de desposar esse canalha e ainda ter a coragem de vir aqui! Por acaso desejas que a pobre Florência te sirva de mucama? Já não basta o sofrimento no tronco, a perda do filho? Trata-se de uma vingança, desejas tripudiar sobre a pobre? Por cima do meu cadáver, ouviste?

Das Dores espiava da porta, assombrada com aquela gritaria toda! E aplaudia sua sinhazinha! Cândida tratara de pegar um copo de água com açúcar... que aquela raiva toda poderia fazer mal para a criança... Pai Tomé lhe soprara ao ouvido a novidade... Naquele instante! Retornava o ser que perecera no ventre de Florência, durante o castigo decretado pela voluntariosa e inconsequente sinhazinha... Na qualidade de seu filho, pois fora ela a responsável direta pelo criminoso aborto! E Maria Eleutéria nem sabia da gravidez ainda...

— Tome, sinhazinha, beba a água doce... Vai fazê bem!

A assustada jovem aproveitou a momentânea trégua, rapidamente informando:

— Sou irmã de Fabrício! Viemos aqui para comprar Florência porque meu irmão deseja desposá-la! E tem medo de que ela não o aceite... Assim, na qualidade de seu senhor, poderia reconquistá-la aos poucos, provando a veracidade de seu amor...

O silêncio pesava na sala. Maria Eleutéria deixou cair o copo de cristal...

— Fabrício poderá explicar melhor do que eu...

Severo tomou as rédeas da situação:

— Cândida, por gentileza, chame Florência... Ela é quem deve decidir a respeito de seu destino...

Florência adentrou a sala com os olhos baixos, mal contendo o pranto, deparando com um pálido e trêmulo Fabrício. O moço adiantou-se, conduzindo-a até uma cadeira, pondo-se a falar para todos:

— Portei-me como um infame covarde! Fui o culpado de tudo... Assediei Florência, vaidoso percebendo que ela se havia apaixonado por mim. Exagerei, menti mesmo, dizendo alforriá-la, prometendo casamento... Mas eu juro por Deus que não sabia da extensão do castigo! Nunca havia visto uma coisa igual na corte! Julgava seria algo de pouca monta! O que não me exime da culpa certamente! Jamais um fio de cabelo de Florência deveria ter sido tocado! Bastava que eu fosse homem de verdade!

Profundamente emocionado, parou por instantes, tomando coragem para prosseguir:

— Acreditava na morte de Florência! Consumia-me em atrozes remorsos, mas fingia nada estar sentindo... Orgulho, puro orgulho! Assim, sai com muitas mulheres, aqui mesmo, em Ouro Preto, sempre no intuito de olvidar a tragédia. E depois, quando me fui, continuei a buscar em outras o esquecimento. Tudo em vão! Não tinha sossego! Até que, certa madrugada, perambulando pelas desertas ruas do Rio, encontrei Leopoldo... Tão mudado, meu Deus, muito diferente daquele homem de bem com a vida, de abastada aparência. Vestia-se elegantemente ainda, mas seus olhos transmitiam a desesperança dos que trilham obscuros caminhos.

Adentramos uma taberna. Perguntei o que desejava. A resposta surpreendeu-me: algo para comer... Com que voracidade devorou a modesta refeição! Ao limpar o prato com um último naco de pão, fitou-me com os olhos do amigo de outrora, indagando:

– E daí, como está?

Queria dizer-lhe do meu desespero, do arrependimento... Todavia calei. Ele, contudo, entendeu-me...

– Fabrício, meu amigo, percebo que continua a amá-la... Vejo em seu olhar! Pois eu também não consigo esquecer Beatriz! Quanta besteira fizemos, não é? Achávamos que éramos donos do mundo... e o mundo desabou em cima de nós! Beatriz se foi, vítima de minha insensatez... Mas a sua Florência...

– Está morta, bem sei...

– Não! Vive! Na casa da fazenda... Pai Tomé salvou-a! Vá atrás dela, meu amigo!

Voltando-se para Florência, Fabrício ajoelhou-se, implorando:

– Perdoe-me, meu amor! Prometo que a farei esquecer esse pesadelo... Agora não estou mais mentindo, o sofrimento me ensinou a respeitar os sentimentos alheios... Florência, quer dar-me a honra de ser minha esposa?

Padre Josué nunca havia celebrado tantos casamentos incomuns... Sem dúvida, aquela fazenda constituía um celeiro de gratas surpresas... Um rico moço da corte e uma escrava liberta!

Florência estava maravilhosa em seu vestido branco, coisa muito fina... D. Eulália, entusiasmada com a linda história de amor, caprichara! Cândida entretecera com suas mãozinhas linda tiara e magnífico buquê com as flores da liberdade, as camélias advindas das mudas do quilombo Leblon. Os arbustos, em privilegiado espaço no jardinzinho de sua cabana, floresciam. Assim, a ex-escrava Florência adentrou a capela da fazenda como uma princesa!

Nos jardins da casa grande e na sala lindamente adornada, festejavam todos... A música enchia os ares...

Cândida desceu o caminho que levava ao riozinho. Duas vidas pulsavam em seu ventre e jamais se sentira tão plena, tão feliz... Duas criaturinhas indefesas, ambas desencarnadas em traumatizantes circunstâncias... Saberia amá-las muito, educando-as segundo o Evangelho do Mestre, desde cedo lhes corrigindo os maus pendores. Pai Tomé costumava dizer que é de pequeno que se torce o pepino! Cresceriam em lar humilde, mas repleto de segurança e afeição, convivendo com os desafetos do passado, aprendendo a perdoar... e a amar!

Bantai desconhecia a novidade... À noite, no aconchego da cabana, entre seus fortes braços, contaria...

O casal ocupava a cabana que pertencera a Pai Tomé... Ali criariam os filhos, seus netos cresceriam, tomariam o caminho do mundo, conquistando seus sonhos.

Bantai contemplava a esposa adormecida. Tão serena... Duas vidas pulsavam naquele corpo delicado... Ficou bem quieto para não a perturbar. A moça lhe contara a respeito das viagens durante o sono... Onde estaria?

NOTA DA MÉDIUM: O leitor poderá encontrar minucioso relato a respeito da escravidão no Brasil no livro "Brasil, Coração do Mundo, Pátria do Evangelho", psicografia de Francisco Cândido Xavier, pelo Espírito Humberto de Campos.

V
CAMÉLIAS DE LUZ!

Doze de maio de 1888.

Cândida mal podia acreditar! Embora fosse noite alta, a cidade parecia estar mergulhada em luz... Seus olhos verdes demoraram-se em Pai Tomé, e o negro murmurou comovido, segurando as lágrimas:

— Amanhã é o grande dia, minha menina! Amanhã não haverá mais escravidão nesta terra do Cruzeiro do Sul! Esta luminosidade toda, que envolve cada recanto, que se derrama mar afora, onde navios negreiros traçaram rotas de dor transportando os filhos da terra do sol, esta luminosidade emana dos jubilosos corações de encarnados e desencarnados, vibrando

na antecipação do grande momento. Sem sangue, sem lutas! Amanhã a Princesa Isabel trocará seu trono pela redenção de uma raça! Belíssima pena de ouro, cravejada de pedras preciosas, precioso presente dos abolicionistas, traçará as letras, mas seus olhos terão um brilho diferente, repleto de ternura, ao receber o magnífico ramalhete de camélias brancas do quilombo do Leblon! Sabe por quê, minha menina? Porque aquelas flores representam a luta de almas idealistas pela justiça... Liberdade, igualdade, fraternidade! Negras mãos deram vida às brancas flores e isso somente se tornou possível pela coragem de pessoas destemidas, que souberam receber os fugitivos, apresentando-lhes um outro lado da existência, repleto de confiança mútua, respeito, consideração, afeto sincero! E pela força de uma mulher, nascida nobre em berço e sentimentos, que apoiou o movimento abolicionista, protegendo os escravos, alimentando-os, escondendo-os nos palácios que antes somente viam claras e privilegiadas peles, perpetuando nas alvas flores sua abençoada e destemida solidariedade. E pelo desprendimento de um soberano, consciente de que será separado da pátria que tanto ama pelas águas de um oceano, ainda assim encontrando, em seu generoso coração, motivos para aplaudir a Abolição!

Penalizada, Cândida indagou:

— O Pai está dizendo que eles terão de deixar estas terras? Depois de tudo o que fizeram por nós?

— Sim, minha filhinha. Daqui a algum tempo, será proclamada a República e exigirão que o Imperador e sua família partam para a Europa, abandonando a terra amada. Mas não se preocupe, pois serão amparados espiritualmente para aceitar a perda sem revolta, certos de que fizeram o melhor pelo Brasil. Assim é a missão das grandes almas, filhinha, que sabem renunciar em prol de um bem maior, mesmo que à custa de muitas lágrimas.

O tempo foi passando, passando... Um novo século...

Cândida fitou o sol poente... Jamais se cansava da beleza daquele lugar! Na cidade poderia encontrar maiores confortos, mas nunca aquele esplendor da natureza... Ouviu vozes subindo o atalho...

— Tia Cândida, Tia!

— Tô aqui nos fundo, filhinha, pode sentá no banco que já atendo...

Dores de amor, ilusões e desilusões, sonhos, angústias, desconhecimento da realidade da vida... A cada um a orientação a fim de que a própria criatura achasse seu caminho... Com muito carinho, pois o amor sempre seria o melhor consolo para o sofrimento! Colo de tia amorosa... Sorriu... Quando ficasse um pouco mais velha, com certeza a chamariam de vó... Vó Cândida! Coisas da vida... As pessoas envelhecem!

— Eu queria falá com o Pai Tomé...

— No dia certo, minha filhinha. Sabe o dia, não é? Depois da reunião do Evangelho, no salão da fazenda, a menos que tenha urgência... É coisa séria? Caso de doença?

— Não! Só quero agradecê! O Tião acertô a cabeça e tá trabalhando... Parô de bebê depois da conversinha com o Pai Tomé... e do remédio de ervas! Pegô nojo da bebida! Ah! Quero mais do remédio de verme... Precisa vê quanto bicho o menino botô pra fora, não é pra menos que vivia jururu pelos canto...

— Essa parte é com Bantai, minha filha. Ele chega logo... Foi até a beira do rio buscá umas erva pra ferida na perna da sinhazinha... Picada de inseto, quando zanga, dá nisso! Duro de sará!

— Tem mais sinhá não, Tia Cândida!

— Pra mim, eles serão sempre chamados assim... Sinhazinha Maria Eleutéria e sinhozinho Severo, os meus menino...

A moça desatou a rir... Meninos? Para ela, com menos de vinte anos, acima de quarenta era tudo velho...

— Filha, quando completar minha idade, vai entender o que vou dizer agora! O corpo envelhece, mas a alma pode continuar como a de uma criança... Pura, aberta às experiências, ávida de conhecimentos... E tem mais! Os outros nos enxergam idosos, mas nós, minha filhinha, nós somos sempre jovens, com quinze ou vinte anos... Eu me sinto assim!

— Dizem que a senhora foi escrava...

— Sim! Quase no finarzinho da escravidão... Trazida da África, no navio tumbeiro... Coisa triste, nem gosto de recordá... Mas logo a Princesa Isabel libertaria nosso povo... Só que os escravo desta fazenda foi tudo arforriado antes, por causa do coronel Altino... Foi o pai de Maria Eleutéria!

Cândida sorriu... Um homem de visão, além de seu tempo! Ah, a misericórdia do Pai! O coronel havia, em um momento de irreflexão, tirado a vida da esposa... No entanto, nunca fora preso pelo crime, sempre encarado como lamentável acidente pela justiça terrena. Se houvesse sido aprisionado, com certeza jamais teria realizado coisas importantíssimas naquela região, tais como a alforria de seus próprios escravos, a primeira escola para alfabetização dos negros e seus descendentes, a contratação de italianos destinados ao trabalho nos cafezais quando todos os fazendeiros ainda relutavam, a implantação dos iniciais estudos dos livros espíritas ali mesmo, na fazenda, juntamente com o apoio do genro...

Lembrou-se das palavras do Espírito Maria Helena... Sobre as famílias se misturarem... Um neto da sinhá havia desposado uma neta dela e Bantai! Tinham filhos lindos! Agora, a questão da cor parecia tão distante, perdida no tempo, sem propósito. O século XX descortinava surpreendentes horizontes... Bem que Maria Helena falara!

Bantai chegava... Os olhos de Cândida iluminavam-se... Tão bonito como no dia do casamento dos dois... Então, ele usava um terno muito elegante, presente do sinhô Altino, com uma camélia branca na lapela! Mais tarde, quando estivessem sozinhos, precisava contar-lhe uma novidade! Sorrindo, colheu uma camélia do arbusto à porta da casa, prendendo-a com ternura no bolso do esposo:

— Rasgô a camisa de novo, Bantai... Já falei pra não guardá o canivete aqui!

— É pra você colocá as flô, minha querida!

Anoitecera. Cândida arrumou o cobertor sobre a cama de casal, pois começava a esfriar. Tanta coisa mudara naqueles anos todos! A cabana de Pai Tomé transformara-se em ampla e confortável casa... Os filhos vieram, cresceram, haviam constituído suas famílias, e os dois estavam sós novamente, como no começo... Bom! Assim podiam ter mais tempo juntos... Tomou do livro, sorrindo ao recordar as aulas de Maria Eleutéria para ensiná-la a ler e escrever. Bantai também aprendera, as mãos brancas e delicadas de Maria Eleutéria guiando as mãos negras e calejadas de Bantai... Depois, animada com o sucesso, a moça inventara uma escolinha para adultos e crianças... Professora Maria Eleutéria! Quem diria? Limpando nariz sujo de criança...

Abriram o Evangelho ao acaso... A história de Zaqueu, o cobrador de impostos... Cândida leu e depois solicitou o comentário do esposo. Ele parou, pensou e, ao falar, a esposa notou a influenciação espiritual...

– Jesus era bem assim! Não julgava as pessoas, somente oferecia condições de elas mesmas se analisarem, mudando seus caminhos. Os erros serviriam de base para os acertos do futuro! A história de Zaqueu, a meu ver, repete-se nos dias de hoje... Todos nós, minha querida, apesar de não sermos cobradores de impostos como ele, temos a tendência de nos apropriar dos patrimônios da vida, olvidando as outras pessoas. Então nos sentimos como Zaqueu: ditosos por fora, e insatisfeitos por dentro! Até o momento em que o Mestre nos faz descer do muro da indiferença, da omissão... Ou será do sicômoro? Ele se convida para a nossa casa... Se o acolhermos, nossa vida mudará radicalmente. Olhe o nosso caso, o de Maria Eleutéria, de Altino... de todos nós que hoje estudamos seu Evangelho de luz!

– Concordo plenamente, meu velho! Vamô fazê o Pai Nosso, que o dia foi cheio...

O vento zumbia nas árvores lá fora. Cândida sorriu, dizendo com misterioso ar:

– Tenho uma novidade! Adivinhe!

– Como vô sabê? Só se tivé uma pista...

– Beatriz!

– A moça filha do sinhô Altino e da sinhá Mariazinha? Você disse que ela tava em um lugá de muito sofrimento no mundo espiritual e que ninguém conseguia chegar perto dela. Nasceu de novo, faleceu dispois de algum tempo, mas ainda enfrentava sérios problemas...

– Agora os benfeitores espirituais conseguiram convencê-la a preparar-se para uma nova encarnação! Mas a novidade maior é que, daqui a alguns anos, quando eu desencarnar, trabalharei com ela! Será uma médium! Acho que vai dar um trabalho danado pra aceitá a Doutrina dos Espíritos, presa ainda às ilusões de tantas existências ligadas à matéria simplesmente... E tem algo a vê com você também, alguma coisa com remédio de planta... Não sei bem ao certo!

Diante do olhar espantado do esposo, riu, concluindo:

– Calma, meu amor! Vai demorá um bom tempo! Temos ainda muito a vivê e realizá! Agora vamo dormi, porque amanhã bem cedinho prometi a Maria Eleutéria ajudá em uma visita pra dona Cidoca. Ela tá de cama, os médicos não sabe o que é... Grita, chora, fala coisa sem sentido... Ah! Se pudé, prepare aquele seu calmante, que eu vou levá... com certeza vai ajudá a coitada!

Bantai sorriu... Sempre levando seus remédios! Pela sua cabeça passaram imagens de Tibúrcio, das plantas colhidas na serra de Petrópolis, do quilombo do Leblon com seus arbustos empencados de camélias brancas... e de Cândida no alvo vestido de casamento, linda, linda! Em suas mãos, o buquê de camélias! Não que se importasse de estar envelhecendo, mas sentia saudades daquele tempo... Um dia ele se perderia para sempre, ninguém sabendo o que havia ocorrido. Suspirou... Melhor dormir, pois no outro dia precisava trabalhar na plantação de milho! Prendeu em sua mão a da esposa... Estava em casa, na segurança de seu lar, fazia frio lá fora, uma chuva mansa tamborilava no telhado...

Logo estavam desdobrados, seus corpos aquecidos sob o cobertor, suas almas livres... Volitaram rapidamente, sem destino... Assim ele achava... De repente, Bantai mal podia acreditar!

Conhecia aquele lugar! Pelas pedras perto do mar... Ali estivera o quilombo! Mas estava tão mudado, meu Deus! Ficaram sobre o platô, olhando o mar lá embaixo, as luzes da cidade...

Um homem todo vestido de branco, com uma flor na lapela do lado esquerdo, aproximava-se deles, cumprimentando-os com bela vênia, seus escuros e longos cabelos agitados pela cálida brisa...

– Bantai, meu amigo! Cândida, minha princesa! Realmente! Há instantes em que uma saudade imensa toma conta de nosso coração... Saudade de momentos que marcaram nossas existências de maneira especial... Desejamos que não se percam no esquecimento, varridos pelas inexoráveis areias do tempo... Mas não fiquem tristes! Quando chegar a hora, pelas mãos daquela conhecida como Beatriz nesta encarnação, será escrita a linda história de amor das pessoas que batalharam por um mundo melhor, livre de preconceitos. Eu me comprometo! Testemunhos assim jamais devem ser olvidados, pois, embora a escravidão negra tenha sido abolida, outros tipos de grilhões continuam a prender a criatura... Quando dela tomarem conhecimento, grande progresso tecnológico impulsionará a Humanidade, de uma maneira impossível de agora descrever. O mundo terá-se tornado uma grande aldeia, as pessoas estarão mais próximas umas das outras através de equipamentos hoje praticamente desconhecidos, as distâncias entre os países serão vencidas em tempo ínfimo, tudo se apresentará interligado. Mas, dentro dos corações, muitas barreiras persistirão, separando irmãos em Cristo... Talvez a narrativa de um humilde poeta auxilie a derrubá-las, se Deus assim o permitir!

Porecatu (PR), 15/07/2010

MULHERES FASCINANTES
A presença feminina na vida de Jesus

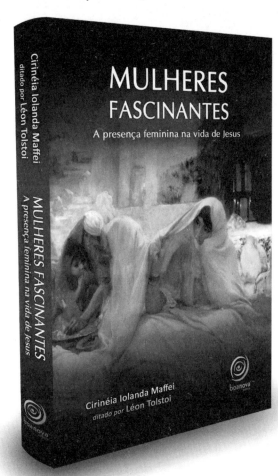

Cirinéia Iolanda Maffei
ditado por Léon Denis
16x23 cm
272 páginas
Doutrinário
978-85-9977-203-4

Os contos desta obra revelam alguns encontros do Mestre Jesus com pessoas que, apesar de anônimas, foram destacadas por Tolstoi neste livro. Esses inusitados personagens nada mais são do que seres humanos sujeitos às imperfeições encontradas em quaisquer indivíduos da atualidade. Nos encontros descritos é preciso identificar com clareza nosso orgulho, vaidade, humildade, dor, ódio, inveja, raiva, frustração e desesperança, bem como nossa humildade, abnegação e nosso altruísmo, latentes em nossaintimidade.

Catanduva-SP 17 3531.4444 | São Paulo-SP 11 3104.1270
Sertãozinho-SP 16 3946.2450 boanova@boanova.net | www.facebook.com/boanovaed

Conheça mas a Editora Boa Nova

 www.boanova.net

 www.facebook.com/boanovaed

 www.instagram.com/boanovaed

 www.youtube.com/boanovaeditora

Instituto Beneficente Boa Nova
Entidade coligada à Sociedade Espírita Boa Nova
Av. Porto Ferreira, 1.031 | Parque Iracema
Catanduva/SP | CEP 15809-020
www.boanova.net | boanova@boanova.net
Fone: (17) 3531-4444